비온 정신분석 사전

라파엘 E. 로페즈-코르보 지음
이재훈 옮김

한국심리치료연구소

THE DICTIONARY OF THE WORK OF W.R. BION

Rafael E. Lopez-Corvo

비온 정신분석 사전

발행일: 2017년 2월 25일
라파엘 E. 로페즈-코르보 지음
옮긴이: 이재훈
펴낸이: 이재훈
펴낸곳: 한국심리치료연구소

등록 • 제 22-1005호(1996년 5월 13일)
주소 • 서울시 종로구 새문안로 5가길 28 918호
Tel • 730-2537, 2538 Fax • 730-2539
www. kicp.co.kr E mail: kicp21@naver.com

값 29,000원

ISBN 978-89-97465-28-6 93180

이 도서의 국립중앙도서관 출판시도서목록(cip)은 홈페이지
(http://www.nl.go.kr/cip.php)에서 이용하실 수 있습니다.
(CIP제어번호: CIP2017003157)

비온 정신분석 사전

Rafael E. Lopez-Corvo

목차

역자서문

비온 정신분석 사전이 출간된 것을 참으로 다행스럽게 생각합니다. 그동안 비온의 정신분석 이론은 정신분석을 사랑하는 일반 독자들뿐만 아니라 정신분석 전문가들에게조차 쉽사리 접근하기 어려운 영역이었다고 말해도 과언이 아닐 것입니다. 이제 이 책의 출간으로 우리는 비온의 심오하고 높은 정신적 세계를 탐구하는 데 필요한 좋은 안내서를 갖게 되었습니다. 아무쪼록 이 책을 통해 더 많은 사람들이 정신세계의 아름다움을 발견하고, 우리의 상한 마음을 치유케 하는 정서적 진실과 접촉할 수 있게 되기를 바랍니다.

무엇보다도 이 사전의 저자인 로페즈-코르보 님께 깊은 감사를 드립니다. 그는 이 책을 저술하는 노고를 마다치 않았을 뿐만 아니라, 자신의 노작을 한국의 정신분석 학도들과 기꺼이 공유하기로 작정하셨고, 심지어 국제전화로 역자인 저에게 격려를 아끼지 않았습니다.

그리고 이 기회를 빌어 뉴욕의 마이클 아이건 박사님과 몇해 전에 고인이 되신 제임스 그롯슈타인 박사님께도 감사를 표합니다. 이 책이 한국에서 출간되게 된 데에는 이 두 분의 비온 정신분석에 대한 열정과 안내가 중요한 역할을 했기 때문입니다.

이 책의 일정부분을 초역해주신 박동원님, 최명균님, 최윤숙님, 유진원님께도 심심한 감사를 드립니다.

마지막으로, 지난 십여년 동안 꾸준히 비온의 정신분석 이론과 임상실제를 함께 탐구해오고 실천해오신 현대정신분석연구소 가족들에게 감사를 드립니다. 이분들이 없었더라면, 아마도 이 책의 출간도 없었을 것입니다.

2017‡ 2¿ ø

약어들과 기호들

—.-> … 좌표의 가로축을 통한 젖가슴-없음의 진보

ba … 기본적 가정

ba*D … 의존 기본적 가정

ba*F … 싸움-도피 기본적 가정

ba*P … 짝짓기 기본적 가정

Cs … 인식

♀ … 담는 것

♂ … 담기는 것

♀♂ … 담는 것-담기는 것

D … 우울적 자리

= … 동등한(비온 1992, p. 54)

F … 신앙의 행위

H … 증오

I … 이데아

>-)-= … 함축하는(비온 1992, pp. 58-59)

K … 앎

K(ζ) … 상수 K와 불포화된 요소 사이의 관계를
나타내는 공식: ζ

L … 사랑

"↑ … 시기심, 탐욕, 살인, 존재하지 않는 대상에 대한 무시

-"↑ … 존재하지 않는 대상이 있던 곳

-K … 마이너스 지식

O … 기원

PS … 편집-분열적 자리

ψ … (프씨) 전-관념 또는 정신분석적 기능

-.->— … 좌표의 양 축을 통한 젖가슴-없음의 진보

(.) … 점

R … 이유

<-.— … 좌표의 가로축을 통한 젖가슴-없음의 퇴행

<-.—↑ … 두개의 축을 통한 젖가슴-없음의 퇴행

s.d.s. … 과학적 연역체계

Σ(시그마, 그리스 알파벳 S) … 집단의식의 전체성

sm … 원-정신 체계

T … 변형의 행위

T**α** … 변형의 과정

T**β** … 변형의 최종 산물

Tp … 환자의 변형

Ta … 분석가의 변형

Ta**α** … 분석가의 변형 행위

Ta**β** … 분석가의 변형의 최종 산물

TK … 안에서 변형

TO … 안에서 변형

TOp … O 안에서의 환자의 변형

TOa … O 안에서의 분석가의 변형

Tp**α** … 환자의 변형, 변형의 행위

Tp**β** … 환자의 변형의 최종 산물

Txβ … 변형의 최종 산물

W … 작업 집단

ζ(싸이, 그리스 알파벳 x) … 포화되지 않은 정신분석적 요소; 또한 거리

(+-) Y … 정신적 성장

*는 그 도입부가 사전에서 찾아보게 될 대문자를 가리킨다. 예를 들어, ba*D는 첫 번째 도입부로서 D에서 찾을 수 있다.

"하지만 단번에 모든 것을 해결해주는 것은 없다; 각각의 해결책은 또 다른 우주를 연다."

"의심하는 사람이나 신봉자"가 가장 골칫거리라는 것을 아는 데는 오랜 시간이 걸린다.

"계속해서 원하는 만큼 같은 질문을 던져보라. 나는 내가 할 수 있는 그 질문에 답변할 것이다. 그러나 아마도 그 대답은 매번 다를 것이다."

… W. R. Bion

"개념 없는 직관은 눈 먼 장님이고, 직관 없는 개념은 공허하다."

… E. Kant

서문

아이건(Eigen, 1985)[1]은 매우 정확하게 다음과 같이 말했다. "비온을 제대로 읽기 위해서 우리는 자세히 그리고 가능한 한 비온 자신이 사용하는 용어로 읽어야만 한다. 그는 모호한 것처럼 보이지만, 정신분석 저술가들 중에 가장 정확한 저술가이다." 단순한 용어 해설을 통해서 비온의 연구를 이해하고 번역하고자 하는 거대한 과제에 도전하는 나의 목적은 비온의 정신세계를 탐구하고자 하는 학생들과 독자들을 돕기 위한 것이다. 그러나 이러한 거대한 노력이 많은 실수들, 또는 어느 정도의 오류도 없이 성취될 수 있다고 말한다면, 그것은 과장일 것이다. 심지어 그린버그(Grinberg)나 비앙커디(Bianchedi, 1972) 같은 연구자들조차도 비온의 초기 저작물들을 요약하는 과정에서 몇몇 장애물들에 직면했다. 그들은 예컨대, 비온의 저서 「정신분석의 요소들」의 16장에 언급되어 있는(1963, pp. 75-76) premotion이란 단어가 "premonition"이 잘못 인쇄된 것인지 아니면 정서적인 상태(emotional state) 이전의 상태를 의미하는 신조어인지 알 수 없다고 의심의 여지를 남겼다.

---

1) Eigen, M.(1985), 비온의 출발점을 향해: 파국과 죽음 사이. *Int. J. Psychoanal.* 66, 321-330.

나의 가정은 이것이다: 비온의 작업은 시간적 순서에 따라 글쓰기 스타일이 더 복잡해지고 모호해지는 경향이 있다는 느낌을 준다. 집단 연구에 대한 분명한 공헌에서 시작해서 정신증에 대한 그의 논문들이 한쪽 극단에 위치해 있고, 「미래에 대한 회고록」에 제시되어 있는 산만하고 당혹스러운 산문들이 다른 쪽 극단에 위치해 있다. 그의 이론의 주요 핵심을 설명하는 네 개의 저작들인, 「경험에서 배우기」(Learning from Experience), 「정신분석의 요소들」(Elements of Psycho-Analysis), 「변형(Transformations), 「주의와 해석」(Attention and Interpretation) 그리고 「숙고」(Cogitations)는 방금 말한 두 극단의 한가운데 위치해 있다. 그러나 그가 「미래에 대한 회고록」(A Memoir of the Future)을 쓰고 있을 즈음에 개최된 브라질 강연에서 했던 강연내용을 읽는다면, 우리는 내용의 투명성과 자신의 이론들을 전달하기 위한 그의 노력에 놀라움을 금할 수 없게 된다. 그와 만나고 그의 강연에 참여한 브라질 사람들과 이야기할 때면, 우리는 직관적으로 그들이 자신들을 비온의 전통[2])을 잇는 정통 후계자들로 여긴다는 인상을 받는다. 이 사전의 서론에서 언급하듯이, 나는 비온이 사용하는 언어의 모호성은 영국 정신분석학회[3]) 안에서 산출된 그의 몇몇 아이디어들에 대한 거부감에 따른 결과일 수 있다고 생각한다. 나는 비온이 영국 사람들에게는 모호하였고, 미국 사람들에게는 진지했

2) 비온의 연구의 임상적 중요성에서(*The Clinical Significance of the Work of Bion)(1978*) "클라인 학파의 발전, part III"에서 Donald Meltzer의 양가성을 참고하라,

3) 아마도 우리는 여기서 비온 자신의 발언을 기억할 수 있겠다: "사람들은 프로이트와 같은 [혹은 비온과 같은] 특질들 그리고 천재적인(신비로운) 프로이트 [비온]가 더 이상 존재하지 않는다는 인식에 대한 믿음에서 그들 자신들의 의식적 분리를 의미하는 차별과 화해할 수 없다. 또 다른 프로이트 [비온]는 그가 얼마나 필요한 존재인가와 상관없이 창조될 수 없다"(1970, p. 77).

으며, 브라질 사람들에 대해서는 매력적이고 이해심 있는 사람이었다고 생각한다.

비온의 공헌에서 계속해서 등장하는 또 다른 중요한 이슈는 의사소통의 정확성에 대한 그의 관심이었다. 우리는 프란체스카 여사와 비온 자신의 많은 진술들로부터 그가 종종 시를 읽고 인용하는 것을 즐겼지만, 그의 저작들의 주요 부분들은 과학적 연역체계의 정확성을 따르고 있으며, 소크라테스가 파에도(Phaedo: 소크라테스가 죽기 전에 남긴 대담에 나오는 인물)의 입을 통해 그렇게 했던 것처럼, 팔리누루스(Palinurus: 트로이인들이 (지금의) 이탈리아를 안전하게 지나가기 위해 신들에게 희생물로 바친 인물)의 운명으로부터 자신을 보호하기 위해 은유의 불확실성에 저항했다는 것을 알고 있다. 예를 들면, 그가 자주 사용한 "근사치에 가깝게"(in approximation to)와 같은 표현들은 정확성에 대한 그의 관심을 보여준다. 비온은 이렇게 말한다: 정신분석 회기 중에 두 인물이 대화를 시도하는데, 한 사람은 "명확하지만 사실은 아닌" "천동설" 논리와 유사한 과학적 연역체계를 사용하는 반면, 다른 사람은 사실이지만 분명하지 않은 "지동설"에 근거한 또 다른 연역체계를 적용한다; 관점의 역전이 빈번하게 문제를 복잡하게 만들 수 있음이 분명하다. 비온은 종종 그의 이론적 논문에서 언어를 이해의 영역으로 가져오기 위해 신조어를 창조하기도 했다.

나는 독자들이 이 책을 정독하는 동안, 이 과제가 지닌 어려움을 고려해서 관대함과 이해의 태도를 가져줄 것을 요청한다. 비록 전체적인 측면에서이기는 하나, 나는 이 작업이 엄청난 헌신과 전적인 솔직함으로 수행되었다는 사실을 기쁜 마음으로 확언할 수 있다. 끝으로 나는 비록 내가 그의 물리적 존재와 접촉할 수 있을 정도의 행운아는 아니었지만, 여러 해에 걸친 그의 저작물에 대한 독서를 통해 그의 기억에 대한 애정과 그의 유산에 대한 무한한 호기심을 갖게 되는 행운아였음을 고백하고 싶다.

카라카스에서, 2002년 로페즈-코르보

서론

사전

사전은 "어떤 활동이나 문제에 대한 중요한 용어들 또는 단어들의 의미를 그것들의 적용에 대한 논의와 함께 알파벳 순서에 따라 배열한 참고서"[1])로 정의될 수 있다. 이것이 이 책이 정확히 의도하는 것이다. 왜냐하면 이 책은 정신분석에 대한 비온의 위대한 유산—비록 매우 이해하기 어렵고, 복잡하고 자주 좌절감을 느끼게 하지만—의 매력을 탐구하는 데 필요한 "참고서"로서 그리고 필수불가결한 파트너와 안내서로서 사용될 것이기 때문이다. 그러므로 이 책은 결코 그의 원문들을 대체할 수 있는 것이 아니다. 그의 말을 인용해보겠다:

> 언어 그 자체에서조차도 사전은 필요한 모든 것이 아니다; 우리는 말하고자 시도하는 실제 언어뿐만 아니라, 언어의 본성(nature)을 이해해야 한다. [1974, p. 202]

---

1) Definition taken from *Webster's New Collegiate Dictionary.*

비온의 가장 큰 관심사들 중의 하나는 서로 알지 못하는 두 사람, 즉 환자와 분석가 사이의 의사소통에 관한 것이었음이 분명하다. 그러한 의사소통은 두 개의 다른 과학적 연역체계 사이의 투쟁을 나타낸다: 하나는 그것의 유령들, 저항들, 반복강박들, 오래된 방어들, 마음의 거짓말(the lies of the mind), 살아있지 않은 것 등에 자리를 잡고 있고; 다른 하나는 어떤 대가를 치르더라도 불멸의 진실을 추구하고자 하는 완고함에 자리를 잡고 있다. 그러나 진실은 그것의 결과들, 즉 그것의 폭력성을 갖고 있다; 비온의 언어로 그것들은 격랑, 파국적 변화, 분기점, 희망들의 죽음, 그리고 고통스러운 성취들이다.

비온은 시간의 흐름에 의해 거칠게 다루어지고, 의미들에 의해 오염되며, 그리고 언어들의 기원을 배격하는 오래된 욕망들에 의해 포화된, 일상의 언어에 대해 항상 의구심을 갖고 있었다. 그것들은 수학적 요소들, 즉 정체성을 잃지 않으면서 어떤 것에 의해서도 항상 채워질 준비가 되어 있는, 손상되지 않은 텅 빈 수용자로 남아 있는 숫자들과는 사뭇 다르다: 두 마리의 호랑이들, 동전 10개, 화살 5개, 컴퓨터 5대 등. 만일 우리가 수학적 요소들을 사용하여 "저녁 인사"를 할 수 있다면, 비온은 감탄사를 외쳤을 것이다.

비온은 어떤 사람인가?

비온과 같은 위대한 창조자의 탁월한 작업에 대해 아는 것이 매우 중요한 것처럼, 그의 연구를 유도했거나 통로가 되어주었던 의식적 및 무의식적인 개인적 요인들을 이해하는 것 역시 중요하다. 예를 들어, 나는 정신분석적 방법론이 비온에게는, 우리에게 유익이 되는 방식으로, 그가 겪었던 실존적 사건들에 의미를 주었던, 선택된 사실을 나타낸다고 생각한다. 우리는 비온이라는 한 사람에 대해 생각할 때, 신앙의 행위라는 측면에서 바라보아야 한다.

그는 1897년 9월 8일에 인도 북서부(United Provinces)에 위치한 무트라(Muttra) 지역에서 영국인 부모 사이에서 태어났다. 그는 빅토리아 시기의 제국주의 교육방식의 희생양이 되었다. 그는 8살 때 영국에 있는 기숙학교(the Bishop' s Stortford College)로 보내졌고 다시는 아버지의 집으로 돌아가지 못했는데, 그의 부모들은 그럴 정도로 자녀에게 애정을 주기보다는 엄격한 교육을 선호했다. 비온은 생애 말년에, 마침내 봄베이(Bombay)로 돌아가길 희망했지만, 골수성 백혈병으로 갑작스런 죽음을 맞이하는 바람에 그의 계획은 좌절되었다. 한편, 평화로운 LA의 날씨와 신비스럽고 생명력이 넘치는 브라질의 정글은 아마도 인도 계절풍의 부재와 미완성된 인도에서의 기억을 되찾고 싶은 욕망을 줄이는 데 일조했던 것 같다. 1951년 3월 23일에 쓴 편지에서, 그는 당시 그의 여자 친구인 프란체스카에게 다음과 같이 썼다:

> 나는 날씨를, 그것도 모든 종류의 날씨를 좋아하기 때문에 비교적 운이 좋은 사람입니다. 나는 내가 인도에서 태어난 것 때문에 할 이야기들이 많다고 생각합니다. 나에게 비, 계절풍 기후는 물론 커다란 사건이었고, 비록 내가 8살 때 인도를 떠났지만, 지금까지도 바싹 말라있는 땅이 빗물을 흠뻑 빨아들여 촉촉해진 냄새를 맡는 것과 같은 마음의 설레임을 느낄 수 있습니다. [1985, pp. 73-74]

한편, 그의 친구 프랭크 필립스(1983)는 그를 다정한 사람으로 기억한다:

> 나는 그가 영국과 프랑스의 야생화들을 사랑했던 것과, 사나운 폭풍우가 치고 번개가 번쩍이는 모습을 바라보면서 황홀한 상태로, 하늘을 쪼개고 대지를 두드리는 천둥소리를 듣고 있던 그의 모습을 기억한다. [p. 38]

어린 시절에 고향을 상실하는 것은 결정적인 결과를 가져오며, 그것은 많은 환자들의 전이에서 빈번하게 확인되듯이, 확실히 한 개인의 미래의 성격을 결정한다. 그러므로 비온이 공허(emptiness)와 부재의 현존(the presence of absences)에 대한 심리학의 전문가가 된 것은 놀랄 일이 아니다. 비온의 공헌은 매우 가치 있는 것이 되었고, 수학의 역사에서 음수(negative numbers)의 출현에 비교할 말한 것이 되었다. 사고들은 항상 사물의 부재 위에 놓여 있고, 그것의 현존과 그것이 있었던 장소 모두를 포함하는, 양안적 시각을 제공하게 되었다.

그는 겨우 18세 때, 1차 세계대전에 자원하여 참전했다. 처음에는 징병 사무소에 의해 입대가 거절되었지만, 그의 부모의 지원에 힘입어 가까스로 육군에 입대하였다. 무엇이 그와 같은 심각한 결정을 하게 했을까? 1800년대 "남자다움"에 대한 낭만주의의 마지막 흔적이었을까? 어쩌면 "아르프 아르퍼"(Arf Arfer)[2)]"의 유령에 의해 고무된, 거세불안을 다루기 위한 반동 형성의 한 형태였을까? 아니면 "버림받은 비온(abandoned-Bion)"에 의해 영속되는 복수로서 나타난, "어머니에게 사랑받은 비온"이 성취

2) 비온이 어린 시절에 자신의 아버지에게 느꼈던 존경심이 없는 두려움을 나타날 때 사용한 용어.

한, 신체적 통합을 위협하기 위한 행동이었을까? 우리는 결코 알 수 없다; 우리가 아는 것은 전쟁이 그의 영혼에 상처를 남겼고, 매년 8월 8일에 회상되는 연상에서 보이는 끔찍한 유령들로 인해 그가 지속적으로 혼란스러워했다는 사실이다. 프란체스카 비온(Francesca Bion)은 이 점에 대해 다음과 같이 요약한다:

> 그 전쟁이 젊은 사람들에게 부과한 공포는 그들의 성숙에 도움이 되지 못했다; 그것은 그들의 젊음을 파괴하였고, 그들을 겉늙게 하였다. 비온의 놀랄 만한 신체적 생존은 여러 해 동안 흉터를 남긴, 정서적 상처를 감추고 있었다. (전쟁이 그의 마음에서 계속해서 중요한 위치를 차지하고 있었다는 것은, 우리가 처음으로 함께 식사를 했던 순간에 분명히 모습을 드러냈다, 그는 마치 그를 힘들게 하는 기억들을 털어내듯이, 감동적으로 전쟁에 대해 이야기했다.) 그가 언급한[3] 악몽은 평생 동안 간헐적으로 나타났다. 그는 늙어갔고 기억했다. [1997a, p. 2]

비온 자신은 아미엥(Amiens, 프랑스 북부 도시) 전투가 있은지 정확히 60년 후에 다음과 같이 1918년 8월 8일을 회상한다:

> "전투 장면과 함께 옛 유령들의 얼굴들이 보인다" [테니슨을 인용하여 비온이 말한다] ... 태양의 주위를 맴돌고 있는 세상은 그것의 여정에서 한 번 더 아미엥의 전쟁이 있었던 같은 장소에 도달하였다(1918년 8월 8일) ... 유령들이

---

3) 비온은 그것을 이런 식으로 서술했다: "꿈과 현실을 구분하는 것은 거의 불가능했다. 독일군의 기관총들의 다-다-다(총소리)는 기괴한 효과와 함께 당신의 꿈 안에서 울려퍼질 것이다. 그래서 당신은 잠에서 깨어났을 때 꿈을 꾸고 있었던 것은 아닌지 궁금해 할 것이다"(1997a, p. 94).

> 전투에서 다시 나타난다. 아쎄르, 카트라이트, ... 그리고 돌출된 양쪽 귀, 홍조를 띤 얼굴, 우울증과 불안의 감정들과 함께 자신은 단지 고아일 뿐이라고 불평하던 불쌍한 동료인 오툴레 병장은 나에게 남은 전차병들과 함께 이제 막 시작하려는 이 전투는(나는 전차병은 아니었고 ... 중대의 부지휘관이었다) 그의 마지막 전투가 될 것이라고 털어놓았다. 물론 그의 말은 매우 정확한 것이었다; 전투가 시작되자 곧 카트라이트의 전차가 직격탄을 맞았고, 그 안의 모든 병사들이 전사했다. 내가 그 장면과 조우했을 때, 시체들은 시커멓게 타있었고, 그것들은 소멸해버린 원시의 신비한 야수의 창자처럼 전차의 출입구 밖으로 쏟아져 나왔고, 폭발이 뒤따랐다 ... [1992, p. 368]

그롯슈타인(1993)은 비온이 그 중대에서 유일한 생존자가 되었던 상황이 그가 나중에 "시상 공포"(thalamic terror), "이름 없는 공포," "파국적 변화" 등과 같은 용어들을 만들어낸 계기가 되었을 가능성에 대해 말했다. 비온은 자신을 제외한 전 중대원이 전멸했을 때, 그리고 그가 기억하는 바에 따르면, 그의 머리가 총에 맞지 않도록 옆의 동료가 그를 밀쳤을 때, 또는 참호의 제방에 기대고 있는데 그의 옆에서 말을 하고 있던 장교가 저격수의 총알에 맞아 머리에서 무언가가 분출되는 것을 보았을 때 그랬듯이, 여러 번 죽을 고비를 넘겼던 것으로 보인다. 겁쟁이라고 비난받는 두려움에 대해 비온은 항상 탈인격화(depersonalization) 기제로 대처하였다: 그는 자신이 약 1미터 가량 그의 몸 위를 떠다닌다고 느꼈다. 그러나 그의 초자아의 부당하다는 주장에도 불구하고, 그는 영국과 프랑스로부터 훈장을 받았다. 프란체스카 비온은 1917년 11월에 있었던 깜브레 전투를 언급하는데, 그것은

「로얄 탱크부대 역사」에 언급되어 있다:

> 일부 전차병들은 전차가 "포탄에 맞고 난 후에도" 계속해서 싸웠다. 그 예로, W. R. 비온 중위의 탱크가 파괴되었을 때, 그는 그의 부대원들과 몇몇 흩어진 보병들과 함께 독일군 참호 안으로 들어가 전진기지를 구축하였고, 적의 기관총을 더 잘 겨냥할 수 있도록 루이스 총을 가지고 탱크 위에 올라가 싸웠다. 독일군들이 온 힘을 다해 반격을 시도했을 때, 그는 씨포스 중대가 도착할 때까지 독일군들을 만(灣)에 묶어놓았다. 곧이어 씨포스 중대의 지휘관이 머리에 총을 맞았고, 그로 인해 비온은 임시로 중대를 지휘하게 되었다. 그는 십자 훈장과 공로 훈장을 받았다. [F. Bion, 1995]

비온은 매우 큰 규모의 집단에서 성장했다. 그는 8살에 기숙학교에 입학하였고, 그 후 18살에 제1차 세계대전에 참전하였으며, 사회적 행동과 익명의 다수의 직접성을 경험적으로 관찰하고 실존적으로 겪어낼 수 있었다. 그러므로 그가 정신과의사로서의 훈련을 받은 후에 집단 심리치료에 매력을 느낀 것은 이상할 것이 없어 보인다. 비온이 남긴 가장 위대한 유산 가운데 하나는 이 시기에 이루어졌다. 그 유산은 집단행동에 대해 그가 관찰한 내용이라기보다는—그것 자체로서도 이미 크게 의미 있는 것이지만—그가 집단들을 관찰할 때 끈기 있게 그리고 용감하게 사용한 방법론이다. 쟈끄 라깡(1947)은 그 시기에 비온을 인터뷰하고 나서, 다음과 같은 글을 남겼다:

> … 그는 마치 움직이지 않는 달 모양의 가면 속에서 얼어

> 붙은 것 같은 얼굴표정과, 커다란 체구와 그 체구에 어울리는 수영선수의 가슴뿐만 아니라 멋진 검은 콧수염에 의해 강조된 인상과 함께, 크레취머(Kretschmer)의 공식에 모순되게, 최고의 성취를 이루어낸 사람들 중에서도 홀로 우뚝 서 있는 존재로서 우리 앞에 모습을 드러냈고, 플랑드르 지방에서 있었던 모험에서 어떤 일이 있었는지를 확인시켜주었다. 그 모험에서 그는 그의 전차를 따라갔고, 방향을 틀어 파열구 안으로 들어갔으며, 역설적이게도 운명의 철문을 밀고 나아갔다. [Bleandonu의 인용문, 1994, p. 278]

비온이 아직 그의 정신분석 훈련을 시작하기도 전에 그리고 율리시즈가 성취했던 것과 같은 생산적인 귀먹음(deafness) 없이도, 그토록 많은 환자들로부터의 강제적이고, 반복적이며 지속적인 집단 압력으로부터 자신을 지킬 수 있었고 "지도자 없는 집단" 프로젝트를 떠맡을 수 있었던 능력을 가졌다는 사실은 놀랍다. 정신의학 훈련을 집단 경험으로 시작한 우리들 대부분의 경우, "치료를 위해 주도적인 역할"을 떠맡는 것이, 비온이 기본적 가정들이라고 서술한 잠재된 정서적 구조들에 대한 참을성 없는 기대에 의해 산출된 불확실성을 견디는 것보다 훨씬 더 쉬웠을 것이다. 총체적인 상실을 의미할 수도 있는 급박한 위험에 직면해서 그리고 대담함 또는 무모함이 요구되는 결정적인 순간들에서, 아마도 전쟁은 비온의 견디는 능력에 흔적을 남겼을 것이다. 어쩌면 그가 기숙학교의 정서적 익명성과 공존해야 했던 사실뿐만 아니라 일찍이 그의 부모와 떨어져 지냈던 사실 또한 그로 하여금 상실에 의해 산출된 고통에 대한 방어로서의 거리두기와 정서적 철수를 도입하게 만들었을 수도 있다. 그리고 그것은 나중에 객관적인 과학적 관찰에 대한 그의 보상적 기제로 변형되었을 수도 있다. 프란체스카 비온(2000)은 최근에 비온의 어머니가 다음의 사실을 알고 있었는지에 대해 의문을 제기했다:

> ... 사립학교에서 불행을 겪는 동안 그가 얼마나 간절히 "집"을 그리워했는지에 대해 알고 있었을까? [p. 11]

그의 아버지에 대해 물었을 때, 쥴리안(Julian)은 다음과 같이 말했다:

> 나는 어렸을 때부터 나의 아버지가 매우 용기 있고 동정심이 많은 사람이라고 분명히 알고 있었다. 다만 그의 자제력의 정도 때문에 이것이 항상 직접적으로 드러나지는 않았다. [F. Bion, 1995, p. 9]

보르고뇨와 메르시아이((Borgogno & Merciai, 200)는 비온의 저서 「숙고」에 근거해서, 비온이 그의 환자들에게 냉정했다는 사실을 입증하려고 시도했는데, 그들은 그러한 냉정함이 그의 지성과 탁월한 지각뿐만 아니라, "편협하고 일반적으로 예측 불가능한" 지각에 의해 산출된, 환자들에 대한 공격에서 표현되었다고 주장했다(p. 68). 같은 맥락에서, 그들은 비온의 몇몇 환자들과 나눈 담화를 다음과 같이 해석했다:

> ... 그러므로 비온은 환자들의 절박한 호소를 가치 없고 공허한 것으로 만든 것으로 보인다. 환자가 "자신의 아내가 아름답게 직조했지만 감기 걸린 아이에게는 맞지 않는 외투" 또는 "제멋대로 행동하는 기차들"에 대해 말했을 때 그가 그 말을 듣지 못했던 것을 달리 어떻게 설명할 수

있을까? [7 October 1959, p. 94] [p. 66]

흥미로운 점은 이들 저자들이 파르테노프 비온(Parthenope Bion)[4]과 함께 그녀의 아버지의 100번째 생일을 기념하기 위한 논문집의 공동 편집자였다는 사실이다. 비온(1985)은 그의 글에서, 태어난 지 몇 개월 된 파르테노프가 필사적으로 울면서 아버지를 찾는 동안 자신이 약간의 거리를 둔 채 태연히 앉아서 간호사들이 파르테노프를 들어 올리지 못하게 했던 기억을 언급하였다. 그때 그 간호사는 더 이상 견딜 수가 없어서 그의 방해를 무시한 채 아기를 품에 안았다. 마침내 양가적이고 후회스러워진 비온은 다음과 같이 결론을 내렸다: "아이는 울음을 그쳤고, 모성적 품안에서 편안함을 찾았다. 그러나 나는 나의 아이를 잃어버렸다"(p. 70). 어떤 것이 그러한 드라마를 결정하는 O였을까? "분석 이전의 비온" 안에 있던 "버림받은 내적 소년"에게서 온 시기심이 특별한 대우를 받고 있는 파르테노프에게 복수를 하려고 했을까? 우리는 알지 못한다.

비온은 그의 자서전에서 그가 전선으로 파송될 때, 런던의 한 호텔방에서 부모와 작별했던 장면을 회상한다:

---

4) Parthenope는 Virgil의 아에네이드에서(Troy의 용사 Aeneas의 모험담) 노래로 선원들을 매혹시켜 그들의 배를 암초에 부딪치게 해서 자멸하게 만들었던 인어들 중에 한명이었던, 반은 새이고 반은 여자인 인어에게 세례명을 줄 때 사용되었던 이름으로서, 그 서사시를 읽는 중에 비온에 의해 선택되어졌다. 신화에 의하면, 오디세우스를 향한 매혹이 실패하고 나서 인어들은 Parthenope를 포함하여 자신들을 제물로서 죽였는데, Parthenope의 시체는 네이플 근처의 해변에 다다랐다. 그리스인들은 그녀의 이름을 사용하여 그 마을을 "Parthenopolis"라고 불렀는데, 그 마을이 파괴되었기 때문에 "Neopolis" 혹은 "새로운 마을"로 재건되었으며, 나중에는 네이플로 바뀌었다. 불가사의한 우연에 의해 Parthenope Bion과 그녀의 딸 Patrizia 또한 교통사고로 이탈리아에서 1998년 7월 16일에 생을 마감했다.

> 나는 그곳에 도착했다. 부모님의 침실에는 전깃불이 납빛 온기를 내뿜고 있었다. 그들은 나를 보고 반가워했다. 그러나 나는 어린 나이에 전쟁터로 떠나는 아들의 이별이 나의 어머니로 하여금 인간이 아닌 피부 껍데기에 키스하도록 만들었다는 것을 느낄 수 있었다. 그러나 나는 나에게 붙어 있는 껍질을 깨지 못한 채 갇혀 있었다. [1982, p. 104]

한편 블랑도뉘(Bleandonu, 1994)는 다음과 같이 말한다:

> 그는 나중에 자서전에서 종종 자신이 아버지, 어머니 또는 심지어 여자형제가 없었다는 인상을 준다. 그들을 잊는 것은 오이디푸스 콤플렉스의 곤경에 대한 일종의 "최후의 해결책"이었을 수도 있다. 하나의 해결책으로서 그것은 정신증 환자가 오이디푸스 콤플렉스의 곤경을 취소시키기 위한 수단으로서 생각의 장치를 파괴하는 것과 닮았다. [p. 277]

소년들과 성인 남자들 사이에서 성장하는 것은 비온으로 하여금 무의식적으로 남성 인물로부터의 애정을 원하는 욕구를 갖도록 유도했을 수 있고, 따라서 그의 성 정체성에서의 혼란을 만들어냈을 수 있다. 그는 그의 자서전에서, 사춘기 시절 동안에 기숙학교에서 가장 가까운 친구였던 두들리(Dudley)와 함께 겪었던 일화들을 언급했는데, 그것은 그의 성 정체성 혼란에 대한 예를 보여준다:

> 어느 날 밤에 내가 파자마를 입은 채로 침대에 누워 두들

리의 침대에 가기 위해 기다리고 있었을 때, 두들리가 갑자기 허리에 두르고 있던 수건을 내던지고는 마치 나와 레슬링을 하듯이 나에게 달려들어 내 위에 올라탔다. "이제 기분이 어때?"라고 그가 말했다. 나는 육체적으로 아무것도 느끼지 못했고, 정신적으로는 지루한 느낌과 실망스러움을 느꼈는데, 그것은 곧 몇 번쯤 나에게 쓸모없는 도발을 시도한 다음에 포기한 두들리에게도 전달되었다. 나는 크게 실망했다. 나는 내가 무엇을 원했는지 알 수 없었지만, 내가 그것을 몹시 원하고 있었다는 것은 알고 있었다. 그리고 그 인식은 시간을 두고 더 분명해졌다. 나는 두들리가 하던 것을 계속하라고 격려했더라면 좋았겠다고 느꼈고, 그런 다음에 그가 무엇을 하려고 했는지 알아볼 수 있었을 거라고 생각했다. 그러나 지금 나는 두들리가 당시에 내가 알고 있던 것보다 더 많이 알고 있지 않았다고 생각한다. 내가 이것을 몇 년 후에 나의 정신분석가에게 말했을 때, 그는 내가 알고 있던 것을 확인해주었다. [1982, p. 74]

클라인에게 분석을 받기 전에, 비온은 이미 두 번에 걸친 분석 경험을 갖고 있었다. 그는 그의 첫 번째 분석가의 이름을 언급하지 않은 채, 그를 피프(FiP)박사라는 경멸적인 별칭으로 불렀다. 그 별칭은 회기가 진행되는 동안 그 분석가가 자주 사용했던 표현들을 명백하게 패러디한 것으로서, "과거 안에서 느껴보라"(feel-it-in-the-past)는 말의 앞 글자를 따서 만든 것이었다. 블랑도뉘(1994)는 그 분석가가 타비스톡 클리닉(Tavistock Clinic)의 정신과의사인 해드필드(J. A. Hadfield)일 거라고 추측한다. 1937년부터 1939년까지 지속되다가 2차 세계대전으로 인해 중단된 그의 두 번째 분석은 프로이트와 페렌치에게서 분석을 받은 릭크만(John Rickman)에 의해 이루어졌는데, 그는 훗날 비온의 좋은 친구가 되었다. 그러한 경험을 통해서 비온은 그의 불안을 일으키는 혼동들과 여성들에 대한 공포를 해결할 수 있었던 것으로 추측된다. 그가 만난 첫 번째 여자 친구는 아름다운 여성이었지만, 정숙하지 못한 문제로 헤어졌고, 그 후 전쟁 초기인 1939년에 영화 및 연극배우인 베티 맥크리틱(Betty McKritick)과 만나 마침내 결혼했다. 3년 후 비온은 몽고메리 장군에게 직접 발탁되어 육군 정신과 의사로 종군하고 있었는데, 그가 "노르망디 상륙" 작전을 준비하고 있는 동안 베티는 딸인 파르테노프를 남겨두고 죽었다. 불행히도, 그는 그녀의 임종을 지키지 못했다. 35년 후 그는 여전히 자신에게 다음과 같이 묻는다:

> 베티가 왜 죽었고 그리고 왜 아이까지 죽을 뻔 했을까? 신체적인 기능부전 때문인가? 무능한 산부인과 의사들 때문인가? 냉담하고 무관심한 관료들 때문인가? 아니면 남편의 출정으로 인해 요란스레 울렸던 남성적 북소리의 공허한 본성이 드러났기 때문인가? [1985, p. 62]

나중에 그는 다음과 같이 말한다:

> 나는 아이를 갖자고 베티에게 빌었다. 그녀는 결국 동의했지만, 그로 인해 목숨을 잃었다. [1985., p. 70]

정신과의사

1차 세계대전 이후, 비온은 포이티어스(Poitiers) 대학에서 불어를 그리고 옥스퍼드(Oxford) 대학에서 역사를 공부했는데, 옥스포드에서 비온은 그의 박식한 지식을 쌓았을 뿐만 아니라 럭비와 수영과 같은 스포츠에서 뛰어난 실력을 드러냈다. 이 시기에 두 개의 결정적 사건이 발생했다. 하나는 잉글랜드 럭비 국가대표로 뽑힐 수 있는 기회가 무릎 연골을 다치는 바람에 무산된 것이었고, 다른 하나는 한 어린 남자아이를 유혹한 혐의로 그 소년의 어머니로부터 고소를 당한 일로 그가 가르치고 있던 칼리지(Bishop's Stortford College)에서 해고된 것이었다, 비온은 그 혐의에 대해 강력히 부인하였을 뿐만 아니라, 처음으로 그 소년을 치료적 도움을 받도록 인도하기도 하였다. [1985, pp. 15-17]

그는 런던에 있는 대학병원(University College Hospital)에서 의학을 공부하기로 결정하였고, 외과부문에서 금메달을 딴 후 1930년에 졸업하였다. 그때 "그는 곧바로 정신의학 실습을 받기 시작하였다"(Bleandonu, 1994, p. 41). 1932년 즈음에 그는 타비스톡 클리닉(Tavistock Clinic)에서 의사로서 일을 시작했다.

비온에 따르면, 모든 개인들은 사전에 정해진 연줄에 따라 상호작용하면서 가족, 직장, 이웃, 학교, 관광팀 등과 같은 집단들을 형성했다. 그 기간 동안 비온과 함께 일했던 서덜랜드(Sutherland, 1985)는 비온이 "집단"이라는 단어를 집단치료와 사회일반을 가리키는 용어로 사용했다고 지적한다. "그에게는 오직 하나의 '사회적-차원' (socio-demension)만이 존재했다"(p. 33).

비온은 우리에게 모든 집단은 그것의 명백한 현실, 존재이유를 나타내는 목적과 함께 형성된다고 가르친다; 그것은 "작업 집단"(W)을 형성한다. 그러나 그것의 그림자 뒤에는 그가 "원-정신체계"라고 이름 붙인, 소위 기본적 가정들이 발달하는 영역이, 다시 말해, 정의되지 않고 결정되지 않은 공간인 가상현실이 놓여 있다. 이것들은 어떤 순간에 나타나 작업 집단을 장악하고, 그것의 경로를 바꾸며, 그것의 목적에 기생하는 미리 결정된 조건들이다. 비온은 다음의 세 가지 가능성들을 서술했다: (a) 메시아, 메시아적 아이디어 또는 구원에 대한 희망을 낳을 수 있는 짝의 창조로서, 그는 이것을 "짝짓기 기본적 가정"이라고 불렀다; (b) 전쟁 동안에 관찰된 것들과 유사한 편집증적 전략들에 의해 결정되는 싸움 또는 도피집단; 그리고 마지막으로 (c) 아기의 취약성과 어른들의 전능성 사이의 관계를 재생산하는 의존집단.[5)]

비온은 제2차 세계대전 동안 소위 "지도자 없는 집단"을 대상으로 그의 방법론을 실험했다. 나중에 "전쟁 신경증"이라 불린 "참호 공포증"의 희생자인 병사들과 장교들이 그런 집단이었다. 그는 훗날 세계적으로 유명한 연구기관이 된 타비스톡 클리닉에서 훈련을 받는 동안에도, 그 실험을 계속했다. 그러나 그의 추론과는 상관없이, 인간의 사회적 행동의 운명론에 대한 그러한 깊은 통찰력의 결과는 비온이, 키이츠(Keats)의 표현을 따라, "성취의 인간,"그리고 "소극적 능력"을 소유한 자라고 선언하기에 충분하다는 사실을 여실히 보여준다.

1945년에 비온은 그의 정신분석 훈련의 시작과 함께 멜라니 클라인과의 분석을 시작했다.

---

5) Bléandonu(1994)는 기본적 가정의 분류는 아마도 그녀가 언급했던 Tavistock의 정신과의사인 J. A. Hadfield에 의해 도입된 개념에 의해 영감을 받았을 수도 있다고 말한다. Hadfield는 세 가지 욕동의 존재에 대해 설명하였다. "성적 리비도, 공격적 또는 자기-보존적 욕동, 그리고 의존을 행한 욕동"(p. 43).

정신분석가

비온은 그가 분석훈련을 받는 수년 동안 정신분석 연구소 앞에서 정기적으로 배설을 하는 조그마한 검은 고양이의 이름이 "멜라니 클라인"(Melanie Klein)이었던 것을 회상한다. 검은 색이었기에 멜라니였고, 작았기에 클라인이었으며, 그리고 멜라니 클라인처럼 매우 대담했기 때문이었다. 1945년에 비온은 위대한 임상적 통찰력과 흔치 않은 용기를 지닌 이 여성과 분석을 시작했고, 1953년까지 계속했다.

> 그 8년 동안 그의 인생에서 많은 중요한 변화들이 일어났다. 일단 그가 영국정신분석학회의 회원으로 받아들여지자, 그는 저술활동과 발표를 통해 클라인의 탁월한 제자로서 알려지기 시작했다. 그는 두 번째 결혼에서 새로운 정신적 평형을 찾았다. 그리고 매우 이해심 있는 배우자와 함께 그의 전성기를 맞이하였다. 그는 딸인 파르테노프를 재발견할 수 있었고, 두 명의 새로운 자식을 위한 아버지가 될 수 있었다. 이 시기 동안에 비온은 정신증에 관한 첫 번째 논문 외에도, 집단역동에 관한 그의 작업을 출판하기 위한 준비를 끝냈다. 정신분석은 그에게서 그의 인생 마지막까지 그와 함께 한 깊은 창의력을 일깨웠다. [Bleandonu, 1994, p. 93]

멜처(1978)에 의하면, 비온의 창조성은 클라인이 1960년에 죽은 이후에 크게 증가했는데, 이것은 어쩌면 비온이 초기에는 그의 독창성을 자신의 분석가와 스승의 아이디어에 종속시켰다는 것을 암시하는 것일 수도 있다.

프로이트(1919)와 특히 라틴 아메리카의 다른 학자들에 의해 이미 검토된 바 있는, "분신"(double)이라는 오래된 주제는 비온에 의해 "상상적 쌍둥이"(Imaginary twin)라는 명칭 하에 1950년에 영국 정신분석학 연구소 졸업 논문 제목으로 사용되었을 뿐만 아니라, 초기 전성기적 오이디프스의 존재에 대한 클라인의 아이디어를 방어하는 요소로서 활용되었다. 그것은 그의 첫 번째 정신분석학적 연구였고, 그 뒤를 이어 정신증에 대한 철저하고 전형적인 연구와, 사고이론, 또는 비온 자신의 말로 "사고를 생각하는 장치"의 현상학적 개념화 작업이 이루어졌다. 그 결과 우리는 다음의 문헌들을 접할 수 있게 되었다: "정신분열증 이론에 대한 글"(Notes on the theory of schizophrenia, 1953), "정신분열증적 사고의 발달"(Development of schizophrenic thought, 1956), "비정신증적 인격과 정신증적 인격의 구별"(Differentiation of the psychotic from the non-psychotic personalities), "오만에 대하여"(on arrogance, 1957), 그리고 1년 후에 발표된 "환각에 대해서"(On hallucination), "연결에 대한 공격"(Attacks on linking, 1959), 그리고 마지막으로 "사고이론"(A theory of thinking, 1962).[6)]

이 시점까지, 비온이 그의 개념의 명료성을 유지하기 위해 매우 고심했음이 분명하다. 그러나 그의 이론적인 공헌의 근본적인 기둥들에 해당하는, 그 후에 출간된 4권의 책들은 읽기가 쉽지 않다. 그것들은 쉬운 주석의 가능성을 거부하는 개념들을 담고 있다는 점에서, 이전의 책들과는 달리, 불명료성이라는 특성을 갖고 있다. 비온은 갑자기, 비밀을 지키는 신비한 수호자로 행

6) "상상속의 쌍둥이Imaginary twin"를 포함한 이 모든 논문들은 두 번째 사고 *Second Thoughts*(1967)라는 제목으로 개정되어 단행본으로 편집되었다.

동하는, 오이디프스 신화에 나오는 스핑크스(Oedipus' Sphinx)로 변형된 것으로 보인다. 그가 브라질과 아르헨티나 정신분석학회들로부터 받은 애정 깊은 열정이, "백설 공주의 눈을 뜨게 한 왕자의 키스"처럼, 비온의 신비한 의미들에 작용할 때까지는, 그의 명료성은 돌아오지 않았다.[7] 「변형」과 「정신분석의 요소들」을 비교하면서, 멜처(1978)는 다소 불편한 어조로 독자들이 비온에 의해 사용된 수학기호들에 직면해서 겪는 어려움에 대해 불평하였다:

> 이 책에서 화살표, 점, 선, 단어의 위(또는 아래)에 있는 화살표, 그리고 그리스 철자뿐만 아니라 그리스 단어가 이어지는 수학적 표기, 유사-방정식이 증가하는 현상 앞에서, 우리는 그러한 희망을 지탱하지 못한다. 우리의 정신에 대한 그러한 공격을 우리는 어떻게 견뎌내겠는가? 비온은 위장한 환자 B인가? [p. 71]

"오만에 대하여"라는 글에 대해 언급하면서, 멜처(1978)는 반어적으로 다음과 같이 말한다:

> 확실히 ... 파리학회에서 "오만에 대하여"라는 논문을 읽었을 때, 많은 사람들은 비온이 서술하고 있는 바로 그 교만에 의해 충격을 받았다. [p. 31]

7) 비온의 논문들에 대한 연구를 시작하려는 학생들에게는 항상 Brazilian *Lectures*(1974)로 시작하여 *Second Thoughts*(1967)를 거쳐 *Seven Servants*(1977)에 포함되는 4권의 책들로 마무리할 것을 권장한다.

비온의 공헌들, 특히 그의 O 개념과 "신앙의 행위"(act of faith)에는—「주의와 해석」에서 볼 수 있듯이—이단적인 사상이 들어있는 것일까? 그리고 그것이 당시 영국정신분석학회의 기존 멤버들로 하여금 시기에 찬 공격을 하게 했던 원인이었을까? 「변형」의 일부 판에서, 비온은 사람들로 하여금 왜 그가 그것을 선택했는지 궁금하게 만드는 변심거리(邊心距離)로서 셰익스피어의 맥베스를 인용하고 있다:

> 그래, 분류표 안에서는 너희들이 모두 사나이로 통하지,
> 사냥개, 그리고 회색빛 사냥개, 잡종견, 삽살개, 똥개, 털개,
> 물개, 그리고 늑대개들이 모두 개라는 이름으로 불리는 것
> 처럼.

다른 한편, 만일 우리가 「주의와 해석」의 마지막 장을 읽는다면, 우리는 다소 편향된 관점에서, 당시 정신분석학 연구소들의 관용부족에 대한 불평을 지각할 수 있을 것이다. 그들의 진술에 대한 은둔자적인 일반화와 제시된 진술의 세련됨과 상관없이, 마지막 장에서는 보다 세속적인 시각을 향한 개방성이 허용된다: 정신분석에 대한 새롭고, 다르고, 예외적인 공헌에 의해 일깨워진, 관용부족에 대해 누군가에 의해 제기된 불평. 프란체스카는 1995년에 트롯터(Wilfred Trotter)를 인용하면서, 그가 비온에게 끼친 영향을 다음과 같이 서술했다:

> 트롯터는 우리에게 비온의 후기 견해를 강하게 상기시키는 사실을 관찰했다. 그는 새로운 아이디어들에 대한 저항, 전통과 선례에 대한 복종; 통치 권력이 경험에 무감각한 부류의 구성원들에게, 즉 새로운 아이디어에 마음이 닫

> 혀 있고 기존의 것들이 주는 만족에 안주해 있는 사람들에게 넘어가는 경향성; 끔찍한 사고(思考)의 고통을 견디기보다는 기꺼이 위험을 감수하는 인간의 성향에 대해 말한다. [pp. 3-4]

시밍턴 부부(Symington & Symington, 1996)에 따르면, 비온이 O 개념을 도입했을 때, "일부 클라인학파 분석가들은 즉시 비온의 사고와의 결별을 선택했다"(p. 10). 비온이 나중에 캘리포니아에 머무는 동안, 그의 3부작인 「미래에 대한 회고록」(1991)을 출판했을 때, 많은 영국 분석가들은 "그가 영국을 떠난 후에 정신적으로 퇴화했고, 따라서 그 시기 이후에 그가 집필한 모든 것은 노인의 헛소리에 지나지 않는다고 무시했다"(Symington & Symington, 1996, p. 10).

비온은 1968년 초에, 클라인과 그녀의 추종자들에게 관심을 갖게 된 그리고 정신분석의 새로운 방향을 모색하고 있는 개혁자들 집단의 초대에 응하여 로스앤젤레스로 이사하였다. 그의 자녀들은 이탈리아와 영국에서 각자의 학업을 계속하기로 선택했다. 이러한 변화는 그에게 자유에 대한 새로운 희망을 주었고, 질식시키는 것으로 변한 영국 정신분석계의 분위기에서 벗어날 수 있는 출구를 제공했으며, 3부작으로 이루어진 그의 대표작 「미래에 대한 회고록」을 쓸 수 있게 했다. 프란체스카는 "그가 영국에 남았더라면, 그처럼 솔직하게 드러내는 방식으로 자신을 표현하는 것이 가능하다고 느끼지 못했을 것"이라고 말한다(ibid., pp. 12-13). 비온은 이 책의 에필로그에서 다음과 같이 말한다:

> 평생 동안 나는 상식, 이성, 기억, 욕망 그리고—가장 나를 힘들게 한—이해하고 이해받는 것에 의해 구속받고, 좌절하고, 괴롭힘을 당했다. 이 책은 이 모든 것들에게 "작별"을 고하는 나의 반항심의 표현이기도 하다. 비록 내가 지금 실패할 운명이라는 것을 알고 있지만, 나의 소망은 상식, 이성 등에 의해 오염되지 않은 책을 쓰는 것이다. [1991, p. 578]

그러나 모든 것이 순조로웠던 것은 아니다. 그 당시에 이미 70세가 넘었던 비온은 그의 존재를 현상 유지에 대한 위협으로 경험하고 있는 사람들, 즉 "자아심리학"의 무정부주의 안에 뿌리를 둔, 안티 클라인학파 집단들과 맞서야만 했다. 그롯슈타인(1993)은 그 일을 다음과 같이 기억한다:

> 나는 메이슨(Albert Mason)이, 비온이 좌표에 대한 강의를 할 수 있도록 로스앤젤레스 연구소의 강당을 예약했던 사건을 기억하고 있다. 청중들은 대부분 클라인학파에 우호적인 사람들이었지만, 호기심으로 참석한 고전적 멤버도 한 사람 있었다. 비온이 좌표에 대한 그의 생각을 즉석에서 발표한 후에, 그것을 녹음한 것이 훗날 그의 가장 중요한 연구들 중에 하나로 출판되었다. 그 고전적 분석가는 그의 발표의 내용과 가정들에 대해 비판하기 시작했고, 심지어는 그의 "유창하지 못한 영어실력"에 대해서도 비판했다. 비온의 대답은 "글쎄요, 그렇다면 빛보다 더 열을 발생시킬 수 있는 것은 없다고 말할 수밖에 없군요"였다. [p. 61]

1971년에 비온은, 비록 그의 특유의 "흑색 유머"(dark humour)를 사용하여 "분석가는 그의 연구가 실패했을 때만 환영받는다고 말하기는 했지만, 캘리포니아에 있는 동료들과의 관계를 "총체적 실패"라고 언급하였다. 캘리포니아 사람들에 대해 그는 다음과 같이 말했다:

> 여기 로스앤젤레스에서 나 자신과 나의 동료들과의 관계는 거의 성공적이지 못한 것이었다고 말할 수 있다. 그들은 나로 인해 당혹스러워했고, 나를 이해할 수 없었다 ... 나에 대한 그들의 느낌 안에는, 만일 내가 착각한 것이 아니라면, 나의 사상, 인격 또는 아이디어들에 대한 이해나 공감보다는 두려움이 더 컸던 것 같다. 상황, 즉 정서적 상황이 어디가 더 나았다고 말할 수 있는 여지는 없었다. 나는 영국에 대해서도 같은 말을 할 수 있다. [1992, p. 334]

이 시기 즈음에, 비온은 아르헨티나 사람들에게서 초청을 받았고, 그곳에서 소르(Dario Sor)와 비앙커디(Elizabeth Tabak de Bianchedi)와 함께 훗날 유명해지는 비온 연구집을 출간한 그린버그(Leon Grinberg)를 만났다. 그린버그(2000)는 비온이 강연장으로 들어가는 도중에 한 분석가에 의해 언어공격을 당했던 일을 다음과 같이 기억한다. 긴장된 침묵의 순간이 지난 후에, 비온은 즉각적으로 이렇게 말했다:

> "... 나는 인간의 마음처럼 매우 끔찍한 어떤 것을 연구하다가 정신분석적 공동체 안에서 또 다른 희생자가 된 누군가에게 찬사를 표하고 싶습니다." 비온의 말에 이어 박수갈채가 터져 나왔는데, 그것은 분명히 그러한 이해심 있

> 고, 관대하고, 그리고 인간적인 반응에 대해 참석자들이 느꼈던 찬사를 반영하는 것이었다. [p. xx]

분명히 그 순간에 비온은 아르헨티나 사람들의 마음을 얻었다. 그러나 비온을, 그가 태어난 나라인 인도에서의 추억에 더 가까이 이끌었던 사람들은 바로 "아마존 문명"의 풍부함을 간직한 브라질 사람들이었다. 열대의 풍경이 비온의 선호도에 영향을 미쳤을 수도 있다는 가정이 정당한 것이라는 주장이 제기되기도 했는데, 그것은 그가 마하브라타(Mahabhrata)에 대한 강의에 기이한 친근감을 느꼈다는 그의 언급에 근거한 것이었다. 그 언급은 그의 유모가 어린 그가 잠을 자기 전에 산스크리트 문헌에 나오는 이야기를 들려주었을 것이라고 추측할 수 있게 했다. 그러나 우리가 공정성을 유지하기를 원한다면, 우리는 브라질 정신분석 공동체가 "세계에서 가장 위대한 정신분석가"를 따뜻하게 환영해주었다는 사실을 간과해서는 안 된다. 프란체스카 비온(1995)은 다음과 같은 느낌을 회상하였다: "그들은 매력적이고, 다정하고, 교양 있는 사람들이었고, 그들을 아는 것과 그들과 함께 일하는 것은 즐거움이었다"(p. 13). 비온은 그가 어떤 청중에게도 표현한 적이 없는 명료성과 열정을 제공함으로써, 그들에게 보상하였다. 그것은 위대한 생산성과 커다란 혜택의 상호적인 애정의 결과였고, 그 순간들에서 울려 퍼진 메아리는 그것에 대한 기록을 담고 있는 페이지들을 통해 지금도 계속되고 있다. 비온은 영국인들에게는 모호한 사람이었고, 미국인들에게는 진지한 사람이었으며, 브라질 사람들에게는 매력 있고 이해심 많은 사람이었다. 그러나 프란체스카가 비온이 컨퍼런스에서 발표한 내용의 최종적인 수정을 미루는 것에 대해 불평했을 때 그랬던 것처럼, 그것은 역설적인 것일 수 있다: "당신에게 그렇게 하라고 시키는 것보다는 아이에게 쓴 약을 먹이는 것이 더 쉬울 겁니다"라고 말하자, 비온은 "나는 내가 토해낸 것을 검토하고 싶지 않거든요"라고 응수했다. [F. Bion, 1995]

미래에 대한 회고록

비온은 그가 죽은 후에 그의 아내 프란체스카에 의해 출간된, 두 권의 자서전을 썼다: 하나는 「긴 주말」(The Long Week-End)이고, 다른 하나는 셰익스피어의 표현을 사용하여 제목을 붙인 「기억된 나의 모든 죄들」(All my Sins Remembered)이다. 후자는 많은 부분이 프란체스카에게 보낸 러브레터로 채워졌는데, 그것은 그들이 타비스톡에서 만난 지 두 달 반 만에 결혼했다는 사실에서 알 수 있듯이, 많은 열정을 공유했음을 말해준다. 두 권의 책들은 모두 "의식적인 역사"의 관점에서 본 전기로 간주될 수 있는데 반해, 비온이 "허구의 책"(book of fiction)이라 서술했던 「미래에 대한 회고록」은 아마도 그의 "무의식"에 대한 전기를 나타낼 것이다.

「미래에 대한 회고록」은 각각 다른 시기에 출간된 세 권을 1991년에 한 권의 책으로 묶은 것이다. 첫 번째 책인 「꿈」(The Dream)은 1975년에 출간되었고, 이어서 2년 뒤에는 「제시된 과거」(The Past Presented)가 출간되었는데, 그 두 권 모두 브라질에서(Imago Editora) 출간되었다. 마지막 책인 「망각의 여명」(The Dawn of Oblivion, 1979)과 그 부록인 "미래의 비망록에 대한 열쇠"(Key to A Memoir of the Future, 1981)는 스코틀랜드에서

(Clunie) 최초로 출판되었다. 내용의 미묘함과 밀도뿐만 아니라 분량의 크기 때문에, 이 저작에 대해 어떤 평가를 내리는 것은, 특히 우리가 도입부의 간결성에 갇혀 있을 경우, 매우 어려운 일이다. 「미래에 대한 회고록」은 스스로 그 자체를 평가하도록 허용될 필요가 있다.

좌표

비온은 영적인 것으로부터 하부물리학(infraphysic)에 이르는, 그리고 O에 의한 깨달음으로부터 좌표의 엄격한 네모 칸 안에서 측정되는 정서의 재생산에 이르는 광범위한 스펙트럼을 다루면서, 마음에 대한 전인적이고 일관성 있는 "양안적 시각"을 사용했다. 그의 의도와 헌신이 마음에 대한 포괄적인 관념으로 이해될 수 있다는 점에서, 우리는 또한 그의 연구를 이해할 때 전인적인 생각을 통해 접근해야만 한다: 한 비온은 신앙의 행위를 위한 비온이고, 또 다른 비온은 불확실성의 한가운데서 확실성을 살려낼 수 있었던, 마음의 "수학화"를 시도한 비온이다. 결국 그는 입은 망원경으로서의 항문으로부터 관찰되어야 하며, 역으로도 마찬가지라고 구어체로 주장하였다. 만일 우리가 좌표의 정점에서만 바라본다면, 우리는 그를 사람들 없이 사람들을 위한 과학을 건설하려는 야망을 성취하려고 애쓰는 "과학적 실증주의자"라고 비난할 수도 있을 것이다. 그러나 만일 우리가 다른 쪽 극단에서, 즉 "O" 또는 "신앙의 행위"로부터 그를 바라본다면, 우리는 그의 작업을 "영성" 또는 "전지성"(omniscience)에 해당하는 것이라고 비난할 수 있을 것이다. 그러나 이러한 시각을 유지할 경우, 우리는 현상 자체를 관찰도구와 혼동하는 끔찍스런 과오를 범할 수 있다: 우리가 바라보아야 하는 것은 비온의 입이 아니라, 마음의 모습 그리고 일견 야누스의 얼굴처럼 보이는 그것의 두 얼굴이다. 하나는 내면에서 생물학의 경직된 구조를 향해 있고, 다른 하나는 외부의 측정할 수 없는 영원함을 향해 있다. 이처럼 모호한 관점을 시도하는 것이 바로 비온의 절대적인 위대성을 보여준다. 좌표에 대한 포괄적인 설명이 이 사전에서 제공되고 있다.

ㄱ

가설(Hypothesis): 비온은 이렇게 질문한다. 만약 우리가 예컨대 양자역학에서처럼 "통계적 가설들"이 "경험적으로 증명할 수 있는 가설들"의 자리를 차지했다고 말할 수 있다면, 경험적 관찰에 의한 증명이 이상화에 기초한 가설들에 의해 대체된, 통계적 가설과 비슷한 이론이 가능하지 않을까? 그는 비경험적으로 증명할 수 있는 가설들을 세 종류로 구분했다: (1) 이론처럼, 엄격한 이론적 진술에 해당하는, "높은 수준의, 일반화된 그리고 비경험적으로 증명할 수 있는" 가설; (2) 확률에 기초한 개념들에서 추론된 통계적 가설; (3) 존재하는 것으로 가정되는 상황들에 대한 가정에 기초한 이상적-유형의 가설. 이 세 번째 가설에 대한 예로는, 누군가가 "올해 X 지역에는 습도가 최고로 올라가는 날이 있을 것이다"라고 말하는 것, 또는 비온의 예를 따라, "과도한 분열과 투사적 동일시는 인격의 해체로 인도한다"(1992, pp. 127-128)고 말하는 것을 들 수 있다. 1960년 2월 12일에 기록된 이 메모는, 그에게 매우 중요한 관심사였던, 마음을 정확하게 묘사하고자 했던 비온의 최초의 시도를 보여준다. 이런 의미에서 비온은 다음과 같이 묻는다:

이 가설 이론이 어떻게 수학적 공식의 실현과 비교되는

> 가? 이 질문에 대한 대답을 시도하기에 앞서, 우리는 수학적 공식들을 꿈들과 비교할 때 출현하는 특정한 유사성들과 차별성들을 고려해야만 한다. [1992, p. 128]

비온은 또한 하나의 단어가 많은 의미들을 압축적으로 담아낼 수 있다는 점에서, 그것 자체로서 하나의 가설을 나타낼 수 있다고 보았다. 예를 들면, 개인적 관점에서 온 용어인 "젖가슴" 또는 "페니스"가 그것인데, 그것은 항구적 결합을 포함할 수 있다(ibid., pp. 250-254).

감각 기관(Sense organs): 참조: 지각 기관.

감각적 현실(Sensuous reality): 감각기관을 통해서 알 수 있는 현실에 해당하는 것으로서, 이것은 현상을 감지하는 데는 필수적이지만, 말로 표현할 수 없 것, 누메나 또는 물-자체를 지각하는 데는 소용이 없다. 비온은 다음과 같이 말한다:

> 우리는 ... 현상적인 것으로 서술될 수 있는 것들에 대해 말하는 동시에, 같은 언어를 누메나적인 것을 서술하는 데도 사용하도록 강요받는다. 이것은 심각한 문제이다. 만약 우리가 아무도 그 의미를 이해하지 못하는 말을 고안한다면 어떻게 될까? 우리가 그렇게 하지 않는다면, 그 말의 감각의 역사가 환기될 것이다. "죽은" 은유가 부주의하게 사용될 때, 그것의 유령이 걷기 시작한다. 신조어들은 정신적으로 앓고 있는 사람이 가진 특권이다. 그것들은 정신분석가가 사용할 수 있는 것이 아니다. [1974a, p. 34]

비온은 계속해서 말한다:

> ... 우리는 마음, 정신, 영 등, 어떤 용어를 사용하든, 감각적으로 이해할 수 있는 것이 아닌 것, 즉 감각의 범위에 속하지 않는 것에 대해 아는 것이 너무 적다. [ibid., p. 42]

비온은 우리가 누군가의 말을 들으면서 "네 말 뜻을 알겠어"라고 말하는 것과, 분석가가 환자의 말을 들으면서 "나는 그가 무슨 말을 하는지 모르겠다"라고 생각하는 것에서 관찰될 수 있는 차이에 대해 말한다. 후자의 경우에는 회기 동안에 변할 수 있는 어떤 것에 대해 말하고 있는 것이며, 그런 변화가 일어날 때, 우리는 "이제 나는 그가 무슨 말을 하는지 알겠어"라고 말할 수 있다. 비온은 "미래에는 알려질 것이지만, 지금은 아직 알려지지 않은 이것이 누메나 또는 물-자체이며, 나중에 그것이 이해될 때, 그것은 현상으로 바뀐다"고 말한다.

> ... 이제 직접적인 해석은 뒤로 갔다가 앞으로 간다. "나는 당신이 하는 말의 의미를 알겠어요." 아니면 다른 말로, "나는 당신이 말하고 있는 어떤 것을 기억하고 있다고 생각해요" ... 그것은 얼핏 뒤를 돌아본다; 그것은 "도래할 것의 형태"를 직관한다 ... "현재"의 경험이 과거이고, 현재이며, 미래이다; 여기에는 시간이 없다. 누군가가 공간-시간을, 정신분석적 시간과 공간을 고안해내지 않는 한 말이다. [ibid., p. 36]

참조: 누메나: O, 궁극적 실재, 현상, 물-자체, 진실.

강화된 분열(Enforced splitting): 비온이 아기가 생존을 위해 젖가슴을 빨아야 할 욕구와, 젖가슴에 대한 시기어린 공격과 보복에 대한 위협 사이에서 선택을 강요받는다고 느끼는, 방해받은 젖가슴과의 관계에서 비롯되는 분열의 한 형태라고 서술한 용어이다. 시기심의 파괴적인 세력에 대한 두려움은, 한편으로는 사랑, 이해, 위로와 같은 심리적 욕구와, 다른 한편으로는 물질적인 욕구 사이에서 마음의 분열을 유발한다. 이 분열은 애정에 대한 욕구와 베타-요소들의 표현으로서의 물질적인 것들의 축적 사이에서 혼동을 자극한다. 개인이 생명체와 무생물 사이를 구별할 수 있게 하는 알파-기능을 결여할 때, 그는 끝없이 이어지는 베타-요소로서의 물질적인 것을 습득하는 데 의존하게 된다 (1962, pp. 10-11).

이러한 형태의 행동은 상담실에서 일부 환자들이 그들 주변의 사람들뿐만 아니라 그들 자신들에 대해서도 "살아있는" 사람으로 생각하는 것이 어렵다고 느끼면서, 가구와 같은 물질적인 것에 관심을 갖는 모습에서 관찰될 수 있다. 그들은 보통 자신들을 제대로 작동하지 않는 일종의 기계라고 생각하면서, 그리고 자신들은 그 기계의 작동원리를 잘 모르지만 분석가는 잘못된 것을 고칠 수 있는 유능한 "정비사"일 거라는 기대를 갖고서 상담실에 온다.

개념(Concept): 좌표의 세로축에서 F범주에 해당하는 사고과정의 발달적 수준을 나타내는 용어이다. 개념은 포화된 요소들, 사고들, 또는 고정된 관념들이다. 참조: 좌표, 세로축; 실현; 생각을 위한 정신 장치; 생각하기 이론.

개연성의 구름(Clouds of probability): 회기 중에 분석가와 환

자 또는 환자와 분석가 사이에서 발생하는 의문들을 나타내기 위해 비온이 단 한번 사용한 적이 있는 추상적이고 수수께끼 같은 시각적 모델을 나타낸다. 그는 "의미의 탐색"이 일어날 수 있는 정신분석적 경청을 위한 모델을 말하고 있는 듯하다. 예를 들면, 신앙의 행위에 의해 O → K 변형이 획득될 수 있는데, 이는 그가 정신증 환자들에 대해 설명할 때 사용한 환각 모델과 유사하다.

이 모델에서, 비온은 두 점의 존재를 상상하는데, 하나는 "위쪽에 위치한 구름"에 해당하는 것이고, 다른 하나는 아래쪽에 위치한, 그가 "여름날의 뜨거운 지점"이라고 말한 것이다. 그는 그 두 점들 사이의 긴장 역시 고려한다. 이 전체 모델은 좌표의 C범주에 해당될 것이다.

특정한 순간에 그 긴장은 개연성의 구름으로부터 가능성, 의심, 확신, 우울, 죄책감, 희망, 두려움 등의 구름들로 변할 수 있다. 그런가 하면, 뜨거운 지점은 분석가나 환자의 성기, 옷, 자세, 방안의 곤충, 또는 회기 안에서 의미를 얻게 되는 다른 위치를 나타낼 수 있다. 비온은 시각적 모델(후각적 또는 청각적 모델일 수도 있는)을 점과 직선의 기하학적 모델과 비교하면서, 이것은 덜 개방되고 더 포화된 것일 수 있다고 말한다. 그는 모델에서 중요한 것은 "의미를 탐색하고 있는" 포화되지 않은 상태에 머무는 것이라고 덧붙인다: $\Psi(\xi)$(1965, pp. 117-118). 참조: K(ξ), 전-관념, 싸이, 포화된-포화되지 않은 요소들.

거 리(Distance): 비온은 이 용어를 "사라진 값의 유령들," 또는 한 때 거기에 있었지만 지금은 없는 어떤 것처럼, 알려지지 않은 어떤 것을 서술하는 데 사용했다. 그는 다음과 같은 공식으로 그것을 나타낸다: 거리=$\Psi(\xi)$, 즉 (ξ)=존재하지 않는 값이 있는 곳,

또는 "값이 있었거나 있게 될 곳, 그러나 포화되지 않은 요소처럼, 현재에는 결코 존재하지 않는 "덧없이 사라질 증가분이거나 사라진 값." 그는 거리를 O 안에서의 변형과 연관시킨다. 예를 들면, O와 Tβ 사이에 존재할 수 있는 거리(ξ), 또는 다른 말로, 환자가 말하는 것을 분석가가 알게 되거나(K), 통찰에 의해 깨닫게 되거나, O가 발생하는 데 걸리는 시간과 관련시킨다. 그리고 환자와 분석가의 마음 안에서 다음번의 O가 발생하는 데 걸리는 시간과 관련시킨다. 비온은 "알지 못함"(K), "되지 못함"(O)의 자리에서 "앎"과 "되기"의 자리로 가는 방향과 그 반대 방향, 즉 "앎"과 "되기"에서 "알지 못함"과 "되지 못함"(O 또는 K)으로 가는 방향을 구분하였다:

> O 안에서의 변형이 O에 의해 O가 되기, 또는 O가 "되고 있는 것"과 관련되는 반면, K 안에서의 변형은 어떤 것에 "대해 아는 것"과 같다고 느슨하게 서술될 수 있다. O와 Tβ 사이의 "거리"(ξ)는 인위적으로 일련의 단계들로 서술될 수 있다. O→Tβ의 방향을 가정할 때, O는 (a) 드러난(또는 "알 수 있는") TβK→가 되기, (b) "상기시키는 것," "화육되기" … →, (c) TβO 또는 "하나됨"의 상태가 되기에 의해 진화한다고 말할 수 있다. Tβ→O로의 반대 방향을 가정하는 것 역시 가능하다. [1965, p. 163]

참조: 과장법.

거세(Castration): 비온은 진정한 거세란 원본능이 자아에 대해 시행하는 것이라고 주장했는데, 이것은 아동이 자신의 환상 속에서 어머니의 신체를 가학적으로 공격한다는 클라인의 서술과 유사하다(1931). 비온은 또한 감각기관에 부착되어있는 의식에 대한 극단적인 가학적 공격 외에도, 주의, 표기, 판단, 좌절을 견디는 능력, 운동 방출 또는 행동, 그리고 무엇보다도 정신증 환자에게서 발견되는 사고에 대한 공격에 대해서도 말한다.

거짓됨(Falsehood): 진실과는 달리, 거짓됨은 생각하는 자 또는 내용 내부의 사고(**a thought inside a content)**를 요한다(1970, p. 117). O는 모든 대상의 절대적 진실을 나타내기 때문에, 거짓됨과 거짓말에 기초한 O는 결코 존재할 수 없다. 참조: 거짓말; O; 궁극적 실재; 진실; 야생적 사고.

거짓말(Lie): 비온은 거짓말에 대해 연구할 때 만나는 어려움은 진실을 추구하는 데 사용되는 동일한 언어가 거짓말을 조작하는 데도 사용된다는 데 있다고 말한다. 거짓말은 그것을 형성하기 위해 "생각하는 자"를 필요로 하는 사고이다; 그러나 진실은 그런 것을 필요로 하지 않는다. 예컨대, "하늘이 푸르다"고 말하는 것은 그것을 생각하거나 만들어낼 사람을 필요로 하지 않는다. 그것은 스스로 있는 진실이기 때문이다. 어떤 "생각하는 자"가 어떤 사고를 위해 없어서는 안 된다고 느낀다면, 그는 같은 사고를 위해 없어서는 안 된다고 느낄 수 있는 누군가를 시기할 수 있을 것이다. 사고는 생각하는 자를 전제로 한다는, 데카르트가 암묵적으로 느꼈던 생각은 오직 거짓말과 관련해서만 타당성을 갖는다(1970, pp. 102-103).

거짓말쟁이가 정신분석을 받을 수 있는가? 비온에 따르면, 비록 클라인은 한 때 그것이 가능하지 않다고 느꼈지만, 비온은 분석가는 환자와 마찬가지로 뜻하지 않게 그리고 빈번히 치료가 시작된 이후에 갑자기 거짓말에 걸려 넘어질 수 있다고 생각했다. 또한 거짓말이 스스로를 -L 및 -K와 연관된 포화되지 않은 요소들로 제시할 수 있는 가능성이 그것을 포화 또는 실현 가능성에 열린 상태로 남겨둘 수 있다. 예를 들면, 항상 지각하면서 같은 변명을 반복하는 환자를 다룰 때, 분석가는 몇 가지 가능성을 갖는다: (1) 진실이 그에게 중요하지 않기라도 하듯이, 그 변명을 받아들이는 것; (2) 사고되지 않은 사고를 나타내는, 환자의 양심에 호소하는 것; (3) 그 거짓말을 진실로 포화시킬 수 있는 정확한 해석을 제공할 수 있는, 적절한 순간이 올 때까지 기다리는 것(1970, p. 98). 다른 한편, 거짓말은 "파국적 변화"에서 발생하는 것과 비슷하게, 변화에 대한 반응을 나타낼 수 있다(ibid., p. 99).

거짓말은 좌표의 범주 2에 속할 수 있다; 그러나 그것이 비난들과 방어들을 환기하거나 자극할 때, 그것은 범주 6에 속할 수 있다. 왜냐하면 그것이 행동과 관련된 정서적 동요를 야기할 수 있기 때문이다. 만약 그것이 신화를 닮은 이상화의 날조로 바뀐다면, 그것은 범주 C에 속할 것이다. 역사 안의 많은 거짓말쟁이들은 과학의 진실에 의해 위협받고 있는 세상에 직면해서 스스로를 방어했다: "인류는 의심의 여지가 없는 사실에 직면해서조차도 그들의 거짓말이 진실이라고 주장할 수 있었던, 소수의 재능 있는 거짓말쟁이들에 의해 구원받았다고 말한다고 해도 과언이 아니다(ibid., p. 100). 거짓말의 본성은, 이론적으로, 진실에 대한 분석가의 관심과 갈등을 일으키는 -L 또는 -K의 사용에 의해 설명될 수 있을 것이다; 더 나아가, 일부 환자들의 지능과 세련됨의 정도가 거짓말의 효율성과 우월성을 믿게 하는 데 그들이 가진 자원을 계속해서 사용할 수 있도록 허용한다(ibid., p. 99).

진실에 접근하는 길은 편집-분열적 자리에서 우울적 자리로 가는 길과 동등한 것일 수 있다. O의 지배는 거짓말쟁이에게 편집증적인 체계와 위협으로 바뀔 수 있다. 또는 다른 말로, 거짓말을 생각하는 생각하는 자의 영역 안에서 O가 되는 것이 발생시키는 충격은, 편집-분열적 자리에 있는 사람들에게 존재하는 것과 같은, 박해 감정에 의해 특징지어진다: O와 거짓말은 정의상 양립할 수 없다.

멜처(1973)는, 로젠펠드(1971)가 "자기애적 갱"이라는 개념을 그렇게 사용했듯이, "나쁜 대상의 이상화"라는 개념을 사용하여 거짓말의 이상화와 "대상의 선함"을 내세워 진실에 대해 체계적 공격을 행하는 현상에 주의를 기울일 것을 강조했다. 이런 경우, 비온이 말하듯이, 생각하는 자와 거짓말 사이의 관계는 양자가 서로를 파괴하는, 기생적 형태의 담는 것-담기는 것 상호작용에 속하게 된다(ibid., p. 103). 이런 의미에서, 비온은 "부정적 좌표," 즉 -L, -H 그리고 -K 뿐만 아니라 범주 2에 해당하는, 거짓말과 같은 개념들을 나타낼 수 있는 정규적인 좌표의 거울 이미지를 고안해낼 것을 제안했다.

비앙커디와 그의 동료들(2000)은 두 종류의 거짓말을 구별한다: (a) 방어로서의 거짓말; (b) 진실과의 모든 접촉을 담당하는 수용체를 제거하는 것을 목표로 하는, 투사적 동일시를 나타내는 거짓말(pp. 220-235). 블랑도뉘(1994)에게 있어서, 거짓말은 분석을 불가능한 과제로 만드는, 자유연상에 대한 공격을 나타낸다. 그롯슈타인(1996)은 정신증 환자들은 O와 가까이 있기 때문에 O를 K와 혼동할 것이고, 그와는 반대로 신경증 환자들과 정상인들은 K를 O와 혼동할 것이라고 말한다.

결합가(Valence): 화학에서 빌려온 개념으로서, 비온은 이것을 지배적인 기본적 가정을 따라(1948a, pp. 153), 두 개인 사이에서

나 집단 전체에서 자발적이고 본능적으로 정서를 조합할 수 있는 능력을 나타내는 데 사용했다. 그것은 인간 존재 안에 현존하는 "군집적 특질"의 표현일 수도 있다. 조합 역량은 크거나 작을 수 있는데, 비온은 이것을 각각 "높은 또는 낮은 결합가"로 불렀다. 이 상태는 작업 집단 안에 존재하는, 비온이 "협력"으로 서술한 것과 반대되는 것에 해당된다. 참조: 기본적 가정; 싸움-도피 집단; 집단; 기본적 가정에 의존하는 변동; 짝짓기 기본적 가정; 작업 집단.

경쟁적 행동; 행동화(Rivalry, acting; acting-out): 이것은 환각증에서의 변형(정신증 환자나 인격의 정신증적 부분과 관련하여)이 발생하는 동안 지배적일 수 있는 느낌 또는 항구적 결합으로 간주되는 것으로서, 분석가의 위치를 차지하고 그에게서 분석적 정점을 박탈하고자 하는 경쟁심에 사로잡힌 환자가, 분석가 안에서 자신의 기법을 포기하는 것과 분석을 유지하는 것 사이에서 일종의 딜레마를 유발하는 현상과 관련되어 있다. 이 상태는 때로 환자 안에서 분석가가, 그의 행동 및 기법과 마찬가지로, 자신을 환자의 환각적 마술보다 훨씬 더 우월한 것으로 여기고 있다는 느낌을 유발한다. 그런 경우 경쟁심이 행동화될 수 있다(1965, p. 136). 비온은 환자가 자신을 그 자신의 창조물 이외의 어떤 것으로부터도 독립된 존재로 드러내기를 갈망한다고 말한다. 여기에서 그 자신의 창조물은 비워내기 기관으로서의 그의 감각들을 사용하는 데 따른 산물을 말한다. 투사되는 모든 것은 기괴한 대상의 형태로 환자를 에워싸고 있는 세계를 나타낸다. 이러한 감각들의 기능과 그것들의 정신적 대응물은 "완전한 세상," 즉 어떤 불완전성의 느낌도 사실 그대로 외부에서 개입하는 적대적인 세력의 산물로서 경험되는 세상을 창조하는 것을 목적으로 갖고 있다(ibid., p. 137). 이러한 능력 덕택에, 환자는 그 자신의 산물을 제외하고는 전체 세계로부터 전적으로 독립되어 있고, 따라서 자신이 경쟁심, 시기심, 탐욕, 위협, 사랑이나 증오와 같은 모든 경험들 위에 존재한다고 느낀다. 하지만 모든 방어는 실패하기 때문에, 그는 계속해서 의존과 불완전성의 현존에 의해 산출되는 불안에 직면해 있다. 참조: 살아있는 것과 살아있지 않은 것 사이의 차이; 기괴한 대상; 시기심, 환각; 마술; 환각에서의 변형.

경험에서 배우기(Learning from Experience): 비온은 이 표현을 그의 저서들 중 하나를 위한 제목으로 사용했는데, 그 책에서 그는 그가 이전의 정신분석적 연구에서 얻은 임상적 경험을 요약했다. 그는 자신이 말하고자 하는 것을 정확하게 의사소통하지 못하는 실패의 위험을, 또는 다른 사람들에 의해 진실되게 이해받지 못하게 되는 위험을 강조한다.

그는 배우는 사람을 변화시키는 "경험에서 배우는" 형태와 개인을 변화시키지 못한 채 정보만을 증가시키는 "어떤 것을 배우는" 형태를 구분한다. 그는 "경험에서 배우기"를 증오하는 것에 대해 말하는데, 그것은 배움이 마술에서처럼 갑자기 성취될 수 있는 것이라는 믿음과 배우는 데 경험이 꼭 필요한 것이 아니라는 느낌에서 생겨난 태도이다. 그러한 태도는 종종, 마치 지식이 분석가만이 지닌 특권이기라도 하듯이, 분석에서 치료 기간에 대해 묻는 환자들에게서 관찰된다. 집단과 관련해서, 비온은 이 배우지 못하는 어려움이 "의존적 기본 가정"(ba*D)이 불충분하고, 따라서 다른 기본적 가정들을 찾는 것이 필요하다는 느낌의 결과일 수 있다고 말한다.

경험적(Empirical): 이 용어는 오직 우리 자신들이나 우리가 신뢰하는 사람들의 감각에 의한 지각들을 통해서 알 수 있는 것을 나타낸다. 예를 들어, 역사적 사실, 법, 지리적 서술 등이 이 범주에 속한다. 참조: 선험적.

공간(Space): 비온은 "젖가슴-없음"은 젖가슴과 다른 것으로서, 이것은 악보의 스타카토 표시를 닮은 점의 이미지처럼, 기하학적 직유를 사용해서 표현할 수 있다고 말한다. 이것은 젖가슴이 있던 곳, 즉 단순한 위치로 축소된 젖가슴에 해당된다; 젖가슴은 탐욕에 의해 소비되거나 분열에 의해 파괴되어 사라져버리고, 그것의 위치만이 남아있다. 이런 점에서, 젖가슴-젖가슴-없음의 유비를 따라, 비온은 공간을, 탐욕에 의해 그리고 "공간-없음"—공간이 있었던 장소를 나타내는—에 의해 지배되는 순수한 정서적 폭력으로 간주한다. 좌표에서, 그는 →↑를 "궁극적으로 존재하지-않는 '대상', '공간' 과 '시간' 을 멸절시킨 대상 그리고 존재하는 모든 것을 소비시키는 그것의 탐욕과 시기심 ..."으로 사용한다(1965, p. 104).

좌절을 견디는 것은 대상의 현존과 대상의 부재 사이에 일정 양의 시간이 있다는 것, 그리고 발달하는 인격에는 나중에 "시간"으로 알게 되는 부분"이 있다는 것에 대한 자각을 의미한다. 비슷한 흐름에서, 지금은 젖가슴-없음으로 경험되는, 젖가슴이 있던 자리는 나중에 "공간"의 개념에 일치하게 될 것이다(ibid., p. 54). 참조: 젖가슴-없음, 점, 시간.

공동 감각(Common sense): 이 개념에 관한 비온의 진술로부터 4개의 다른 관점이 추측될 수 있다: (1) 대중적 혹은 사회적 정점에서 수립된 개념; (2) 사적이고 개인적인, 또는 자기애적인 시각; (3) 지각-인지적 정점; (4) 지각-정서적 관점.

(1) 공동 감각은 한 사람 이상에게 공통적인 감각, 또는 종종 정신분석적 논문 발표에서 사용되는 것과 같은, 한 명 이상의 관찰자에 의한 사실(fact)의 인정을 나타내는 감각을 말한다(1963, p. 10). 그것은, 비온에 따르면, 깊지만 숨어 있는 유비를 갖고 있는 사실들을 연합해주는, "선택된 사실" 또는 "연결" 등의 개념들과 관련되어 있다(1992, p. 18).

(2) 공동 감각은 또한 "부조화를 발생시키지 않고 모든 감각들에 의해 지지받는 경험에 대한 적절한 서술"처럼, 개인 내부의 사적인 정점에서 사용될 수 있다(ibid,, p. 10). 예를 들어, 갑자기 예기치 않은 순간에 동물의 털을 만졌을 때 느끼는 촉감은 시각적으로 확인할 수 있는 동물에 대한 생각을 떠올릴 수 있고, 마침내 그 털이 어떤 동물의 털인지에 대한 일치된 또는 공동 감각에 도달할 수 있다. 관찰된 사실들이 실제로 사실이라는 결론을 허용해주는 것이 공동 감각이다. 인격의 정신증적 부분에는 공동 감각이 부재한 것으로 보인다. 망상을 갖고 있는 환자는 자신의 망상과 조화를 이루는 감정이나 믿음을 갖고 있지만, 그것은 다른 관찰자들[1]에게 통용될 수 있는 논리적 "감각"을 결여하고 있다. 비온은 그의 생각하기 이론에 대해 설명할 때 이 개념을 도입했다. 그는 다음과 같이 말했다:

> 감각-자료들의 결합을 만들어내지 못하는 이 실패, 따라서 공동 감각의 견해를 갖지 못하는 실패는, 마치 진실에 대한 굶주림이 영양의 결핍을 가져오는 것과 마찬가지로, 환

---

1) 나는 "엘레우시스의 미스테리"의 이야기를 패러다임으로 사용해서, "분열성 개인의 비밀"이라는 이름으로 이와 유사한 측면을 언급한 적이 있다 (Lopez-Corvo, 1990, 1994).

> 자 안에 정신적 쇠약의 상태를 초래한다. [1967, p. 119]

(3) 지금까지 제시된 모든 예들은, 공적인 관점뿐만 아니라 사적인 관점에서 볼 때, 인지적 정점에 속한다.

(4) 공동 감각이라는 시각과 동등한 의미를 갖고 있는 "공동의 정서적 시각"에 대해, 비온은 다음과 같이 진술한다:

> … 만약 증오 받는 대상에 대한 견해가 그 대상이 사랑받을 때의 견해와 결합될 수 있다면 그리고 그 결합이 다른 정서들에 의해 경험된 대상이 동일한 대상임을 확인해준다면, 진실에 대한 감각이 경험될 것이다. [ibid.]

이 상관관계는, 예컨대, 아이가 어머니에 대한 증오스런 측면과 사랑스런 측면이 동일한 하나라는 사실을 이해하는 것에 해당한다.

공동 감각 또는 한 집단을 지배하는 원리에 대한 합의를 유지하는 능력은 개인이 집단 안에서 살아남는 데 필수불가결한 것이다. 왜냐하면, 비온이 설명하듯이, 집단의 생존이 개인의 행복보다 우선하기 때문이다. "다윈의 적자생존 이론은 집단 내에서의 적자생존 이론으로 대체될 필요가 있다(1992, p. 29). 만약 개인이 집단과의 공동 감각을 유지할 수 없다면, 그는 집단에 대한 자신의 두려움과 직면해야 할 것이다. 그는 자기애를 사회-주의(social-ism)보다 특권적 위치에 두려고 할 것이다. 공동 감각이 없으면, 거기에는 환상을 사실로서 경험하게 되는 위험, 즉 공표화(publication)를 불가능하게 하는 일종의 자기애에 빠지게 되는 위험이 있다. 왜냐하면 설령 그것이 공적인 것이 된다고 해도, 그

것은 결코 과학적인 것이 아니기 때문이다(ibid., p. 24). 비온은 다음과 같이 말한다:

> … 그것이 공동 감각의 문제가 될 때, 즉 그의 모든 감각이 동일한 정보를 주기 위해 결합될 때, 사적인 사실은 그 사람 안에서 공적인 것이 된다 … 분석가와 피분석자의 공동 감각이 그들이 가리키는 아이디어가 관찰자와는 독립된 외적 사실에 부합한다는 데 동의할 때, 사적인 지식은 공적인 지식이 된다(ibid., p. 197).

환자들은 공동 감각을 가지고 있지만, 보통은 그것을 잘 사용하지 못한다. 일반적으로 공동 감각은 모든 감각들의 최소 공배수이다. 해석은 환자에 대한 분석가의 사적인 지식의 공표화, 즉 사고를 행동으로 옮겨놓은 것, 또는 공유된 진실이다. 왜냐하면 두 사람 안에 있는 공동 감각은 장기적으로 치료의 발생을 허용할 것이기 때문이다.

네비오시와 페트리니(Nebbiosi & Petrini, 2000)는 공동 감각이 두 사람 사이의 접촉을 허용한다는 가설을 도입했다. 접촉이 두려울 때, 공동 감각은 공격받고 과대망상, 방종 그리고 정신증에 자리를 내어준다. 그러나 접촉이 감당된다면, 집단의 의사소통이 그리고 지식과 경험의 공유가 가능해진다(p. 167).

공리적 대수학(Axiommatic algebra): 참조: 심리적 수학.

공리적 연역체계(Axiommatic deductive system): 참조: 과학적 연역체계.

공생적 관계(Symbiotic relation): 비온은 담는 것(♀)과 담기는 것(♂) 사이에는 세 종류의 연결이 존재한다고 서술했다: 상생적, 공생적, 그리고 기생적. 공생적 연결은 하나의 요소가 둘 모두의 유익을 위해 다른 요소에 의존하는 관계를 나타낸다. 이러한 종류의 관계에서 발생하는 결과는, 비록 쉽게 드러나지는 않더라도, 성장일 수 있다. 예컨대, 기득권층과 신비가 사이에서 발생하는 관계에서, 전자는 후자에 대해 일종의 호의적인 적대감을 표현할 수 있고, 그때 후자는 상세한 조사의 대상으로 변할 수 있다. 그러나 이러한 "상세한 조사를 통해서 집단은 성장하고 신비가 또한 마찬가지로 성장한다." 다른 한편, 기생적 관계 안에서는 심지어 우정조차도 치명적이다(1970, p. 78).

공표(Public-ation)[2]: 마음 안에서, 공표는 감각인상들을 의식이 사용할 수 있는 것으로 만들 수 있고, 개인에게 사적이었던 것을 집단에게 알려줄 수 있는, 생각하기 기능의 작동방식을 나타낸다. 좌표의 가로축 안에서 작용하는 기제와 비슷하게, 행동으로 변화된 정보는 공동 감각이라는 수단을 통해 의사소통되거나 공표될 수 있다(좌표 안에서 G6 또는 H6와 같은 칼럼 6에 해당됨). 비온은 갈등이 기술적이고 정서적일 수 있다고 말했다:

> 정서적 문제들은 인간이 정치적 동물이고, 집단 바깥에서는 만족을 얻을 수 없는 존재이며, 또한 정서적 욕동이 지닌 사회적 요소에 대한 표현이 없이는 어떤 정서적 욕동

2) 비온은 이 단어를 사용할 때 하이픈과 함께 사용하는데, 그것은 아마도 "공적 행동"이라는 내용을 강조하기 위해서일 것이다.

> 도 충족시킬 수 없는 존재라는 사실과 관련되어 있다. 그의 충동들은, 나는 단지 성적 충동뿐만 아니라 모든 충동들을 여기에 포함시키는데, 동시에 자기애적(narcissistic)이다. 문제는 나르시시즘과 사회-주의 사이의 갈등을 해결하는 것이다. 기술적인 문제는 언어에 의한 사고 또는 관념의 표현, 또는 기호에 의한 그것의 상대역의 표현과 관련되어 있다. [1967, p. 118]

비온에게 있어서, 이 공표의 과정은 개인이 전언어적 사고를 언어적 사고로 바꾸는 데, 또는 함축적인 것을 명백한 것으로 만드는 데, 또는 무의식적인 것을 의식적인 것으로 만드는 데 사용하는 과정과 다르지 않다. 추상화(abstraction) 역시 공표를 향해 가는 필요한 단계라고 생각될 수 있고, 해석도 무의식적이었던 것을 의식적인 것으로 만들기 위한 분석가의 시도와 관련된 공표의 한 형태라고 볼 수 있다. 참조: 공동 감각; 상관관계; 좌표, 가로축; 성장; 나르시시즘; 사회-주의 대 나르시시즘.

과도한 투사적 동일시(Excessive projective identification): 비온은 1962년에 "과도한 투사적 동일시"에 관한 클라인의 진술을 확장해서, 다음과 같이 말했다: "나는 '과도한' 이라는 용어가 단지 투사적 동일시라는 용어가 사용되는 빈도가 아니라, 전능성에 관한 믿음의 과도함에 적용되는 것으로 이해되어야 한다고 본다"(1967, p. 114). 다시 말해서, "과도함"이라는 용어는 양적인 측면뿐만 아니라 그 개념의 질적인 측면과 관련해서, 즉 그 과정에 의해 전달되고 그것의 수용자에 의해 경험되는 전능성의 힘과 관련해서 정의되어야 한다. 이보다 2년 전인 1960년 8월에 기록된 메모에서, 비온은 "과도한 투사적 동일시"는 그가 나중에 알파-요소라고 변경한 용어인 "꿈-작업-α"와 같은 다른 방법들(기능?)을 "배제하는 것"을 말하는 것일 수 있다고 말했다. 그러나 그가 어째서 투사적 동일시 안에서 이루어지는 베타-요소들의 배타적인 사용을 "과도한 것"으로 간주하지 않았는지에 대해서는 여전히 질문이 가능하다. 비록 그는 전에 이러한 요소들을 정의했었지만, 나중에는 그것들을 다시 언급하지 않았다. 참조: 베타-요소, 꿈-작업-(α), 비우기 과정.

과장법(Hyperbole): 설득을 목적으로 과장하는 데 사용되는 수사법으로서, 예를 들면, 아름다운 여성을 "여신"이라고 서술하는 것에서 볼 수 있다. 비온은 그것을 경쟁심, 전이의 이상화, 야망, 폭력 등과 같은, 대상을 먼 거리로 투사하도록 자극할 수 있는 감정들과 관련된, 항구적 결합을 나타내는 데 사용했다(1965, p. 162). 그는 과장법을 "관찰 이론"으로 분류하고(ibid., p. 160) 담는 것-담기는 것(♀♂) 모델과 관련된 예를 제공한다. 담기는 것(♂)을 나타내는 정서는 그것을 담는 것의 동기적 목적에 따라 과장될 수 있다: "아이는 위로해주는 어머니를 산출하기 위해 심하게 운다." 담는 것—이 경우에는 어머니—은 두 개의 대안을 갖는다: (a) 그녀는 좋은 젖가슴이 되어 아이의 감정을 해독할 수 있다; (b) 그녀는 그 정서를 감당할 수 없어서 그것을 비워내려고 시도할 수 있다. 여기에서 후자는 담는 것에 대한 필요를 끝없이 증가시키고, 따라서 그 감정을 비워내야 할 필요를 더욱 증가시키는, 끝없이 과장되는 상태를 만들어낸다(ibid., pp. 141-142). 또 하나의 예로, 한 환자가 분석가를 이상화해서 그를 여러 해 전에 페루에 살았던 점쟁이와 비교했는데, 이것은 시간(여러 해 전)과 공간(페루)에서의 과장된 투사 상태를 나타낸다. 좌표에서 과장법은 범주 A(베타 요소들)와 C, D 또는 E에 해당한다(ibid., pp. 160-162).

과학적 연역체계(Scientific deductive system; s.d.s.): 비온은 그의 작업 대부분에서, 수학과 유클리드 기하학에서 가져온 구성물에 기초한 체계의 정확성을 정신분석에 제공하려고 진지하게 노력했다:

> 나는 정확하고, 왜곡됨 없이 의사소통될 수 있으며 기본적으로 동일한 모든 상황을 포괄하는 데 더 적합한 공식화를 향해 가는 단계로서, 과학적 연역체계를 도입하고자 한다. [1965, p. 125]

비온은 브레이스웨이트(Braithwaite, 1955)를 인용하여 그의 체계 배후의 본질을 정의하려고 시도한다:

> ... 그것은 연역체계를 형성하는 한 세트의 가설들로 구성된다. 즉, 가설들 중의 일부가 전제가 되고 다른 모든 가설들이 논리적으로 뒤따르는 식으로 배열된다. [1992, pp. 2-3]

결론적으로, 그는 이렇게 말한다:

> ... 정신분석의 특이성은 과학적 연역체계가 가설들에 관한 가설들에 관한 가설들의 연속체로 이루어져 있다는 사실과 관련되어 있다 ... [ibid., p. 46]

그리고 나중에 덧붙인다:

> [과학적 연역체계는] ... 어떤 가설들이 특정한 체계 안에서 높은 수준의 위치를 차지하는 가설들의 체계이며, 그런 높

> 은 수준의 가설들은 더 낮은 수준의 가설들이 연역되는 전제로서 사용된다. [ibid., p. 156]

이 특별한 연역체계를 구성하기 위해서는 먼저 상징 사용에 의해 성취되는 조직화된 아이디어들의 세트를 구조화하는 작업이 이루어져야만 하고, 우울적 자리에서의 "종합"(synthesis) 과정에 대한 클라인의 설명과 유사하게, 좌절과 우울을 수용하는 역량을 요구한다. 비온에 따르면, 이 문제는 원시적인 관념체계가, 영구적 지식의 형성과 관련된 과학적 연역체계 안에 존재하는 세련됨의 수준에 도달하는가에 달려있다.

발생학적 관점에서, 또는 단순히 정신분석적 경청의 관점에서 보자면, 다음과 같은 진술이 가능하다:

(1) 거기에는 감각기관의 사용을 통해 알 수 있는 외부 사실, 또는 "실제 요소들"에 대한 인식이 있으며, 이는 과학자들이 "관찰된 사실들"이라고 부르는 것에 해당한다. 비온은 이것들을 세 그룹으로 분류했다: (i) 촉감과 냄새; (ii) 소리; (iii) 장면. 첫 번째 것은 비언어적인 것으로서 섹스와 관련되어 있고, 두 번째 것은 언어적이고 음악적인 것이며, 세 번째 것은 언어적이고 회화적인(pictorial) 것이다.

(2) 한 개인이 "실제 요소들"을 아이디어로 바꾸고 더 나아가 상징들을 창조하는 가능성은 대상의 부재뿐만 아니라 우울적 자리에서의 우울을 견디는 능력, 즉 좌절을 감당하는 역량에 달려 있다. 정신증 환자들에게는 이런 작용이 부재한데, 그것은 그들에게 있어서 말은 곧 사물들이기 때문이다.

(3) "있는 그대로의 사실을 보는 능력과 관련된 정신적 발달은 ... 내적으로 즉각적이고 순간적인 효능을 지닌 행복감과, 꾸준히

증가하는 정신적인 안정감의 느낌을 산출하는 것과 관련되어 있다(ibid., p. 26). 달리 말해서, 과학적 지식은 공동 감각의 성장에 따른 결과이다.

이러한 개념화의 대부분은 비온이 알파-기능에 부여한 역할에 해당되는데, 알파-기능은 감각인상이나 베타-요소를 생각으로 변형시키는 능력, 또는 베타-요소를 알파-요소들을 만들어내는 데 유용한 좀 더 세련된 요소로 바꿀 수 있는 능력을 갖고 있는 것으로 간주된다.

해석은 혼돈스런 최초의 관찰내용에 질서를 제공해 줄 수 있는, 선택된 사실로서 기능할 수 있다(ibid., pp. 6; 7). 과학적 연역체계를 성취하기 위해서는, 그 체계를 조직화하는 선택된 사실이 의식적 합리화 과정이 아닌 정서적 경험에 의해 정교화 될 필요가 있다고 비온은 말한다. 그 외에도, 체계 내의 가설들은 선택된 사실에 따라 요소들을 조직화하는 기제들과는 다른 것인, 논리적 규칙의 도움을 받아 분류되어야 한다(1962, p. 73). 과학적 가설은 세 개의 기능을 포함해야 한다: (a) 사적인 사건을 공적인 것으로 만드는 기능(해석); (b) 현실검증을 받아들이고, 기억하고, 입증하고, 예언하는 기능; (c) 의미 있는 것으로 만들기 위해 배열하는 기능(1992, p. 14). 예컨대, "생각 없이 하는 행동은 목표 없이 총을 쏘는 것과 같다"는 널리 알려진 속담에서처럼, 과학적 가설은 사실을 예측할 수 있고 의미를 조직할 수 있다. "공동 감각"은 과학적 연역체계"의 중요한 측면이다. 예를 들어, 해석은 적어도 분석가와 환자 두 사람 간에 합의를 요한다:

> 물론, 분석가 역시 자신의 해석이 공동 감각에 기초해 있다고 주장할 수 있다; 그러나 그것은 동일한 사건을 증언하고 동일한 추론을 할 수 있다고 추정되는, 일부 분석가

의 경우에만 해당될 수 있다. [ibid., p. 10]

좌표와 관련해서, 비온은 과학적 연역체계를 가로축, 또는 용법의 축의 일부로서 위치시킨다. 그러나 그것은 또한 점점 더 복잡해지는 사고를 향해 가는 경향성 때문에, 세로축 G열, 또는 수학의 미적분에 의해 표시되는 H열에 위치할 수 있다. 참조: 알파-요소 또는 *α*-요소; 알파-기능; 생각을 위한 장치; 베타-요소; 좌표; 좌표에서의 가로축; 좌표에서의 세로축; 상징적 동등시.

관념(Conception): 좌표에서 세로축의 E범주에 해당하는, 사고 과정의 한 발달적 수준을 나타낸다. 관념은 전-관념과 실현 사이의 조합의 산물이기 때문에, 만족스러운 정서적 경험과의 항구적인 결합상태로 남는다(1967, p. 111). 관념은 상수에 의해 대체된 변수로서 고려될 수 있다. 예를 들어, 만약 젖가슴에 대한 전-관념이 $\Psi(\xi)$이라는 공식에 의해 나타내진다면, 거기에서 ξ(참조: 정신분석적 요소)는 실제의 젖가슴과의 실현을 위해 기다리고 있는, 비어 있는 또는 포화되지 않은 요소일 것이고, 일단 실현이 발생하면, ξ는 상수나 개념에 의해 대체될 것이다(확정되고, 고정된다). 그러나 실현은 결코 완전한 것이기 아니기 때문에, 더 진전된 실현과 새로운 관념의 발생을 허용하기 위해 열려 있다(1963, pp. 23-24). 이 이론은 피아제(Piaget)의 "동화와 적응" 기제를 상기시킨다. 참조: 좌표, 세로축; 전-관념, 실현; 포화된-포화되지 않은 요소; 생각하기를 위한 장치; 생각하기 이론.

관념운동 활동(Ideomotor activity): 참조: 표의문자

관점(Point of view): 참조: 정점.

관점(Viewpoint): 참조: 정점.

광장공포증(Agoraphobia): 참조: 폐소공포증 - 광장공포증.

교차로(Crossroads): 비온은 오이디푸스가 그의 아버지를 살해한 테베의 교차로를 지칭할 때, 이 단어를 사용했다. 그것은 행동 또는 좌표의 칼럼 6을 나타낸다. 비온은 다음의 사실을 알아야 한다고 말한다:

> 문제는 … 사고가 행동으로, 사색이 결심으로, 마음이 하나의 상태에서 다른 상태로 옮겨질 때, 어떠한 충동이 지배하고 있는지를 아는 것에 달려있다 … 이 분투는 그것이 어디에서 발생하는지, 정신 안에서, 밖에서, 또는 안과 밖의 접점에서 발생하는지의 문제와는 무관한 것으로 간주될 수 있다 … [1965, pp. 95-96]

비온은 "교차로"를 모든 변형 안에 있는 전형적인 정서와 관련시킨다; 그것은 실제이든 환상이든, 오이디푸스적 살해에 함축되어 있는 폭력성이라는 의미에서의 정서이며, "페니스 없음"으로 표현된, 아이의 페니스에서 성인의 페니스로의 페니스의 변형을 상징한다. 참조: 복소 공액.

굳어진 움직임에서의 변형(Transformation in rigid movements): 사영기하학에서 빌려온 개념으로서, 비온은 이 개념을 원래 대상 또는 물-자체(T*α*)와 변형의 최종 산물(T*β*) 사이에서 거의 형태의 변경이 없는 변형(T)의 형태를 서술하기 위해 사용했다. 전이는 이러한 변형의 좋은 예이며, 여기에서 과거는 형태의 변경

없이 분석가에게 전이되며, 진실의 믿을만한 지수로서 커다란 신뢰성을 준다(1965, p. 19). 이러한 형태의 변형에서 상수의 엄격함은, 투사적 변형과는 달리, O와 환자(Op) 사이의 관계를 수월하게 해주며(ibid., p. 31) 해석의 창조뿐만 아니라 감각의 이해를 촉진한다. 이러한 변형의 좋은 예는 비온이 말하는, 주말 동안에 꾼 "호랑이와 곰" 꿈이다(ibid., pp. 15-16). 그러나 다른 경우, 환자의 O(Op)가 너무 회피적이고 불분명해서 해석의 결과가 지나치게 추정적인 것이 되면, 그때 그것은 "투사적 변형"에 해당한다. 참조: 상수, O, 궁극적 실재, 투사적 변형, 중요한 의미를 가진 꿈, 전이, 변형, 환각증에서의 변형, O 안에서의 변형, K 안에서의 변형, O의 변형.

궁극적 실재(Ultmatly reality): 참조: 누메나, O, 궁극적 실재, 현상, 물-자체, 진실.

귀납법(Induction): "... 으로 몰다"를 뜻하는 라틴어 inducere에서 유래한 단어. 논리학의 관점에서 볼 때, 그것은 특정 사실들로부터 일반적인 결론을 추출하는 것을 의미한다. 비온은 좀 더 복잡한 상황을 도입하는데, 그것은 비록 때로는 성공적이지 못하지만, 현실에 의해 도입된 질문들에 답하는 방식이다(1992, pp. 190-191). 예컨대, X의 죽음에 대해 죄책감을 느끼는 한 환자는 그 죄책감을 "모든 인간은 죽는다"라는 가설을 사용해서 다룰 수도 있다. 즉, 그는 X가 죽을 운명이기 때문에 죽었다고 결론내리는 연역체계를 수립할 수 있는 것이다.

비온은 귀납 과정에 포함된 몇몇 단계들을 서술했다: (a) 일관되지 않는 요소들의 존재를 인식하기; (b) 그런 비일관성을 견딜 수 있는 관찰자의 역량을 기르기; (c) 공동 감각에 의해 요구되는 정확한 질문을 할 수 있는 역량을 기르기; (d) 이에 따른 결과는 관찰, 또는 선택된 사실의 창조, 또는 가설의 형성, 또는 과학적인 연역체계를 창조하도록 돕는 연쇄고리와 관련해서 영감(inspiration)을 얻는 것일 수 있다. 그러한 가설은, 어떤 요소들은 다른 방식이 아니라 항구적 결합 안에 있다는 것, 즉 요소들이 가설에 자리를 부여하기 위해 항구적 결합 안에 있다는 것을 보여줄 것이다. 거기에는 경험적 실험의 타당화(validation)에 열려 있는 특수화(particularization)에 도달할 때까지 일반화를 줄여가는, 높은 수준의 가설에서 낮은 수준의 가설에로 이동하는 움직임이 있다; (e) 그 과정의 사회적 측면, 즉 우발적인 것이 아닌 본질적인 어떤 것으로서 공표하는(최종적으로 해석을 말로 표현하는) 단계(1992, p. 195). 참조: 해석, 정신분석적 경청.

그노몬(Gnomon): 초기 피타고라스학파가 사각형 안의 점들(아마도 조약돌들)로 표현된 홀수나 짝수의 수들을 지칭하기 위해 사용한 용어로서, 소위 "목수의 사각형들"이라는 의미를 갖고 있다. 비온이 "기존의 형태에 그노몬을 추가하겠노라"고 말했을 때(1965, pp. 93-94), 그는 사각형의 형태 안(오른쪽 위)에 점들을 추가함으로써, 그 형상들의 양을 증가시키고자 했다. 그 양은 1에서 4로, 9로, 16으로, 그리고 25로 증가한다. 그것은 또한 조약

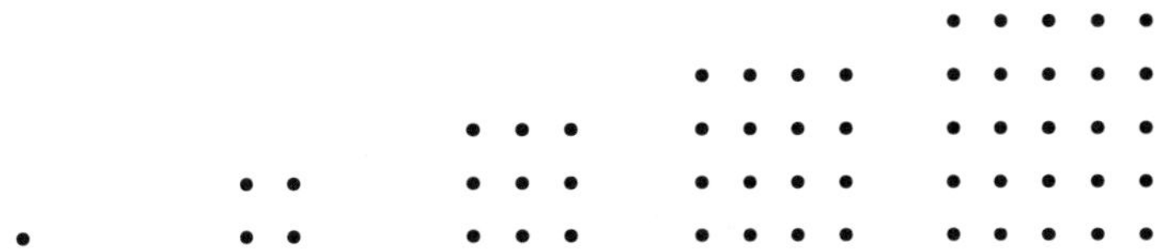

1 2^2 3^2 4^2 5^2

돌의 제곱수를 나타내는 생생한 방식이기도 했다. 왜냐하면 이 모든 숫자들은 제곱수들이기 때문이다: 2^2, 3^2, 4^2 그리고 5^2.

비온은 이 개념을 성장, 축적, 또는 "명시되지 않은 어떤 것이나 어떤 사람에게 무언가를 더하는 것"에 대한 상징적 표현으로서 사용했다(ibid., p. 94).

그노몬은 또한 해시계의 바늘에 붙여진 이름이기도 한데, 그 이유는 아마도 그것이 사각형의 형태를 갖고 있기 때문일 것이다. 참조: 성장.

긍정적 성장(Positive growth): 참조: 성장.

기계적 연결(Mechanical links): 참조: 역동적 연결.

기괴한 대상들(Bizarre objects): 정신증 환자들에게 나타나는 것으로서, 마음에서 떨어져나간 조각들로 구성되어 있고, 외부 대상들 안에 위치해 있다고 여겨지며, 그 외부 대상들을 담거나 그것들에 의해 담겨진다. 이것은 담는 것-담기는 것 이론에서 설명되고 있다. 이 대상들은 자체의 구조 안에 베타-요소들 외에도 자아와 초자아의 흔적들을 갖고 있다는 점에서(1962, p. 25), 베타-요소들과는 다르다. 비온은 "각각의 조각은 외부 대상을 삼킨 인격의 부분 안에 캡슐화된, 실제 외부 대상들로 구성된 것 같다"고 말한다. 그때 외부 대상은 투사된 요소들의 특징들을 획득한다; 예를 들어, 만일 그 대상이 시각적 측면이 투사된 축음기라면, 정신증 환자는 축음기가 작동할 때, 그것이 또한, 마치 투사된 것이 청각적인 것 인양, 환자를 바라보거나 듣고 있다고 느낄 것이다(1967, pp. 38-48). 그와 동시에, 선택된 대상은 그것을 담는 기능을 통제할 수 있으며, 이러한 인격의 조각들은 아이디어들—그 다음에는 단어들—의 전형으로 느껴지기 때문에, 외부의 아이디어들과 대상들은 상징들을 만드는 능력이 와해될 정도로 동질적인 것이 된다. 그런 환자는, 시걸(1957)이 서술했듯이, 동등시할 뿐 상징화하지 않는다. 참조: "상징적 동등시."

환자는 이제 일반적으로 꿈의 일부로 사용되는 기괴한 대상들로 만들어진 세계 안으로 들어간다. 또 다른 결과로서, 정신증 환자들은 사물들이 자신들의 정신적 기능의 전능성에 의해서가 아니라, 자연 법칙에 의해 지배된다는 것을 발견할 때 어찌할 바를 모르는 모습을 보인다. 이와 비슷한 현상이 자신의 엄지와 검지를 합치면, 세상이 움직이고, 새가 날고, 사람들이 숨을 쉰다고 믿는 긴장병(catatonic) 환자에게서 발견된다. 이 대상들은 망상 안에 존재하는 꿈 재료를 구성한다(1967, pp. 81-82). 다른 한편, 비정신증적 인격 안에서 이러한 "… 일차적이지만 복잡한 기괴한 대상들은 신체물질, 항문기 대상들, 감각들, 아이디어들 그리고 초자아와 같은 속성들을 갖는다"(ibid., p. 51).

기능 이론(Function, theory of): 기능이라는 단어는 "수행하다"라는 의미의 라틴어 functio에서 유래한 것이다. "기능 이론"은 생물학, 심리학, 수학과 같은 몇몇 분야에서 다양한 의미들로 사용되고 있다. 정신분석 실제에서, 기능의 사용은, 비온이 고안한 "α-기능" 개념과 유사하게, 전이 모델의 구성을 가능하게 했는데, 이것은 이미 존재하는 이론을 손상시키는 새로운 이론들을 만들어낼 필요 없이 임상적 관찰을 서술하는 데 유용했다. "기능"과 "요인"은 수학에서는 "함수"와 "인수"로 불리는데, 비온은 이 용어를 정신분석을 경험적으로 입증할 수 있는 이론으로 만드는 데 사용했다. 비온은 그가 "인격의 기능"이라고 부른 안정된 실체들을 산출하기 위해 서로 결합할 수 있는 요인들이 인격 안에 존재한다고 가정했다(1962, pp. 1-2). 여기에서 기능은 더 높은 단계이거나 더 세련된 또 다른 기능을 위한 요인으로 간주될 수 있다. 비온의 "정신분석적 기능이론" 또는 단순히 "기능" 이론은 그리스어 철자인 프씨(*Ψ*)로 표시되는 "정신분석적 인격이론"으로서 제시되었다(1962, p. 89). "사고"와 "*α*-기능"은 *Ψ*의 요인이다. 요인은 *Ψ*(*ξ*) 안에 있는 싸이(*ξ*)로 표시된 포화되지 않은 요소를 나타낼 수 있는데, 이것은 개념을 세우기 위해 실현을 찾고 있는 전관념을 나타낸다.

그는 다음과 같이 말한다:

> "기능"은 많은 요인들이 협력하여 작용하는 정신활동에 적합한 명칭이다. "요인"은 기능을 구성하기 위해 다른 정신활동들과 협력하여 작용하는 정신활동에 대한 명칭이다. 요인들은 그것들이 서로 협력하여 한 부분을 구성하고 있는 기능에 대한 관찰로부터 추론될 수 있는 반면 … 기능들에 대한 관찰로부터 직접적으로 추론될 수는 없다. [ibid., pp. 1-2]

기능지수(Functor): 비온은 이것을 변수와 상수 모두로 고려될 수 있는 요소들을 나타내는 용어로서 사용한다: "그것들은 대체될 수 있는 것이라는 점에서, 변수 또는 알려지지 않은 것이다. 그것들은 상수에 의해서만 대체될 수 있다는 점에서, 상수이다"(1962, p. 90). 예컨대, 담는 것-담기는 것의 상호작용 안에 존재하는 요소들이 그것이다.

기득권 계층(Establishment): 비온은 다음과 같이 정의한다:

> 보통 사회적 지위, 부, 지적 및 정서적 능력을 토대로 권력과 책임감을 행사할 것으로 기대되는 사람들의 집단 … 나는 이 용어를 그것이 일반적으로 환기시키는 연상들의 주변부에 속한 모든 것들을, 즉 한 개인의 주도적이고 지배적인 특징들, 그리고 집단 내의 지배 계층의 특징들을 나타내는 데 사용할 것을 제안한다 … 나는 그것을 주로 정신분석 체계들 안의 "지배 계층"에 대해 말할 때 사용할 것이다. [1970, p. 73]

그는 또한 집단과 기득권 계층을 구별하였다. 전자의 주요 목적이 신비가를 산출하는 것인 반면, 후자의 의도는 집단의 계속성을 유지하는 것이다. 다른 말로, 기득권 계층은, 사회적인 집단이든 치료적 집단이든, 다른 기본적 가정들 위에 군림하는 지배적인 기본적 가정(ba)을 나타낸다.

천재, 신비가, 또는 메시아의 도래는 종교적 정점에서 볼 때 신에 대한 이상화와 인간에 대한 평가절하 기제를 통한, 신과 인간들 사이의 분리와 그러한 분리의 유지에 기초해 있다. 비온은 집단과 신비가의 관계를 일종의 담는 것-담기는 것 상호작용으로 서술하면서, 그것을 상생적, 공생적, 기생적 형태로 구별했다. 이러한 역동들을 보여주는 전형적인 사건은 예수와 프로이트의 삶을 둘러싼 사건들에서 찾을 수 있다. 그들이 살아있는 동안, 그들은 그들의 제자들에 의해서 보통 사람들로 이해되었지만, 사후에는 너무 이상화되는 바람에 그들에 대한 어떤 형태의 비판도, 용납될 수 없는 이단의 표시로 간주되게 되었다(1970, pp. 76, 80-81). 비온은 집단과 신비가 사이의 상호작용 안에는 세 단계가 존재한다고 말한다: (1) 첫 번째 단계에서, 신과 인간들 사이에는 진정한 대결이 없다. 왜냐하면 그들 사이에 차이가 없기 때문이다. (2) 두 번째 단계에서, 신의 무한성과 인간들의 유한성 사이에 대비가 존재한다. (3) 세 번째 단계에서, 일부 개인들, 특히 신비가들은 그들이 제도화된 집단에 의해 박탈되었고 지금도 박탈된 상태에 있는, 신과의 직접적인 경험을 다시 확인할 필요를 갖는다(ibid., p. 77).

신비가와 신 사이의 의사소통은 특정한 모델을 따라 발생한다. 예를 들어, 기독교의 경우, 그것은 "빛"이나 "소리"를 통해 성취된다. 비온은 "O의 측면에 직접적으로 접근하는 것을 추구하는 정신분석가는 … 언어를 통해서 그들의 일을 수행하지만, 기억, 욕망 또는 이해와 같은 특정한 감각적 지원이 부재한 상태에서 그렇게 해야 하며, 이것이 중요하다"고 덧붙인다(ibid., pp. 81-82). 신비가의 추종자들, 즉 그와 가깝게 느끼는 사람들은 그들 안에 거주하고 있고 그들로 하여금 기득권 계층을 대표하도록 허용하는, "소외시킬 수 없는 요소"(inalienable element)를 통해 그들의 신적 기원을 증명할 수 있다. 이 역동에 대한 설명은 매우 분명한 것이고 쉽게 이해될 수 있다(참조: 1965, 7장). 이것은 비온이 국제정신분석협회에 속한 많은 연구소들과 지회들, 그리고 학회들 내의 기득권 계층에게 그 자신이 영국정신분석협회에서 경험했던 것을 직접적으로 암시한 것으로 해석될 수 있다. 참조: 상생적 관계; 신비가; O, 궁극적 실재; 기생적 관계; 공생적 관계.

기본적 가정(Basic assumption, ba): 비온은 이 용어를 특정 순간에 작업 집단(working group) 안에서 비교적 자동적이고 자발적인 그리고 불가피한 방식으로 나타나 그 집단의 방향을 바꾸고 그 집단의 기능을 새롭게 결정하는, 정서적 복잡성들을 나타내는 데 사용했다(1948b, pp. 105, 117). 그는 세 가지의 종류의 기본적 가정을 서술한다: “의존,” “짝짓기” 그리고 “싸움-도피” 가정. 짝짓기 집단을 제외한 모든 기본적 가정 집단들은 지도자를 갖고 있다. 짝짓기 집단에는 아직 지도자가 태어나지 않았다: 지도자는 어떤 한 사람이 아니라 하나의 은유, 아이디어, 무생물 대상일 수 있다. 그런가 하면 의존 집단에서는 때로 지도자가 집단의 역사나 “경전”이 될 수도 있다(ibid., p. 155).

집단의 상황이 집단 자체의 역동과 관련되어 있기 때문에, 하나의 집단은, 다른 두 개의 기본적 가정들이 숨겨져 있거나 잠재적인 상태에서, 하나의 기본적 가정에서 다른 기본적 가정으로 바뀔 수 있다(ibid., p. 97). 집단을 하나로 모으는 “시멘트” 역할을 하는 정서들의 존재 덕택에 하나의 가정이 출현하는 것을 인식할 수 있다. 예를 들면, 의존 집단에서는 죄책감과 우울이 존재하고, 짝짓기 집단에서는 메시아적 희망이 존재하며, 싸움-도피 집단에서는 분노와 증오가 존재한다(ibid., p. 166).

드러난 기본적 가정 안에 현존하는 방어들의 실패에 의해, 즉 집단 안에 항상 존재하는 해체 기제들에 의해 유도된 불안을 다루지 못하는 것에 의해 하나의 기본적 가정에서 다른 기본적 가정으로의 변화가 조장된다. 이러한 상황은 잠재적인 기본적 가정 안에 존재하는 다른 방어들을 사용할 필요를 자극한다(ibid., p. 163). 왜냐하면 아마 그 순간에 선택된 기본적 가정 안에 존재하는 방어들은 정신증적 불안에 대한 방어적인 반응의 특성을 훨씬 더 많이 가진 것으로 드러나기 때문일 것이다(ibid.. p. 189).

작업 집단 안에서 하나의 가정 집단이 다른 가정 집단보다 우세하다는 이유로 갈등이 발생하지는 않는다. 그 이유는 작업 집단 안에는 항상 상이성이 존재하기 때문이다(ibid., p. 96). 예를 들어, 한 시간 동안에 치료 집단은 몇 가지 기본적 가정에 의해 지배되거나, 하나의 기본적 가정에 의해 여러 달 동안 지배될 수 있다. 집단 구성원들 사이의 의사소통은 문화적 차이 혹은 상징을 형성하지 못하는 무능력과 상관없이 즉각적으로 발생하며, 비온이 결합가(valence)로, 또는 특정 기본적 집단과 결합하는 개인의 경향성으로 언급한 기제에 따라 발생할 수 있다(ibid., pp. 151-152). 지배적인 기본적 가정은 모든 존재하는 사회적 구조 안에 현존할 수 있는, 비온이 "기득권 계층(establishment)"으로 서술한 것을 나타낸다.

이미 진술했듯이, 하나의 기본적 가정은 드러난 기본적 가정의 지배적인 방어들이 실패하는 방식에 따라 변하며, 그때 잠재된 기본적 가정과 관련된 다른 불안들에게 자리를 내어준다. 그러나 거기에는 비온이 "변화의 비정상적인 형태"라고 언급한, 지배적인 기본적 가정과 외부 집단의 존재와 연결된, 다른 종류의 변화들이 발생한다.

브라운(Brown, 1985)은 기본적 가정의 세 가지 형태들과 프로이트에 의해 서술된 심리-성적(psycho-sexual) 진화단계들 사이의 관계를 설명했다. 그에 따르면, 의존적 기본적 가정은 아기-어머니 쌍 안에 존재하는 상호작용에 의해 특징지어지는 "구강기 의존" 단계로의 퇴행의 한 형태를 나타낸다; 싸움-도피(fight-flight) 기본적 가정은 마찬가지로 항문기 단계와 관련된 "분리-개별화" 시기로의 퇴행을 나타내며, 마지막으로, 짝짓기 집단은 남근적 혹은 오이디푸스 콤플렉스 단계로의 퇴행을 가리킨다(p. 198).

투르켓(Turquet) 또는 로렌스(Lawrence)와 그의 동료들과 같은 집단치료에 대한 다른 연구자들은 새로운 형태의 기본적 가정들을 수립하기 위해 시도했다. 예를 들면, 투르켓(1974)은 "하나됨의 기본적 가정"(Oneness basic assumption, Oba)에 대해 정의했는데, 그것은 전능한 힘과의 강력한 연합을 추구하는 ... 대양적인 일치감 속에서 자신을 상실하고 싶어 하는 집단 구성원들이 바라는 일종의 일치감으로 번역될 수 있다. 다른 한편, 로렌스, 베인(Bain) 그리고 굴드(Gould, 1996)는 투르켓의 "하나됨"과는 완전히 반대되는 "나-됨("Me-ness," baM)이라는 다섯 번째 기본적 가정을 제안했는데, 그것은 구성원들로 하여금 집단의 형성을 가로막는 경향성을 나타낸다. 이 집단의 구성원들은 집단 안에서 사라지거나 집단에 의해 박해받을 수 있다는 두려움을 갖기 때문이다.

참조: 의존적 기본적 가정(ba*D), 싸움-도피 기본적 가정(ba*F), 짝짓기 기본적 가정(ba*P), 의존적 가정의 변동, 분열, 결합가, 작업 집단(W).

기생적 관계(Parasitic relationship): "담는 것"(♀)과 "담기는 것"(♂) 사이에 있는 상호작용의 한 종류로서, 이 관계 안에서는 제 삼의 요소를 만들어내기 위해 하나의 요소가 다른 요소에 의존하는데, 그 제 삼의 요소는 결국 그 세 요소들 모두를 파괴한다(1970, pp. 95-96). 예를 들면, 한 사람이 그의 분노를 의사소통하기를 원하지만, 그 감정에 압도된다고 느끼게 되고, 그 결과 말을 더듬기 시작하고 횡설수설하게 된다. 이런 경우, 언어는 담는 것이고, 분노감정은 담기는 것이며, 의사소통을 파괴하는 "횡설수설하기"는 제 삼자이다(ibid., p. 104). 오직 말로서만 표현하려고 했던 감정을 담아줄 수 없는 언어는 산만하게 흩어놓는 것이 되고, 본래 말하려고 했던 것을 표현하려는 시도를 포기하는 것으로 끝이 난다. 다른 방식으로 표현하자면, 혀를 사용해서 자신을 언어적으로 표현하려고 했던 그의 시도는 그의 소망을 담아내는 데 실패하고, 입 안에서의 자위에 지나지 않는 말더듬기로 끝이 난다(ibid., pp. 93-94). 시기심, 질투, 그리고 탐욕이 신체적 기생주의에서 발견되는 독소들의 정신적 등가물일 것이다. 이런 종류의 기생적 관계 안에서, 생각하는 자에 의해 담겨진 사고는 정의상 거짓된 것이며—진실은 생각하는 자를 필요로 하지 않기 때문에—오히려 진실을 가로막는 장벽으로 사용될 것이다. 그리고 이 장벽은 다시금 담는 것을 파괴하는, 위험한 것으로 경험될 것이다.

기시증(Deja vu): 기억의 재생과 관련된 짧은 순간의 경험. 비온은 그가 "꿈 또는 신화를 사용하는 것과 관련된 기본적인 규칙"을 통해 기시증을 설명하려고 했다: (1) 모든 꿈들은 오직 하나의 해석만을 갖는다. 다른 말로, 꿈이나 신화를 뒷받침해주는 표상들이나 알파-요소들은 특정한 항구적 결합에 의한 질서를 따른다. (2) 모든 꿈들은 하나의 목적을 나타내는 실현을 갖는다 (소망의 실현처럼). 그 목적은 보통 너무 사소하거나 너무 특이한 것이어서 결코 일어나지 않지만, 어떤 경우 꿈의 내용과 의식적 목적이 너무 닮아 있을 때, 그 꿈을 꾼 사람은 꿈꾸어오던 것이 성취되었다는 인상을 갖는다. 이것이 기시증으로 알려진 현상에서 관찰되는 기제이다. 비온은 또한 알파-기능이 두 가지 의미를 갖는다고 말한다. 하나는, 꿈을 만들어내는 데 이용될 수 있는, 실제 경험에 상응하는 기억의 형태로 이야기를 비축하는 것이고, 다른 하나는 꿈속에서 뿐만 아니라 깨어있는 동안에도 경험되는, 기시증에 해당하는 것이다. [1992, p. 23]

기억(Memory): 비온에게 있어서 기억은 K와 관련되어 있고, 감각들에 의존해 있으며, 과거를 담아주는 담는 것—투사적 동일시를 사용해서 비워내려고 시도할 수도 있는—을 나타내지만, 미래를 담아내지는 않는다. 왜냐하면 미래란 과거로 변하지 않는 한, 존재하지 않기 때문이다. 기억들은 욕망들과 마찬가지로, 소유물들이다. 그러나 후자는 그것들이 특정 상황에서 기억을 가두는 것으로 변할 때, 기억과 마음을 소유할 수 있다는 점에서, 전자와 다르다. 모든 것을 알고 있고 기억하는 분석가는 배울 수 없다. 대신에 그는 다른 어떤 것도 흡수할 수 없는 포화된 요소처럼 보일 것이다. 분석가는 환자의 말을 경청하는 동안 포화된 기억들과 기억할 수 있는 능력 사이를 구별하는 것이 중요하다(1970, p. 107). 기억은 신뢰할 수가 없다. 왜냐하면 기억의 기원은 보유되거나 비워지는 경향이 있기 때문이다. 즉, 쾌락원리를 따라 즐거운 것은 기억하고 그렇지 않은 것은 잊어버리는 경향이 지배하기 때문이다.

과거 사건들의 재수집으로서의 기억은 "욕망들"과 같은 무의식적 힘들의 존재로 인해 보통 왜곡된다. 그것은 프로이트가 "차폐 기억"을 서술할 때 묘사했던 것처럼, 기억에 대한 저항으로 작용할 수 있다. 욕망이 미래를 다루는 동안 기억들은 과거를 다루지만, 정신분석은 지금 일어나고 있는 현재에 초점을 둔다:

> 정신분석가가 참여하는 모든 회기는 과거 역사도 미래도 갖고 있어서는 안 된다. 환자에 관해 "알려져 있는 것"은 더 이상 중요하지 않다: 그것은 틀린 것이거나 상관이 없는 것이다 ... 만일 그것이 한 사람에게는 알려져 있지만 다른 사람에게는 알려져 있지 않다면, 하나의 방어 또는 좌표의 범주 2(참조: 좌표)의 요소가 작용하고 있을 것이다 ... 그것을 직관하지 못하도록 방해하는 어떤 것도 용인되어서는 안 된다. [1992, p. 381]

비온은 진화와 기억을 구분하였다. 그는 전자를 "어떤 아이디어나 그림 인상이 마음속에 떠다니는 경험"으로 정의했다. 그리고 그것은 "감각적 배경을 갖고 있지 않지만, 감각 경험의 언어에서 온 용어에서 표현된 경험에 기초해 있는 것"으로 간주된다(ibid., p. 383); 예를 들면, "I see"라고 말하는 것은 시각적 인상을 통해 직관에 도달하는 하나의 형태를 의미한다. 다른 한편, 기억은 어떤 것을 회상하려는 의식적이고 의도적인 시도를 암시한다(ibid). 참조: 신앙의 행위, 욕망, 진화, 정신분석적 경청.

기원(Origin): 참조: O, 궁극적 실재.

기질(Disposition): 한 사람을 특정한 방식을 따르거나 어떤 성향을 갖도록 강제하는 일련의 내적 및 외적 상황들의 결과로서 개인 안에 존재하는, 특정한 정신 상태나 태도를 가리킨다.

> 인간은 시기심, 정서적 폭력, 진실이나 삶에 대한 깊은 존중, 좌절을 참지 못하는 것 등의 기질을 갖고 있을 수 있다. 그 원인이 무엇이든 간에, 나는 그러한 경향성을 보이는 순간의 마음 상태를 그의 "기질"이라고 부를 것이다. [1992, p. 262]

기하학적 공간(Geometric space): 하나의 정서적 사건에 대한 경험적 관찰이 항구적인 기하학적 가치를 가진 것으로 대체될 때, 표상을 발견할 수 있었던 공간을 나타낸다. 예를 들면, "대상이나 요소가 있었던 텅 빈 공간"을 나타내는 점이나 선, "탐욕스런 존재하지 않는 대상"의 존재를 나타내는 -←↑등이 그것이다. 이것은 비온의 연구 대부분에서 커다란 중요성을 갖는다: 그는 종종 만약 기하학이 본래 유클리드가 가정했듯이 기하학적 공간 안에서 실현되는 감정과 인간의 열망들을 나타내기 위한 것이라면, 자신이 그것과 정 반대의 것을 시도하는 것이 전혀 이상할 게 없다고 주장했다:

> ... 만약 기하학적 공간이 세련되지 못한 정서적 문제들, 그것들에 대한 세련되지 못한 해결들, 그리고 세련된 해결들을 받아들이고 그것들을 세련된 용어로 재진술하는 가능성 사이에 연결을 제공한다는 사실이 수용된다면, 음악적이거나 다른 예술적 방법들 역시 유사한 연결을 제공한다고 말할 수 있을 것이다. [1965, p. 125]

참조: 의식적 인식, 공간

기호 대상(Sign Objects): 기호로 나타내는 데 사용되는 대상으로서, 현재 존재하지 않는 대상에 대해 생각할 수 있게 해주는 상징과는 구별된다. 그것은 적절한 수단이 생겨나기 전의, 생각하기의 원시적 형태를 대신한다. 예를 들어, 네 사람이 각각 세 개의 사과를 갖고 있다면 사과는 모두 몇 개인가를 알고 싶을 때, 지금 방에 네 명의 사람과 사과들이 꼭 있을 필요가 없이, 즉 “대상들의 구체적 현존에 의존할 필요가 없이” 문제를 해결하는 데 수학적 개념을 사용하는 것만으로 충분할 것이다. 만약 대상들이 존재한다면, 그것들은 기호이지 추상적 표상들이나 상징들은 아닐 것이다. “대상-기호”는 물-자체나 β-요소에 해당된다(1963, pp. 38-39).

꿈(Dreams): 꿈 사고와 신화와 함께 좌표의 세로축 범주들 중의 하나로 간주되며, C열에 속해 있다. 비온은 “꿈이 사적인 신

화"(1963, p. 92)로서, 정신적 경험을 나타낸다고 말한다:

> 꿈은 … 정서적 경험이며 ... 양립할 수 없는 기능들을 충족시키려는 시도이다; 그것은 현실원리와 쾌락원리의 영역 안에 있으며, 두 원리 모두를 만족시키고자 하는 시도를 나타낸다. 말하자면, 그것은 좌절을 피하고 수정하려는 시도이며, 그 둘 모두의 실패를 나타낸다(1992, p. 95).

이것은 꿈을 소망 충족을 나타내는 것으로 본 프로이트의 진술과 관련되어 있는데, 많은 정신분석가들이 반대한 그 개념에 대해 비온은 그것이 꿈과 무관한 것이라고 간주했다. 그는 또한 드러난 꿈 내용이 "이야기로 화한 시각적 이미지들의 모음집" 또는 항구적 결합을 따라 조직화된 알파-요소들에 해당된다고 진술했다(ibid., p. 233).

그는 꿈이 어떤 의미를 갖는지에 대해 다음과 같이 설명한다:

> 잠이 필수적인 이유 중의 하나는 의식의 중지를 통해 인격이 깨어있는 동안에는 허용하지 않는 정서적 경험들을 가능하게 함으로써, 그것들을 알파-요소들과 이야기적 형태로 변형시키는 꿈 작업-α[3]의 영역 안으로 가져오고, 의식적이고 합리적인 사고과정에 따른 인과론적인 관점[4]과 일치하고 그것에 의해서 지배되는 이야기 형태 안으로 가져오기 위한 것이다. [ibid., p. 150]

---

3) 이후로 비온은 "꿈 작업-α"를 "α-기능"으로 바꾸었다.
4) 인과성 이론을 참조할 것.

… 꿈의 핵심은 드러난 내용이 아니라, 정서적 경험이다. 정서적 경험에 적합한 감각 자료들은 알파-기능에 의해 작업되고, 그 결과 정서적 경험은 무의식적인 깨어있는 사고, 꿈-사고들, 그리고 공동 감각에 의식적으로 종속시키기에 적합한 자료로 변형된다. [ibid., p. 223]

비온은 꿈은 잠의 수호자라는 프로이트의 말에 동의하면서도, "꿈-작업"이 잠을 자는 동안의 활동과 깨어있는 동안의 활동 사이를 구분하게 한다고 말함으로써, "꿈-작업"의 역할에 대한 자신만의 견해를 갖는다:

그러나 프로이트는 꿈-작업이, 그것 없이도 완전하게 이해할 수 있는 무의식적 재료를 꿈으로 변형시킨다고 보았고, 지금 이해할 수 없는 꿈을 이해할 수 있는 것으로 만들기 위해서는 꿈-작업이 해제될 필요가 있다고 보았다. [ibid., p. 43]

비온은 꿈-작업을 거치는 것은 무의식적 재료가 아니라 의식적 재료이며, 꿈-작업은 그것을 편집-분열적 자리에서 우울적 자리로의 변형에 적합한 것으로, 그리고 저장하기에 더 적합한 것으로 만든다고 말한다: "프로이트는 아리스토텔레스가 꿈이란 잠든 동안에 마음이 작업하는 방식이라고 진술했다고 말하지만, 나는 꿈이란 깨어있는 동안에 작업하는 방식이라고 말한다" (ibid.). 비온은 깨어있는 동안의 삶이 꿈에 의존되어 있다는 사실이 간과되어 왔다고 주장한다. 왜냐하면 꿈꾸기는 깨어있는 동안에 획득한 감각인상들을 저장하는 데 필수적인 것이며, 그럼으로써 "기억의 내용"이 될 것이기 때문이다(ibid., p. 47).

비온은 처음에는 그가 "꿈-작업-α"라고 불렀던(ibid., pp. 43-49) 알파-기능이 꿈의 형성에 필수적인 것이며, 무의식을 의식적인 것이 되는 것으로부터 지켜주고, 개인을 정신증적 상태로부터 보호하는 데 필요한, 장벽("접촉 장벽")을 만든다고 보았고, 그 장벽은 "검열" 및 "저항"과 유사한 기능을 갖고 있다고 주장했다. "꿈을 꾸는 능력은 실제적인 정신증적 상태로부터 인격을 보호해준다"는 것이다(1962, p. 16). 이 이론에서, 꿈은 알파-기능으로 하여금 알파-요소들을 만들어내도록 허용하는, 구조화된 사고를 위한 토대를 창조한다.

정신증 환자들과 관련해서, 비온은 그들의 꿈을 그들의 환각 과정과 비교한다. 그 과정에서 상담실에서 보이는 그들의 괴상한 행동은 꿈 내용을 이해하기 위한 연상으로서 이용될 수 있는데, 그들은 이것을 말하면서도 그것을 어떤 것과 관련짓지는 못한다(1967, p. 78). 이러한 연상의 부재는 "젖을 주지 않는" 환각화된 젖가슴의 전이를 나타낸다(1992, p. 141). 꿈 이야기를 하는 것은 인과성뿐만 아니라 시간성을 감당할 것을 요구한다(ibid., p. 1). 비온은 꿈을 이야기로 말하는 것과 관련된 어려움을 "보이지 않는-보이는 환각" 현상과 비교하면서, 이러한 환자들이 실제로 꿈을 보고하기까지는 여러 해 동안의 분석이 필요할 것이라고 말한다. 왜냐하면 빈번하게 그들의 지각 장치는 무언가를 축출하려는 시도에 의해 손상을 입었기 때문이다. 이러한 경우에 꿈은 개인이 낮 동안에 함입한 불쾌한 어떤 것을 밤 동안에 제거하려고 시도하는, 장의 배설 기능과도 유사한, 마음의 "비워내기 작업"이 될 것이다. 비온은 또한 시각이 배설 기제와 관련될 수 있다고 주장한다. 즉, 종종 정신증 환자들은 시각적 환각을 사용해서 일부 꿈들의 이미지-표의문지들을 축출한다는 것이다(ibid., pp. 66-67). 꿈-사고들은 또한 어떤 사건의 소화되지 않은 측면을 나타내는 것으로 볼 수 있고, 그러한 측면이 꿈을 꾸는 과정에서 소화되는 것으로 보이는데, 이것이 바로 경험에서 배우는 것을 허용하는 과정이다. 꿈은 소화 기관과 유사한 방식으로 작용하고, 꿈을 분석하는 것은 소화되지 않은 음식의 내용물을 검토하는 것을 의미하는 것으로 보인다. 프로이트와는 달리, 비온은 꿈을 충족되어야 할 억압된 충동들로 보지 않았고, 음식이 몸을 위해 그렇듯이, 마음의 성장에 절대적으로 필요한 개인의 특정한 진실의 소화과정으로 보았다. 어떤 점에서, 꿈꾸기가 의식적인 거짓말[5]을 명백한 것으로 만들고, 진실을 드러내는 기제라고 말할 수 있다.

꿈에서 전체 대상들이 출현한다는 것은 정신적 성숙을 나타내는 것일 수 있으며, 이 기제는 다음과 같은 이유로 고려될 필요가 있다:

> "정신증 환자들의 꿈이 갖는 "특이성"은 비합리성, 비일관성, 그리고 파편화에 있는 것이 아니라, 꿈속에 등장하는 대상이 환자에 의해 전체 대상으로 느껴지고, 그럼으로 해서 멜라니 클라인이 우울적 자리의 시작과 관련지은 죄책감과 우울감에 적합한 대상으로 간주된다는 데 있다. [1967, p. 80]

비온은 꿈과 신화에 관한 몇 가지 기본적인 규칙을 제안한다: (a) "모든 꿈들은 오직 하나의 해석만을 갖는다." 즉, 꿈을 조직하는 모든 표상들이나 알파 요소들은 특정한 항구적 연합이 지시하는 질서를 따른다. (b) "모든 꿈은 그것에 상응하는 실현을 갖

---

5) 라틴어에서 마음과 거짓말은 같은 어원을 갖고 있는데, 이것은 아마도 "마음이 거짓말을 한다"는 것을 의미할 것이다.

는다." 실현은 소망 충족과 비슷하지만 꿈꾸는 자가 꿈이 실현되었다는 환상을 갖게 되는 몇몇 경우를 제외하고는 소망 충족이 거의 발생하지 않는다는 점에서, 그것과 다르다. 이 기제는 또한 기시증으로도 서술된다:

> 꿈에서 하나의 행위는 결과를 발생시키는 것으로 보이지만, 실제로 그것은 연쇄들만을 갖고 있다. 필요한 것은 꿈을 나타낼 수 있는 공간적 모델이다. [1992, p. 1]

(c) "… 특정 사실에 관한 경험들은 환자에 의해 결코 이해되지 않을 것이고, 따라서 그가 그것들을 자신의 꿈이나 신화의 측면에서 해석하지 않는 한, 결코 그 경험들로부터 배울 수 없다 …"(1992, pp. 230-231). 참조: 기시증, 꿈 가구, 꿈, 비우기 과정, 광기, 실현.

꿈 가구(Dream Furniture): 기괴한 대상과 유사한 "사물들"에 의해 구성된 환경(ambiance)을 가리키는 용어로서, 비온에 따르면, 이것이 곧 정신증 환자의 세계를 나타낸다. 감각적인 조각들, 흩어진 아이디어들이나 단어들로 구성된 그것은 일부 외부 대상들 안으로 투사됨으로써, 그 대상들을 담든 아니면 그 대상들에 의해 담기든, 그 대상들을 둘러쌀 것이고, 그 대상들에게 투사된 부분들의 특징을 제공할 것이다. 예를 들어, 투사된 것이 "본 것"이나 "들은 것"이라면, 문제가 되는 대상은 그 사람을 바라보거나 그 사람의 말을 듣고 있는 대상으로 경험될 것이다. 이러한 대상들은 정상적으로는 꿈을 형성하는 가구를 나타낼 것이지만, 정신증 환자의 경우에서는 일상생활의 일부가 될 것이다.

꿈-사고(Dream-thought): 비온은 이 개념을 프로이트가 사용했던 것과 동일한 방식으로 사용한다. 1925년에 쓴 글의 각주에서, 프로이트는 다음과 같이 말했다:

> 근본적으로, 꿈은 수면 상태라는 조건에 의해 가능해진, 생각하기의 특정한 형태에 지나지 않는다 … 꿈이 우리의 정신적 삶이 직면한 문제들을 해결하려는 시도와 관련된다는 사실은 우리의 의식적인 깨어있는 삶이 그래야만 하는 것과 마찬가지로, 더 이상 낯선 일이 아니다. [1900, pp. 506n-507n]

또한 1914년에 쓴 글의 각주에서 그는 다음과 같이 말했다:

> 따라서 "앞서 생각하는" 꿈의 기능은 전의식적인 깨어있는 사고의 기능이고, 산물이며 … 현상이다. 오랫동안 꿈은 그것의 드러난 내용과 같은 것으로 간주하는 습관이 유지되어왔다. 그러나 우리는 꿈을 잠재적 꿈-사고들과 혼동하는 같은 실수를 반복하지 말아야 한다. [ibid., p. 580n]

꿈-사고들은, 그것에 대한 관용어적인 표현과는 상관없이, 꿈-작업이 이루어지는 동안에 발생한 마음의 동요들의 상징적 표현을 나타내는 시각적 은유들이다. 그것들은 주로 압축, 전치, 그리고 파편화된 아동기 기억들로, 그리고 보통은 시각적 이미지들로 구성되어 있다. 꿈-사고들의 구체적인 내용은 꿈-작업이 진행되는 동안에 작동하는 퇴행의 기제를 통해 수집되고 정교화된다. 그리고 그렇게 하는 동안 분석적 작업은 꿈-작업(dream-work) 동안에 파괴되었던 연결들을 재구성하는 일을 떠맡는다.

꿈-작업-알파(Dream-work-*α*): "꿈-작업-알파"라는 용어는 본래 프로이트의 "꿈-작업" 개념과 나중에 몽상 능력, 알파 요소와 베타 요소뿐만 아니라 알파-기능을 포함하는 비온의 "기능 이론"의 조합을 서술하기 위해 비온이 사용한 것이다. 비온은 꿈이 잠자는 동안의 활동과 깨어있는 동안의 활동을 구분하게 해준다는 점에서, 꿈이 잠을 보호해준다는 프로이트의 생각에 동의했지만, 꿈-작업의 역할에 대해서는 다른 견해를 가졌다:

> 그러나 프로이트가 생각한 꿈-작업은 꿈-작업이 없었더라도 완전히 이해할 수 있는 무의식적 자료들을 꿈-작업을 통해서 꿈으로 변형시킨다는 것이고, 지금 이해할 수 없는 꿈을 이해할 수 있는 것으로 만들기 위해서는 꿈-작업이 해제될 필요가 있다는 것이다. [1992, p. 43]

꿈-작업에 대한 프로이트의 개념과 비온의 개념 사이의 주된 차이는 꿈-작업을 거쳐야 하는 것이 무의식적 재료—프로이트가 진술했듯이—가 아니라, 의식적인 자료라고 비온이 생각했다는 데 있다. 의식적 자료는 기억으로서 저장되고, 편집-분열적 자리에서 우울적 자리로의 변형을 만들어내기 위해서뿐만 아니라 꿈을 만들어내기 위해서도 사용된다. "프로이트는 아리스토텔레스를 따라 꿈이란 잠을 자는 동안에 마음이 작업하는 방식이라고 말한다. 그러나 나는 꿈이 깨어 있는 동안에 마음이 작업하는 방식이라고 말하겠다"(ibid., pp. 43, 47).

본래 비온은 이것을 "꿈-작업-알파"[6]라고 말했지만, 나중에 프

6) "꿈-작업-*α*"라는 이름을 제안한 한 달 후에 비온은 "프로이트의 "꿈-작업"으 원래 개념과의 혼동을 피하기 위해서, 너무 추상적이라고 느꼈지만 이것을 단순히 "*α*"라고 바꾸었다.

로이트의 생각과 혼동되는 것을 피하기 위해 그것을 단순히 "알파"라고 바꾸었다(ibid., p. 73). 하지만, 그는 그렇게 말한 후에도 계속해서 그 용어를 같은 방식으로 사용했다. "알파-기능"이라는 용어는 「숙고」에 실린 글(60년대 말에 쓴)에서 처음으로 사용되었다. 그리고 비온은 마침내 꿈-작업 자체와 α-기능을 구별하였다. 이 개념을 만드는 과정에서 비온은 죄책감, 초자아, 편집-분열적 자리와 우울적 자리 등에 대한 클라인의 개념뿐만 아니라, 프로이트의 "꿈의 해석"(1900)과 "정신기능의 두 원리에 관한 공식화"(1911)를 사용했다. 알파-기능과 꿈-작업을 구분하기 전에, 그는 이 기능이 작동하는 데 필수적인 일련의 단계들에 대해 말했다: (a) 감각인상들에 주의를 기울이기, (b) 이 인상들을 기억에 저장하기, (c) 그것들을 "표의문자들"로 바꾸기, (d) 그 인상들이 마음을 지배하는 원리에 따라, 즉 현실원리의 지배하에 저장되거나 기억되기, 또는 쾌락원리의 지배하에 축출되기.

참조: 알파-요소, 알파-기능, 베타-요소, 꿈, 꿈-사고.

ㄴ

나르시시즘(narcissism): 참조: 사회-주의

내적 생식체계(Inner reproductive system): 비온은 이 개념을 생식체계의 "정신적 상대역"으로 간주한다: (a) "내면을 보는 눈," "시각화하기,""상상속에서 보기" 등과 유사한 "생식체계"; (b) 또는 "시각적 체계"의 상대역(1965, p. 91)을 나타내는 말. 그것은 "생식 활동에 대한 인식"과 혼동되어서는 안 되고; 시각적 이미지가 시각의 정신적 상대역과 관련되어 있는 것처럼, 시각적 대상들과 혼동되어서도 안 된다. 생식체계의 정신적 상대역은 고통과 쾌락의 전조와 관련되어 있다. 비록 비온이 그것을 언급하지는 않았지만, 이 개념은 "여성적 직관"으로 언급되는 것과 비슷하다고 추론될 수 있다. 참조: 신앙의 행위(F); 직관; O, 궁극적 실재.

노출 모델(Disclosure model): 비온이 1965년에 쓴 글에서 처음으로 사용한 용어로서, 그는 1967년에 이전 논문들을 재평가해서 「두 번째 사고」라는 제목으로 재출간했다(1967, p. 154). "노출 모델"은 서로 다른 두 종류의 관찰에서 얻어진 의미를 교차시키는 데 사용된, 추상적 모델을 설명하기 위해 캔터베리의 대

주교인 이안 램지(Ian T. Ramsey)가 만들어낸 개념이다. 그가 사용한 예들의 일부는 "무한히 많은 숫자의 면들을 가진 다각형 원"을 발견하는 것, 또는 외과의사가 수술대 위에서 친구를 발견하거나 심지어 아내를 발견하는 것과 같은, 노출 안에 헌신이 관여되거나 내포된 관계들을 담고 있는 것이었다. 이것은 전에는 알 수 없었던 통찰, 의미 또는 특정한 존재의 드러냄을 환기시키는 것과도 같다. 이 개념과 선택된 사실 사이의 특정한 관계가 환기될 수 있다. 참조: 의식(Cs).

누메나(noumena): 직관을 통해 파악되는 것으로서, 이해될 수는 없고 현상들 너머에 있는 것을 서술하기 위해 칸트가 사용한 개념이다. 그것은 물-자체, 즉 우리가 경험적 또는 감각적 지식을 갖고 있지 않은, 그리고 직관에 의해서만 파악될 수 있는 절대적 진실을 나타낸다. 비온은 그것을, 우리가 가지고 태어났지만 그것에 관한 지식을 갖고 있지 않은, 본능 개념을 설명하는 데 사용한다; 예를 들면, 젖가슴을 빠는 욕구, 성교 욕구, 호기심 욕구, 인식선호 욕구 등과 같이, 대상과의 최초의 관계 또는 실현을 안내하고, 나중에는 우리가 경험에서 배움에 따라 구조를 획득하게 되는 어떤 것을 의미한다.

"느껴진 욕구"(Felt need): 비온이 "저항"과 관련해서 한 번 서술했던 개념으로서, 이것은 어떤 것을 행동화 하고 싶은 욕구나 소망으로 경험되는 역전이 저항을 나타낸다. 비온은 꿈 해석이라는 맥락에서 그것의 의미를 설명하면서 꿈 작업 안에 있는 저항은 두 개의 요소들이 복합된 것이라고 진술했다:

> 프로이트에 의해서 설명된 저항; 그리고 꿈을 의식적이고

합리적인 경험으로 전환하려는 욕구라기보다는, 의식적이고 합리적인 경험을 꿈으로 전환하려는 욕구. "느껴진 욕구"는 매우 중요하다. 만약 그것에 적합한 중요성과 비중이 주어지지 않는다면, 환자의 질병의 진정한 이유는 간과되고 말 것이다. 그것은 꿈을 해석해야 한다는 분석가의 고집에 의해 모호해진다. [1992, p. 184]

참조: 저항

ㄷ

"단합된 집단"(Group coming together): 치료 중에 집단이 전체로서 행동할 때, 그것은 가족 조직을 닮아 있다(1948a, p. 69).

담는 것-담기는 것의 상호작용(Container-contained, interaction): 이 이론에 대한 임상적 견해는 비온이 1959년에 쓴 글, "연결에 대한 공격"에서 아기의 "일차적 공격성과 시기심"을 다루는 어머니의 태도에 대해 서술하면서 처음으로 언급한 것으로 보인다. 비온은 몇 가지 단어를 사용해서 어머니의 반응을 서술했다: "수용적이지 못함," "균형 상태에 머물기," "편안한 마음 상태." 그 외에도 그는 환자와의 전이-역전이 상호작용을 설명하면서, "분석가가 자신의 감정들을 담아낼 수 있는 강한 인격일 경우, 투사적 동일시는 분석가 자신의 감정을 조사하는 것을 가능하게 한다"(1967, p. 106)고 말한다.

"담는 것-담기는 것"은 정신분석적 실현에 대한 추상화 모델에 해당되는 것으로서, 각각 여성적인 것과 남성적인 것의 의미를 담고 있으면서도 구체적인 성적 함축은 갖고 있지 않은, ♀과 ♂이라는 기호로 표현되는 정신분석적 요소를 나타낸다(1970, pp. 106). 그것들은 쾌락원리에 따라 질-페니스, 입-젖가슴, 생각하는 자-아이디어와 같은 대상이나 개념, 또는 "비우기-보유하기," "기억하기-잊기" 등의 모델과 연결되어 있다(ibid., p. 29).

이 모델을 언제 사용할 것인지는 어떤 것을 언제 "포함시킬 것인지," "배제할 것인지"를 결정하는 것과 비슷하며, "무엇을?," "어디에서?," "언제?" 또는 "왜 어떤 것은 포함시키고 어떤 것은 배제하는지?"와 같은 질문들과 관련되어 있다. 비온은 담는 것과 담기는 것 사이의 연결을 (a) 상생적, (b) 공생적, (c) 기생적이라는 세 종류로 서술했다(1970, p. 95-96; 1962, p. 91).

알파-기능의 작용 덕택에, 아기는 ♀♂ 내에 존재하는 종류의 관계를 안으로 들일 수 있다. 그 결과 단어가 의미를 담을 수 있고, 또는 반대로, 의미가 단어를 담을 수 있다. 그 둘 사이의 관계는 위에서 언급한 형태들 중의 하나를 따라 수립된다: "상생적" 관계는 담는 것과 담기는 것 모두가 서로에게서 유익을 얻는 것을 의미한다. 예를 들어, 새로운 생각은 생각하는 자에게 유익이 될 수 있고, 그 역으로도 마찬가지이다. "공생적" 관계일 때에는, 하나가 다른 하나를 파괴할 것이다. 예를 들어, 증언하다(testify)라는 단어는 본래 이집트 상형문자에서 고환을 가지고 있는 남자들만이 증언할 자격이 있다는 의미로, 남성 생식기 그림으로 표현되었다. 오늘날 그 단어의 의미는 여전히 남아 있지만, 그것이 본래 담고 있던 개념은 사라졌다. 마지막으로 "기생적"관계는 ♀♂ 둘 모두가 서로를 파괴하는 관계이다. 예를 들어, 시기심과 복수에 의해 지배되는 관계는 결국 -K만을 갖게 될 것이다.

쟈끄(Jaques)의 "통합적 벌집위"(integrative reticulum) 개념은 마음으로 하여금 최종적으로 총체적 대상이라는 아이디어를 획득하도록 돕는 복잡한 정신적 도식이 존재한다고 서술하는데, 비온은 이 개념을 사용해서 담는 것과 담기는 것 사이의 미묘하고 연속적인 성장이 경험에서 배울 수 있도록 허용해주는 추상화의 수준들을 성취하는 방식을 설명했다. 발달은 클라인의 편집-분열적 자리와 우울적 자리의 전개를 따라 이루어지고, 특정한 순간에 "선택된 사실"의 존재를 요구할 것이다. 내용물들(♂)은 의심, 질문, 또는 담는 것(♀) 안에서 서로를 연속적으로 풍부하게 하는 정서적 경험들에 의해 연결되는 변수들을 특징짓는데, 그것은 ♂n+♀n으로 표현될 수 있는 연속적 과정 안에 있으며, 결국 성장과 경험에서 배우는 능력을 보장하는 과정을 나타낸다. 이 배우기는 통합할 수 있는 동시에 경직성으로부터 자유롭고, 추후의 동화를 위해 개방될 준비가 되어 있는 ♀n의 능력에 달려있다. 이런 기제가 작동하는 개인은 지식과 경험을 보존할 수 있고, 새로운 경험에 대해 수용적일 뿐만 아니라, 과거의 경험들을 사용하는 능력을 갖게 될 것이다(1962, pp. 92-93).

따라서 K의 수준은 이러한 종류의 "상생적" 관계, 즉 체계들을 형성하고 나중에 과학적 연역체계를 형성하게 될 새로운 가설들의 연속적인 복잡성에 달려있다. 비온은 또한 정신적 장치를 형성하는 데 필요한 그리고 다루어져야만 하는 재료가 I(idea)라고 확신하면서, 생각을 위한 장치를 I와 연관시킨다(1963, p. 31).

다른 한편, 여기에는 앞에서 진술했듯이, 시기심에 의해 전적으로 지배되는 ♂♀상황이 있으며, 그에 따른 결과는 K가 아니라 -K이다. 이러한 상황들에서 아기는 자신의 두려움의 감정을 분열시켜 시기심 및 증오와 함께 젖가슴 안으로 투사하는데, 이것은 K를 산물로 가져오는 ♂♀의 상생적 관계의 출현을 명백하게 방해한다. 이 상태에서 젖가슴은 시기심에 차서 모든 선함과 죽음에 대한 아기의 두려움을 신진대사할 수 있는 가치 있는 요소들을 제거하고, 대신에 훼손된 잔여물을 젖가슴 안으로 강제로 밀어 넣는다고 느껴질 것이고, 이는 비온이 -K로 표현한 일종의 담는 것-담기는 것의 산물, 즉 이름 없는 공포를 발생시킬 것이다. 이 상태는 젖가슴이 죽고 싶은 소망을 중화할 수 없을 뿐만 아니라, 살고자 하는 소망을 제거할 때 매우 심각해진다. 이는 다시 비온에 의해 -♁우로 표시되고, 없음(without-ness)을 나타내는 것이 되었다(1962, pp. 97-99):

> 그것은 … 외부가 없는 내적 대상을 의미한다. 그것은 몸이 없는 소화관이요, 정신분석에서 이해하는 초자아의 특징이라고는 찾아볼 수 없는 초자아이다. 그것은 "초"자아요, 어떠한 도덕성도 없는, 도덕적 우월감에 대한 시기어린 주장이다. 간단히 말해서, 그것은 시기에 차서 모든 선함을 떼어내고 벗겨버린 데 따른 결과이며 … -♁ -우, 즉 텅 빈 우월성-열등성을 나타내는 것이 되고, 다시금 무의 상태로 퇴화할 때까지 계속된다. [1962, p. 97]

담화의 우주(Universe of discourse): 이것은 암묵적으로 또는 명시적으로 진술, 담화, 또는 이론의 주제로서 묘사된 실체들에 대한 포괄적인 명칭으로 정의되다(웹스터 대학생판). 다른 사전에 따르면—아메리칸 헤리티지 영어사전(4판)—"담화나 논쟁에서 언급되는 모든 실체들을 포함하고 있는 부류"를 가리킨다. 비온은 이 용어를 그의 책 「변형」에서, 정신분석 또는 담화의 우주라는 개념 안에 담긴 상수, 변수, 그리고 매개변수(parameter)와 관련해서 좌표가 갖는 중요성을 강조할 때 사용했다. 그러한 것들, 즉 상수, 변수, 매개변수 등이 의미에 도달하기 위해서는 좌표의 범주에 부합될 수 있는 방식으로 정의되어야만 한다. 그는 다음과 같이 말했다:

> 만약 이것이 인식되지 않는다면, 모호성이 발생할 수 있다: "변수"라는 용어는 특정한 담화의 우주 안에서 항구적

> 가치가 부여된 어떤 것을 서술하는 것일 수 있고, 따라서 매개변수(수학적 공식에서처럼 ...)로서 묘사될 수 있는 자격을 갖추고 있다. [1965, p. 45]

당나귀의 교량(Pons Asinorum): 이등변 삼각형의 증명에 대해 서술하는 유클리드 정리 1.5에 주어진 명칭으로서, 그 정리에 따르면, 기저의 각도들은 동일한데, 그 이유는 그것들이 서로에 대한 거울 이미지에 해당하기 때문이다. 에피큐러스(Epicurus, 역주: 쾌락을 인생 최대의 선으로 보았던 그리스 철학자, BC 341~270)는 이 정리에 "초심자에게는 어려운 문제"라는 의미의 "당나귀의 교량"이라는 명칭을 부여했는데, 그 이유는 유클리드가 자신의 이론을 증명하기 위해 그린 복잡한 그림이 교량을 닮았기 때문이었다. 그 그림은 그것의 단순성과는 너무 대조적이어서, 에피큐러스가 "그것을 건너려고" 하는 사람은, 즉 그 문제를 풀려고 하는 사람은 누구든지 당나귀일 거라고 말했을 정도였다.

비온은 유클리드의 기하학과 편집-분열적 자리 및 우울적 자리 사이의 관계와 마찬가지로, 오이디푸스 신화와 피타고라스 정리 사이의 관계를 비교하려고 시도했다. 이 비교들은 그의 책 「숙고」에서, 마치 스핑크스를 흉내 내기라도 하듯이, 극도로 압축되고 비밀스러운 스타일로 제시되어 있다. 예를 들면, 피타고라스의 정리와 관련해서 그는 이렇게 말했다:

> 직각을 마주보고 있는 빗변: 직각을 담아주고 있는 두 변들. 헨리 무어의 조각품에서처럼, 아무런 물질이 없는 곳에 장소를 만드는 기능에 사용되는 것을 제외한다면, 형상 즉 도형을 무시한다면, 얼마나 많은 것을 얻을 수 있겠는가?

> 열린 공간에 울타리로 작용하는 것, 즉 형상이 없는 곳에서 부분을 말하는 것 말이다. 따라서 직각을 담고 있는 변들의 제곱과 직각을 마주보고 있는 변의 제곱은 삼각형—"세 개의 무릎을 가진 물건"—뿐만 아니라 직각을 에워싸는 역할을 한다. 그것의 건설(construction)은 빛을 가두는 덫이다. [1992, p. 206]

이 수수께끼 같은 의사소통에서, 비온은 도형, 즉 그러한 정리의 수학적 측면에 대해서는 잊어버리고, 예를 들면, 오이디푸스 신화 안에 담겨있는 내용에 집중하라고 우리를 초대한다: 직각 삼각형에는 직각을 형성하는 두 변들이 있는데, 이 두 변들이 양쪽 부모(즉, 수직 = 아버지, 수평 = 어머니)를 나타낼 수 있는 반면에, 반대편의 변 또는 빗변은 아들을 나타낼 수 있다. "세 개의-무릎을 가진 사물"은 명백히 삼각형에 대한 그리스 사람들의 해석을 언급한다. 그들은 모든 변들, 즉 아버지, 어머니, 그리고 아들을 결합하는 각도가 성기에 해당한다고 간주했다. 비온은 그가 "유클리드 정리 1.5는 학생이 그 다리를 건널 때 기하학의 "요소들"이 뒤에 남겨지는 지점을 나타낸다"고 진술할 때, 이와 유사한 것을 말한다(ibid). 달리 말하면, 당나귀가 되는 것을 피하기 위해서, 형상의 내용은 무시되어야 하고, 그것의 의미에 주의를 기울여야 한다; 오직 그럴 때에만 덫에 걸린 빛은 빠져나오고, 마침내, 에피큐러스가 선언하듯이, 당나귀가 되지 않고서도 다리를 건널 수 있다. 또는 그 정리를 적절히 이해할 수 있다.

비온은 또한 "신부의 의자"로 알려져 있는 피타고라스 정리를 언급하는데, 그것이 그렇게 불리는 이유는, 아랍 사람들에 따르면, 그 정리의 입증 과정에서 사용된 도형 그림이 신부를 모셔가는 데 사용하는 말안장을 닮았기 때문이라고 한다. 프랑스 사람들은 이 정리를 당나귀의 교량(Pons Asinorum)으로 부르는데, 비온은 이것에 의문을 제기하면서, 1권의 No. 5에 해당하는 당나귀의 교량은 이등변 삼각형에 대한 정리를 나타내는 반면에, 신부의 의자 정리는 13권의 No. 47에 해당하는 직각 삼각형을 나타낸다고 말한다. [ibid., p. 207]

덩어리화(Agglomeration): 비온은 이것을 복잡한 전체를 형성하기 위한 안정성과 통합을 의미하는, 접합(articulation)과 대조되는 개념으로 정의한다. 덩어리화는 요소들이 일시적으로 그리고 실험적으로 관계 맺는 특정한 상황을 의미한다: "그것은 특정한 가정의 빛에서 바라볼 때의, 그리고 그것이 그렇게 보이는 동안의 특정한 상황에 적합하다"(1992, p. 159). 그것은 비온이 나중에 기괴한 대상으로 서술한 것의 선례로 간주될 수 있다.

> 명료한 문장으로 보이는 것이 대상들의 덩어리로 드러날 수 있고, 그럴 때 그것은 분석가에게 명백하게 모호하거나 두서없는 말의 덩어리와 구별되지 않는다. [1992., p. 16]

참조: 접합체, 동화.

도덕적 체계(Moral System): 비온은 도덕적 체계를 매우 간략하게 언급하면서, 그것을 신화에 의해 유도된 도덕성의 느낌과 유사한 것으로, 또는 신화의 이야기적 원인으로, 즉 신화 안에 있는 요소들이 서로 관계 맺는 방식으로 정의한다. 예컨대, 오이디푸스 신화에 등장하는 스핑크스 신화, 또는 바벨탑 신화는 인간의 호기심이 어떻게 스스로에 대한 적으로 변하는지를 보여준다. 하늘에 이르려고 시도하는 바벨탑 신화는 지식을 향한 호기심이 죄로 변하는 다양한 방식들을 나타낸다(1963, p. 46). 참조: 신화, 이야기, 오이디푸스 콤플렉스, 바벨탑 신화.

돈(Money): 비온은 아이징(Eizing 1949)의 공헌을 따라, 돈을 집단 역동을 설명하는 데 사용하기 위해 기본적 가정들과 연결시킨다. 예를 들어, 만약 돈이 본래 신부에게 지참금—"신부의 몸값"—을 제공할 필요로서 출현했다면, 그 돈은 짝짓기 집단(ba*P)과 관련될 것이다; 만일 그것이 살해당한 사람의 친척에게 주는 급부 또는 속죄금과 연결된 것이라면, 그 돈은 싸움-도피 기본적 가정(ba*F)의 표현으로 간주될 수 있을 것이다. 특정 집단 안에서 지배적인 "기본적 가정"(ba)은, 예컨대, 한 나라의 정치적 상황은 돈의 가치를 심리적으로 결정지을 것이다(1948a, pp. 109-112).

꽤 여러 해가 지난 후에 쓴 주석에서, 비온은 지참금, 교황의 교서 등과 같이, 한 개인의 지위를 측정하는 데 돈이 사용되는 방식을 설명한다. 그것은 분석가에게 지불되는 보수처럼, 누군가의 가치를 결정하는, 물-자체를 나타낼 수 있는데, 그럼으로써 그 사람을 높이거나 끌어내리는 데 사용될 수 있다. 높은 보수 뒤에 숨어서 그 사람을 평가절하할 수도 있다는 것이다(1992, p. 307).

동화(Assimilation):[1] 비온은 이 개념에 "감각적 인상들의 동

1) 비온과 마찬가지로, 피아제 또한 마음을 이해하기 위한 모델로서 소화장치를 사용했다. 피아제는 두 가지 기능의 존재를 소개했다: (a) 조직, 그리고 (b) 적응. 조직의 어떤 정도를 내포하고 있는 살아있는 존재에 의한 어떤 행위: 단세포 동물의 굴광성의 단순한 행동에서부터 수학적 미적분의 더 복잡한 행위에 이르기까지. 적응은 또한 두 가지의 기능들만 포함하는 역동적이며 진보적인 과정을 수반한다: (a) 동화; 그리고 (b) 순응. 동화는 이미 존재하는 정신적 구성 속에 외부 현실을 통합하는 행위를 나타낸다. 반면에, 순응은 그 구성이 새로운 경험을 동화하기 위하여 겪어야 하는 변화를 나타낸다.

화"와 같은 소화 기능에 주어진 것과 정확히 같은 의미를 부여한다. 그러나 그는 또한 그것을 "기술적 용어"로 사용하지는 않는다는 점을 강조한다(1992, p. 157). 동화는 "비정신증적인 인격의 부분"에서는 그 기능이 잘 보존되어있지만, 정신증적 부분에서는 그 기능이 파괴되어 있다. 따라서 합입되어 있지만 동화되지는 않은 감각인상들이 그것 자체로서 또는 낯선 실체로서 자기 안에 저장되게 된다. 그런 과정을 통해 저장된 것들은 방출을 위한 재료로 사용될 수 있다. 비온은 이렇게 말한다:

> 동화를 배제하는 과정에 의해 형성된 대상들은 투사적 동일시와 그것의 내사적 상대역을 사용하는, 인격에 의해 사용할 수 있는 것으로서, 비우기와 반복하기 외에는 다른 어떤 기능도 갖고 있지 않다. [ibid. p. 161]

동화 능력의 파괴는 임박한 멸절에 대한 증가된 두려움과 함께, 신체적인 기아 상태와 유사한 정신적 상태를 만들어내는, 죽음본능의 지배 하에서 이루어지는 초자아의 가학적이고 파편화시키는 공격의 산물일 수 있다(ibid., p. 164).

비온은 사람들이 종종 이러한 저장된 대상들, 즉 동화과정 바깥에서 형성되었거나 "동화되지 않은 감각인상들"을 부를 때, 일반적으로 사용되는 명칭들로 부른다고 말한다. 그것들은 감정들에 대한 명칭들이 아니라, 마치 감정 그 자체인 것처럼 느껴지는, 이러한 단어들 속에 담겨 있는 것이다. "이러한 목적으로 사용된 단어들은 "그리고," "함께," "안에," "바깥에" 그리고 모든 동사들처럼, 관계성을 표현하기 위한 접합어에서 사용된 것들이다(ibid., p. 160). 환자들은 자극이 증가할 때, 이러한 대상들을 근육의 움직임, 모습의 변화, 자세 또는 태도의 변화들을 사용해서 비워내려고 시도할 수 있다.

> 접합된 문장처럼 보이는 것이 대상들이 모여진 덩어리이고, 그러므로 분석가에게는 명백히 접합되지 않았거나 일관성이 없는 덩어리와 구분되지 않을 수 있다. [ibid., p. 161]

죽음본능에 대한 생명본능의 우세는 동화를 위한 능력을 수선하려는 충동의 우세로 인도하며, 이것은 의사소통이나 연상뿐만 아니라, 꿈 사고와 꿈을 건설하는 데 사용될 수 있는 환자의 언어 표현에서 관찰된다. 이러한 언어적 진술들은 서로 접합이 가능한 요소들로 이루어져 있고, 투사적 동일시에 적합하지 않으며, 감각인상들이 동화됨에 따라 더 큰 변형을 향해 나아가는 과정 안에 있는 변형을 나타낸다.

둘-됨(Two-ness): 이것은 쌍을 구성하는 요소들의 자연스런 존재를 가리킨다. 두 눈, 두 손, 두 귀 등. 이것은 열 손가락 또는 열 발가락처럼 10단위로 조직화되어 있는 "십진법"도 마찬가지이다. 비온은 아리스토텔레스가 수학적 요소의 발달이라고 부른 것이 관념의 발달과 유사하다고 제안한다: 그것들은 1+1 = 2에서처럼, 전-관념이 관념의 창조 또는 둘-됨의 창조를 위해 실현(젖 빨기)과 만나는 데 따른 결과라는 점에서 그렇다(1967, p. 113). 예를 들어, 만약 두 개의 구슬을 가지고 있는 한 아이가 나중에 두 개를 더 발견한다면, 그가 구슬 네 개를 갖고 있다는 것을 알기까지는 오래 걸리지 않을 것이다. 이런 점에서, 칸트는 비온이 말하는 젖가슴에 대한 관념이나, "신이 자연수들을 창조했다"는 진술과 비슷하게, 모든 순수 수학적 명제들은 선험적으로 존재한다고 말한다.

터스틴(Tustin, 1981)은 둘-됨이 아기와 젖가슴 사이의 초기 분리 단계와 관련된 중요한 개념을 나타낼 수 있다고 진술했다:

> ... 신체의 분리와 "둘-됨"에 대한 조숙한 인식은 젖꼭지가 그의 입의 일부가 아니고, 그의 움직임이 항상 완전함에 기여하는 것도 아니며, 항상 좋은 환각을 만들어내는 것이 아님을 알게 해준다. [p. 192]

참조: 직관, 누메나, 현상, 전-관념, 심리적 격랑, 실현.

떨어져나간 팔(Arm that fell off): 참조: 관련된 꿈: 중요한 꿈들.

ㅁ

마법(Magic): 비온의 정의에 따르면, 마법은 물리적 환경을 통제하려는 시도이며, "의례"(ritual)는 영적 세계를 통제하려는 시도와 관련된 마법의 일부이다. 마법에는 종국적으로 과학적 탐구로 발달하게 된 두 개의 중요한 영역이 있다: 하나는 수학적 계산에 근거한 천문학에 자리를 양보한 점성학이고; 다른 하나는 실험적 화학을 발달시킨 연금술이다. 이것은 우리로 하여금 세계에 생명을 불어넣어주는 우주적 영 또는 원리가 "정신분석적 사실"일 수 있다고 생각하게 만든다. 비온은 이것에 덧붙여 다음과 같이 말한다: "정신분석 이론과 기도는 동전의 양면과 같으며 그것들 사이의 간격은 좁다. 그 간격은 때로 더 좁아지기도 하고 더 넓어지기도 한다"(1992, p. 298).

마음영역(Noösphere): 그리스어인 ***νουσ***="마음"(mind)과 "영역"(sphere)의 합성어. 피에르 떼야르 드 샤르뎅 신부(1959)가 1925년에 "성찰, 의식적 창작, 의식적 영혼" 또는 "집단적인 마음 또는 의식," 지식의 의사소통, 축적, 그리고 교환과 같은 일종의 세계적 무역망 등을 설명할 때 사용한 단어로서, 경제학, "심리적 동맹" 등과 같은 영역들과 관련되어 있다. 그것은 점점 더 빠른 속도로 스스로를 직조해내고, 매체 안에 있는 개인들 각자를 관통하고 삼키는데, 그 개인은 시간이 흐르면서 다른 어떤 비-집단적인 방식으로 생각하거나 행동하는 것이 더 어렵다는 것을 발견한다. 많은 사람들은 샤르뎅이 오늘날 우리가 가상공간 또는 인터넷이라고 알고 있는 것을 예언했다고 본다.

비온은 그가 알파-공간이라고 부른 것을 설명하기 위해서 이 개념을 사용한다. 그는 "영역"이라는 개념은 이해를 촉진시키기보다는 오히려 복잡하게 만들 수 있는 연상들의 주연부(周緣部)를 갖고 있다는 점에서, "마음"이라는 개념이 "영역"이라는 개념보다 더 유용하다고 설명한다. 그래서 그는 그리스 문자인 **Σ**(시그마)를 사용하기를 선호한다. 그는 이렇게 말한다: "나는 기대되는 의사소통을 수행할 수 있는, 가능한 한 의미가 없는 기호를 사용할 것인데, 그것이 시그마이다"(1992, p. 313).

나중에 그는 "영역"을 "무정형(amorph)"과 대비시키는데, 그것은 형태를 갖고 있지 않는 후자와는 달리, 전자는 한계, 즉 주장을 담고 있기 때문이다. 그러나 그 둘 사이에는 갈등이 없어야 하는데, 그것은 빛이 어떤 때에는 파동, 즉 무정형으로 작용하고 다른 때에는 미립자, 즉 영역으로 작용한다는, 빛에 대한 양자이론과도 비슷하다(1992, p. 319). 비온은 또한 "정신-영역"(psycho-sphere)이라는 신조어를 만들었는데, 이것은 "생각하는 사람이 없는 사고"라는 데카르트식 정의적 가설과 유사하며, "마음영역이 없는 정신-영역"에 해당한다(1992., p. 326).

마이너스 담기는 것-담는 것(Minus ♂♀): 담기는 것-담는 것 상호작용이 -K에 연결되어 있는 관계를 나타낸다. 이 상황은 비온이 "없음"이라고 부른, 강력한 시기심의 감정에 의해 지배되는데, 그 "없음"은 상생적인 관계가 발생할 수 있는 가능성을 가로막는다. 상생적 관계는 세 요소들, 즉 +♂, +♀, 그리고 K가 서로에게서 유익을 얻는 방식으로 참여하는 관계이다: 이는 마치 아기, 젖가슴, 그리고 생각하기; 또는 과학자, 아이디어, 그리고 발명 사이의 관계와도 같다. 대조적으로, 상황이 -♂와 -♀로 나타날 경우, 그것은 내용이 담는 것에 의해 종속되고, 그것의 모든 의미가 벗겨져 마침내 쓸모없는 찌꺼기만이 남게 되는 상황을 가리키며, 이것은 마음이 시기심(-♀)에 의해 지배될 때 발생한다. 이런 경우에 해석은 무의미한 소음으로 변형된다. 이것은 해석이 추상화 과정을 통해 성장을 촉진시키는 상황인, K에 의해 지배되는 +(♂♀)에 기초한 상호작용과는 사뭇 다른 상태이다(1962, pp. 96-99). "-(♂♀)의 성공적인 작동은 ♂ 요소를 -♂ 요소로 변환시키는 -♀의 힘이 증가하는 것을 말한다." "다른 말로, 알파-요소들은, 그것들이 어떻게 획득되었든 간에, 베타-요소로 전환된다"는 것인데, 이 말의 의미는 환자가 현실적 대상들에 의해서가 아니라, 사물-자체들 또는 기괴한 대상들, 즉 "의미가 벗겨지고 축출된 사고들과 관념들의 찌꺼기"에 의해 둘러싸여있다고 느끼는 것을 말한다(ibid., pp. 98-99).

마이너스 에이치(-H): 참조: 마이너스 엘.

마이너스 엘(-L): -H 그리고 -K와 함께, 연결의 부정적 형태를 나타낸다. 이는 -H가 L(사랑)이 아닌 것처럼, 이것도 H(증오)와 동일한 것이 아니다. 비온은 -;L과 -H의 의미에 대해서는 그가 -K에 대해서 그랬던 것과는 달리 별다른 예시를 제시하지 않았다. -L과 -H는 "어떤 중요한 것의 부재"와 관련되어 있지만, 어떤 것이 비온에게 무엇을 의미했는지는 분명하지 않다. 그는 "첫 번째 문제는 -K, -L, 그리고 -H의 성질을 확립함으로써, 과학적인 엄격성을 증가시키기 위해 무엇을 할 수 있는지를 아는 것"이라고 말한다. 나중에 그는 이렇게 질문한다:

> 이 행동에 포함된 기제들로부터 마이너스 현상에 대해 ... 그리고 부수적으로 정신분석의 요소들을 확립하는 문제에 대해 ... 빛을 던져주게 될 어떠한 재료를 얻는 것이 가능한가? [1963, pp. 51, 53]

아마도 -L은 "전이적 사랑"에서 그렇듯이, 전이 안에서 관찰된 정서들에 의해, 또는 "욕구"와 "무조건적인 사랑" 사이의 차이에 의해 나타내질 수 있을 것이다. 다른 한편, -H는 자폐 환자들 안에 존재하는 정서들과 같은 것일 수 있다. 거기에서 대상에 대한 거절은, 멜처가 분해(dismantling)라고 서술한, 분열 또는 직접적인 공격성과는 다른 기제들을 통해 이루어진다.

마이너스 케이(-K): 어머니-아이의 관계가 상생적 연결에 의해 지배되는 담는 것-담기는 것 상호작용으로 확립될 경우, 정상적인 성장이 성취될 수 있다. 이 상태에서 아기는 어머니 안으로 자신의 느낌을, 예를 들면, 자신이 죽어가고 있다는 느낌을 투사하고, 어머니가 그것을 아기의 마음이 좀 더 견딜만한 것으로 변화시킨 다음 아기에게 되돌려줄 때, 아기는 그것을 재-내사한다. 이 상태는 K의 성장뿐만 아니라, 사고들을 생각하는 장치가 구조화되는 기본적인 모델을 나타낸다. 그러나 만일 상황이 시기심에 의해 지배된다면, 아기는 그의 느낌들을 분열시켜 시기심 및 증오심과 함께 젖가슴 안으로 투사하게 될 것이고, 이것은 다시금 상생적인 유형의 +♂♀ 관계를 확립할 수 있는 가능성을 가로막을 것이다. 이런 상황에서, 젖가슴은 아기의 죽음의 공포를 신진대사할 수 있는, 모든 좋고 가치 있는 요소들을 벗겨버리는 것으로 경험될 것이다. 대신에 그것은 그 자리를 이름 없는 공포로 모습을 드러내게 될 비하된 찌꺼기들로 채우거나, 비온이 -K로 표시한 아기와 젖가슴 사이의 담는 것-담기는 것 상호작용 유형으로 채울 것이다. 이러한 상태는 그 젖가슴이 죽음의 공포를 완화시켜주지 않을 뿐만 아니라, 살고자 하는 욕망을 앗아간다는 점에서, 매우 심각한 것이다(1962, pp. 97-99). 비온은 이러한 상태를 -(♂♀)라고 표시했고, 그것의 속성을 "없음"이라고 서술했다. 그는 다음과 같이 말한다:

> 그것은 ... 외부를 갖고 있지 않은 내적 대상이요, 신체를 갖고 있지 않은 소화관이요, 정신분석이 이해하고 있는 초자아의 특성을 거의 갖고 있지 않은 "초"-자아이다. 그것은 전혀 도덕적이지 않은 도덕적 우월성에 대한 시기에 찬 주장이다 ... 벗기기 과정은 -♂ -♀가 공허한 우월성-열등성에 지나지 않는 것이 될 때까지, 그리고 그것이 다시금 전무(nullity) 상태로 퇴화할 때까지 계속된다. [ibid., p. 97]

만일 우리가 서로 교차하는 두 개의 직선을 긋는다면, O는 두 선이 만나는 지점이 될 것이고, 왼편에 있는 것을 -K라고 부르고, 오른 편에 있는 것은 K라고 부를 것이다. O는 "젖가슴"과 "페니스"와 같은 단어에 의해 또는 항구적 결합을 나타내는 어떤 기호에 의해서 대체될 수도 있다. 그것은 젖가슴 또는 페니스에 대한 지식, 또는 K에 해당되는 것이고, 오른 편에 위치시켜야 한다. 왼편에는 부재한 젖가슴과 부재한 페니스를 나타내는 점(.) 또는 선(—)이 사용될 수 있는데, 이것들은 각각 -K에 해당되는 것이다(1965, p. 77). 비온에 따르면, 그것들은 또한 공간의 부재, 또는 공간이 있었던 장소와 동등한 것일 수 있는데, 그것은 사물-아닌 것들(no-things)에 의해 또는 존재하는 모든 대상을 시기에 찬 탐욕으로 없애버리는 대상들에 의해 채워진다. 비온은 추

상화 화가를 비유로 들어 다음과 같이 말한다:

> ... -K "공간"은 화가가 투사적 변형 작업을 수행할 때, 그 안에서, 그것과 함께, 그 위에서 작업하는 재료이다. 공간에 대한 유비는 쉽게 왜곡될 수 있다는 점에서, 나는 그 용어를 포기하고 -K 안에서의 변형이라는 용어를 사용할 것을 제안한다. [ibid., p. 115]

비온은 역전 가능한 관점에서 볼 수 있는 역동들을 -K와 K 사이의 상호작용에 대한 임상적 예로서 서술한다. 다른 사례들이 사용될 수 있는데, 예를 들면, 아주 어렸을 때 여름캠프에 보내졌던 일을 기억해낸 세 형제 중 막내인 환자의 경우가 그것이다. 비록 그가 그 사건에 대해 기억하는 것이 거의 없었지만, 전이에서 나타나는 느낌에 따르면 그것은 매우 외상적인 경험이었다. 그는 두 개의 상황만을 기억했다: 그는 "작은 카메라"라는 별명이 붙을 정도로 항상 카메라를 들고 다녔다는 것과, 누군가가 타고 있는 자동차가 근처 강의 강물에 휩쓸려갔는데, 실제로 그 강은 마른 강바닥으로 드러난 꿈이었다. 카메라에 대한 기억에 의해 자극받은 그는 가족 앨범에서 사진들을 찾아보았지만, 아무것도 발견하지 못하고는 당황했다. 그때, 그가 들고 다닌 카메라는 아무것도 기억하지 않기 위한 것이었고, 그것은 부재(不在)와 건망증(-K)을 찍는 "마이너스 카메라"였으며, 끔찍스런 정신적 공포를 피하기 위해서 어떤 것이 완전히 잊혀지는 것을 담보하는 유일한 수단이었다는 해석이 주어졌다. 그는 부재한 젖가슴을, 또는 비온이 "마이너스 점"(-.) 이라고 부른 것의 사진을 찍고 싶지 않았다. 그것은 부재의 현존이었다. 그는 탐색을 계속했고, 이제껏 방문하지 않았던 과거의 여름캠프 장소에 가보기로

했다. 그는 그 장소가 매우 달라졌고, “비행청소년들”의 본거지가 되어 있는 것을 발견했다. 그가 출입문에서 사람을 찾았을 때, 두 마리의 “살인적인 개들”이 나타났다. 그때 주어진 해석은, 아마도 그가 찍고 싶지 않았던 사진은 “살인적 폭력”으로 침범해온 기억들이었고, 그것은 그가 여름캠프에서 겪었던 무력감을 생각나게 했기 때문이었을 거라는 것이었다; 찍은 사진 중에서 남아있는 유일한 사진은 누군가(그의 부모들? 집에 남아있는 형제들?)가 타고 있는 자동차였는데, 그것은 강물에 떠내려가고 있었지만, 결코 떠내려갈 수 없는 것이었다.

마이너스 편집-분열적 자리↔우울적 자리(-Ps↔D): 긍정적인 형태의 편집-분열적 자리↔우울적 자리와는 달리, “박해의 느낌들을 지닌 미립자들의 분산(편집-분열적 자리와 관련된)과 우울한 느낌들의 통합(우울적 자리와 관련된)이 수반되는 상호작용”을 나타내는 것으로서, 비온에 따르면, 다음의 특징들을 보여준다: “해체, 전적인 상실 그리고 우울한 무감각; 또는 강렬한 충격과 변질된 무감각한 폭력성.” 비온은 “비록 이러한 서술들은 ... 불완전한 것이지만, 더 많은 경험들이 축적될 때까지는 유용한 것일 수 있다”고 덧붙인다(1963, p. 52).

마이스터 에크하르트(Meister Eckhart): 독일의 도미니크회(會) 수도승이며 신비주의 철학가로서, 1260년 호흐하임(Hochheim)에서 출생했고 1328년경 프랑스 아비뇽에서 사망했다. 실제 이름은 요한네스 에크하르트 폰 호흐하임인데, 파리에서 신학 석사학위를 취득한 이후로는 마이스터 에크하르트로 알려졌다. 그는 사후에 이단으로 고소되었고, 그의 설교와 저술 중

상당 부분이 이단 판정을 받았으며, 최근까지 거의 잊혀진 존재였다가 종교 안팎에서 그에 대한 관심이 되살아나면서 세상에 다시 알려지게 되었다. 이 때 종교 안에서의 관심은 주로 선불교(Zen Buddhism)에서 왔다. 그의 설교의 많은 부분이 이 연결을 보여준다: 예를 들어, 신에 대해 언급하면서 에크하르트는 이렇게 말한다. "신이 신인 것은 신이 신이 아니기 때문이다"(He is He because He is not He), 또는 "모든 둘됨으로부터 자신을 분리하라, 하나 위에 하나가 되고, 하나와 함께 하나가 되며, 하나로부터 하나가 되라"(Separate yourself from all two-ness, Be one on one, one with one, one from one). 이런 식의 많은 인용들에서 느껴지는 보편성에 대한 감각 때문에, 일부 학자들은 그를 범신론자일 뿐만 아니라 플로티누스의 신플라톤학파의 추종자로 본다.

비온은 십자가의 성 요한과 함께 에크하르트를 선택하는데, 그 이유는 신과의 합일 또는 하나-됨이라고 그들이 서술한 것에 담긴 신비한 경험과 내적 조명에 대한 감각 때문이었다. 비온은 이 경험들을 O의 의미에 대한 그의 서술에서 그가 묘사하고 싶어 하는 것에 대한 패러다임으로서 사용한다. 이런 이유로 어떤 사람들은 O가 "형이상학적이고 종교적인 의미"를 갖고 있다고 판단해왔다(Symington & Symington, 1966, p. 10). 비온은 O를 다음과 같이 서술한다:

> 궁극적 실재, 절대적 진실, 신성, 무한, 물-자체와 같은 용어들에 의해 표현되는 궁극적 진실로서 ... 그것은 우연히 발생할 뿐, 앎과 학습의 영역에 속하지 않는다 ... 그것은 암흑이요 형태 없음이지만, 경험에 의해서 얻어진 앎을 통해 알려질 수 있고, 감각적인 경험에서 유래한 용어들로 공식화될 수 있는 지점까지 진화할 때, K 영역으로 들어온다;

그것의 존재는 현상학적인 것으로 추측된다(1970, p. 26).

에크하르트의 신성에 대한 비온의 관심은 "담기는 것," 즉 신의 존재 또는 다른 어떤 종교적 관심에 대한 증거로서의 담기는 것에 있기보다는, 경험 그 자체의 현상학, 즉 알려지지 않은 것, 생각할 수 없는 것, 말로 표현할 수 없는 것, 진실 그 자체 또는 궁극적 실재와의 연합을 경험하는 "담는 것"에 있다. 비온에게 있어서, 신비가가 그의 신에 대해 말하는 것은, 그 신이 어떤 신이라고 해도, 정신분석가가 "잔잔히 떠 있는 주의"와 함께, "기억도 욕망도 없이," O에 대해, 말로 설명할 수 없고, 알려지지 않은, 생각할 수 없는, 진실 그 자체 또는 궁극적 실재에 대해 환자가 특정 순간에 표현하는 것에 경청할 때 경험하는 것과 유사한 것이다.

말더듬기(Stammer): 비온은 말더듬기가 심해져서 완전히 침묵하게 되는 지경에까지 이른 한 환자에 대해 서술한다. 그는 담는 것-담기는 것 모델을 사용해서 이 환자의 역동을 이해하려고 시도한다: "그 환자는 자신과 깊숙이 관련된 정서적 경험에 대해 말하는 중에 그 기억의 생생함이 증가하자 심하게 말을 더듬기 시작했다"(1970, pp. 93-94). 비온은 이 남자가 마치 통제를 상실하기 직전에 그 상황을 피하기 위해 언어를 사용하는 사람처럼, 그가 하는 말 안에 자신의 경험을 담으려고 시도하고 있다고 해석한다. 하지만 그의 감정들을 담기 위해 사용되는 말들은 파괴되고, 그러므로 그 감정들은 "담으려고 애썼던 세력을 뚫고 나오는 적대 세력으로서" 흩어지고 만다(ibid., p. 94). 이 남자가 표현하려고 했던 의미 자체는 벗겨지고, "언어적 표현을 위해 혀를 사용하고자 하는 그의 시도는 그의 입 안에서 혀를 자위적으로 사용하고자 하는 그의 소망을 '담아내는 데' 실패한다(ibid.). 담는 것-담기는 것 상호작용(♀♂)의 관점에서 보면, 이러한 상황은 한 요소(정서=♀)가 제 3의 요소(일관성 없는 의사소통)를 산출하기 위해 다른 한 요소(단어=♂)에 의존하지만, 그 제 3의 요소가 셋 모두를 파괴하는 "기생적" 관계를 나타낸다(ibid., pp. 95-96). 참조: 상생적 관계; 담는 것-담기는 것의 상호작용; 팔리누루스의 죽음; 기생적 관계; 공생적 관계.

망상(Delusion): 정신증 환자들이 그들의 기괴한 대상들과 상호작용하는 데 사용하는 기제를 나타낸다. 즉, 기괴한 대상들이 정신증 환자들에 의해 "담기는" 방식, 또는 그것들이 그들을 "담는" 방식을 말한다(1967, p. 82). 망상들은 보통 관념을 추구하고 있는 전-관념과 관련된다. 왜냐하면 그것들의 실현과의 결합은 그것들을 포화시킬 정도로 가깝게 전-관념에 근접하지는 않지만, 관념이나 빗나간-관념을 만들어내기에는 충분할 정도로 가깝게 그것에 근접하기 때문이다. 비온은 보통 "전-관념은 감각의 비우기가 아닌, 그러나 인격과는 별개로 존재하는, 실현에 의해 포화될 것을 요구한다"고 말한다(1965, p. 137). 달리 말하면, 현실은 그의 일차적인 특질에 의해 감지되어야만 하고, 감각들의 투사나 비워내기와 혼동되어서는 안 된다.

매혹(Fascination): 비온은 매혹을, 비록 더 정교화하지는 않았지만, 죄책감에서 벗어나기 위해 강박적으로 징벌을 추구하는 환자의 피학적 욕구와 연관된 "반복 강박"과 관련시켰다. 그는 "이익이 클수록 죄책감이 더 커지고 그럴수록 매혹될 가능성이 더 높다. 매혹된다는 것은 우리가 반복 강박이라고 부르는 것을 의미한다"고 말했다(1974a, p. 98).

메시아(Messiah): 참조: 신비가(천재 또는 메시아).

메시아적 아이디어(Messianic idea): 비록 비온이 이것을 신비가 또는 천재의 상대역이라고 간주하기도 했지만, 이것은 "짝짓기 집단"(ba*P) 안에서 커플에 의해서 산출된 "아이디어"를 나타낸다. 아이디어와 신비가가 융합될 때, 신비가는 메시아가 된다. 달리 말하면, 신비가는 아이디어를 담을 수 있고, 또는 아이디어는 신비가를 담을 수 있다. 그리고 그 결과, 정신증 환자의 장엄함에 대한 망상에서 발견할 수 있듯이, "우상"이 될 수 있다(1970, p. 110). "메시아적 아이디어는 상대역을 갖고 있는 것으로 여겨지는데, 그 상대역은 생각하는 자를 필요로 하지 않는 절대적 진실, 또는 O이다"(ibid., p. 117). 메시아적 아이디어는 O의 진화와 생각하는 자의 진화가 교차하는 지점을 나타내며, 이것은 분석가가 정신분석적 경청을 하는 동안에 무의식적 환상을 포착하는 순간과도 같으며, 또는 종교인이 신과 교제하고 있다고 느끼는 순간과도 같다. 메시아적 아이디어는 또한 예컨대 "치료하고자 하는 소망"이나 전이의 이상화와 같은, 이상화된 환상과 유사한 것으로 보인다(ibid., p. 119).

메시아적 아이디어는 알려지지 않은 것일 수 있고, 따라서 증오나 두려움의 대상이 될 수 있다. 사람들은 그것을 투사하거나 사물로 만드는 것을 통해서 덜 박해적인 것으로 만들려고 시도한다. 왜냐하면 그것은 이상화를 통해서—따라서 현실적인 것으로 증명됨으로써—통제되거나, 아니면 실현을 통해서—따라서 이상적이 아닌 것으로 증명됨으로써—통제될 수 있기 때문이다(1992, p. 318). 과학과 종교 사이에는, 정신분석 실제에서 관찰되듯이, 그 둘의 상호연결을 가로막는 중요한 틈새가 아직 존재하지만, 과학적 호기심(의식을 나타내는)은 마술적 또는 종교적 민음(무의식을 나타내는) 안에 있는 메시아적 아이디어에 대한 위협을 구성한다(ibid,. pp. 319-320).

모델(Model): 비온에게 있어서, 모델은 서로 관련된 관찰들을 결합시켜주는 구성물을 나타내는데, 그것은 경험에 의해 산출된 우연적이지 않은 인과론의 논리를 따른다. 여기에서 그것들을 묶어주는 연결들은 이차적인 것이고, 이야기 형태 안에서 표현된다. 모델은 일관성을 획득하거나 선택된 사실에 의해 촉발될 수 있는 관찰, 또는 일련의 관찰들로 이루어질 수 있다. 비온은 어떤 종류의 관찰에 대한 이해를 제공해주는 모델과, 그 모델을 창조하는 사람을 구별한다. 해석은 드러난 특정한 담화에 담긴 잠재적 내용을 조명하는 데 사용되는 모델이다. 해석은 "선택된 사실"에 의해서 촉발되며, 단명한 것이며(ephemeral), 이 점에서 이론과 다르다: 그것은 또한 해석을 구성하는 데 필요한 요소들을 추상화하기 위해 분석가가 알파-기능을 사용하여 알파-요소들을 산출할 것을 요구한다. 비온은 "모델은 정서적 경험의 추상화 또는 추상화한 것에 대한 구체화로 간주될 수 있다 ... 모델은 특정 환자와 함께 했던 내 경험을 조명하기 위해 만들어진 것이고, 그것을 실현된 것과 비교하는 데 사용된다"고 말한다(1962, p. 79). 해석은 그것의 실현과 비교함으로써 그것의 성공 또는 실패의 정도를 증명한다.

> 나는 모델이 내 목적에 봉사하는 데 성공하거나 실패하는 즉시 그것을 버리는 데 아무런 주저함이 없다. 만일 하나의 모델이 여러 개의 다른 경우들에 유용한 것으로 입증된다면, 그것을 이론으로 변형시킬 것을 고려할 때가 온 것이다 ... 정신분석가는 그가 이용할 수 있는 어떤 재료로

부터 얼마든지 많은 모델을 선택할 수 있다. [ibid., p. 80]

모델을 실현과 혼동하지 않는 것이 중요하다. 실현은 모델을 사용한 결과이며, 그것의 주된 목적일 뿐, 모델과는 다르다. 실현 다음에 추상화가 따라올 수 있고, 그것에서 하나의 모델이 만들어지고, 나아가 하나의 과학적 연역체계로 정교화 되는 진전이 일어날 수 있다. 그러나 모델은 실현과 혼동되어서는 안 되는데, 그럴 경우 모델은 그것의 목적을 상실하기 때문이라고 비온은 충고한다: "나는 실현이 모델로 오인될 때, 어떤 불상사가 발생할지 알지 못한다; 그러한 실패는 새로운 모델의 창조를 통해 다루어질 것이다"(ibid., p. 80). 하나의 모델이 일반화를 허용하기 위해서 겪어야 하는 변형은 감각 자료가 알파-요소로 변형되는 과정과 비슷하다.

비온은 생명 없는 대상들로 만들어진 모델들과, 살아있는 유기체들과 관련된 모델들, 예를 들면 정신분석 사례가 그러하듯이, 성장의 특징들에 대한 모델 사이를 구별한다: "기제라는 용어는 정확하게 실현이 아닌 것인 기계에 대한 모델을 암시한다" (ibid., p. 81). 참조: 의학적 모델, 정신분석적 요소.

모성적 몽상(Maternal reverie)[1]: 클라인학파의 투사적 동일시 이론(1962, p. 90)에 근거한 이 개념은 비온의 "생각하기 이론"(1967, p. 116)에서 언급되었다. 이것은 아기의 의식적인 감각적 정보를 신진대사할 수 있는 심리적 수용기관을 발달시키고,

1) 시밍턴(1966)에 따르면, 몽상은 뿌리를 의미하는 라틴어 radix에서 온 것이다; "미친, 격노한, 마음에서 뿌리채 뽑힌 등의 의미를 거쳐서 고대 불어에서의 몽상, 기쁨, 야생 등의 의미로, 거기에서 다시금 기쁘고 격렬한 또는 무례한 언어, 정신착란의 상태를 거쳐 몽상하기, 꿈꾸기로 변형된 것으로 보인다.

그것을 알파-요소들로 변형시킬 수 있는 어머니의 역량을 가리킨다; 이 때 그 알파-요소들은 다시금 알파-기능(참조: 요인과 기능)과 생각하는 장치를 발달시키기는 데 필수적이다. 비온에 따르면, "몽상은 어머니의 알파기능의 한 요인이며" … 그녀의 사랑은 몽상에 의해서 표현된다(1962, p. 36).

비온에 따르면, 아기가 젖가슴과의 관계에서 자신이 죽어가고 있다는 느낌을 어머니 안으로 투사할 수 있고, 그것을 마음이 감당할 수 있는 젖가슴의 형태로 다시 내사할 수 있을 때 정상적인 발달이 발생한다. 그러나 만일 그 투사가 어머니에 의해 수용되지 않으면, 아기는 그의 죽음이 현실이라고 느끼고, 감당할 수 있는 죽음에 대한 두려움을 재-내사하는 대신에 이름 없는 공포를 재-내사하게 될 것이다. 아기는 소화과정을 통해 유익을 얻는 것과 같은 방식으로, 어머니의 백일몽 또는 몽상 능력에서 유익을 얻는다. 만약 알파-기능이, 베타요소를 비워내는 목적을 위해서만 사용되는 경우와는 달리, 아기에게 사용 가능한 것으로 판명된다면, "… 어머니의 몽상능력과 직접적으로 관련되는 이 기능의 요인들은 무엇인가?"(ibid., p. 36). 만일 어머니의 몽상이 아기에 대한 사랑과 연관되어 있지 않다면, 그 사실은, 비록 불가해한 방식이기는 하지만, 유아에게 의사소통될 것이다.[2)] 비온은 몽

---

2) 나는 전에 이러한 "불가해한 감정들"을 "분열성적 비밀," 즉 아주 이른 시기에 비극을 겪어서 나중에 그 기억에 접근할 수 없는 환자들의 감정이라고 불렀다. 이것을 설명하기 위한 패러다임으로서 나는 고대 그리스의 율리시스 신비들에서 발생했던 상황을 사용했는데, 거기에서 의례에 참여한 자들은 페르세폰에게 특별한 제물을 바치는 동안 그것이 무엇인지 알지 못한 채 LSD(음료수의 일종)를 받았지만, 나중에 그 경험을 의사소통할 수 없었다. 왜냐하면 그들의 망상들은 너무 사적이고 분열성적인 것이어서 결코 일치된 생각, 또는 "공동 감각"에 도달할 수 없는 것이기 때문이었다. 그것들은 역사를 통해 만들어지는 비밀일 뿐 노출되거나 공적인 것이 될 수 없는 것이었다(Lopez-Corvo, 1993, 1994).

상을 오직 아기의 사랑 및 증오의 감정과 연관시켰고, 어머니의 알파 기능의 한 요인이라고 믿었다; 그 기능은 아기로부터 오는 투사적 동일시가 좋은 대상으로 느껴지든 나쁜 대상으로 느껴지든 상관없이 그것을 수용하도록 전적인 개방을 허용한다(1962, p. 36; 1974, pp. 83-85). 참조: 알파 요소, 알파-기능, 이름 없는 공포, 투사적 동일시, 향성.

무의식적 사고(Unconscious thoughts): 1911년에 프로이트는 다음과 같은 가설을 세웠다:

> 생각하기(thinking)는, 그것이 본래 단순한 아이디어의 표현을 넘어서는 것이고, 대상들에 대한 인상들 사이의 관계를 지향하고 있으며, 추후의 특질들을 획득하지 않았고, 그것이 언어의 잔여물과 연결될 때까지는 의식에 의해 지각될 수 있다는 점에서, 무의식적인 것 같다. [p. 221]

비온이 세운 가설에 따르면, 처음에는 말이나 음소들 대신에 아마도 시각적 표의문자의 형태를 띤 생각의 유형이 있었다: 여기에서 말 또는 음소들은 대상 표상들의 내사 또는 투사에 달려있고, 그것들은 나중에 의식적 내용이 된다. 비온은 이렇게 산출된 원시적 형태의 생각을 원-사고(proto-thoughts)라고 불렀다. 인격의 비정신증적 부분에서 작용하는 이 기제는, 프로이트가 진술한 대로, 내사된 대상들로 하여금 무의식적 생각하기의 윤곽을 점진적으로 그릴 수 있도록 허용한다. 그리고 이러한 무의식적 생각하기의 윤곽이야말로 그것이 감각인상들과 갖는 관계를 설명해줄 것이다.

무의식적 환상(Unconscious phantasy): 비온은 "무의식적 환상"의 고전적 개념에 관해 자발적으로 말한 적이 없을 뿐만 아니라, 클라인과는 달리 "f"로 시작되는 환상(fantasy)과 "ph"로 시작되는 환상(phantasy)을 구분하려고 시도한 적이 없다. 그가 1973년에 처음 방문한 상파울로의 한 학회에서 무의식적 환상이 좌표 상에 포함되는지에 대해 질문을 받았을 때, 그는 다소 모호하고 이해하기 어렵게 대답했다:

> 내가 "아버지와 어머니"라는 게임을 한다고 가정해봅시다. 그것은 어떤 단계에서 "의식적 환상"으로서 서술될 수 있을 것입니다. 그리고 내가 아버지나 어머니가 될 수 없기 때문에 매우 좌절했고, 그래서 그것을 잊어버렸다고 가정해봅시다. 나는 한때 의식적이었던 환상이 무의식적인 것이 되었다고 말할 수 있을 것입니다. 오늘 내가 부모 중 한 사람이라면, 나는 이 무의식적 환상에 관해 아무것도 알고 싶지 않을 수 있습니다. 그것에 관해 지금 무언가를 하기에 너무 젊거나 너무 늙었다면, 아버지와 어머니에 대해 아는 게 무슨 소용이 있을까요. 나는 이런 정신분석가들과 전혀 관계하고 싶지 않고, 이런 환상들을 상기하고 싶지 않습니다. 그것들이 있어야 할 최상의 장소는 무의식입니다. 그 질문에 대한 대답은 "나는 당신이 말하는 그 무의식적 환상이 끔찍스럽게 생생한 것이라는 것을 제외하고는, 그런 생각에 반대하지 않습니다"가 될 수 있을 것입니다. 그것은 모호하지만 능동적이고 강력한 것일 수 있습니다. 정신분석(혹은 더 나은 어떤 것)이 그것을 나의 능력 범위 안으로 다시 데려오지 않는 한, 그것은 나의 능력 범위 너머에 있는 것이기는 하지만 말입니다." [1974, pp. 55-56]

비온은, 초조한 상태로 남아있으면서 끊임없이 자체를 드러낼 기회를 숨어서 기다리고 있는 감정의 존재를 의미하는, "무의식적 환상" 개념에는 동의하지 않았던 것으로 보인다. 하지만 무의식적 환상은 또한 특정 순간에 무의식의 실제 상태를 나타내는 것으로 이해될 수 있다: 그것은 내용이 어떤 것이든 상관없이, 무의식의 내용이 교차하는 영역과 같은 것이지만, 스스로를 의식적인 것으로 만들기 위해 끊임없이 압력을 가하는 무의식적 환상과는 다른 것이다.

멜처(1978)는 접촉 장벽의 개념을 클라인의 "무의식적 환상" 개념과 관련시켰다(pp. 41-42): 비록 접촉 장벽 개념이 고전적 이론에서의 "방어" 개념과 닮았고, 무의식적 환상 개념은 비온에 의해 도입된 O 개념과 관련될 수 있다고 보았지만 말이다.

무-형태(A-morph): 참조: 인지영역.

물-자체(Thing-in -itself)[3]: 칸트가 그리스어 누메논(noumenon)에서 가져 온 용어로서, 생각하다, 이해하다를 의미하는 노메인(*νοεῖν*)의 과거분사이다. 이것은 현상 너머에 있는, 지각될 수 없는 것, 즉 경험적 지식이나 감각적 지식이 불가능한, 오직 지적 직관을 통해서만 알려질 수 있는, 궁극적 실재를 서술하는 데 사용되

---

3) 그린(Green, 2000)은 셰스피어의 리어왕에서, 광인으로 위장한 에드거가 베들렘에서 탈출해서 왕과 광대인 톰 사이의 대화를 시작하는 순간에 한 말을 인용했다. 다음은, 왕이 심각하게 황폐해진 톰에게 한 말이다: " ... 그대는 누에벌레에게 비단을, 짐승에게 숨을 곳을, 양에게 양털을, 고양이에게 향수를 빚지지 않았다. 하! 여기에 등장하는 세 사람은 세련된 자들이다! 그대는 물-자체이다"(King Lear, 3, 4, 106). 그린은 결론짓는다: 이것은 칸트가 이러한 말들을 꿈꾸기 아주 오래 전의 것이다"(p. 121).

었다. 러셀(Russell, 1945)은 "물-자체"를 다음과 같이 설명한다:

> ... 우리의 감각들의 원인은 알려질 수 있는 것이 아니다; 그것은 공간에도 시간에도 없으며, 실체들(substances)도 아니고, 칸트가 범주라고 부른 다른 어떤 일반적인 개념에 의해서 설명될 수 있는 것도 아니다. [p. 707]

비온은 물-자체를 완전히 다른 두 개의 측면과 연관시켰다: (a) O 또는 생각할 수 없는 궁극적 실재; (B) 사고나 β-요소로 바뀔 수 없고 오직 투사적 동일시를 통한 비우기에만 사용될 수 있는 자료. "그것은 한편으로, 마치 인간은 결코 물-자체에 대해 알 수 없고, 오직 그것의 이차적 및 일차적 특질을 알 수 있을 뿐이라는 견해와도 같다[그는 분석적 회기에서 듣고 있는 분석가를 말하고 있다]; 다른 한편, 또 다른 견해에서는 물-자체를 제외하고는 그 어떤 것도 알 수 없다고 말한다[정신증 환자를 말하고 있다](1965, p. 40).

비온은 누메나(noumena)와 현상(phenomena)을 구별하였다.

> 누메나, 즉 물-자체가 우리가 인간의 마음이라고 부를 수 있는 대상과 만나는 데까지(실현) 우리를 밀어붙일 때, 우리는 현상의 영역으로 들어오게 된다. 그러므로 우리는, 그것들이 우리 자신이기 때문에 우리가 알고 있는 어떤 것인, 이런 현상에 해당하는 것이 물-자체, 누메논이라고 추측할 수 있다. 아마도 종교적인 사람은 "거기에는 실제로 신이 있다"라고 말할 것이다. 프로이트와 정신분석가 탐구해온 것은 현상이다(1974, p. 41).

비온은 마음은 노출되지 않는 한 파악될 수 없는 것인, 알려지지 않은 것, 누메논을 인식하는 데 방해물이라고 말한다. 그는 이어서 말한다:

> 흐름을 방해하는 장애물 없이 매끄럽게 흐르는 강물은 너무 투명하기 때문에 눈에 잘 띄지 않을 수 있다. 그러나 내가 막대기로 강물에 격랑을 일으킨다면, 나는 너무 투명해서 잘 볼 수 없었던 그 강물을 볼 수 있을 것이다(ibid.).

비온은 1962년에, 그의 생각하기 이론에 대해 서술하면서, "전-관념과 실현이 결합해서 사고라는 산물을 만들어야 마땅하지만, 그것은 부정적인 실현을 통해 나쁜 대상이 될 수 있다. 그때 그 나쁜 대상은 물-자체와 구별될 수 없고, 오직 비우기에만 적합한 대상이 된다"(1967, p. 112)고 말한다. 그리고 다음과 같이 말한다:

> 만약 좌절을 견디지 못하는 상황이 지배적이 된다면, 파괴적 공격으로 인해 실현이 그리고 그 실현에 대한 지각을 회피하는 조치들이 취해질 것이다. 전-관념과 실현이 결합하는 한, 수학적 관념들(참조: 심리적 수학)이 형성된다 ... 그것들은 물-자체와 구별될 수 없는 것으로서, 미사일이 공간을 멸절시키는 것만큼이나 빠른 속도로 비워진다(ibid., p. 113).

달리 말해서, 말로 설명할 수 없는 것으로서의 O와 감각 정보의 산물로서의 β-요소들은 모두 물-자체를 나타낸다; 그 둘 사이의 차이는 그것들 각각으로부터 기대될 수 있는 희망 및 성과와 관련이 있다. O가 파악될 수 있고(O→K), 깨달음이 발생한다면,

β-요소들은 투사적 동일시를 통해 비워내는 데만 적합한 것이다. 물-자체라는 개념은 플라톤의 이데아 개념과 비슷하다(참조: 플라톤의 형태). 예를 들어, 책에 대한 아이디어는 감각적 형태를 갖고 있지 않지만, 감각적 형태는 모든 책들 안에 존재하는 가능성이다. 그러나 특정한 한 권의 책, 우리가 x라고 부르는 단 한 권의 책만이 "현상"으로 바뀔 수 있고, 감각들에 의해 x라는 책으로 인식될 수 있는데, 이것이 실현을 나타낸다. 같은 방식으로, O는 감각들에 의해 개인 안의 가능성으로 생각될 수 있지만, 그것은 특별한 사건, 즉 실현과 접촉한 후에야 공식화될 수 있다. 참조: 베타-스크린, 마음 영역.

미래에 대한 회고록(A memoir of the future): 비온이 캘리포니아에서 살았던 1970년 대 동안에 쓴 3부작. 그는 이 책을 "과학 소설"이라고 불렀는데, 미어티(Meotti, 2000) 교수에 따르면, 그것은 단테 또는 밀턴의 세 노래들을 모델로 삼았고(Bleandonu, 1994), 죠이스(Joyce)와 에즈라 파운드(Ezra Pound)의 문학 스타일에서 영감을 받은 것으로 추정된다. 이 책은 차례로 출판된 세 부분으로 되어 있다: 꿈(1975), 제시된 과거(1977b) 그리고 망각의 새벽(1979). 이 세 권의 책들은 1979년에 한 권으로 모아져서 「미래에 대한 회고록」(1991)이라는 제목으로 출판되었다.

탈라모 비온(Bion, Talamo, 1997)에 의하면, 첫째, 이 책은 일종의 연극 각본이고, 이 책의 독서는 독자의 정서적 반응이 가정된다는 점에서 ... 이 책의 내용과 "상호작용하도록 의도되어 있다: 먼저 정서적으로 그 다음에 이성적으로." 둘째, 이 책의 독서는 또한 분석가가 정신분석적 경청을 하는 동안에 요구되는 것과 유사한 종류의 주의를 요한다. 이 주의는 분석가에 의해서 그리고 정신분석적 공동체에 의해서 지지받는 공동 감각에 의해 타당성을 인정받을 수 있는 것이어야 한다. 셋째, 비온은 독자들이 다음과 같은 상황을 견딜 수 있는 인내심을 가질 것을 요구한다:

> 선택된 사실이, 또는 알파-요소가 출현하고, 일시적이고 고립된 안전감의 느낌을 주기에 충분할 만큼 오랫동안 파편적이고, 비선형적이며, 비연속적인 본문에 의해 야기되는 편집-분열적 자리를 독자들은 견딜 수 있어야 한다. "아하, 그것이 그가 말하고자 한 것이구나!" 이것이, 비온이 생각하기에, 정확하게 분석 회기에서 일어나는 일이며, 그러므로 이 책을 읽는다는 것은, 하나의 수준에서, 편집-분열적 자리↔우울적 자리의 변동들과 진동들 안에 있는 연습이요, 그것들에 대한 일종의 실제적인 시범이다. 그런 점에서, 그것이 힘든 일이라는 것은 놀랄 일이 아니다. [p. 238]

다른 한편, 프란체스카 비온(1995)은 이 책에 대해 다음과 같이 묘사한다:

> 이 "대작"(이 책은 700페이지에 달하는 두꺼운 책이다)은 비온 자신의 인격과 사고의 많은 측면들에 대해 말해주는 많은 등장인물들로 가득한, 일생의 경험을 소설화하고 극화한 것이다; 동시에 우리는 "극중 인물들" 가운데서 우리 자신들을 발견한다. 만약 그가 영국에 계속 남아있었다면, 그는 이렇게 솔직한 방식으로 자신을 표현할 수 없었을 것이다. [p. 12]

비온 자신은 그 책의 후기에서 다음과 같이 경고한다:

> 나는 평생 동안 상식, 이성, 기억, 욕망, 그리고 그 무엇보다도 이해하고 이해 받는 것에 의해 갇혀 있었고, 좌절을 겪었으며, 괴롭힘을 당해왔다. 이 책은 그 모든 것에 대한 반란을 나타내고 그것들에게 "안녕"이라고 말하고자 하는 시도이다. 그것은 나의 소망이다. 나는 지금 상식과 이성에 의해 전혀 물들지 않은 책을 쓰는 것이 실패할 수밖에 없다는 것을 알고 있다. 그러므로 내가 이 책에서 "과학적이건 미학적이건 또는 종교적이건, 어떤 사실을 발견하기를 기대하는 모든 사람은 그런 희망을 포기하라"고 말한다고 해도, 나는 내가 성공할 거라고 주장할 수 없다. 이 모든 것들은 이 말들 안에 그것들의 발자취들, 흔적들, 그리고 유령들을 남길 것이다; 심지어 "상쾌함"같은 온전한 정신조차 슬그머니 끼어들 것이다." [Bion, F., 1955, p. 13]

이 삼부작은 「긴 주말」(1982)과 「내가 기억하는 모든 죄들」(1985)이 그의 의식적 삶의 전기를 나타내듯이, "그의 무의식적 삶에 대한 일종의 전기"를 나타낸다고 볼 수 있다.

미적분(Calculus): 비온은 미적분을 좌표에서 "세로축"의 마지막 칸인 H에 위치시켰는데, 이는 대수학적 미적분이 과학적 연역체계를 확립하는 데 사용될 수 있다는 사실을 보여주기 위해서였다. 다양한 기호들이 특정한 조합의 규칙에 따라 대수학적 미적분에서 함께 모여진다. 예를 들어, $(a+b)^2 = a^2 + b^2 + 2ab$ 라는 공식은 그 진술이 말하고 있는 구도를 따라 숫자로, 즉 포화될 수 있는 일정한 능력을 보유하고 있는 공식으로 대체될 수 있다(1963, pp. 24-25). 비온은 잠재적 내용—가령 꿈의 잠재적 내용—과 대수학적 미적분 모두가 그 자체의 일관성을 갖고 있고,

종종 경험적으로 증명될 수 있는 자료에 적용될 수 있는, 확장의 시작지점(꿈속의 자유연상과, 문자를 숫자로 대체하는 것과 같은 수학적 공식의 확장에서처럼)으로 간주될 수 있다는 의미에서, 그 둘 사이를 비교하는 선을 확립했다(1992, pp. 127-130).

갈릴레오, 뉴턴, 그리고 데카르트에 의해 도입된 차별적인 미적분은 주로 무생물의 차원에서 K를 다루는 데 유용한 만족스러운 도구가 되었지만, 성장을 유도하기에는 부적절한 것이었다. 그것은 단지 지식에 관한 지식의 축적이나 K의 증가를 허용할 수 있을 뿐, 결코 O를 다룰 수는 없다.

ㅂ

바벨탑(Tower of Babel): 참조: 바벨 탑 신화.

바벨탑 신화(Tower of Babel, myth of the): 이 신화는, 비온에 따르면, 다음의 구성요소들을 결합시킨다:

> 보편적 언어; 신에 의해 자신의 위치에 대한 위협으로 느껴지는, 집단에 의한 탑의 건설; 보편적 언어의 혼동과 지구 표면으로 흩어지는 사람들. [1948b, pp. 186-187]

탑이 하늘에 도달할 것이라는 아이디어는 "짝짓기 집단"에 존재하는 메시아적 희망의 요소를 도입한다. 그러나 그러한 희망이 실현될 가능성은 기본적 가정(ba)의 중요한 규범을 위반하는 것이다: 그러한 희망은 결코 성취될 수 없다는 규범; 그런 가능성은 "집단을 분파들로 해체"할 수 있다(ibid., pp. 185-187).

비온은 그의 자서전에서, 데카르트를 모방하기라도 하듯이, 다음과 같이 말한다:

> 나는 존재한다: 그러므로 나는 질문한다. 죽음을 가져오는

> 질병은 "그렇다, 나는 안다"라는 바로 그 대답이다[1]; 지식의 나무(Tree of Knowledge)가 죽음을 가져온다. 거꾸로, 바벨탑의 성공적인 건설이 아니라 그것의 실패가 살고, 성장하고, 번성하는 데 필요한 에너지를 발생시키고 풍성케 한다. 사이렌이 부르는, 항상 불러왔던 노래는 여인숙에 도착하는 것—여행이 아니라—이 보상이고, 상이며, 안식처이고, 치유라고 말한다. [1985, p. 52]

바벨탑은 또한 신의 수준에, 즉 신적 지식에 도달하려는 인간에 대한 신(초-자아)의 징벌로 간주될 수 있다. 이런 의미에서 비온은 이 신화를 에덴동산의 신화("지식의 나무"의 열매를 먹는)와 오이디푸스 신화의 일부인 스핑크스(아는 자를 파괴하는) 신화와 유사한 것으로 간주한다. 다른 한편, 이러한 해석은 오이디푸스의 인식론적 본능에 대한 그의 진술과 모순되는 것처럼 보인다. 그는 오이디푸스가 전능적 호기심과 오만이라는 강력한 감정—어리석음과 비극으로 변하는—에 사로잡힌 채, 결과와는 상관없이, 진실을 알고자 하는 욕망에 지배되고 있었다고 진술한 바 있다. 요약하면, 바벨탑 신화는 지식, 지혜, α-기능, 그리고 상호-작용을 가능케 하는 연결과, 언어에 대한 상징으로서의 하늘에 도달하기 위한 욕망이 공격받는 것을 나타낸다(1992, p. 241).

좌표와의 관련성에서 보자면, 다음과 같이 이해될 수 있다: 한 무리의 사람들이 하늘에 도달하기 위해 탑을 건설하겠다는 정의적 가설을 표현하는데(C1), 그것은 지식과 통합을 추구하기 위해

---

1) 비온은 모리스 블랑쇼(Maurice Blanchot)의 다음 표현을 말하고 있는 듯하다: "대답은 질문의 불행이다"(La reponse est le malheur de la question). 그는 이 표현을 자주 인용했다.

서라고 한다(E3, E4). 그 메시지는 신에게 전달되고(D2), 위협받는다고 느낀 신은 그들 모두에게 벌을 내리는 것으로 끝이 난다(A6). 참조: 오만, 호기심과 어리석음, 기본적 가정, 신화, 오이디푸스 콤플렉스, 짝짓기 가정.

발생학적 축(Genetic axis): 참조: 좌표의 세로축.

방해(Interference): 이 개념에 관해 질문을 받았을 때, 비온은 이렇게 말했다:

> 당신은 환자에게 말할 때, 그가 때로는 당신의 말을 듣고 있지 않다는 것을 보거나 느낄 수 있을 겁니다. 동시에 당신은 그가 다른 어떤 것에 주의를 기울이고 있다고 느낄 수 있습니다; 환자와 분석가 사이의 대화가 방해받고 있는 것입니다. 이것이 내가 방해의 의미라고 생각하는 것입니다. 당신은 그가 당신에게 말하는 것에 주의를 기울이겠습니까? 아니면 당신이 책에서 배운 것에 주의를 기울이겠습니까? 아니면 그 방해에 주의를 기울이겠습니까? ... 그때 당신이 들어야만 하는 것은, 어떤 사람이 방해받고 있는 라디오 소리를 들어야만 하는 것처럼, 정신분석적 방해인 것입니다. [1974a, pp. 72-73]

베타-공간(Beta-space): 비온에 의하면, 베타-공간은 "사고되지 않은," "생각할 수 없는 사고들"과 "생각하는 자 없는" 사고들(참조: "야생적 사고")의 정신적 공간을 나타낸다. 그것은 천문학의 유비를 사용해서만 설명될 수 있는(또는 생각하는 자에 의해 사고될 수 있는) 방식으로, 시간, 공간 그리고 스타일에서 확장되는 정신적 영역이다. 이 우주 안에는 또한 다음의 것을 구성할 수 있는 "알파-요소들의 군집"이 포함되어 있다:

> … "공허," "형태 없는 무한," "신," "무한성"과 같은 용어들에 의해 특징적으로 담겨지는 담화의 세계들. 나는 이 영역을 정신적 영역이라고 부를 것이다 … 그러나 나는 너무 많은 이차적 연상들을, 특히 "영역"이라는 용어에 의해 활성화되는 연상들을 피하고 싶기 때문에, 가능한 한 의미를 갖고 있지 않은 기호인(소통 능력의 억제와 어울리는) $\boldsymbol{\Sigma}$(시그마)를 사용할 것이다." [1992. p. 313]

이 모든 군집들의 결과물에 궁극적으로 차이를 가져오는 것은 이러한 야생적 사고 또는 생각할 수 없는 사고를 활용하여, 또는 궁극적으로 "형태 없는 무한성"으로서의 O에 의한 조명을 허용할 수 있는 "상실한" 또는 야생적인 알파-요소를 활용하여, 변형을 발생시킬 수 있는, 알파-기능을 지닌 "생각하는 자"가 현존하는가에 달려있다.

베타-요소들(Beta-elements): 이것들은 비온이 칸트를 따라 물-자체(the thing-in-itself)라고 부른 것과 동일한 감각적 인상들을 나타낸다. 그는 그것들을 ... 물-자체들로 구성된 대상들, 우울-박해 및 죄책감의 감정들 그리고 파국의 느낌에 의해 연결된 인격의 측면들로 서술했다(1963, p. 40).

처음에 그는 베타-요소들을 알파 기능에 의해 변형되지 않은 "소화되지 않았거나 꿈꿔지지 않는 사실들"이라고 불렀고[1992, p. 64], 나중에는 그가 "살아있는 실제 대상들"이라고 이름 붙인, 알파-요소들과 대조되는 "실제적이지 않은 혹은 죽은 대상들"이라고 불렀다[1992, p. 133]. 비온은 또한 그것들을 "[편집-분열적 자리에서 볼 수 있는] 물-자체들로 구성된 대상들, 우울-박해 감정 및 죄책감, 그리고 파국의 느낌에 의해 연결된 인격의 측면들"이라고 정의했다(1963, p. 40). 최종적으로, 그는 그것들을 「숙고」에 등장하는 날짜표시가 없는 글에서 "베타-요소"라고 불렀다.

처음에 모든 감각인상들은 정신적 인상들과 신체적 인상들 사이를 구별할 수 없는 원-정신 체계에 속해 있다. 베타 요소들은 정신 병리와 동의어가 아니며, 아동들에 의해서(1974a, pp. 127-128)와 인격의 정신증적 부분 혹은 정신증 환자들에 의해서 흔해 사용되는, 직관적인 의사소통인 비언어적 의사소통의 한 유형을 나타낸다. 이런 개인들은 추상화 작업(소화, 신진대사)을 해낼 수 있는 알파-기능이 없기 때문에, 지적으로 개념화할 수 없는 베타-요소들을 사용하며, 따라서 투사적 동일시 기제를 사용해서 의사소통을 한다. 비온은 이렇게 말한다:

> 베타-요소들은 전혀 사고되지 않는 것들에 대해 말하는 하나의 방식이다; 알파-요소들은, 가정컨대, 사고의 일부로 간주되는 요소들에 대해 말하는 하나의 방식이다. 시인 돈(Donne)[2)]은 "그녀의 뺨에 흐르는 피가 ... 마치 그녀의 몸이 생각하듯이 말했다"라고 썼다. 이것은 정확하게 베타-요소를 알파-요소에서 분리해주는 선으로서 종이 위에 그려진, 좌표 안에 있는 중재 단계들을 나타낸다. 독자들은 내가 그것이 베타 요소인가 아니면 알파 요소인가를 말하

2) 그녀의 순수하고 거침없는 피가 그녀의 뺨에서 말했고, 그것은 뚜렷하게 행해졌기 때문에, 우리는 거의 그녀의 몸이 생각한다고 말할 수 있었다. ["두 번째 기념일." 정부(情婦)인 Elizabeth Drury의 종교적 죽음에 바치는 시, 영국 시인 John Donne, 1572-1631].

> 는 것이 아니라, 시인의 말에 의해 표현된, 그 둘을 나누는 선을 말하고 있다는 사실을 주목하라. [1990, p. 41]

만일 알파-기능에 문제가 생겨 제대로 작동하지 않는다면, 정서들과 감각인상들은 접촉되지 않은 채로 남아 꿈 사고들을 생산하는 데 사용될 수 없는 베타-요소들이 된다. 대신에 그것들은 행동화를 통해서 뿐만 아니라, 투사적 동일시들을 통해서 비워지는데, 이때 축적된 자극들과 영향력을 해소하기 위해 정신적 장치 자체도 함께 방출된다. 이러한 방출은 근육의 움직임이나 얼굴 표정들 등을 통해 일어날 수도 있고, 또는 조작에 용이한 일종의 비워내기를 위한 사고에 사용될 수도 있다(1962, p. 6)[3] 그것들은 저장될 수는 있지만, 알파-요소들과는 달리 기억을 나타내지는 않는다. 그것들은 "소화되지 않은 사실들"을 나타내며, 역시 알파-요소들과는 대조적으로, 현상들로 느껴지는 것이 아니라 물-자체(thing-in-itself)로서 느껴진다: 〖역주, 칸트 철학의 중심: [철학] 칸트 철학의 중심 개념. 인식 주관(認識主觀)에 대립하여 나타나는 현상으로서의 물(物)이 아니라, 인식 주관과는 관계없이 그 자체로서 존재하며 현상의 궁극적 원인이라고 생각되는 물(物)의 본체(本體)를 이른다. 칸트는 물-자체를 생각할 수는 있지만 인식할 수는 없다고 보았다.〗 베타-요소들은 무의식이 될 수 없으며, 따라서 억압되거나 억제될 수 없고, 경험에서 배우는 데 사용될 수 없다.

사랑, 안전 그리고 지혜를 제공하는 젖가슴은 어떤 경우에는 유아에게서 잔인한 시기심을 생성해낼 수 있는데, 그것은 유아

---

3) 그린(Green, 2001)은 인터넷에 관해 말하면서, 그러한 형태의 의사소통은 "베타-요소들이 방출되는 너무 많은 가정적 통로를 갖는다는 생각이 든다고 주장했다"(개인적 의사소통).

로 하여금 격렬하게 젖가슴을 공격하도록 유도할 수 있고, 그 결과 생존하기 위해 젖을 빠는 욕구와 복수에 대한 두려움 사이에서 갈등이 발생한다. 비온에 의하면, 그런 경우에 유일한 해결책은 알파-기능을 공격하는 것인데, 그러한 공격은 젖가슴과 아기 모두를 생명이 없는 물건인 것처럼 느끼도록 만든다. 그리고 거기에는 살인적이거나 자살적인 파괴적인 충동들이 존재하게 된다. 시기심과 공격성이 아기와 젖가슴의 관계를 방해할 경우, 거기에는 아기가 죽음을 피하기 위하여 계속해서 젖을 빨아야 하는 시점이 찾아온다. 시기심의 파괴적 힘에 의해 자극된 두려움은 정신적 측면과 물질적인 측면 사이, 즉 애정에 대한 욕구와 음식물에 대한 욕구 사이에 분열을 발생시킨다. 이러한 분열은 유아로 하여금 애정에 대한 욕구를, 베타-요소를 나타내는 물질적인 것들의 축적으로 착각하게 만든다. 환자가 살아있지 않은 것으로부터 살아있는 것을 구별할 수 있게 하는 알파-기능을 결여하고 있을 때, 그는 물질적인 것들의 탐욕스러운 축적과 물질적인 편안함에 대한 계속적인 추구에 의지하기 시작하는데, 비온은 이것들이 실제로 베타-요소들을 나타낸다고 보았다. 그런 개인은 다음과 같은 상황에 처한다:

> … 자신의 상황을 이해할 수 있게 해주는 장치로서의 알파-기능을 결여한다. 환자는 탐욕적으로 그리고 두려움과 함께 더 많은 베타-요소들의 내사 외에는 그 어떤 행동도 생각할 수 없는 상태가 되어 계속해서 베타-요소를 취한다. [1962, p. 11]

이것은 상담실에서, 예를 들어, 환자가 가구나 소파 등과 같은 주변의 물질적 대상들에 대해 관심을 보이는 현상을 통해 알 수 있다. 또한 환자가 자신이나 주변 사람들을 살아있는 사람으로 생각할 수 있는 능력이 없다는 사실을 통해서도 알 수 있다. 어떤 환자들은 빈번히 다음과 같은 생각을 갖고서 상담을 받으러 온다: 그들은 자신들이 기계와 같다고 느끼고, 자신들이 얼마나 잘 기능하고 있는지 알지 못하며, 분석가는 더 잘 알고 있을 거라는 믿음 하에, 기술자가 실제 기계를 고치듯이 자신들을 고쳐 줄 것을 기대한다.

베타-요소들은 기괴한 대상들과 마찬가지로 포화되어 있지만, 후자가 또한 자아, 그리고 특별히 초자아 측면들을 포함하는 반면에, 그것들은 오직 감각-인상들만을 포함하고 있다는 점에서, 후자와는 다르다(ibid., p. 26). 어떤 상황에서 베타-요소들은 알파-요소들로 바뀔 수 있는데, 이것은 모성적 몽상이 실행되는 동안에 관찰될 수 있다: " … [아기의] 두려움은 [어머니에 의해] 완화되고 그 결과 베타-요소는 알파-요소로 바뀐다"(1962, p. 27). 비온은 더 나아가, "베타-요소가 알파-요소로 변형되는 것은 담는 것과 담기는 것(♀♂)에 달려있고, 편집-분열적 자리와 우울적 자리의 작용(Ps←→D)은 그보다 앞선 담는 것과 담기는 것의 작용에 달려있다고 가정하고 싶은 유혹을 받는다"(ibid., p. 39)고 말한다. 환자가 담는 것을 발견하는 것을 통해서 베타-요소들을 응집력 있는 것으로 만들어주는 담긴 것을 형성하지 않는 한, 베타-요소들은 흩어진 채로 남아있지만, 그것들은 Ps←→D 또는 선택된 사실을 통해서 응집 상태에 도달할 수 있다. 비온은 이러한 변화를 "정신-기계적" 기제들을 통해서 설명한다. [ibid., p. 84] 참조: 좌표, 세로축.

이러한 개념들의 정교화 과정은 알파-기능과 알파-요소들의 정교화 과정과 마찬가지로 「숙고」에 포함된 1959년도 글에서 서술되어 있다(pp. 62-68). 거기에서 비온은 알파-기능을 꿈-작업과 동일시하고, 베타-요소들을 "꿈꾸어지지 않은 소화되지 않은 사실들"과 동일시한다(1992, p. 64). 이러한 알파-요소들과 베타-요소들에 관한 개념은 고전적 이론에서 서술된 "이차과정과 일차과정"의 확장으로 해석될 수 있다.

그린(Green, 2000)은 프로이트의 "무의식적 이드 충동"의 개념을 베타-요소 개념과 비교한다:

> 이드와 무의식의 주된 차이는 프로이트의 사고 안에서 이드는 표상들을 갖고 있지 않다는 데에 있다. 이드는 충동들로 이루어져 있다—비온의 베타-요소들에 매우 근접한 개념. 그는 이것을 알고 있었다. 비온과 프로이트 사이의 주된 차이는, 프로이트에 있어서 욕동은 항상 그것의 원천을 신체의 가장 내밀한 부분에 가지고 있는 반면, 비온에게 있어서 베타-요소들은 외적 자극들에서 발생할 수 있다는 데 있다 … [p. 115]

이러한 진술에는 이의가 제기될 수 있다. 왜냐하면 클라인과 비온은 프로이트와는 대조적으로, 충동들과 대상들은 분리될 수 없고, 그 중 하나는 다른 하나의 "당연한 결과"라고 믿었기 때문이다. 대상 표상으로부터 자유로운 충동이란 없으며, 그러므로 심지어 물-자체 또는 설명할 수 없는 것으로서의 베타-요소들조차도 암시적인 대상의 존재를 갖고 있다. 그렇다면 어떻게 충동들이 투사될 수 있는가? 대상이 없는 충동들이 어떻게 투사될 수 있는 것인가? 비온이 베타-요소들을 감각-인상들과 같은 것으로 말했을 때, 그는 대상에 대한 감각-인상들을 의미했다. 이것이 바로, 그린이 표현하듯이, 이러한 요소들이 "외부 자극들에서 생겨나는" 이유이다.

벗겨내기(Denude): 비온은 이 단어를 시기심과 같은 적대적이고 파괴적인 충동과 관련된 인격의 황폐화를 나타내는 데 사용한다. 그는 그것을 실재 또는 지식에 대한 공격(-K)과 더 많이 관련되어 있는, "부정적 성장"과 구별하였다.

변경된 초점(Altered focus): 마치 샘플에서 잘라낸 두꺼운 부분을 연구하기 위해 서로 다른 현미경 렌즈들을 사용하듯이, 누군가가 상황을 관찰하거나 생각하기 위해 선택할 수 있는 다른 정점들 혹은 관점들과 관련된 집단 내의 역동을 설명하는 맥락에서 사용된 개념으로서, 이것이 의미하는 것은 관찰 도구는 관찰되는 상황의 구조에 따라 변할 수 있는 모델이라는 것이다. 이것은 "양안적 시각"과는 구별되어야 한다. 참조: 기본적 가정, 양안적 시각, 의존 기본적 가정(ba*D), 집단, 역전 가능한 관점.

변형(Transformation): 일반적인 관점에서, 비온은 이 개념을 이전 단계에서 다음 단계로 변하는 요소들의 무리에 의해 경험되는, 일련의 변화들로서 정의한다. 이런 변화된 요소들의 정체성에 대한 인식은 존재하는 상수들에 달려있다. 변형은 위상학과 고전적인 "정신분석적 과정"에 대한 개념과 관련되어 있는 것으로 보인다.

모든 변형에서 경험되는 총체적 발달은 T로 나타내지는데, 이것은 두 측면을 갖는다: (a) 변형 과정=Tα; (b) 비온이 Tβ로 나타낸 변형의 최종 산물(1965, p. 10). 예를 들어, 풍경(Tα)에 의해 경험되는 변형(T)은 그 풍경이 화가에 의해 화폭에 그려질 때 발생하는 것이다(Tβ). 또 다른 예는 건강염려증 증상을 가진 환자의 경험(Tα)에서 찾아볼 수 있다: 그 증상은 환자가 정신증적 위기를 통과한 후에, 그리고 겉보기에 중립적으로 남아있던 가족이 그런 상황으로 인해 불안 상태를 발달시키는 분석가를 박해한다고 느낀 후에, 폭력으로 변한다. 이제 집단에 의해 경험된 전체적인 파국적 변화는 위기 이전에 환자가 겪었던 건강염려증 증상(상수)과 같은 것일 수 있다(Tα). 이 경우에, T는 Tα와 Tβ를 포함해서 환자가 만나는 전체 변화 과정을 나타낸다(ibid., pp. 7-11); 반면에 분석가가 겪는 변형은 다음과 같이 나타낼 수 있다: Tα에서 Tβ로 변형된 T. 또는 (a) 환자와 관련해서: T, Tpα와 Tpβ; (b) 분석가와 관련해서: Ta Taα와 Taβ(ibid., p. 24). 비온은 O의 관점에서 볼 때, 변형은 사실, 정서적 상태, 또는 표상을 인식하기 위한 항구적 결합으로서의 작용을 허용하는 "O의 현상학적 상대역"(ibid., p. 68)을 나타낸다고 말한다(1965, p. 40). 예를 들어, 풍경은 환자와 분석가 모두에게 알려지지 않은 것 또는 물-자체에서 K로, 또는 O에 대한 지식으로 이동하는 변형을 나타낸다(O→K). O는 환자(Tpα)뿐만 아니라 분석가(Taα)에게도 사용이 가능한 것이어야 한다. 이 모든 변형들은 연상들에 대한 평가가 어떤 것인가에 따라 좌표 상의 한 곳, 예를 들어, A1이나 C2에 위치할 수 있다(ibid., p. 13). 이와 관련된 또 다른 중요한 요소로서 비온은 진실에 대해 고려한다:

> 만약 진실이 Taβ의 모든 가치에서 본질적인 요소가 아니라면, Taβ는 환자 또는 대중의 정서 안에서 그리고 그 정서의 조작에서 의해 표현된 것으로서 간주되어야 하고, 해석 안에서 그리고 해석에 의해 표현된 것으로 간주되어서는 안 된다; 예술이나 과학에서의 어떤 Taβ의 가치에 있어서도 진실은 본질적인 것이다. [ibid., p. 37]

분석가뿐만 아니라 환자의 변형은(Tpα와 Taα) 항상 정서적 영향으로부터 자유로워야 하지만, 적어도 그/그녀의 역전이를 결코 행동화하지 않는 이상적인 분석가 안에서 정서적 연결(L, H 그리고 K)에 의해 영향을 받는다. 비록 Tpα와 Taβ는 그런 정서적 영향으로부터 자유로울 것을 기대받기는 하지만 말이다. 명백히, 환자에게서는 그 반대의 상황이 예상될 수 있다.

변형의 모델(A model of transformation): 비온은 그의 책「변형」10장과 12장에서 "변형의 모델"을 설명하면서, 처음에는 다소 복잡해 보이는 "순환"(cycle)이라는 단어를 사용했다. 그는 다양한 변수들을 나타내기 위해 크기와 색깔별로 분류된 구슬들로 채워진 접시들을 사용한다. 접시들은 "순환 1, 순환 2 ... 순환 n"으로 표기된 변형의 연속적인 시간-공간의 경과에 해당한다; 반면에 구슬은 변형을 시험하는 차원이나 요소를 표시한다. 만약 우리가 이 모델을 정신분석 회기에 적용한다면, 이해에 도움이 될 것이다. "이상적 회기"에서 분석가는 먼저 기억과 욕망 또는 이해 없이(비온의 모델에서 접시에 해당하는) 주의 깊게 듣는 것을 통해서, 환자의 자유연상을 담화로 드러나게 할 것이다. 두 마음 안에서 끊임없이 변형의 과정을 거치는(비온의 모델에서 구슬에 해당하는) 회기 초기의 이 상황은 "순환 1"로서 표시될 수 있다; 변형의 과정은 Tα로, 그 과정의 끝은 Tβ로, 또는 그것이 환자와 관련된 것일 때에는 Tpα와 Tpβ로, 분석가와 관련된 것일 때에는 Taα와 Taβ로 표시될 것이다(참조: 변형). 분석가의 마음 안에서 변형은 O의 출현, 또는 "O가 되는 것(become), O의 존재인 것(being), 또는 O에 의해 되는 것"을 지향한다(1965, p. 163). Tpβ는 O와 동등할 것이다(Tpβ=O). O 안에서의 변형은 분석가의 마음 안에서 K의 변형을 수반하며, 이것은 해석을 형성하는 데

필요하다: TαO→K 또는 TβO=TKα, 순환 2; 일단 해석이 형성되고(TKβ) 언어화되면, 순환 2는 완성되고, 환자의 마음 안에서 일어나는 변형인 순환 3이 시작된다. 그리고 그 과정은 계속된다.

여기에는 또 하나의 복잡한 문제가 발생하는데, 그것은 비온이 동시적으로 좌표의 범주들에 다른 변형들의 결과를 위치시키려고 시도하는데 따른 결과이다; 예를 들어, TKb(순환 1)로 표기되는 해석은 B1과 같은 정의적 가설에 해당될 수 있고, 해석에 대한 환자의 연상은 좌표의 "A2 열의 Tpβ"에 해당될 수 있는 부인이나 저항일 수 있다. 참조: 파국적 변화, 좌표, 상수들, O, 궁극적 실재; 투사적 변형, 물-자체, 환각증에서의 변형, O 안에서의 변형, 굳어진 움직임에서의 변형, K 안에서의 변형, O의 변형.

보상(Reparation): 비온은 이 개념을 자주 사용하지 않았지만, 이 개념을 사용할 경우에는 일반적으로 클라인이 사용한 용법을 따랐다. 「숙고」에 실린 내용에 따르면, α-기능을 단순히 α라고만 언급한 시기에, 그는 α에 의한 보상 시도들이 "미세한 분열과 투사적 동일시를 사용하는 정신증 환자의 초자아에 의한 가학적 공격으로 인해 무효화 된다"고 말했다. 그리고 파편화된 것들을 회복하고 재결합하려는 시도들은 끊임없이 "동시에 발생하는 파괴적 절차들에 의해 방해받는다"고 말했다(1992, p. 97).

그는 동화(assimilation)를 감각인상들을 안으로 들임으로써 자기를 고양시킬 수 있는 자질로서 기술했다. 정신증 환자들에게 있어서, 이러한 가능성은 초자아의 가학성의 증가뿐만 아니라, 죽음 충동의 지배로 인해 파괴된다. 동화의 파괴가 감각인상들의 흡수와 그것들의 저장을 방해하는 것은 아니고, 단지 자기 안에 통합되는 것을 방해할 뿐이다. 감각인상들은 낯선 대상들 또는 물-자체로서 남아있으면서, 오직 투사적 동일시를 통한 방출에 유용할 뿐이다. 멸절에 대한 불안은 그 과정의 방향을 되돌리고 동화 능력에 대한 보상을 도입하는, 생명본능의 지배를 강화할 수 있다(ibid., p. 164). 비온에 따르면, 이 과정은 분석 중에 환자가 사용하는 특정 단어에서 관찰될 수 있는데, 그러한 단어는 환자가 연상하고 의사소통할 수 있는, 꿈 안에서 꿈 사고를 형성하는 데 사용할 수 있는 적합한 자료가 산출되고 있음을 확인해준다. 그러한 언어적 진술들은 그때 부분들을 서로 연결시키는 것을 통해서 완전한 전체를 형성하게 되고, 그 결과 투사적 동일시가 사용하기에 적절치 않은 것이 된다. 그러한 진술들은 또한 감각인상들의 추후 동화에 따른 계속되는 변형 과정 안에 있는 변형들이다(ibid., pp. 157-165). 참조: 동화, 진보와 퇴행.

보이지 않는-시각적 환각(Invisible-visual hallucination): 비온은 이런 종류의 환각을 카우치에 앉자마자 갑자기 허공을 주의 깊게 응시하는 한 환자와 관련해서 서술했다. 그가 무언가를 보고 있는 것 같다고 해석했을 때, 그는 "그가 본 것을 볼 수 없다"고 대답했다. 비온은 그 환자가 눈에 보이지 않는 대상, 즉 정신증 환자의 꿈과 관련된 일종의 환각을 다루고 있다고 결론 내렸다. 그것들은 보통 언급은 되지만 서술되지는 않는데, 그것은 그것들을 구성하는 이미지들이 분열되는 과정을 거치는 바람에 실제 대상의 존재를 인식하는 것이 불가능해지고, 그것들이 어떤 것인지를 말해줄 수 없게 되기 때문이다. 이런 환자들에게 있어서, 꿈은 정신적 장치를 방출시키는 과정으로서 사용된다. 이것의 극단적인 상태가 보이지 않는-시각적 환각이다. 비온은 이렇게 말한다:

... 이 비워내기 과정은 눈에 보이지 않는-시각적 환각을

> 발생시킬 정도로 극단적인 수준에 도달하지 않을 수도 있다. 그런 환각은 그림 이미지들로의 변형, 극도로 미세한 파편화, 그리고 눈을 통해 아주 먼 곳으로의 사출에 따른 결과이다. (분석가의 관점에서 볼 때) 어느 정도의 그림화(pictorialization)와 다른 변형들이 발생함으로써 기괴한 환각적 대상들을 형성한다(1992, p. 79).

복소 공액(Complex conjugate): 수학에서 복소 공액은 허수 부분은 같고 기호만 다른 한 쌍의 복소수를 의미한다. 예를 들어, 6+4i와 6-4i는 복소 공액이다. 바꿔 말하면 복소수는 서로에 대한 거울 이미지와 같은 것이고, 이는 비온이 자기애를 기하학적으로 나타내기 위해 사용한 개념이다: -2는 +2의 거울 이미지이다.

비온은 점의 쌍(point-pairs)으로 드러날 수 있는, 두 개의 다른 점에서 원(마음을 상징하는)을 가로지르는 직선을 예로 제시한다(그림 참조): (1) 원의 내부 또는 내적 세계 안에 있는 실제적이고 뚜렷한, 또는 현실적이고 뚜렷한 것들은 O를 추구함에 있어서 그리고 K 안에서의 그것의 변형을 추구함에 있어서 조화롭게 작업하는 분석가-피분석자 관계를 나타낸다. 안과 밖은 대상이 -.(마이너스 점)으로 표시되는 대상(예, 젖가슴)이 있는 곳과 .+로 표시되는 대상이 있는 곳에 해당되는 방식으로 구분된다. (2) 실제적이고 우연한 것, 또는 현실적이고 우연한 것의 쌍은 직선이 원의 안과 밖에 동등하게 접해 있는 경우이다. 이것은 변화에 저항하는, 전능감과 이상화에 의해 지배 되는 관계를 나타낸다. (3) 복소 공액: 직선이 완전히 원 밖에 있을 때를 가리킨다. 이것은 외부가 내부에 의해 보상되는, 자기애적인 표상 또는 거울 표상에 해당된다. 예를 들어, 분석가-환자 상호작용은 역전 가능한 관점에 의해 지배된다(1965, p. 83). 참조: 점의 쌍.

본능(Instincts): 본능에 대한 프로이트의 설명과 클라인의 설명에서 가장 중요한 차이는 독립된 세력으로서의 욕동과 대상표상으로서의 욕동 사이의 구별에 기초해 있다. 다른 한편, 비온은 보다 "실제적인 구분"을, 즉 나르시시즘과 그가 "사회-주의"(social-ism)이라고 부른 것 사이의 양극화를 강조한다:

> 이 두 용어를 사용해서 나는 모든 본능들 안에 있는 두 극을 지칭하고자 한다. 이러한 본능의 두 개의 극(bi-polarity)은 개인으로서의 삶을 성취하는 데, 그리고 사회적 삶, 또는 아리스토텔레스가 서술하듯이, 정치적 동물로서의 삶을 살아가는 데 필요한 요소로서 작용한다. [1992, p. 105]

그는 이렇게 말한다: 문제는 자아와 성적 본능 사이의 이분법에 있는 것이 아니라, 그것의 성향과 관련되어 있다; 사랑 충동이 자기애적이라면, 증오는 집단을 향할 것이고; 증오가 개인을 향해 있다면, 집단은 사회적으로 사랑 받을 것이다(ibid., p. 122). 자아는 이 갈등에 관련될 수밖에 없는데, 그것은 내적 현실과 외적 현실 사이, 자기애와 사회-주의 사이의 연결을 수립하는 것이 바로 자아이기 때문이다.

이 양극화 개념은 비온의 일차 세계대전 경험에 의해 영향을 받았을 수 있다:

> 성욕에 대해서만 언급하는 것은 개인이 그의 공격적 충동들을 해결하는 것과 관련된 더 위험한 문제를 해결해야 한다는 충격적인 사실을 무시하고 있는 것이다. 그런 충동들은, 이러한 양극성 덕택에, 개인으로 하여금 그의 생존을 위해 애쓰도록 요구할 뿐만 아니라, 그가 죽을 수 있음에도 불구하고 그가 속한 집단을 위해 싸우도록 요구할 수 있다. [ibid., pp. 105-106]

네비오시와 페트리니(Nebbiosi & Petrini, 2000)는 자기와 집단 사이의 이 양극화(polarization)는 "공동 감각"을 규정한다고 제안한다. 왜냐하면 내면의 감각들에게 응집성을 주는 그것이 또한 집단과의 관계에 의미를 주기 때문이다(pp. 174-177). 만약 개인이 집단에 의해 공격받는다고 느끼고, 두 기준들 사이에서 일치된 견해에 도달할 수 없다면, 자기를 향한 관심은 그의 주의를 그가 믿거나 행하는 것(사랑)에로 돌림으로써, 집단에 대한 거절(증오)을 만들어낼 수도 있다. 왜냐하면 그의 공동 감각이, 그 집단의 반응이 얼마나 불공정한 것인지를 볼 수 있게 해주기 때문이다. 비온의 작업에서 그것에 대한 예를 찾는다면, 그것은 신비가와 기득권층 사이의 관계에서 찾을 수 있다.

부분 대상(Part objects): 대상관계의 한 종류로서, 클라인(1946)에 따르면, 이 대상은 편집-분열적 자리를 지배한다. 또한 그것은 마음이 편집-분열적 자리에 있는 동안 스스로를 배열하는 형태를, 즉 마음이 바깥세상과 그리고 그 자체와 관계 맺는 방식을 나타낸다. 비온에 따르면, 이 관계 또는 연결의 형태는 사물의 신체적(corporeal) 측면보다는 기능과 관련해서, 즉 젖가슴의 해부학보다는 영양공급, 사랑, 증오, 독을 주입하기 등의 생리학의 토대 위에 세워진다(1967, p. 102). 한 아이에게, 예를 들어, "더럽다"는 단어는 그가 싫어하는 모든 것, 또는 그를 괴롭히거나 위협하는 모든 것을 의미할 수 있다. 이것은 한 환자가 "내 생각에는" 또는 "내가 믿기로는"이라고 말하는 대신, "그것은 ...인 것 같다"라고 말할 때, 무엇이 발생하는지를 이해하는 데 도움을 준다. "그것은 ...인 것 같다"라는 말은 "그것은 ...처럼 느껴진다"는 "느낌"에 해당하는 것이고, 생각하거나 믿는 것이 가능한 "전체 대상"의 표현으로서의 "생각하기" 또는 "믿기"의 속성과는 다른 것이다(ibid., pp. 101-102). 이러한 의사소통 수준에서, "왜"라고 묻는 것은 의미가 없다. 왜냐하면 거기에는 죄책감이 없기 때문이며, 그러한 마음 안에서 죄책감은 분열되고 축출되기 때문이다. 예를 들면, 환자들은 스스로 질문하는 일이 거의 없는데, 그것은 그들 자신들이 다루고 있는 문제들이 분석가가 만들어낸 것이라고 믿는 경향성 때문이다. 그들은 전체성에 대한 관념을 결여하고 있으며, 따라서 현실에 대한 인식이 필요할 때, 문제들을 해결하기는커녕 문제들에 대해 생각하는 능력조차 없다. 달리 말하면, 거기에는 전체성의 관념이 없고, 인과관계에 대한 인식에 달려있는 문제들은 도입될 수 없으며, 그것들에 대한 해결은 더욱 어렵다.

또 하나의 중요한 측면은 부분 대상들 사이의 연결의 종류와 관련되어 있다. 비온에 의하면, 아기(입)와 젖가슴 같은 부분 대상들 사이의 관계는 투사적 동일시에 의해서 그리고 그것들을 내사하는 능력에 의해서 확립된다. 이 내사 능력의 실패는 아기 안에서 대상이 호기심에 적대적이라는 느낌을 유발할 수 있고,

배움과 성장을 향한 모든 성향을 방해할 수 있다(ibid., p. 108). "그 결과는 하나의 대상이 생기는 것인데, 환자 안에 자리를 잡게 될 때 그것을 가혹하고 자아-파괴적인 초자아"의 기능을 수행한다"(ibid., p. 107). 비온은 이 대상이 편집-분열적 자리 또는 부분 대상관계에서 우울적 자리 또는 전체 대상관계로의 이동을 방해하는 전체 대상으로서 경험된다고 말한다.

부정적 성장(Negative growth): 참조: 성장.

부정적 좌표(Negative Grid): 비온은 좌표의 거울 이미지인 동시에, 칼럼 2에 해당하는 거짓말을 나타내는, "부정적 좌표"라는 아이디어가 가능하다는 생각을 도입한다. 그는 좌표의 가로축을 -1, -2, -3, -4, -5로 계속 확장함으로써 표준적인 좌표에 "부정적인" 방향으로의 확장을 추가할 수 있다고 본다. 그는 이러한 방식으로 좌표를 부정적으로 사용하는 것은 알지 못하는 것, 또는 알려져 있지만 싫어하는 것에 대한 장벽으로 사용될 수 있다고 결론 내린다. 변형 이론에 따르면, "부정적 좌표"는 좌표의 축이 일반적으로 움직이는 것과는 반대 방향으로 움직이는 가능성을 나타낸다: 발생학적 축에서 H에서 A로, 그리고 사용 축에서 n에서 1로 향한 움직임. 비온은 이러한 부정적인 움직임을 기하학적으로 화살표를 사용해서 나타낸다: ↑←. 만일 이 화살표들이 하나의 대상을 나타낸다면, 이 대상은 "폭력적이고, 탐욕스러우며, 시기심에 차있고, 무자비하고, 살인적이며, 약탈적이고, 진실, 사람들 또는 사물을 존중하지 않는" 특성들을 갖고 있을 것이다(1965, p. 102).

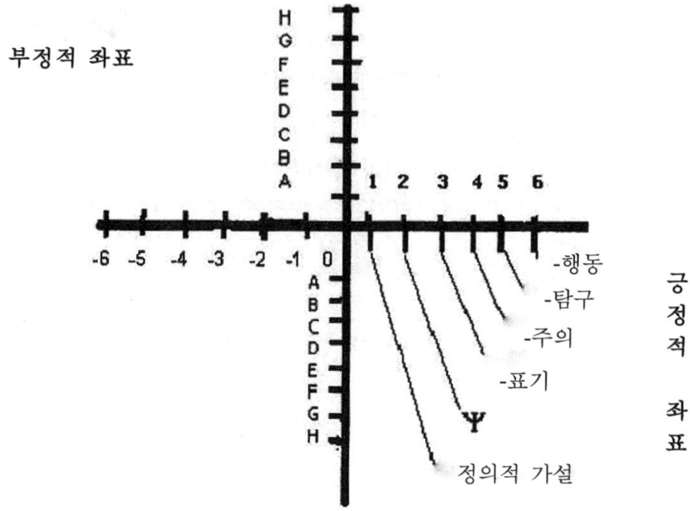

그림 1. 부정적 좌표

그러나 만일 화살표가 ←↑로 표시된다면, 그것은 기하학적으로 "젖가슴-없음"을 의미할 것이고; 또는 ←_→로 표시된다면, 그것은 "페니스-없음"을 의미할 것인데, 이것들은 모두 위에서 서술한 특징들을 갖고 있을 것이다. 이 후자는 "하나의 사물이 동시에 존재하고 존재하지 않는다는 점에서, 모순을 의미한다" (1965, pp. 102-103).

멜처(1973)는 "나쁜 대상의 이상화"라는 개념을 통해서, 그리고 로젠펠드(1971)는 "자기애적 갱"이라는 개념을 통해서 "거짓말에 대한 이상화"와 진실에 대한 체계적인 공격을 강조했고, 진실을 대상의 "선함"이라고 제시하였다. 비슷한 방식으로, 비온은 생각하는 자와 거짓말 사이의 관계를 언급하는데, 그것은 서로가 서로를 파괴하는 기생적인 종류의 담는 것-담기는 것 관계에 해당한다.

부차적인 기본적 가정(Subsidiary basic assumption): 기본적 가정(ba)의 다른 형태로서, 개인의 행복이 집단의 생존보다 이차적인 것이라고 보는 가정이다. 참조: 기본적 가정, 의존 기본적 가정, 싸움-도피 기본적 가정, 짝짓기 기본적 가정.

분석의 변형(Transformation of analysis): 비온은 이 표현을 좌표의 가로축을 구성하는 요소들, 즉 마음의 "사용법"의 연속적인 변화를 지칭하기 위해 사용했다. 참조: 가로축; 정신분석; 변형.

분석적(Analytic): 칸트는 선험적 요소들을 경험적 요소들로부터 구별했듯이, 분석적 제안과 종합적 제안 사이를 구별했다. 분석적 제안은 오직 경험에 의해서만 알 수 있는 것, 예를 들어, "앙헬 폭포의 높이는 매우 크다"라고 말하는 것과 같은 것이며, 그 말은 그 폭포를 보았다는 것을 의미한다. 다른 한편, 종합적 제안은 술어가 주어의 일부를 이루고 있는 것, 예를 들어, "뚱뚱한 남자는 남자이다,"또는 "하얀 건물은 건물이다"라고 말하는 것을 가리킨다.

분석적 상황(Analytic situation or setting): 비온의 언어에서, 분석적 상황은 변형(고전적 분석에서의 "과정")이 일어나는 상황 또는 세팅을 나타낸다:

> 내가 "용기(容器)" 또는 "장(場)" 또는 "터전"(ground)이라고 부르는 것의 의미는 캔버스가 변형을 위한 터전이 되

> 고 그 위에 변형이 투사되는[그것이 투사적 변형이든 아니면 굳어진 변형이든], 그림 유비에 의해 가장 단순하게 이해될 수 있다 … 나는 투사적 변형들 및 굳어진 변형들을 위한 터전의 문제를, 마치 그것이 안정적인 것이고 고전적 분석에서 분석적 상황으로 간주되는 것에 해당되는 것 인양, 논의할 것을 제안한다. [1965, pp. 113-114]

그것은 좌표의 범주 D1 또는 E1에 해당한다. 참조: 투사적 변형, 변형, 굳어진 움직임에서의 변형.

분열, 정적인(Splitting, static): 참조: 정적 분열.

분파(Schism): 비온은 분파를, "진화"를 강요받는다고 느끼는 집단에서 발생할 수 있는 저항의 한 형태로서 서술했다. 이러한 저항의 형태는 작업 집단(W)에서는 작용하지 않는데, 그 이유는 이런 집단의 "과학적인" 지향이 그 구성원들로 하여금 좌절에 직면하는 것을 가능하게 하고, 따라서 건강한 자아가 기능하는 것과 비슷한 방식으로 기능하기 때문이다. 그러나 이것이 가능하지 않다면, 그때 집단은 의존적 집단의 진자운동(ba*D)으로 기울거나 "분파"의 형성으로 나아가게 된다. 즉, 집단은 두 개의 하위-집단으로 분열된다: (a) 하나는 집단의 경전 또는 명령을 내리는 지도자에게 의존하거나, "신의 말씀" 등의 전통에 의해 지배받는 상태를 유지하면서, 앞으로 진전ㅎ하는 것에 반대하는 집단이다. 이런 집단의 지도자는 변화에 저항하기 위한 수단으로 신으로 만들어진다. 이 하위-집단의 구성원들은 지도자를 조종하여 무리한 요구 없이 새로운 구성원을 지원하도록 만듦으로써 그 하위-집단을 매우 인기 있는 것으로 만든다. (b) 반대로, 또 다른 하위-집단은 그들의 요구를 극도로 엄격하게 이행할 것을 강요함으로써, 신속하게 신입 구성원의 수를 줄이는 방식으로, 세련된 기존 구성원들과 미숙한 새 구성원들 사이의 고통스러운 충돌을 피하고자 한다.

> 첫 번째 하위-집단은 원시적이고 세련되지 않은 대다수의 개인들로 구성되는데, 그들의 수는 꾸준히 늘어나지만, 발달하지는 않는다. 두 번째 하위-집단은 발달은 하지만, 폭이 좁고 신입회원의 수가 너무 적다. 그들은 이런 방식으로 새로운 아이디어와 원시적인 상태가 함께 만나는 데 따른 고통을 피한다. [1948a p. 128]

비온은 다음과 같이 결론 내린다:

> 나는 사회는 덜 문화적이거나 덜 교육받은 개인들에 의해 생명이 풍성해지는 반면에, "최고"라는 사람들은 고집스럽게 불임 상태에 머무른다는 비난을 기억한다. [ibid.]

분해(Dismantling): 멜처가 자폐증 환자들과 강박증 환자에게서 관찰되는 특수한 형태의 방어를 서술하기 위해 사용한 용어로서, 그는 이것을 연결을 파괴하기 위한 목적으로 공격적 충동들을 사용하는 분열 기제와 구분했다. 분해과정은 정신적 활동, 즉 대부분의 주의가 즉각적으로 그리고 일시적으로 중지되는 것에 의해 특징지어진다. 그것은 시간, 날씨, 곰팡이의 힘에 의해 서서히 무너져가는 벽처럼, 능동적이기보다는 수동적인 방식으로 발생하는 것이다. 하지만 그것은 갑자기 회복될 수도 있다. 즉, 그것은 나무 조각들이 함께 묶어주는 팽팽한 실의 힘으로 똑바로 서있지만, 만약 압력이 바닥에 가해지면 무너져버리는, 그러나 일단 압력이 사라지면 원래의 모습으로 되돌아가는 장난감들과 유사하다. 여기에서는 공격성이 부재하기 때문에, 박해불안은 미미하다. 이것을 보여주는 좋은 예는 분해 또는 주의의 중지로 인해 사람과 무생물 대상을 구분하지 못하는 자폐증이나 강박증 환자에게서 관찰될 수 있다. 분해는 그들로 하여금 개인들에게서 그들의 살아있는 현존을 벗겨내고, 그들을 단순한 비-존재로 환원시키도록 허용한다. 비온이 정신증 환자들에 대해 한 말 중에는, 비록 그가 자폐증을 언급하지는 않았지만, 멜처가 말한 것과 매우 유사한 내용이 있는데, 이것은 멜처가 자폐증에 관한 그의 연구를 출판하기 19년 전인, 1960년에 씌어졌다는 점에서 충분한 가치를 갖고 있다:

> 정서와의 모든 연결의 부재에 의해 증명된, 정서의 비워내기는 대상들을 함께 묶어주는 것이 더 이상 가능하지 않기 때문에, 환자를 해체로 이끈다. 이것은 대상들의 수동적인 붕괴라는 점에서, 분열과는 다른 것이다. [1992, p. 161

멜처가 언급한 이런 종류의 방어가 갖는 폭력성의 부재라는 특징은 강박증 환자들보다는 자폐증 환자들에게서 더 명백한 것으로 보인다. 이 후자들 안에는 수동적 공격성의 기제가 존재한다. 분해는 라틴 문화보다는 앵글로-색슨 문화에서 더 자주 관찰되는 것으로 보인다.

불안(Anxiety): "모든 불안은 궁극적으로 두 개의 뿌리를 가지고 있는 근원적인 불안과 연관되어있다"(1992, p. 207): (1) 피타고라스 법칙을 "과학적 연역적 체계"로서 가지고 있는, 오이디푸스 상황의 내용들; (2) 초심자에게는 어려운 문제인(Pons Asinorum)

유클리드 기하학을 그것의 과학적 연역적 체계로서 가지고 있는, 클라인의 "자리들"에 포함된 두려움.

불투명성(Opacity): 투명성과 대조되는 개념으로서, 기억, 욕망, 그리고 이해와 같은 불투명한 것들로 인해 포화된 정신 상태를 나타내는데, 이는 정서적 격랑 상태를 만들어낼 수 있고, 또한 분석적 경청을 수행하는 동안 O를 직관하는 능력을 방해할 수 있다.

비숍 조지 버클리(Bishop George Berkeley): 참조: "사라진 값의 유령들."

비우기 과정(Evacuation, process of): 정신증 환자 또는 인격의 정신증적 부분이 외부 대상에게 집어넣기 위해, 여러 통로들을 이용하여 분열된 정신적 장치의 부분들을 축출하는 데 사용하는 기제이다(참조: 기괴한 대상들). 예컨대, 눈이 무언가를 빨거나 먹을 수 있고, 광경이 항문이나 피부를 통해 축출되거나 방의 구석으로 던져질 수 있으며, 낱말들을 눈으로 볼 수 있고, 냄새나 다른 감각들도 그런 식으로 경험하게 하는 기제를 말한다(참조: 환각, 망상). 클라인에 의해 최초로 설명되었듯이, 비우기 과정은 개인으로 하여금 나쁜 대상으로부터 벗어나게 해주는 기제를 나타낼 수 있다. 이 점에서, 욕구에 대한 만족은 그 욕구에 대한 비우기와 동등한 것일 수 있다. 비온에게 있어서, 비워질 수 있는 이러한 대상들은 베타-요소들에 해당된다(1962, p. 59). 참조: 베타-요소들, 모성적 몽상, 투사적 동일시

비-존재(Non-existence): 비온은 다음과 같이 말한다:

> 환자는 그의 욕망 충족의 부재로 인해 고통을 느낀다. 그러한 충족의 부재는 "사물-없음"(no-thing)으로 경험된다. "사물-없음"에 의해 야기되는 정서는 "사물-없음"과 구별될 수 없는 것으로 느껴진다. 정서는 "정서-없음"(no-emotion)으로 대체된다. 분석 실제에서, 이것은 전혀 감정이 없는 것을 의미할 수 있고, 또는 칼럼 2에 속한 정서인 격노와 같은 정서일 수 있다. 그리고 이 정서의 근본적인 기능은 다른 정서를 부인하는 것이다 ... 칼럼 2에 해당하는 요소로서[참조: 정의적 가설과 좌표] 모든 느껴진 정서는 "정서-없음"(no-emotion)이다. 이 점에서 그것은 모든 시간이 멸절되기 전에 "현재가 있었던 장소"를 나타내는 "과거" 또는 "미래"와도 같다 ... "존재-없음"은 즉각적으로 무한히 적대적인 대상이 되고, 그것이 발견되는 곳마다 존재의 속성이나 기능에 대한 살인적인 시기심으로 채워진다. [1970, pp. 19-20]

비온은 ←↑ 기호를 좌표의 정상적인 방향과 반대되는 움직임을 나타내는 상징으로 사용하는데, 이때 정상적 방향이란 왼쪽에서 오른쪽으로 그리고 위에서 아래로 향해 가는 방향이다. 이러한 반대 방향의 움직임은 비온이 "앎," "깨어있음" 또는 의식 상태라고 부른 것을 나타내는데, 이는 프로이트가 사용한 의식의 개념과는 다른 것이다. 그것은 빛을 추구하는 굴광성(屈光性, phototropism)에 의해 추동되는 곤충의 앎과 비슷한 것이다:

> 이 "의식"은 존재, 의미를 추구하는 사고, 근접한 실현을 추구하는 정의적 가설, 스스로에게 존재를 주기 위해 물리적으로 거할 곳을 찾고 있는 정신, 담기는 것을 찾는 담는

> 것을 요구하는 존재의 부재에 대한 인식이다. [1965, p. 109]

그러나 만약 마이너스 기호가 그 앞에 붙는다면: -←↑, 그것은 좌표의 C3 범주에 속할 것이고, 존재하지-않는 "사람"(a non-existent "person")을 나타낼 것이다:

> 그 존재하지-않는 "사람"의 증오심과 시기심은 어떤 존재를 갖고 있다고 간주되는 모든 대상에게서 존재의 모든 흔적을 제거하고 파괴하겠다는 결의에 차있다. 그러한 존재하지-않는 대상은 너무 두려운 것이기 때문에 그것의 "존재"는 부인되고, "그것이 있던 장소"만을 남겨놓는다. [ibid., p. 111].

X는 4형제 중 셋째인데, 심각한 불안발작, 불면증 그리고 온갖 종류의 건강염려증적 불평으로 인해 분석을 찾았다. 그의 아버지는 이탈리아 이민자로서 크게 성공한 "무자비한 사업가"이고, 그의 어머니는 매우 의존적이고, 공포증적이며 건강염려증적인 사람이다. 그는 그의 세 형제들과 함께 3년 전까지 그의 아버지를 위해 일했고, 그 후 아내의 도움으로 심부름 회사를 시작했는데, 그 사업은 최근에 아주 잘 되고 있다. 그는 아버지로부터 떠나는 것이 쉽지 않았는데, 그 이유는 아버지가 그에게 전적인 헌신을 요구했고, 어머니를 포함한 모든 사람들에게 함부로 대했으며, 자신을 떠나면 실패할 것이라고 하면서 그를 놓아주지 않았기 때문이었다. X는 그가 아버지를 기쁘게 하기 위해 항상 노력했다고 말한다; 그는 건설 사업이 자신에게 잘 맞는다는 생각 때문에 건축학을 공부했지만, 자신의 사업을 하고 있는 지금까

지도 그가 배운 것을 실제로 써먹은 적은 없다. 그는 과거에 공황발작을 겪었고, 산발적으로 전문가의 도움을 찾았지만 좋은 결과를 얻지는 못했다; 그러나 최근에 증가한 그의 증상은 명백히 그의 사업의 성공으로 인한 "스트레스"와 관련되어 있었다. 이것은 교차로 또는 오이디푸스 살인 기제에 의한 것으로 이해될 수 있었다. 회기들에서, X는 불안발작들, 만성적인 신체적 질병들, 나쁜 운, 빈약한 성취 등에 대한 불평을 계속 반복함으로써 "부정적 치료 반응"이라는 인상을 주었고, 거세하는 아버지에 의해 위협받고 있는 그래서 무신경한 어머니에게 도움을 요청하면서 절망적으로 비명을 지르는 아이라는 역전이 이미지를 떠올리게 했다. 그는 다른 사람들을—그의 아내와 분석가처럼—아무짝에도 쓸모없고 전적인 실패작으로 느끼도록 만들기 위해 불평을 한다; 그것은 자신은 느끼지 못하지만 다른 사람들은 느끼고 있는 행복감에 대해 시기하는 매우 강렬한 감정 때문이다. 아버지의 시기에 찬 거세 욕구에 의해서 무력화되고 자신이 의존하고 있는 어머니에 의해 버림받은 상태에서, 그는 자신이 "존재하지-않는" 사람이라고 느끼면서, 그가 보기에 편안한 삶을 살아가는 다른 사람들을 공격한다. 무엇보다도 먼저, 그는 자신의 알파-기능, 기억 그리고 경험으로부터 배우는 능력을 파괴한다; 그 결과 그의 마음은 자기애적 격노, 희망 없음을 투사적 동일시를 통해서 끊임없이 다른 사람들 안으로 집어넣을 뿐만 아니라, 만성적인 신체적 질병들(신체적 언어)로 드러나는 베타-요소들로 채워진다. 모든 회기는 이전 회기의 복사본이고, 그의 지속되는 고통에 대한 이유를 명료화하려는 모든 해석들은 계속해서 잊혀진다. 비온이 서술하듯이, 그는 자신이 어떤 대가를 치르더라도, 존재를 가지고 있다고 간주되는 모든 대상에게서 존재의 싹을 제거하고 파괴하겠다는 결의에 차 있다. 그는 존재하지-않음의 느낌으로부터 자신을 해방시키는 한 가지 방법으로, 다른 사람들 안에서 존재하지-않음의 느낌들을 유발하려고 시도하지만, 그렇게 함으로써 그는 더 많은 존재하지-않음의 느낌을 창조해낸다. 이러한 존재하지-않음의 느낌이 정확하게 그의 공포에 대한 주된 이유이고, 이것이 바로 그가 그 느낌으로부터 자신을 해방시키기 위해 비효율적으로 시도하는 동안, 역설적이게도 자신 안에서 계속해서 유발하는 느낌이다. 참조: 의식적인 앎, -K, 젖가슴-없음, "사물-없음."

ㅅ

사고들(thoughts): 사고들은 기호와 말에 의해 표시되고, 대상이 부재한 가운데 문제를 해결하기 위해 사용되는, 사물-없음에 의해 점유된 공간으로 생각될 수 있다(1965, p. 106). 다른 한편, 사고들은 전-관념과 실현이 결합된 결과인 관념들과는 달리, 전-관념과 좌절이 결합된 결과를 나타낸다(1967, p. 111). 달리 말해서, 소망의 실현은 관념을 낳지만, 좌절은 사고를 낳는다. 비온에 의해 제안된 모델은 수유에 대한 아기의 기대가 부재한 젖가슴이나 젖가슴-없음의 실현과 만나는 것에 기초해 있다. 다음 단계는 아기의 반응에, 즉 좌절을 회피하는지 아니면 수정하는지에 달려있다. 만약 좌절을 견디는 능력이 만족스럽다면, 내적인 젖가슴-없음은 사고들, 원시적 사고들 또는 원-사고들(1962, p. 84) 그리고 생각을 위한 장치로 바뀔 것이고, 그러한 생각을 위한 장치는 다시금 좌절을 좀 더 견딜 만한 것으로 만들어줄 것이다. 그러나 만일 좌절을 다루는 능력이 불충분하다면, 내면의 젖가슴-없음은 마음으로 하여금 좌절을 비워내도록 압력을 가할 것이다. 그 결과, 사고들은 창조되지 않고, 젖가슴-없음은 물-자체와 구별되지 않는, 그리고 투사적 동일시 기제를 통한 비우기에 적합할 뿐인 나쁜 대상이 될 것이다. 사고들은 그것들의 발달사에 따라 분류될 수 있다: (a) 전-관념; (b) 관념; (c) 개념(1967, p. 111).

편집-분열적 자리와 우울적 자리 간의 상호교환은 사고와 생각하기의 발달과 관련되어 있다. 참조: 생각을 위한 장치; 생각하기 이론; 언어적 사고.

"사라진 값의 유령들"(Ghosts of departed quantities): 비숍 죠지 버클리(Bishop George Berkeley)가 사용한 표현으로서, 그는 "한 분석가가 무신론자인 수학자에게 하는 말"이라는 암시적인 제목으로 1734년에 출간된, 뉴턴의 미적분법에 대한 역설적인 비평에서 이 표현을 사용했다. 그는 이렇게 말했다:

> 이 끊임없이 유동하는 것들은 무엇인가? 순간적으로 증가하는 속도들. 빠르게 증가하는 이것들은 무엇인가? 그것들은 유한한 양도 아니고, 무한히 작은 것도 아니며, 아무것도 아닌 것도 아니다. 우리는 그것들을 사라진 값의 유령들이라고 부를 수 있지 않을까? (비온에 의해 인용된 글, 1965, p. 156)

뉴턴의 미적분법은 정의적 가설을 나타내는 반면, 버클리의 역설적 비평은 "사라진 값의 유령들"이라고 생각될 수 있는, 정의적 가설에 대한 부정적 측면으로 간주될 수 있다. 비온은 또한 뉴턴의 과학적 공헌이 좌표의 칼럼 1에 해당하는 K의 변형을 나타내는 반면, 비숍의 비평은 좌표의 칼럼 2에 해당하는 심리적 격랑에 대한 두려움의 표현이라고 말한다. 그리고 K 안에서의 변형들이 O 안에서의 변형들의 출현을 위협할 때, 그것들은 두려움의 대상이 된다고 한다. 이것은 다시 $T\alpha \rightarrow T\beta = K \rightarrow O$로 진술될 수 있다(1965, pp. 157-158). 참조: 정의적 가설; 좌표, 가로축; 심리적 격랑; O, 궁극적 실재; O 안에서의 변형; K의 변형.

"사물-없음"("No-thing"): 비온은 이 개념을 "현존하지-않음"이 시간과 관련되는 것과 같은 방식으로 공간과 관련시킨다. 예컨대, "단어들"(words)은 아무것도 없음과는 달리, "사물-없음"을 상징하거나 부재한 사물들을 나타낸다. 이것은 "하나의 사물은 그것이 동시에 있고 있지 않는 한, 존재할 수 없다"는 비온의 진술과 관련되어 있다. 그는 또한 이 규칙을 다른 방식으로 제시한다: "하나의 사물은 홀로 마음속에 존재할 수 없다: 마찬가지로 하나의 사물은 그것에 상응하는 사물-없음이 동시에 존재하지 않는 한, 존재할 수 없다"(1965, p. 103). 이것이 의미하는 것은 마이너스 점(-.)과 플러스 점(+.)이 동시에 존재한다는 것, 즉 셰익스피어의 팔스타프(Falstaff)처럼, 사물-없음이 존재한다면, 반드시 사물이 존재한다는 것이다. "사물-없음"이 사물이 있어야 할 공간을, 또는 사물에 의해서 채워졌어야 할 공간을 차지할 경우, 그것은 "사물-없음"에 의해 포화된(ξ) 공간이 된다.

"사물-없음"은 대상의 부재로 인한 정신적 고통과 연결된 공간을 나타내고, 그것은 마음의 상태에 따라 담겨지고 경험될 수도 있지만, 만약 고통을 견디는 능력이 없다면, 그것은 물-자체 또는 베타-요소로 바뀌고, 투사적 동일시를 통해 비워내질 수도 있다. 사물-없음은 또한 젖가슴을, 또는 젖가슴이 있었던 장소나 젖가슴-없음을 나타낸다: (-.), 또는 페니스-없음(-__). 사물-없음은 부재한 사물을 상징하거나 나타내는 데 없어서는 안 될 요소로서, 정신증 환자들이 결여하고 있는 것이다. 왜냐하면 그들에게는 상징적 동일시 기제의 작용으로 인해 사물과 사물-없음이 동일하다고 여겨지기 때문이다. 즉, 거기에는 한 상태와 다른 상태 사이에 차이가 존재하지 않기 때문에, 사물-없음은 항상 사물-없음의 상태로 존재한다.

기하학적 관점에서, 비온은 마음과 관련해서 사물-없음의 3가지 다른 자리들에 대해 말한다: (i) 의식적이고, 실제적이며, 일치적인 자리. 이것은 두 개의 점들 사이 그리고 원(마음을 나타내는)에 접하고 있는 직선에 의해 표시되며, 사물과 사물-없음 사이에 아무런 구별이 없거나, 또는 그 둘이 일치하는 것을 의미한다. 또한 그것은 정신증 환자들에게서 볼 수 있는 사고장애를 나타낸다. (ii) 외부 현실을 의식하고 있고, 실제적이고 분리된 자리: 이것은 원의 내부에 있는 직선으로 표시되며, 내적으로 표현된 실제적이고 외적인 것을 의미한다. (iii) 복소 공액 또는 완전히 원의 바깥에 있는 직선: 이것은 내면과 외부가 마치 거울 같은 방식으로 머무르는 자기애적 관계를 나타낸다(1965, p. 83).

비온은 또한 사물-없음의 현존과 그것과 근접한 것으로 여겨지는 실현 사이에 존재하는 세 가지 다른 가능성들을 구별한다: (a) 젖가슴 없이 배고픔이 있을 때처럼, 사물-없음이 존재하지만 그것에 상응하는 실현이 없는 경우; (b) 젖가슴이 있지만 배고픔이 없을 때처럼, 실현은 있지만 그것에 상응하는 사물-없음이 없는 경우; (c) 사물-없음과 사물이 공존하는 경우, 즉 그 둘 모두가 존재하는 경우(ibid., p. 107).

사실들(Facts): 우리가 그것에 대해 아무것도 할 수 없는 외적인 사실들이며, 따라서 분석을 위한 재료가 되지 않는, 신체적 외관이나 재정적 상황 등을 가리키는 용어이다(1987, p. 143).

사회-주의 대 자기애(Socialism vs Narcissism): 비온은 특정 순간에 사회-주의와 자기애라는 개념들을 본래 프로이트가 설명했던 대로(1967, p. 118) 생명본능 또는 성본능과 죽음본능 또는 자아본능 사이의 양극화를 설명하는 데 사용한 것으로 보인다. 비온이 그처럼 다른 정점을 갖게 된 것은 그가 집단 역동에서

경험한 것에 따른 결과일 것이라고 추측하는 것은 어려운 일이 아니다. 그는 이렇게 말했다:

> 본능의 양극성은 본능이 한 개인으로서의 삶을 살아가는 데 필요한 요소들로서, 그리고 사회적 인간, 또는 아리스토텔레스의 표현에 의하면, "정치적" 동물로서의 삶을 살아가는 데 필요한 요소들로서 작용하는 것을 말한다. [1992, p. 105]

비온은 자신이 프로이트처럼 자아와 성 사이의 양극화가 아니라, "집단"과 "개인" 사이의 양극화를 수립하는 것을 선호한다고 말한다. 그러나 다른 어떤 지점에서, 그는 투사된 요소들과 그것들의 내사된 상대역 사이에서 발생하는 자기애적 분파(schism)를 강조한다.

> 이 사회-주의와 자기애라는 두 용어는 두 개의 경향성들, 즉 자아-중심적 경향성과 사회-중심적 경향성을 서술하기 위해 사용된 것이다 ... 그것들은 양은 같지만 기호는 반대의 것을 사용한다. 따라서 어떤 순간에 사랑 충동이 자기애적이라면, 증오 충동은 사회-주의적인 것, 즉 집단을 향한 것이고, 이것은 역으로도 마찬가지이다: 만약 증오가 자기애적 경향성의 일부로서 개인과 반대 방향으로 향한다면, 그때 집단은 사회-주의적으로 사랑받게 될 것이다. [ibid., p. 122]

자기애의 강도의 증가는 정서의 편협성을 수반하며, 이것은 사랑 아니면 증오와 같은 단 하나의 정서로서 경험되는 지점에까지 이른다. 이와 유사하게, 사회-주의의 강도의 증가는 정서적 범위의 확장을 수반한다. 비온은 또한 집단과 개인 양 극단 사이의 갈등은 자아 안에서 해결되어야 한다는 점을 인정한다; 그러나 이것이 실패한다면, 즉 극단적인 병리가 그러한 해결을 방해한다면, 갈등은 자아의 약화를 그리고 심지어는 자아의 파괴를 가져올 수 있고, 그 결과 자아는 만족을 성취하는 것이 불가능해질 수 있다. 그러한 상황은 정신증 환자에게서 흔히 관찰되듯이, 현실에 대한 강렬한 증오를 야기할 수 있다(ibid., p. 106).

정신분석적 관점에서 볼 때, 병리는 항상 정서적 성질을 갖는다고, 비온은 말한다. 더욱이, 이 원천은 개인의 (a) 자기애와 (b) 사회-주의 안에 놓여 있는 것으로 볼 수 있다. 정서는 수면 위에 비친 모습이 잔잔한 바람에 흔들리는 것과 비슷하게, 관념작용(ideation)의 동요로서 이해될 수 있다(1965, p. 80). 참조: 집단, 의미, 심리적 격랑, 작업 집단.

상관관계(Correlation): 하나가 다른 하나 없이 발생할 수 없을 정도로 서로 관련되어 있는 둘 사이의 관계를 의미하는, 라틴어 correlatio에서 유래된 용어이다. 예를 들어, 날씬함과 뚱뚱함, 남편과 아내 사이에는 상관관계가 존재한다. 수학의 관점에서 볼 때, 이것은 우연만으로는 기대할 수 없는 방식으로 발생하는, 두 개의 변수에 의해 제시된 굳어진 관계에 해당된다. 예컨대, 기하학에서 하나의 변수의 가치가 다른 하나의 가치를 결정할 때, 두 개의 양은 상관관계를 갖는다. 예를 들어, 직경은 원의 표면과 상관관계를 갖는다. 비온은 두 개의 조각난 부분들이 서로 관련되어 있는, 역전 가능한 관점에서 관찰된 바, 분열 안의 "상관관계"를 사용할 수 있는 가능성을 도입했다. 그것은 또한 중독 행동 안에서도 관찰될 수 있는데, 거기에서 도착된 측면은 죄책감으로 인해 발생하는 부분인 뉘우침과 상관관계를 갖는다. 의식과 무의식, 공동 감각과 선택된 사실, 투사된 동일시와 내사된 동일시 사이에는 양안적 시각을 통한 상관관계가 존재한다(1965, pp. 66-67).

상상속의 쌍둥이(Imaginary twin)[1]: 비온이 1950년 11월 1일에 영국 정신분석학회에서 발표한 최초의 정신분석 논문을 가리킨다. 그 논문에서 그는 자신이 세 명의 환자들에서 발견한 임상적 현상들이 전성기적 오이디푸스가 존재한다는 클라인의 이론에 부합한다고 결론을 내렸다. 이 세 환자들은 세 가지 측면에서 일치했다: (a) 완전한 상상이든 아니면 현실에서 가져온 것이든, 분석가 또는 다른 내적 대상들과 동일시된 쌍둥이에 대한 환상이 존재하는데, 그 환상은 분열이나 투사적 동일시 같은 기제들을 이해하지 못하게 하는 방해물로서 사용된다. 이 기제는 또한 "환자의 인격의 분열된 부분을 [쌍둥이로] 인격화하는" 강박적 방어를 나타낸다(1979, p. 9). 이런 형태의 방어가 갖는 주된 목적은 통제할 수 없는, 그리고 종국에는 분리(separation)와 배제(exclusion)로 위협하게 될, "살아있는 대상"(alive object)에 대한 두려움을 방어하는 것이다. b) 시각을 통한 감각 또는 청각을 통한 감각과 관련된 요소들이, 항상 거기에 있어왔음에도 불구하고 지적 지각의 결여와 "상상속의 쌍둥이"와의 갈등으로 인해 탐구 역량에 손상을 끼쳐온 낡은 갈등들을 해결하기 위해, 환경을 탐구하는 목적에 사용된다. 비온은 다음과 같이 말한다:

---

1) 상상속의 쌍둥이 개념은 페어베언(1952)의 "내적 파괴자" 개념, 랑크(1914)의 공헌에 기초한 "이중"(double) 현상에 대한 프로이트(1919)의 작업, 그리고 보다 최근의 Aray와 Bellagambe(1971), 로페즈-코르보(1980) 등에 의한 저작들을 생각나게 한다.

> 나는 심리적 발달이, 구강적 공격성과 연결된 발달의 문제가 이가 나는 것과 함께 묶여 있는 것처럼, 눈을 통제하는 능력의 발달과 함께 묶여 있는 것이 아닐까 생각해왔다. [ibid., p. 22]

c) 따라서 보다 정확한 오이디푸스 자료가 그것을 작업해내려는 더 큰 성향과 함께 출현한다; 예컨대, 제시된 첫 번째 사례에서, 비온은 "오이디푸스 상황에 대한 의무적이고 피상적인 취급에서 정서적으로 충전된 오이디푸스 콤플렉스를 다루기 위한 투쟁으로 변한 것은 극히 놀라운 일이었다"고 말한다(ibid., p. 21).

멜처(1978)의 제안에 따르면, 아마도 이 논문을 발표했던 시기에 "비온은 ... 의무감이 실제로 그의 창조성을 무디게 만든 일종의 정신분석적 잠재기를 경험하고 있었고"(p. 17); "이미 알고 있는 이론적 틀을 사용해서 비교적 굳어진 재료를 다루려고 했다."(p. 18); 또는 달리 말해서, 상상속의 쌍둥이라는 중심적인 문제를 다루는 데 있어서 "정신분석적 이론의 제한에 대한 비온의 저항을 보여주는, 반짝이는 자료의 조각들"이 출현했다. "상징 형성"에 관한 클라인의 작업에 대해 비온은 열렬한 추종자의 태도를 취했고(p. 19), 클라인이 죽은 1960년 이후에야 그 자신의 주요 공헌들을 산출할 수 있었다.

상생적 관계(Commensal relationship): 두 대상이 세 대상들 모두의 유익을 위해 제3의 대상을 공유하는, 담는 것-담기는 것(♀♂)의 상호작용 형태를 나타낸다. 예를 들어 (1) 아이와 어머니 사이, (2) 즉 양자 모두가 정신적 성장뿐만 아니라 경험 안에서 서로에게서 유익을 줄 수 있는 관계(1962, p. 91), 또는 발명한 자와 발명품 모두에게 유익을 주는 아이디어나 개입을 담고 있는, 생각하는 자를 나타낸다. 첫째로 담기는 것의 총합은 ♂=(♂+♂+♂)로 나타내지는데, 이것은 모든 정서들에 의해 연결된 계속되는 일련의 의심들(아이디어들, 고안들 등), 또는 변수들을 의미하며, 이것은 ♂n으로 가장 잘 압축될 수 있다. 이러한 내용들은 ♂n+♀n으로서 더 잘 표현될 수 있는 연속적인 담는 것들로서(♀+♀+♀) 드러날 것이다(참조: 야생적 사고). 경험에서 배울 수 있는 가능성은 이러한 연속적인 융합과 통합, 즉 ♂n+♀n에 기초해 있을 것이고, 이것은 또한 경직성으로부터 자유로워야 하고 미래에 있을 수용을 위해 항상 준비되어 있어야만 한다. 마음이 이런 방식으로 작용하는 개인은 누구나 지식과 경험을 보유하는 능력을 보여줄 것이고, 그의 과거 경험을 사용할 수 있으며 새로운 경험에 수용적일 것이다(ibid., pp. 92-93). 즉, 그의 K 수준이 이러한 종류의 상생적 관계에 달려 있을 것임이 분명하다.

♀♂의 상생적 형태 외에도, 비온은 또한 그것의 공생적 형태와 기생적 형태를 말한다. 참조: 담는 것-담기는 것, 상호작용; 기생적 관계; 공생적 관계.

상수(Invariants): 대상이 경험한 어떤 경험과도 상관없이 변하지 않은 상태로 남아있는 것을 통해 그 대상의 정체성을 허용하는, 대상의 구체적인 특징들을 가리킨다. 하나의 해석은 특정한 정신분석적 이론에 속하는 상수를 갖고 있다. 예를 들면, 오이디푸스 상황이 그것이다(1965, p. 4).

한편으로, 변하지 않고 항구적인 것과, 다른 한편으로, 변하고 포화되지 않은 요소 사이의 관계는 비온에 의해 K(ζ)라는 공식으로 표시되었는데, 이는 잠재된 내용 및 상수 또는 무의식적 환상과 드러난 내용 및 변수 또는 포화되지 않은 것들이 공존하는 표의문자를 나타낸다(1974, p. 25).

상징적 동등시(Symbolic equation): 시걸(Segal, 1957)은 내면세계와 외부 세계 모두에서 원래 대상과 그것의 상징 사이에 존재하는 "동등시"에 대해 말하면서, 이것은 원래 대상이 그것의 대체물과 다르지 않고, 그 둘이 마치 동일한 것 인양 취급되는, 정신증 환자의 구체적 사고의 기초를 나타낸다고 서술한다. "상징적 동등시"는 대상과 상징 사이의 구별이 결여되어 있음을 의미한다: "페니스=바이올린." 시걸은 다음과 같이 말한다:

> 나는 내면세계와 외부세계 모두에서 원래 대상과 상징 사이의 상징적 동등시가 원래 대상의 대체물들, 또는 자기의 부분들이 아주 자유롭게 사용될 수 있는, 정신분열증 환자의 구체적 사고를 위한 기초가 된다고 생각한다. 내가 인용한 정신분열증 환자들의 예에서 볼 수 있듯이, 상징적 동등시에서 상징은 원래의 대상과 다르지 않다. 그것들은 원래 대상과 똑같은 것으로 느껴지고 취급된다. 이러한 상징화된 것과 상징 사이의 미-분화는 자아와 대상 사이의 관계에서 발생한 장애의 일부이다. 여기에서 자아의 부분들과 내적 대상들은 대상에게 투사되고 그 대상과 동일시된다. 자기와 대상 사이의 분화는 모호하다. 따라서 자아의 일부가 대상과 혼동되기 때문에, 상징—자아 기능의 창조물인—은 상징화된 대상과 혼동된다. [ibid., p. 41]

비온은 정신증 환자의 치료에서 만나는 어려움이 분석에서 다루는 실제 대상의 현존 없이는 작업이 불가능하다는 데 있다고 덧붙여 말한다. 비온은 그의 변형 이론을 사용해서, 이런 환자들이 O에서 K로 변형할 수 없다고 진술한다. 참조: 상징 형성.

상징 형성(Symbol formation): 비온에게 있어서, 이것은 두 대상을, 그것들 사이에 공통되는 것이 무엇이든, 변경되지 않는 차이점들은 무시한 채 그것 자체를 명백하게 만드는 방식으로 합치는 능력을 나타낸다(1967, p. 50); 예를 들면, 여우와 명민함이 그것이다. 상징을 창조할 수 있는 능력은 다음 세 가지에 달려있다: (a) 전체 대상을 생각할 수 있는 능력; (b) 편집-분열적 자리에서 작용하는 분열의 사용을 극복할 수 있는 능력; (c) 분열된 부분들을 하나로 모으고 우울적 자리를 시작하는 능력(ibid., p. 26).

비온은 위의 진술을 1953년에 출판했다. 그러나 13년 후에 그는 상징의 형성을 위해서는 우울적 자리의 전적인 우세를 필요로 한다는 이전의 견해를 버린 것처럼 보인다. 그 시점에, 그는 상징 형성에서의 혼란이 정신증[2]과 같은 심각한 병리를 초래할 수 있다는 클라인의 가정에 의문을 제기했다. 그는 "정신증 환자가 항상 마치 상징을 형성하는 능력이 없는 것처럼 행동하는 것은 아니다"라고 말한다(1970, p. 65). 어려움은 종종 "신(또는 악마나 운명)에 의한 사적인 의사소통"에서처럼, 종종 공적으로 인정될 수 없는, 정신증 환자의 상징적 표현이 지닌 사적인 성질에 있다. 그는 계속해서 말한다:

> 상징은, 일반적인 이해에 따르면, 집단에 의해 항구적인 것으로 인식되는 결합을 나타낸다. 정신증 환자와 만날 때 그것은 환자와, 환자가 항구적인 것으로 느끼는 신성 사이의 결합을 나타낸다. [ibid.]

---

2) 멜처에 따르면(1978), 비온의 창조력은 1960년 클라인의 죽음 이후 아주 많이 증가했는데, 이는 비온이 그의 분석가이자 스승이었던 클라인에 견주어 그의 독창성을 전적으로 발휘하지 않았다는 의미인 듯하다.

참조: 상징적 동등시.

새뮤얼 베켓(Beckett, Samuel): 비온은 1934년 초부터 1935년까지 아일랜드 작가이자 1969년에 노벨상을 수상한 베켓을 분석했는데, 그는 이 사실을 그의 자서전에서 결코 언급하지 않았다(Bion, 1982, 1985). 앙지외(Anzieu, 1986)에 따르면, 그들이 많은 공통점을 갖고 있었다는 점에서 아마도 그 두 사람은 상상속의 쌍둥이처럼 서로에게 영향을 주었을 것이다: 종교적 박해 때문에 영국에서 탈출한 프랑스의 위그노 조상들, 정신증적인 요소들을 다루는 데 있어서 대륙의 문화를 사용하는 것과 분열성적 및 자기애적 특징들을 그들은 공유했다. 앙지외는 만약 누군가가 비온에게 글을 쓰는 동기에 대해 질문한다면, 그는 베켓이 말한 것과 똑같이 대답할 것이라고 말한다: "내가 잘 할 수 있는 것이 그것뿐이기 때문입니다."

다른 한편, 블랑도뉘(Bleandonu, 1994)는 베켓의 치료는 비록 부정적 치료 반응의 공고화로 인해 너무 빨리 종결되었지만, 베켓 자신을 더 잘 이해하도록 도왔을 뿐만 아니라, 그의 글에서 자기 자신을 더 잘 보여줄 수 있게 했다고 말한다.

> 베켓은 자신의 어머니와의 중독적인 관계를 인정하기 전까지는 앞으로 나아갈 수 없었다. 베켓보다 9살 연상인 비온은 당시에 아직 해드필드(Hadfield)에게서 분석을 받고 있었다. 그는 전이에서 베켓의 형인 프랭크가 되었다. (베켓이 런던에 오기 전 그가 밤에 대한 공황발작으로부터 피난처를 찾았던 곳이 바로 프랭크의 침대였다.) 그 두 남자는 많은 지적 관심을, 특히 문학에 대한 관심을 공유했다. 때때로 그들은 창조적 과정의 본성에 대해 토론하였

> 고, 심지어 논쟁도 했다. 베켓에 의하면, "분석"은 절뚝거리고 있었고 ... 그는 비온과 그의 어머니 사이에서 선택할 수 없었다. 그의 몸은 종기, 떨림, 항문 주변의 농양 등의 증상들을 발생시켰다. 베켓은 1935년 말경(크리스마스를 앞두고) 분석을 중단하겠다는 의사를 밝혔다[p. 45].

생각하기를 위한 장치(Thinking, apparatus for): 비온은 생각이 두 가지 정신적 발달의 성공에 달려있다고 본다: 사고의 발달과 사고를 다루는 데 필요한, 그가 잠정적으로 "생각하기를 위한 장치"라고 부른 것의 발달. 비온은 "이것이 여느 다른 사고 이론과는 다른 것"이라고 말한다(1967, pp. 110-11). 그는 생각하기를 위한 장치가 세워지는 데는 증가하는 복잡성을 지닌 두 국면들을 거친다고 제안한다: 첫 번째 국면에서, 생각하기는 그것을 위한 장치를 요구하는데, 아직 마련되어 있지 않은 이 장치는 외부 요구들에 의해 발달하는 것인 만큼, 적응을 위한 변화를 거쳐야만 한다. 이 상황은 존재하지 않는 대상 또는 "젖가슴-없음"이 표상으로 바뀔 필요성을 낳는다. 비온은 다음과 같이 말한다:

> 사고의 "모델"로서 나는 만족을 주지는 않고 욕구의 대상일 뿐인 젖가슴에 대한 시각적 이미지와 연관된 허기의 감각을 제안한다. 이 욕구 대상은 나쁜 대상이다. 모든 욕구 대상은 그것이 감질나게 하는 대상이라는 점에서, 나쁜 대상이다(1962, pp. 83-84).

만약 좌절을 견디는 역량이 적절하다면, 내면의 "젖가슴-없음"은 사고와 생각하기를 위한 장치로 발달할 것이고, 이것은 좌절을 좀 더 견딜만한 것으로 만들어줄 것이다. 그러나 만약 좌절을 다루는 역량이 부적절하다면, 내면의 나쁜 "젖가슴-없음"은 마음으로 하여금 좌절을 비워내도록 압력을 가하고, 사고를 형성하는 대신에 나쁜 대상 또는 물-자체와 구별되지 않는 β-요소로 변형될 것이고, 그때 그 β-요소는 비워질 것이다. 이런 경우, 마음은 생각하기를 위한 장치를 갖기보다는 축적된 나쁜 대상들을 방출하는 데 사용되는 (또는 행동화에 사용되는) 투사적 동일시의 기제에 의해 지배될 것이다(1967, pp. 11-112). 비온에 따르면, 생각하기를 위한 장치와 소화기관은 공동의 기원을 갖고 있다. 왜냐하면 생각하기를 위한 장치는 본래 소화관과 관련된 감각인상을 다루던 장치와 동일한 것이기 때문이다: 젖과 정동 또는 "좋은 젖가슴"은 동시에 도달한다(1962, p. 57).

아기는 자신 안에 매우 나쁜 젖가슴, 즉 존재하지 않는-젖가슴의 존재를 의식하는데, 그것은 필요하지만 존재하지 않기 때문에 고통스러운 감정을 산출한다. 이러한 감정은 호흡기관을 통한 비워내기, 또는 만족을 주는 젖가슴을 "삼키는 것"을 통한 비워내기에 의해 다루어진다. 그때 이 젖가슴은 "사고" 또는 더 정확하게는 원시적 사고 또는 원형적 사고와 구별되지 않는다(ibid., p. 84). 다른 한편, "삼켜진" 젖가슴은 실제로 입안으로 집어넣어진 대상의 존재와는 별개의 것이다; 이런 방식으로, 젖가슴 또는 "물-자체"는 마음속에 있는 아이디어와 동등한 것이 되고, 입안에 있는 물-자체와는 서로 구별되지 않는다.

생각하기를 위한 장치를 체계화하기 위한 두 번째 국면에서, 비온은 담는 것(♀)과 담기는 것(♂)의 개념을 첨가하는데, 이때 그는 엘리엇 쟈크(Elliot Jaques, 1960)에 의해 소개된 개념인, 마음으로 하여금 전체 대상의 개념을 성취할 수 있게 해주는, "복잡한 정신적 도식"으로 이해되는, "통합하는 그물 주머니"(reticules) 개념을 사용한다(1962, pp. 92-93). 비온은 경험에서 배우기를 가능하게 해주는 좀 더 높은 수준의 추상화를 성취하는 데 있어서, 담는 것(♀)과 담기는 것(♂) 사이에서 발생하는 연속적인 성장의 복잡성을 설명하기 위해 이 개념을 사용한다. 이러한 발달은 비온이 담는 것(♀)과 담기는 것(♂) 사이의 상생적 관계라고 부른 것의 전형이다. 이론적으로, 이 과정은 이러한 요소들(♀♂)이 푸엥카레(1908)가 선택된 사실이라고 부른 것에 앞서서 하나의 형태로 조직되는 순간에 시작될 것이다. 담는 것(♀)은 ♀n+♂n로 표시될 수 있는, 계속되는 연쇄 안에서 내용물(♂)에 더해지는 정서적 경험들에 의해 결합되는 의심들, 질문들 또는 변수들을 나타낸다; 이 과정은 결국 그 장치의 성공적인 성장과 경험에서 배울 수 있는 가능성을 보장한다. 이러한 배우기는 경직되지 않고 더 많은 동화를 받아들일 준비가 되어 있으며, 통합하는 동시에 개방적일 수 있는 ♀n의 역량에 달려 있다. 이러한 기제가 작동하는 개인은 지식과 경험을 보존하는 역량을 갖출 수 있고, 과거 경험을 사용할 수 있을 뿐만 아니라, 새로운 경험을 수용할 수 있다(1962, pp. 92-93). 따라서 K의 수준은 이러한 종류의 "상생적" 관계에 의존할 것이다. 이런 관계 안에서 새로운 가설들의 연속적인 복잡성은 체계들을 형성할 것이고, 나중에는 연역적인 과학적 체계들을 형성할 것이다. 비온은 또한 생각을 위한 장치를 아이디어와 연관시키면서, 그 장치가 형성되어 나오는 재료와 그 장치가 다루어야 하는 것은 아이디어라고 주장했다(1963, p. 31). 참조: 생각하기 이론, 사고, 언어적 사고.

생각하기 이론(Thinking, theory of): 비온은 1962년에 「생각하기 이론」이라는 제목으로 출간된 글에서, 생각하기에 관한 이론을 서술했다. 그에 따르면, 그것은 철학자들 역시 동일한 문제에 관심을 갖고 있다는 점에서 철학적 이론과 비슷하지만, 그의 이론이 일상생활에서의 실천을 위해 만들어진 것이고, 그것의 가설들이 정신분석가들에 의해 경험적으로 입증되어야 할 것이라는 점에서, 철학적 이론과는 다른 것이다. 하지만 응용 수학과 순수 수학 사이에 존재하는 관계와 동일한 방식으로, 그것은 일부 철학적 이론들과 관련될 수 있다. 그는 그의 이론이, 비록 심리학적 장애를 추정하는 데 유용할 수 있는 것이라고 해도, 진단적 가치를 갖는다고는 생각하지 않는다(1967, p. 110). 생각하기는 두 개의 중요한 구성물의 발달에 의존한다: (a) 사고들; (b) 사고의 발달을 위해 절대적으로 필요한, 생각하기를 위한 장치. 이 이론은 생각이 사고가 정신에 가하는 압력에 의해 발달하는 것이고 그 반대가 아니라고 정의했다는 점에서, 다른 이론과 차별화된다(ibid., p. 11). 사고의 장애는 사고나 생각하기를 위한 장치의 고장 또는 그 둘 모두의 고장과 관련된다.

프로이트에 따르면(1911), 사고는 관념에서 기원하는 것이고, 행동의 특별한 질을 획득한다. 이 행동의 특질은 마음으로 하여금 축적된 자극을 방출할 수 있게 해주는데, 이때 마음은 투사적 동일시를 사용해서 그 일을 한다. 일반적으로, 이러한 생각하기 이론은 전능 환상의 존재를 도입한다: 인격의 원치 않는 측면들—때때로 가치 있는 측면도—을 일시적으로 분열시켜 대상 안에 두고, 그 대상으로 하여금 그들 자신들이 그것들로부터 자유로워지고 싶어 하는, 정서를 경험하도록 강요하는 것이 가능하다는 환상. 참조: 생각을 위한 장치; 사고; 언어적 사고.

생각하기를 위한 장치: 참조: 생각하기, 생각을 위한 장치.

생각하는 자 없는 사고(Thought without a thinker): 참조: 야생적 사고.

생명이 있는 것과 생명이 없는 것의 차이(Animate and inanimate, difference between): 비온(1962)은 젖가슴과 그것의 대체물과의 방해받은 관계와 관련된 강요된 분열에 대해 언급했다(p. 10). 시기심이 사랑, 이해, 위안, 앎 등을 제공하는 좋은 젖가슴과의 관계를 방해할 때, 편집-분열적 자리에 대한 클라인의 서술에서 그랬던 것처럼, 박해 불안의 존재가 빨고자 하는 신체적 욕구를 방해하지는 않는다. 그것은 유아의 생명을 위협할 수 있기 때문이다. 비온은 오히려 "굶주림을 통한 죽음의 공포"가 "젖빨기의 재개를 강요한다"고 말한다. 여기에서 물질적인 만족과 정신적인 만족 사이의 분열이 발달한다"(1962, p. 10). 알파-기능의 파괴에 따른 결과로서 발생하는 이러한 상황은 생존을 위한 신체적 욕구와 정신적 만족 사이에서 분열을 야기한다;

> 이것은 젖가슴과 유아를 죄책감, 자살에 대한 공포 그리고 살인에 대한 공포[살아있는 것보다 살아있지 않은 것을 파괴하는 것이 더 쉽다]와 함께, 살아있지 않은 것처럼 보이게 만든다 … 사랑, 이해 그리고 정신적 발달에 대한 욕구는 이제 빗나간다. 왜냐하면 그것은 이제 만족될 수 없는 것이 되고, 물질적 위안에 대한 추구로 바뀔 것이기 때문이다. [ibid., p. 11]

정신증 환자 또는 인격의 정신증적 부분은, 시걸(Segal, 1957)이 그녀의 "상징적 동등시" 개념에서 서술했듯이, 살아있는 대상을 살아있지 않은 대상, 또는 "물-자체," 또는 베타-요소들로 바꿀 수 있다.

고려해야 할 또 하나의 정점은 비온이 그의 책 「숙고」에서 논의한 것으로서, 그는 아기가 불쾌감 그리고 죄책감과 박해 불안 때문에 불쾌와 연결된 대상들을 공격하고, 그 결과 이상화를 통해 그들을 달래주고 싶어 한다는 점을 성찰한다. 이상화는 앞으로 숭배 받게 될 대상들로의 변형을 통해 성취된다. 왜냐하면 그것들은, 비온에 따르면, 정확하게 그들이 죽었기 때문에 가능한, 초-인간적 속성들을 획득하기 때문이다. 엄밀하게 말해서, 그 이상화는 그들이 죽었기 때문에 성취되는 것이다. 비온은 이렇게 말한다:

> 공통된 관찰과는 반대로, 사랑(흠모)받거나 숭배되는 대상의 본질적인 특징은 그것이 죽은 것이라는 점이다. 범죄는 살아있지 않고 살려내는 것이 불가능하다고 알려진 것을 살려내는 일에 충성을 다하는 것을 통해 사면될 수 있다. 이것이 페티시즘과 관련된 감정들의 덩어리를 형성하는데 기여하는 태도이다. [1992, p. 34]

달리 말해서, 그러한 대상들에 대한 무익한 의존을 수립하는 것은 좋은 대상들에 대한 공격에서 저지른 범죄를 청산하기 위한 것이다. 그러나 죽어있지만 살아있는 대상으로 믿어지는 이러한 대상들은 동일한 이유로 아무것도 줄 수 없다; 그것은 회반죽으로 만들어진 형상에게서 기적을 기대하는 것과도 같다. 페티시즘과 일부 사람들의 종교적 믿음은 이런 방식으로 설명될 수 있다. 다른 말로, 살아있지 않은 것이 살아있는 것이 되는 동일한 방식으로, 반대의 경우 역시 발생한다; 즉, 살아있는 것이 살아있지 않은 것이 된다. 이것은 마치 살아있는 대상들을 통제하고 그들로부터의 분리 불안(이성에 대한 공포증)을 피하기 위해 그들에게서 훔친 "생명"이 나중에 죽은 대상들에게 투사되어 생명을 부여하고 이상화된다는 것을 말한다. 비온이 말했듯이,

죄책감은 생명이 없는 것에서 기적을 얻으려고 노력하는 것에서 뿐만 아니라, 그것으로부터 보호를 받으려고 시도하는 것에 의해서 사면될 것이다. 참조: 원-실제 대상들.

생식체계(Reproductive system): 참조: 내면의 생식체계.

선(Line): 선은 여러 상황들에 직면해서 상수로 남아 있는 시각적 이미지들에 상응하는, 그리고 비온에 의해 상징들의 기하학적 표현들로서 사용된 점(.)과 원(O)과 유사한 방식으로 개념화될 수 있다. "젖가슴이 있던 자리"를 나타내는 데 사용된 점, 또는 "안도-없고-바깥도-없는" 곳(O)을 나타내는 원과는 달리, 선은 그것의 형태로 인해, 페니스의 부재 또는 페니스가 있던 자리, 또는 페니스-없음을 나타낸다. 그것은 좌표 안에서 "젖가슴-없음" 또는 "베타-요소들"과 마찬가지로, 범주 A1에 해당된다. 선은 멸절되어 일련의 점들로, 또는 단일한 점으로, 또는 점이 있던 자리로 변할 수 있다. 따라서 비온은 점은 "파괴될 수 없다"고 결론 내린다(1965, p. 95). 비온은 또한 선과 점은 동일한 실체의 다른 표현처럼, 함께 고려되어야 할 거라고 본다(ibid., p. 89). 그는 마이너스 점(-.)과 비슷하게, 마이너스 선(-__)이 존재한다고 본다: 이것은 "사물-없음"의 상황에서 의미를 담아낼 수 있다. 그것은 지금은 없지만 한 때 있었던 것의 발자취를 나타낼 수 있고, 뿐만 아니라 더 중요하게는, 그것들이 시간 개념을 유지할 수 있는 동안, 즉 그것들이 견딜 수 있는 동안, 과거와 미래를 비워내지 않을 수 있다. 참조: 원, 복소 공액, "사물-없음," 젖가슴-없음, 점.

선불교(Zen Buddhism): O(기원), O 안에서의 변형, 진실, 신앙의 행위 그리고 환각증 같은 개념들은 명상을 통한 직접적인 직관에 의해 깨달음을 얻는 것을 목표로 하는, 대승불교의 일본 종파인 선의 관념들을 생각나게 한다. "[인간]은 경전에 대한 연구, 선행, 의례와 의식의 실천 또는 이미지들에 대한 숭배에 의해서가 아니라, 상식적이고 일상적인 논리적 사고의 경계를 갑자기 깨는 것에 의해서 가장 잘 깨달음의 상태에 이른다."[3] 비록 비온은 어떤 형태의 불교에 대해서도 언급한 적이 없지만, 우리는 그가 인도의 편잡 지방에 있는 영국인 가정에서 태어났다는 사실을 잊어서는 안 된다. O에 대해, 비온은 다음과 같이 말한다:

> 사람들 중에는 진실로부터 보호해주는 환상의 장막이야말로 인류의 생존에 필수적인 것이라고 의식적으로 믿는 사람들이 있다 ... 심지어 그러한 견해가 잘못된 것이고, 진실이 필수적인 것이라고 생각하는 사람들조차도 그 갭이 메워질 수는 없다고 믿는데, 그것은 인간의 본성이 추측을 제외하고는, 현상 너머에 있는 어떤 것에 대한 앎도 배제하기 때문이다. 절대적 실재에 접근하는 것이 불가능하다는 이러한 확신은 신비가들에게는 해당되지 않는다 ... 실재가 알려져 있다거나 알 수 있는 것이라는 신념은 잘못된 것이다. 왜냐하면 실재는 알려질 수 있는 것이 아니기 때문이다. 감자를 노래하게 만드는 것이 불가능한 것과 마찬가지로, 실재를 아는 것은 불가능하다. 감자는 자랄 수 있고, 수확될 수 있고, 음식이 될 수 있지만, 노래할 수는 없다. 실재는 "있었던"(been) 것이어야 한다. "실재"라는 용어를 사용해서 표현하기 위해서는 "있다"(to be)라는 타동사가 있어야만 한다. [1965, pp. 147-148]

---

3) 새 브리태니커 백과사전, Vol. 12, p. 905.

시밍턴에 따르면(Symington, 1966), 많은 영국의 정신분석가들은 비온이 영국을 떠나 로스앤젤레스로 간 후에 정신적으로 퇴화했다고 간주했고, 그 시기에 그가 쓴 모든 글을 "망령든 노인의 헛소리"로 취급했으며, 일부 클라인학파 분석가들은 "재빨리 그의 사고로부터 자신들을 분리시켰다"(p. 10). 시밍턴 부부는 비온의 O 개념이 "본질적으로 종교적이고 형이상학적인 개념"이며(ibid.), "인간 존재를 직접적인 신체적 욕구를 초월하는 의도성을 가진 피조물로서 보는 모델로서 ..." 제시하고 있다는 점에서, 종교적인 이해를 필요로 한다고 믿고 있다(ibid., p. 10n).

그러나 O를 종교적 개념으로서 해석하는 것은 그것의 진정한 본성과 비온이 표현하려고 했던 것을 이해하는 데 심각한 의구심을 발생시킨다. 나는 그의 공헌 그 어디에서도 전혀 종교적인 입장을 발견할 수 없다. 그의 이해는 항상 인간의 현상 너머에 대한 것이고, 심지어 그가 신비가의 입장을 방어하는 것처럼 보일 때조차도, 그는 그 신비가의 믿음이 아니라, 단지 그의 행위 배후에 있는 태도의 의미를 인식하고 있을 뿐이다. 분석 회기 동안에 발생하는 무의식적 환상에 대한 갑작스러운 이해, 또는 마이스터 에크하르트나 십자가의 성 요한이 말하는 갑작스런 종교적 깨달음은, 비온에게 있어서, 그것을 그렇게 부르기로 결정한 순간에 특정한 진실과의 또는 O와의 하나-됨의 행위 안에서 발생하는 인간의 조응(correspondence)일 뿐이다. 비록 O의 관점에서 보면, 그 두 상황이 동일하지만, 정확하게 "직접적인 신체적 욕구를 초월하는 의도성"에서 그 둘은 갈라진다. 비온은 에크하르트에게는 기억과 욕망과 이해가 필요할지도 모르지만, 분석가는 그가 "듣기"를 원한다면, "기억과, 욕망과, 이해"를 피해야만 한다고 말한다.

다른 한편, 선(禪)에 관하여, 우리는 선의 대가들이 한 말을 직접 들을 수 있다:

> 선(禪)을 실천하는 모든 스승(Master)은 모든 것을 포괄하는 진실의 구름에서 나오는 번개의 섬광과도 같다. 이 진실은 그 자신의 본래적인 그리고 이름 없는 본질로서의 "그것" 안에 존재한다. 그는 이 본질을 그 자신의 존재의 최고의 가능성으로서 거듭해서 만나며, 그 결과 진실은 그에게— 그리고 그를 통해서 다른 사람들에게도—천 개의 모양들과 형태들을 갖는다 ...[4)]

그는 이어서 다음과 같이 말한다:

> 진실에 의해 구원받기 위해서 그는 마치 기원과 하나가 되는 사람처럼, 기원 안으로 과감히 뛰어들어야만 한다. 그는 다시금 수련생 또는 초심자가 되어야만 한다; 최후의 가장 가파른 길을 정복하고, 새로운 변형들을 거쳐야만 한다. 만약 그가 그것의 위험들에서 살아남는다면, 그때 그의 숙명은 이루어질 것이다; 그는 깨어지지 않은 진실, 모든 진실 너머의 진실, 형태 없는 기원들의 기원, 모든 것인 공허를 대면할 것이다; 그것 안으로 흡수되고 그것으로부터 다시 태어날 것이다. [Herrigel 1953, pp. 80-81]

참조: 신앙의 행위, 하나-됨, 신성, 마이스터 에크하르트, O, 궁극적 실재.

---

4) 1600년경에 쓰인, 하가쿠레(Hagakure)에서 발췌된 것으로서, 헤리겔(Herrigel)에 의해 인용되었다(1953, pp. 80-81).

선택된 사실(Selected fact): 본래 푸엥카레(Henri Poincare)가 그의 책「과학과 방법」(Science and Method, 1908)에서, 수학의 공식이 만들어지는 과정을 설명하기 위해 사용한 개념이다. 비온은「경험에서 배우기」에서 이 책의 일부를 인용한다:

> "만약 새로운 결과가 어떤 가치를 갖게 되려면, 그것은 오래 전부터 알려져 있었지만 그때까지는 흩어져 있고 서로 이질적인 요소로 보이는 요소들을 결합함으로써, 무질서가 지배하는 것처럼 보이는 곳에 갑자기 질서를 도입하는 것이어야만 한다. 그때 그것은 우리로 하여금 그 요소들 각각이 전체 안에 자리를 잡고 있다는 것을 얼핏 볼 수 있게 해준다. 새로운 사실은 그 자체로서 가치 있는 것일 뿐만 아니라, 그것만이 그것이 결합하는 낡은 사실들에 가치를 부여한다. 우리의 감각이 그러하듯이, 우리의 마음은 연약하다. 만약 세상의 복잡성이 조화롭지 않다면, 우리의 마음은 그 복잡성 안에서 자신을 잃을 것이다. 마음은 근시안을 가진 사람처럼 단지 세부사항만을 볼 것이고, 전체를 수용할 수 있는 능력이 없기 때문에, 이 세부사항을 검토할 때, 그 사항 다음에 오는 것을 검토하기 전에 그것을 잊을 수밖에 없다. 우리가 주목할 만한 가치가 있는 유일한 사실들은 이러한 복잡성에 질서를 도입하는 것들이고, 그 결과 우리가 접근할 수 있는 것으로 만들어주는 것이다." [1962, p. 72]

비온은 "상상속의 쌍둥이"에 관한 그의 "논평"에서, 비록 당시에는 아직 푸엥카레를 언급하지 않았지만, 명백히 "선택된 사실"에 대해 말했다:

> [그것은] 내가 지금 "진화"라고 부르는 것, 즉 갑작스럽게 찾아오는 직관에 의해 겉보기에 관련성이 없는 현상들의 덩어리가 함께 합쳐지면서 전에는 없었던 일관성과 의미를 갖게 되는 것을 말한다. [1967, p. 127]

그리고:

> 거기에는 환자가 산출하는 자료로부터, 마치 만화경의 패턴처럼, 전개되고 있는 상황뿐만 아니라, 전에는 연결된 것으로 보이지도 않고 연결을 디자인한 적도 없는 다른 많은 상황들에 속한 것으로 보이는 하나의 형태(configuration)가 출현한다. [ibid.]

「숙고」에 실린 글—날짜가 명시되지 않은, 아마도 앞의 인용문보다 먼저 쓴 것으로 보이는—에서, 비온은 선택된 사실을 공동 감각과 연관시킨다. 그는 선택된 사실은 어떤 아이디어에 의미를 제공하는데, 그것이 일단 진실된 것으로 드러나고 다른 사람들에게 소통되고 나면, 그 아이디어는, 선택된 사실이 그런 것처럼, 모두를 하나 되게 만드는 의미를 따라, 수많은 사람들, 사회들, 또는 집단들을 통합할 것이라고 말한다. 처음에 그것은 사적인 사실일 것이지만, 나중에 과학적 연역체계에 들어맞고 그래서 진실된 것으로 받아들여진 후에, 의사소통과 공동 감각을 통해 공적인 것이 될 것이고, 더 큰 마음들의 집단을 통합할 수 있을 것이다(1992, p. 193).

"원인"(cause)과 선택된 사실은 매우 유사한데, 이는 그것들 모두가 특정한 순간에 종합 또는 창조적인 연상의 느낌을 제공할 수 있는, 정서적 경험과 연관되어 있기 때문이다. 동시에 그것은 또한 아직 연결되지 않은 구별된 존재에 대한 지식을 가져다줄 것이다. 선택된 사실이 시간이 배제된 곳에서 공시적인(synchronic) 방식으로 대상을 종합하는 것과 관련되어 있다면, 원인은 시간을 따르면서 통시적인(diachronic) 방식으로 이야기를 구성하는 것과 관련되어 있다(ibid., p. 275). 예를 들어, 해석은 연상들의 사슬에 묶이지 않은 다른 "구별된" 대상들을 남겨둔 채, 특정한 순간(시간이 없는)에 무의식적으로 항구적 결합 안에 머무르는 일련의 연상들을 촉발하는, 선택된 사실로서 작용할 수 있다. 다른 한편, 우리는 오이디푸스 신화의 이야기 덕택에, 오이디푸스가 교차로에 도달한 이후에 시간 안에서 정확하게 어떤 일이 일어나는지를 안다.

더 나아가, 비온은 선택된 사실은, 클라인이 제시하듯이, 편집-분열적 자리 안에서 대상들이 응집되어가고 우울적 자리가 시작되는 방식과 유사하게, 정신분석가에 의해서 경험되는 종합과정을 서술한다고 설명한다(1962, pp. 72, 87; 1992, p. 213). 선택된 사실은 응집성의 느낌 또는 발견 때문에 출현하는 정서적 경험에 해당하며, 이것은 논리적이어야 할 필요는 없지만, 해석의 원천으로 작용하는 추상화의 모체를 제공하기 위해서, 분석가 편에서의 이완된 태도를 필요로 한다. 그러나 만약 이러한 과정이 방해받는다면, 그것은 역전 가능한 관점에서 경험되는 것과 유사한 정서를 수반하게 될 것이다(1962, p. 87).

아이가 없는, 한 결혼한 젊은 여성이 얼마 전에 그녀의 아버지가 항상 편애했던 그녀의 자매들 중의 하나가 남편과 함께 부모의 집으로 이사를 왔다고 진술했다. 그녀는 아버지의 편애가 매우 불공평하고 고통스러운 것이었다고 호소했다. 그녀는 그녀가 "늙은 언니"라고 서술한, 그녀의 어머니가 아버지의 과도한 음주와 외도 때문에 고생을 많이 했다고 느끼고 있었다. 그녀가 울면서 말한 내용은 남편과 겪는 어려움에 관한 것인데, 대부분 섹스와 관련되어 있었다. 남편은 그녀를 원하지만, 그녀는 보통 그가 자신을 만지는 것을 거절한다. 또는 비록 그녀가 포기를 하고 섹스를 하더라도, 애무는 받고 싶지 않다. "아마도 나는 너무 이기적인 남편에게 화가 난 것 같아요." 나는 아이 두 명이 놀이하고 있다는 역전이 감정을 느낀다. 그녀는 마이애미의 한 수족관에서 고래가 그녀 바로 옆에서 관람하고 있던 아이들에게 일부러 물을 튕기는 것을 보면서, 울었던 일을 회상한다. 그것에 대해 말하면서 그녀는 다시 운다. 그녀는 자신이 작은 소녀인데도 고래가 일부러 자신에게 물을 튕겼다고 말하면서 운다.

우리는 "고래가 물을 튕기는 것"이 회기의 전체 내용에 대한 이해의 감각을 준다는 점에서, 선택된 사실을 나타낸다고 추론할 수 있다. 고래가 고의적으로 아이에게 물을 튕긴다는 사실은 고래가 아이를 특별히 좋아하는 의미일 수도 있는데도, 이것이 그녀로 하여금 당시에 그랬던 것처럼 지금도 울게 만들고 있는 것이다. 그 이유는 그 사건이 그녀가, 그녀의 자매와는 달리, 선택받지 못했던 순간을 생각나게 하기 때문으로 보인다. 그녀의 부모는 그녀에게 "물을 튕겨주는 좋은 고래"가 아니었고, 그녀가 결혼하기로 선택한 남자 역시 그러했다. 이것이 그녀가 남편에 대해 양가감정을 가질 수밖에 없었던 이유였다. 그녀는 남편이 그녀의 동생처럼 물이 멋지게 "튕겨진" 사람들에게 복수해줄 수 있을 정도로 놀라운 능력을 가지고 있기를 소망했다. 이것이 해석된 후에, 그녀는 짧은 꿈을 꾸었다. 그것은 작은 여자아이를 안은 채 걷고 있는 임신한 여성의 이미지였다. 그녀는 작은 소녀가 그녀일 수 있고, 그 성인 여성은 거대하게 보였기 때문에 "실제로 임신했을" 거라고 말했다. 그때 분석가는 물었다. "고래처럼요?" 그녀는 눈물을 흘리며 미소 지었다. 마치 거기에는 환자가 모든 등장인물들을 표현하는 방식인, 자기애적 덩어리가 있는 것 같다: "그녀는 스스로 물을 튕기는 고래로서, 그녀 자신을 임신하고 있다." 이것은 결국 그녀가 계속해서 눈물로 그녀 자신을 "적시고 있다"는 점에서, 배제의 고통을 부인하는 조적 기제를 나타낸다고 말할 수 있다.

브리튼과 스타이너(Brriton and Steiner, 1994)는 해석이 선택된 사실 대신에 "과대평가된 아이디어"에 근거할 때 발생할 수 있는 위험에 대해 강조했다.

선험적인 것(A priori): 칸트에 의하면, 선험적인 것은 비록 그것이 경험에 의해 촉발될 수 있는 것이기는 하지만, 일단 알려지고 나면, 경험이 아닌 다른 기초를 갖고 있는 것으로 생각될 수 있다. 러셀(Russell, 1945)은 다음과 같이 말한다:

> 산수를 배우고 있는 아이는 구슬 두 개와 또 다른 구슬 두 개가 합쳐질 때 네 개의 구슬이 되는 것을 관찰하는 경험을 통해서 도움을 받을 수 있다. 그러나 그 아이가 "둘 더하기 둘은 넷이다"라는 일반적인 명제를 파악하고 나면, 그 아이는 더 이상 예시를 통한 입증을 시도할 필요가 없다. [pp. 706-707].

성경(Bible): 집단이 가진 과거의 참조 틀이나 역사를 의지할 수 있는 추상적인 실체로 사용하려고 시도하는, 의존 집단의 행동 방식을 지칭하기 위해 비온이 사용한 명칭이다. 이 행동 방식은 보통 집단 치료사가 지도자의 역할을 등한시함으로써 의존의 조성을 거부할 때 사용된다.

> 집단이 구성원 개인들의 발달을 수반하게 될 아이디어의 수용에 의해 위협받을 때, 그 집단은 성경-만들기에 의존한다. 그러한 아이디어들은 짝짓기-집단 지도자에 적합한 특징들과의 관계에서 정서적인 힘을 끌어내고, 정서적인 반대를 자극해낸다. [1948b, p. 155]

참조: 기본적 가정, 집단.

성장(Growth): 한때 비온은 성장을 Y라는 글자로 나타냈다(1962, p. 70). 전-관념의 경우, 그것은 그것의 실현에 의해 제공된 의미가 어떤 것인지에 따라 긍정적일 수도 부정적일 수도 있다: ±Y. 만약 그것이 외부, 현실(사회-주의), 대상의 일차적 특질, 젖가슴 등을 향해 있다면, 그것은 +Y일 것이다. 그러나 만약 그것이 자기중심적이거나 자기애적인 방향을 향해 있다면, 그 성장은 -Y일 것이다. 예컨대, 어머니와 함께 살고 있는 38세 된 미혼 환자가 우리가 "영원한 아들"(-Y)이라고 정의한 내적 대상에 대한 양가감정과 씨름하고 있는 경우가 그것이다. 그는 무의식적으로 그의 어머니(+Y)에 대한 상징으로서, "흙을 사용하지 않는" 수경법 체계를 창조해냄으로써 그의 의존을 승화시키려고 노력하고 있었다.

성장은 추상화 능력의 크고 작음에 따라, 좌표의 세로축의 성향들 안에서 다양하게 나타내질 수 있다. 비온은 그것을 Ps→D, ♀⇧, 그리고 오이디푸스, 바벨탑, 에덴동산, 스핑크스 등과 같은 신화들의 본성과 관련시키는데, 이것들은 모두 성장을 제한하는 (-Y), 인간의 앎에 대한 두려움(-K)과 관련되어 있다(1963, p. 63). 좌표의 세로축은 A부터 H까지의 성장을 위한 토대를 담고 있는데, 비온에 따르면, 그것은 네 가지 측면에 달려있다: (a) 심리적 기제들; (b) 특수화와 일반화(구체화와 추상화) 사이의 변동; (c) 연속적인 포화들; (d) 정서적 욕동들(ibid., pp. 84-86). 좌표의 반대 방향, 즉 H에서 A로 그리고 5에서 1로 가는 방향은 비온이 ↑←로 나타낸 부정적 성장의 형태를 나타낸다. 참조: 의식적인 인식 또는 의식.

성장에 대한 기준은 환자의 정신적 발달에 대한, 즉 환상과 망상을 초래하는 방해 세력이 감소되는 반면, 현실을 파악하는 능력이 증가하는 것에 대한 일치된 관찰 또는 공동 감각에 달려 있다(1963, p. 51). 성장은 평가하기가 매우 힘든 현상이다. 왜냐하면 성장하는 대상과 그것을 자극하는 대상 모두가 성장을 위한 기준을 결여하고 있고, 분석에서 결과를 얻어야 할 필요에 의해 산출된 불안에 영향을 받기 때문이다. 비온은 우리가 좌표뿐만 아니라, 오이디푸스, 바벨탑, 선악과 열매, 스핑크스와 같은 신화들(좌표의 세로축의 C열)을 사용하는 목적은 성장을 측정하기 위한 것이고, 그럼으로써 정신적 성장과 관련된 환자의 갈등들의 일부를 밝혀줄 수 있는 해석들을 발견하기 위한 것이라고 제안한다. "좌표를 사용하는 것이 지닌 이점들 중의 하나는 해석에 대한 환자의 반응을 분류하는 것이 성장을 보여준다는 점이다" (ibid., p. 63n). 참조: 그노몬.

성좌(Constellation): 비온이 드물게 사용한 모호한 개념으로서, 그는 이것을 "항구적 결합을 촉발하는 과정을 나타내는" 용어라고 서술했다(1970, p. 33n). 그는 환자의 이야기와 하나됨(at-one-ment)의 상태를 허용하기 위해 그리고 O의 발생을 위해, 기억과 욕망 없이 환자에게 경청하기 위한 분석가의 준비에 대하여 말한다. 분석가는 기억하고 욕망하는 것을 피하기를 원하지만, "O → K 변형으로 명명된 과정인, O와의 하나-되는 과정 동안에, 관련된 하나의 성좌가 환기될 것이다"(ibid). 이 서술에 따르면, "성좌"는 분석가가 기억과 욕망 없이 환자에게 경청하는 동안에 도달하게 되는 전조나 촉매적 상태이며, 그것은 O와의 하나됨의 상태에 도달하기 위한, 항구적 결합의 발생을 허용할 것이다. 다른 말로, 그것은 기억들과 연상들을 피하면서 그것들(항구적 결합)이 발생하도록 허용하는 역설을 나타낸다. 참조: 신앙의 행위(F), 하나됨, 욕망, 기억, O → K 변형.

성취의 언어(Language of achievement): 비온이 "성취의 인간"에 대해 설명하는 과정에서, 죤 키이츠[5]가 그의 형제에게 보낸 편지에서 가져온 용어인데, 빈번히 "소극적 능력" 또는 불확실성을 견디는 능력이라는 다른 표현들과 함께 사용되었다. 그것은 "행동은 말보다 더 큰 소리로 말한다"는 표현, 즉 언어는 행동의 전주곡인 동시에 그것의 대체물이라는 표현의 등가물이다. 분석 회기 동안에 "성취의 언어"가 존재하는 것이 사실이지만, 분석가는 그것에 반응할 것이 아니라, 그것을 느낄 수 있는 상태에 머물러 있어야 한다. 그것은 아는 자가 누구이고, 어떤 것인지를 선택하는 사람이 누구인지에 대한 일치된 생각에 의해 산출되는 시기심과 관련된 개념이다. 한편으로, "성취의 언어"의 정확한 의미와, 다른 한편으로, 성장을 방해하는 시기에 찬 그리고 파괴적인 공격의 정확한 의미 사이에는 미묘한 차이가 있다. 그것은 불확실성, 무지, 또는 소극적 능력을 담는 정신적 공간을 건설하지 못하는 무능력의 결과일 것이다. 「주의와 해석」의 마지막 장에서 고려된, 이 개념에 대한 설명이 모호한 이유는 비온의 아이디어의 일부가 영국 정신분석협회 안에서 거부감을 산출했

5) 비온이 "성취의 언어"와 "소극적 능력"을 서술하도록 영감을 준 이 편지의 일부는 「주의와 해석」 마지막 장에 나오는 "소극적 능력"에 대한 서술에서 발견된다.

던 일[6]에 대한 비온의 감정에 따른 결과일 수 있다:

> 누가 또는 무엇이 힘을 행사하고 어떤 목소리가 성취의 언어를 말하는지는 그 분투가 행해지는 장이 개인인지 아니면 개인들의 집합체인지에 따른 문제로 받아들여져 왔다. [1970, p. 127]

세 개의 무릎을 가진 것(Three-kneed thing): 비온은 플루타르크(Plutarch)를 따라, 오이디푸스 신화를 직각삼각형과 연관시켰데, 그 삼각형에서 직각에 면해 있는 두 변은 부모를, 그리고 빗변은 아이를 나타낸다. 비온은 다음과 같은 말을 덧붙인다:

> 그리스어 용어인 [삼각형]은 "동일한 다리들을 가진 세 개의 무릎"으로 번역될 수 있다. 오니안스(R. B. Onians, 1951)—프로이트의 성욕이론에 어떤 부드러움도 도입하지 않았다고 비난받는—는 고대 그리스 문학에서, 무릎은 빈번히 성기와 관련된다는 것을 보여주었다. 이것은 나로 하여금 유클리드의 5번째 명제를 새로운 빛에서 볼 수 있게 해주었다. 그것은 또한 전통적으로 스핑크스에게 귀속되어온 질문을 재평가하고 싶도록 만든다. [1992, pp. 201-202]

참조: 유클리드 기하학; 피타고라스 정리.

소극적 능력(Negative capability): 비온에 따르면, 이것은 정신

---

6) 예를 들면, 「비온의 연구의 임상적 중요성」(1978)의 "클라인학파의 발달 3부"에 담긴 도널드 멜처의 양가감정을 보라.

분석가가 촉진시켜야만 하는 정신적 상태로서, 알지 못함, 불확실성, 신비 그리고 의혹을 견딜 수 있는 정신적 상태를 나타낸다. 그는 그것을 우울적 자리 및 "안전감" 개념과 연관시킨다. 이 개념은 시인인 죤 키이츠가 그의 형제에게 보낸 편지에서 창조적 수용성에 대한 그의 개념을 서술하기 위해 고안해낸 표현에 기초해 있다:

> 나는 여러 주제에 대해 딜케와 함께 논쟁이 아닌 탐구를 했다; 그것들 중 일부는 내 마음에 꼭 들어맞았는데, 그때 갑자기 성취의 인간(a Man of Achievement)을 형성하는 데 어떤 자질이 필요한지에 대해, 특히 문학에서 셰익스피어가 엄청나게 소유했던 자질에 대해 깨닫게 되었다. 그것은 소극적 능력으로서, 조급하게 사실과 이성을 추구하지 않으면서 불확실성, 신비, 의혹들 안에 머무를 수 있는 개인의 능력을 가리킨다. [1970, p. 125]

무지 또는 불확실성을 견디는 정신적 공간을 구축하지 못하는 무능력은 힘이 자의적으로 행사되는 행동의 언어를 유발한다. 1969에 쓴 메모에서, 비온은 다음과 같이 말했다:

> 마음의 능력은 무의식적인-소극적 능력의 크기에 달려있다. 텅 빈 공간을 견디지 못하는 무능력은 사용할 수 있는 공간의 양을 제한한다. 호기심은 의존적 집단의 일부일 수 있지만, 만일 임박한 발견(범주 2)을 회피하고 싶은 소망이 있다면, 그것은 싸움-도피 집단의 속성을 공유할 수 있다. [1992, p. 304]

이 글의 행간을 읽는다면, 우리는 비온이 또한 기억, 욕망, 이해 없이 경청하는 것을 강조한 것과 같은, 그의 혁신적인 아이디어들에 대한 그의 동료들의 반응에 대해 말하고 있다는 것을 추측할 수 있다. 달리 말하면, 무지의 공간을 견디는 소극적 능력은 새로운 발견들의 발생을 허용하는 반면, 의존적 집단에서는 싸움-도피의 기본적 가정이 유발된다.

소망(Wish): 참조: 욕망.

소화되지 않은 또는 꿈꿔지지 않은 사실들(Facts not digested or dreamt): 베타-요소를 지칭하기 위해 비온이 처음에 사용한 명칭이다. 기능 개념과 알파-요소들(이후의 "꿈-작업 알파와 같은 말인) 개념을 포함한 이러한 아이디어들의 초기 발달은 「숙고」에 실린 1959년 8월 10일에 쓰인 글에서 발견된다. 참조: 베타-요소; 비우기 과정; 투사적 동일시; 정신증적 인격과 비정신증적 인격의 구별.

수용체(Receptors): 참조: 지각 기관.

수학적 대상(Mathematical objects): 참조: 정신분석적 대상들.

수학적 상징(Mathematical symbols): 비온은 더하기, 빼기, 곱하기 그리고 나누기와 같은 상징들(+, -, ×, ÷)이 상호작용의 다른 형태들을 나타낼 수 있다고 본다:

> 이것과 이것과 이것과 이것 = 테이블(더하기);
> 다리들이나 상판이나 단단함이나 부드러움이 없는 테이

> 블 = 환각(빼기);
> 오늘과 내일 그리고 모레와 글피에 의해 곱해지는 테이블 = 많은 테이블들;
> 그러나 만약 그것이 동일한 테이블이라면? 그리고 만일 두 사람이 그것을 공유해야 한다면, 그 테이블은 둘로 나뉘는가? [1992, p. 274]

순수하고 절대적인 해석(Pure and absolute interpretation): 해석의 한 형태로서, 비온은 "오염이나 역전이 소음이 없는," 또는 "절대적 제로나 절대적 추위"와 같은 유비에서 찾아볼 수 있는 의미로 "절대적인"이라는 용어를 사용한다. 그는 이렇게 말한다:

> 내가 제공하는 어떠한 해석도 절대적이지 않은 것임을 인식할 수 있는 환자들이 있다. 나는 실제 경험에 근거해서 그것을 이렇게 서술할 수 있다: 그 환자는 소음 때문에 내가 말하고 있는 것을 들을 수 없다. 어떤 때 그 "소음"은 내가 말하는 방식이고, 다른 때에는 방 안에 들어온 파리 때문에 주의가 산만해지는 것이지만, 어떤 점에서 그가 들을 수 있는 모든 소음들은 동일한 가치를 갖고 있는 것으로 보인다. 그는 "선생님이 화나셨나 봐요"라고 말할 수 있고, 내가 그것에 대해서 정직하다면, 나는 그의 말이 맞다는 것을 깨닫는다. 그러나 그는 내가 짜증이 난 것이 파리의 윙윙 소리 때문인지, 교통소음 때문인지, 또는 그의 말과 행동 때문인지를 구별하지 못할 수도 있다. 이 모든 사실들은 그에게 동일한 가치를 갖고 있다. [1974, p. 77]

순환적 논쟁(Circular argument): 비온은 "아마도 모든 논리적인 논쟁은 본질적으로 순환적일 것이다"라고 진술한다(1977, p. 18). 이런 종류의 논쟁은 자신이 우울하기 때문에 화가 난다고 말하는 환자에게서 찾아볼 수 있다. 그에게 왜 우울한지를 물으면, 그는 자신이 화가 났기 때문에 우울하다고 대답한다. 비온은 이 순환성의 "크기"라는 측면에서 "논쟁"을 분류한다.

> 나는 발생하는 어려움들의 크기는 (원을 모델로 사용하는 방법을 사용자면) 원의 직경의 크기에 달려있다고 본다. 만약 순환적 논쟁이 충분히 커다란 직경을 갖고 있다면, 그것의 순환적 성격은 탐지될 수 없을 것이고, 내가 아는 한, 공간 안에 존재하게 될 굴곡을 이해하는 것과 같은, 유용한 발견에 기여할 수 있을 것이다. … 역으로, 그 직경은 원 자체가 사라지고 단지 점만 남을 때까지 줄어들 수 있다. [1997, p. 18]

한 정신증 환자가 21세 된 동생이 자살한 직후에 매우 심각하게 동요된 상태가 되었다. 정신증 환자들에게서 종종 관찰되듯이, 이 환자의 매우 중요한 문제는 그의 말이 가진 기이한 연쇄를 따라가는 것이 어렵고 그래서 그의 말을 알아들을 수 없다는 것이었다. 꽤 시간이 지난 후에야, 이 환자가 그의 동생과 매우 가깝다고 느끼고 있었고, 그의 삶에서 겪은 두 개의 경험으로 인해 매우 강력한 딜레마에 갇혀 있다는 사실이 드러났다. 그가 13살이고 동생이 11살이었을 때, 그는 수제품 장총을 가지고 놀다가 실수로 동생에게 총을 발사했다. 동생은 심각한 부상을 입었지만 살아남았다. 그 때 그의 말이 갖고 있는 혼동이 일종의 독백에 따른 결과였다는 것이 이해될 수 있었다. 예를 들면, 그가 하나의 소망을 표현하기 위해 한 단어를 말하면, 그것은 즉시 타자—대화자—가 말하고 싶어 한다고 예상되는 또 다른 하나의 단어를 말하는 것에 의해 연결이 이루어진다. 그것은 매우 가학적인 초자아의 투사로 인한 공격성을 피하고자 하는 시도였다. 그는 명백히 그의 인생에서 있었던 두 개의 다른 순간들 사이에 사로잡혀 있었다. 하나는 동생이 자살해서 죽은 현재이고, 다른 하나는 환자가 실수로 총을 쏜 것에서 동생이 살아남았던 과거이다. 그의 독백에서 그는 마치, "나는 내 동생을 쏘았지만, 그는 죽지 않았다. 그런데 지금 나는 그에게 총을 쏘지 않았는데, 그는 죽었다"라고 말하는 것 같았다. 그러한 시간의 분열은 전이 안에 존재하는 형제 살해의 충동에 의해 야기된 박해불안을 다루는 그의 방식이었다(Lopez-Corvo, 1994). 이 두 사건들 사이에 있는 순환적 논쟁의 직경은 너무 작게 그리고 너무 빠르게 축소되는 바람에 환자의 이야기를 방해하고 있었고, 그와의 대화를 전혀 이해할 수 없는 것으로 만들고 있었다.

비온은 또한 다음과 같이 덧붙였다.

> 이 안[원의 직경의 크기]에 내포된 것은, 의미가 발생하기 위해서는 상호관련된 진술들 사이에 거리가 있어야 한다는 것이다. "광증"이 두렵다면, 의미로 인도하는 작용은 회피된다. 그러므로 순환적 논쟁은 의미의 결합과 광증에 대한 느낌을 배제하기 위해서 그것의 직경이 작은 것이어야만 한다. [1997, p. 20]

다른 말로, 직경의 크기는 광기를 인식하는 것에 대한 방어를 나타낸다. 만약 직경이 짧으면, 아픈 것을 의식할 가능성이 적고 행동화의 위험성도 적다. 그러나 만약 직경이 더 커지면, 논쟁은 광기에 대한 인식으로 이끌 수 있는 느낌을 갖게 되고, 그때 거기에는 자살과 같은 행동화의 위험이 뒤따른다.

숙고(Cogitation): 프란체스카 비온(Francesca Bion)에 따르면, "숙고"는 비온이 "종이 위에 옮겨 놓은 자신의 생각"에 붙여준 이름을 나타낸다. 그것은 또한 비온 사후에 출간된 원고 모음집의 제목이기도 하다(1992, p. vii). 비온의 딸인 파르테노프(Parthenope)는 이 글들은 적절한 때가 되면 출간할 목적으로 쓰인 것 같다고 말했다. 그렇지 않다면, 비온이 영국에서 로스앤젤레스로 옮겨갈 때 그 원고들을 가져갔다가 10년 후에 다시 영국으로 돌아갔을 때 그것들을 가지고 간 이유를 설명하기 어렵다는 것이다. 거기에는 또한 비온이 직접적으로 독자들에게 말한 글들도 포함되어 있다. 이 점에서 그린(Green, 1992)은 다음과 같이 말한다:

> 비온의 출간된 다른 저작들에 비하면, 「숙고」는 읽는 즐거움이 있고, 이해하기가 비교적 덜 어렵다. 왜냐하면 저자의 설명이 상대적으로 덜 압축되어 있고, 저자 자신의 사고의 전개과정을 독자들에게 있는 그대로 보여주기 때문이다. 우리는 문자 그대로 그를 따라간다. [p. 585]

숫자(number): 숫자 1을 제외한 모든 숫자들은 집단을 유지하고 그 집단에게 의미를 제공하는 항구적 결합을 가리키는 기호들을 나타낸다. 숫자 1은 집단에 대한 부정을 상징한다. 숫자들은 좌표의 범주 1, 또는 정의적 가설에 해당하는 요소, 즉 집단 내의 모든 미발달한 잠재력들을 담고 있는 대상을 구성한다: 그것은 먼저 집단을 묶고, 그 다음에 집단을 이해하거나 의미를 발견하려는 시도이다; 또는 비온이 말하듯이, 그것은 "집단을 하나의 이름으로 묶어내는 역할을 하며, 칼럼1의 요소에 해당한다" (1965, p. 150).

시간(Time): 만족이 가능하지 않을 때(젖가슴-없음), 미래는 자아가 어떻게 좌절을 견디는가에 달려있다. 비온에 따르면, 자아는 다양한 방식으로 반응한다: (a) 그것은 내적 대상 또는 더 빈번하게는 외적 대상에게 투사되는, 사고들이나 β-요소들을 비워냄으로써 상황을 피할 수 있다; (b) 그것은 상황을 수정할 수 있다; (c) 그것은 살아있지 않은 대상(물질적)과 살아있는 대상(정신적) 사이에 분열을 발생시킬 수 있다; (d) 그것은 전-관념을 부재한 대상의 부정적 실현과 결합시키는 것을 통해 사고를 산출할 수 있다.

좌절을 견디는 것은 대상의 현존과 부재 사이에 일정 기간의 시간이 흘렀다는 것을, 즉 발달하는 인격이 "시간"이라는 것을 의식하는 것을 의미한다. 그것은 젖가슴-없음으로 경험된, 대상이 있던 장소와 비슷하며, 공간의 개념과도 유사하다. 비온은 젖가슴을 점으로 축소시킨 요인들이 또한 시간을 "지금"으로 축소시킨다고 말한다:

> 시간은 과거와 미래가 벗겨진다. "지금"은 공간이 또는 더 정확하게는 점(·)이 공격을 받았던 것과 비슷하게, 공격[극도로 시기에 찬]을 받게 된다. [1965, p. 55]

예를 들어, 만약 우리가 "과거가 있었으나 지금은 존재하지-않는 곳," 또는 달리 말해서, "미래가 있었으나 지금은 존재하지-않는 곳"이라고 말한다면(ibid., p. 100), 우리는 지금 전이에 대해 말하고 있는 것이고, 그것은 현재를 공격하고 분열시킴으로써 현재가-아닌 것으로 환원시키는 것을 나타낸다. 사물-없음은 현재하지-않음이 시간과 관련되는 것과 같은 방식으로 공간과 관련된다. 과거를 현재와 미래로부터 구별하지 못하는 무능력은 경계선 환자에게서 빈번하게 발견되는 지루함, 끝없는 반복어 또는 동일함의 느낌을 발생시키는 원인이 된다. 참조: 점(.), 젖가슴-없음, "사물-없음," 공간.

시그마(Sigma, *Σ*): 수학에서 총합을 표시하기 위해 사용되는 그리스 문자(=S). 비온은 이것을 한 사람뿐만 아니라 한 국가 내에서의 마음의 전체성을 나타내는 데 사용한다. 그는 집단 무의식을 서술하기 위해 샤르뎅(Chardin)이 도입한 "누스피어"(noosphere: 마음영역)라는 용어 대신에 이 기호를 사용하였다. 시그마는 그리스어 ***νουσ***(noos)에 해당하는 것으로서(1992, p. 313: 지력, 정신, 마음, 사고, 기억을 의미하는), 비온이 신체를 나타내는 데 사용한 소문자 시그마(***σ***=s)와는 다른 것이다(ibid., p. 314). 그는 줄곧 고전적 정신분석학에서 동등한 것으로 간주해온 ***Σ***와 ***σ*** 사이의 관계를 연구할 필요성이 있다고 주장했다: "내 제안의 목적은 그러한 제한에서 벗어나 신체와 마음 사이의 관계를 연구 대상으로 삼자는 것이다"(ibid.). ***σ***의 매력이 어떤 개인들에게 영향을 미칠 수 있음에도 불구하고, ***Σ***와 ***σ***는 혼동되어서는 안 된다: 그러나 정신분석학적인 세밀한 조사는 ***Σ***가 중요한 사실이며, ***σ***는 ***Σ***의 수용체거나 방사체[7]인 한에서만 중요성을 갖는다는 사실을 확인시켜준다(ibid., p. 316). ***Σ***에서 우리가 "정신증적 사고"라고 부르는 것이 발견될 수 있는 데, 이것은 비온이 "단

7) 비온은 "emitter"로 변화된 "emittive"라는 단어를 사용하는데, 그 이유는 그것이 사전(Webster Collegiate Dictionary)에 나오지 않기 때문이다.

파"(short wave)라고 부른 영역으로서, 식별 능력의 부족, 음악가들이 "듣지 못하는 귀"라고 부르는 것을 지칭한다. 분석가는 정신증 환자의 고립을 깨기 위해서 듣는 능력을 연마해야 한다. 그럴 때 환자는 분석가에 의해 제공되는 관심을 기꺼이 받아들이고, 마침내 누군가를 이해할 수 있게 된다. 참조: 의학적 모델.

시기심(Envy): 시기심에 대한 비온의 개념은 클라인의 것과 매우 유사하다. 비온은 「숙고」에서(1992), 시기심이 정신증 환자의 투사에서 매우 중요한 역할을 한다고 말한다:

> 시기심은 외부 대상들이 환자의 생각일 뿐이라는 믿음을 갖게 하는 데 일조한다. 그는 외부 대상에 대한 의존을 인정할 수 없기 때문에, 자신이 스스로를 먹이는 젖가슴처럼, 그의 생명이 달려 있는 것의 소비자인 동시에 생산자라고 주장한다(궁극적으로 시기심이라는 감정에서 벗어나기 위해서). [1992, p. 120)

그리고 나중에 다음과 같이 덧붙인다:

> 젖가슴을 분열시키는 것은 유아로 하여금 자신이 젖가슴에 의존해 있다는 것을 이해하지 않고서도 젖을 먹고 탐닉할 수 있게 해준다. 그러한 이해는 증오와 시기심을 포함하고 있고, 이것들은 시기심에 의한 자극을 막기 위해 이해를 담당하는 장치[8]를 공격하도록 강요받는다—따라

---

8) "이해를 담당하는 장치"는 나중에 그가 "사고를 생각하는 장치"라고 부른 것을 나타냈을 가능성이 높다.

> 서 시기심이 시기심을 공격한다. 이러한 공격은 사실상 이해의 원천으로서의 젖가슴, 즉 "정신적" 젖가슴이 파괴되어야 한다고 느껴지는 것을 의미한다. 왜냐하면 그것을 이해하기 위한 장치가 없다는 것은 그것에 대한 이해가 없다는 것을 의미하고, 따라서 이해할 "것"이 없다는 것을 의미하기 때문이다. [ibid., p. 188].

어느 시점에서 비온은 또한 "자기-시기심"의 기제에 대해서 암시했다(Lopez-Corvo, 1992, 1994). 예를 들어, 그는 "연결에 대한 공격"(1959)이라는 글에서, 한 환자의 분석에 대해 언급하면서 다음과 같이 말했다:

> 그의 분석에서 반복되는 불안은 이해 능력에 대한 시기심과 증오 때문에 이해해주는 좋은 대상을 파괴하고 축출하기 위해 시기심과 증오를 받아들이게 되는 두려움과 관련되어 있었다. 그리고 이러한 작용은 종종 파괴되고 축출된 대상에 의한 박해 감정으로 인도했다. [1967, p. 97]

그리고 다시 좀 더 명료하게 말했다:

> 나는 그를 더 낫게 만들 수 있도록 함께 작업할 수 있는 사람인 그 자신과 나를 시기한 나머지, 그가 우리 두 사람을, 그에게 생명을 주는 존재가 아니라 그를 살해하는 생명 없는 쇳조각이나 죽은 마룻바닥으로서 자신 안에 받아들였다고 말했다. [ibid.]

비온은 일차적이고 본질적인 형태의 시기심이 존재할 수 있다고 보았고, 그 개념을 사용해서 정신증 환자에게서 관찰되는 만족을 성취하지 못하는 무능력을 설명할 수 있었다. 그들은 실제로는 아무것도 제공하지 못하지만, 모든 것을 제공할 수 있는 전능성에 기초한 환각 기제를 사용해서조차도 만족을 성취하지 못하는 데, 그것이 시기심 때문일 수 있다는 것이다:

> 겉보기에 [환자] X는 분석에서 아무것도 얻을 수 없는 것으로 보인다. 그는 나에 대해서 사랑도 증오도 할 수 없는 환각이라고 느끼면서, 나를 만족을 얻기 위해 조종되는 대상—자위의 대상처럼—으로 대하지만, 실제로 나는 아무것도 만들어낼 수 없는 대상이다. 이것은 어째서인가? 이것은 그에게 있어서 시기심이 일차적인 것이고, 어떤 만족도, 심지어는 환각적인 만족의 가능성조차도 배제된다는 것을 의미하는가?(1992, p. 112).

시상적 또는 시상하부적 공포(Thalamic or sub-thalamic terror): 높은 수준의 정신적 조절이 불가능하다고 경험되는 종류의 공포를 지칭하기 위해 비온이 만들어낸 말이다(1987, p. 319). 이것은 사회적 및 개인적 공포로서, 사람들은 그러한 공포를 경험하는 것이 아니라, 무시하기 위해서 노력한다: "환자가 엄청난 공포의 신호들을 보여주는 상황들이 있다; 환자는 또한 그것들을 보여주지 않는 것을 배울 수 있다"(ibid., 253). 마치 자체의 뇌나 마음을 가지고 있기라도 하듯이 행동하는 특이한 신체의 지대들이 존재한다; "... 우리는 부교감신경이 뇌를 가지고 있는가? 라고 물어야 할지도 모른다. 시상(thalamus)은 유사공감적 종류의 사고를 하는가?"(ibid., pp. 253-254; 1774, p. 99). 참조: 이름 없는 공포.

신부의 의자 정리(Theorem of the Bride's Chair): "신부의 정리"라고도 알려져 있는 이 정리가 그런 이름을 갖게 된 데는, 아랍인들에 의하면, 피타고라스 정리의 입증 과정에서 사용된 도형 그림이 신부가 사용하는 안장을 닮았기 때문이다. 프랑스인들은 이 명칭을 당나귀의 교량(Pons Asinorum) 정리라는 또 다른 정리와 혼동한 듯하다. 이것에 대해 비온은 의문을 제기했는데, 그는 후자가 책 1권 중 5번에 해당된다고 밝혔다. 그것은 이등변 삼각형을 나타내는 것인데 반해, 신부의 의자 정리는 책 13권의 47번에 해당하는 정삼각형을 나타낸다는 것이다(1992, p. 207).

신비가((Mystic): 비온에게 있어서 신비가, 천재, 메시아는 서로 바꿔 사용할 수 있는 용어이다. 그들은 창조적일 수도 파괴적일 수도 있으며, 그들 자신들을 과학에서와 마찬가지로 종교에서 입증할 수 있다. 창조적인 신비가는 그가 속한 집단의 요구들을 충족시키는 반면, 파괴적인 신비가 또는 "허무주의적 신비가"는 그 자신의 창조물들을 파괴한다: "나는 이 용어들을 창조성이나 파괴성이 두드러질 경우에만 사용한다"(1970, p. 74). 그는 또한 메시아적 아이디어를 담거나 그 아이디어 안에 담길 수 있는 사람이다. 이것은 마치 담는 것이 내용을 담고 있고, 의미가 그것을 표현하는 단어를 담고 있는 것과 비슷하다(ibid., pp. 87, 110). 신비가는 진실에, 종교인은 신에게, 정신분석가는 O에게 직접 접근한다고 고백하는, 사색하는 사람일 수 있다. 그와 반대로, 만일 하나의 아이디어가 그 신비가를 담고 있다면, 그는 우상으로 변형될 것이다. 신비가와 O 사이의 거짓됨의 정도는 그들 사이의 담는 것-담기는 것 관계가 상생적인지, 공생적인지 아니면 기생적인지에 달려있다. 신비가는 분석가가 메시아적 아이디어에 대한 종교적 관점에 일치하게, 환자의 무의식을 이해하거나, O가

될 수 있을 때, 분석가 안에서 출현한다.

신성(Godhead): 비온은 그의 O 이론을 뒷받침하는 근거로서, 몇 가지 가설들을 사용했다: (a) 직관을 통해서만 알 수 있는, 칸트의 누메논 또는 알려지지 않은 것(또는 전-관념, 물-자체, 말로 설명할 수 없는 것), 그리고 누메논과 특정 대상 사이의 결합 또는 실현의 최종 결과로서의 현상(관념, 대상, 젖가슴, 등); (b) 현상이 영원한 형태로서 간주되는 추상화되고 이상화된 개념을 상기시키는 자로서 작용한다는 점에서, 현상과 반대되는 것으로 간주될 수 있는 아리스토텔레스의 이데아 형태 이론. 비온은 또한 밀턴의 실낙원에서 가져온 구절들을 아리스토텔레스 이론에 대한 전형으로서 제시했다; (c) 마이스터 에크하르트와 성 죤 뤼스브렉(Blessed John Ruysbroeck)의 서술에서뿐만 아니라, 십자가의 성 요한이 "갈멜 산의 승천"에서 신과의 합일체험에 관해 쓴 글에서 추론할 수 있는 신성.

종교적 정점에서, 신성은 "셋-안의-하나" 또는 삼위일체로 표현되는데, 이는 찬양의 이유로 간주되어온 인간이나 사물의 본질 또는 신적 본성으로 정의될 수 있다. 비온은 설명할 수 없는 것, 알려지지 않은 것, 대상, 물-자체, 전-관념 또는 O에 대한 선험적 개념을 설명하기 위해, 이 개념을 마이스터 에크하르트 또는 성 십자가의 요한에게서 빌려왔다. 에크하르트에 의하면, 너무 근원적이어서 우리가 그것에 관해 아무것도 말할 수 없는 영적 실체로서 느껴지는, 신과 신이 삼위일체로서 화육되는 신성 사이의 차이가 인간이 증언할 수 있는 현상이다. 이 점에서, 신은 O와 마찬가지로 설명할 수 없는 것, 알려지지 않은 것이고, 그 신이 화육될(실현될) 때, 신성, 삼위일체, 현상, 전-관념 또는 K가 산출되며, 이는 빨고 싶은 아기의 욕구와 젖가슴 사이의 관계와도 비슷하다. 신과 신성은 마치 낙원과 지구처럼 서로 다르다. K와 O의 관계에서처럼, 전자는 행동을 암시하는 앎의 형태이고, 후자는 존재가 그것에서 방사되어 나오는 앎의 형태이다(1970, p. 88).

"형태"와 화육은—O와 K처럼—현상학, 종교 또는 정신분석과 같은 특별한 학문의 엄격한 훈련을 통해서만 알 수 있는, 궁극적 실재가 존재한다는 것을 암시한다. 비온은 "갈멜 산의 승천"에서 성 십자가의 요한이 한 말을 인용한다:

> 그것이 영혼의 밤인 첫 번째 이유는 영혼이 여정을 출발하는 지점과 관련되어 있다. 왜냐하면 영혼은 그것이 소유했던 모든 세상적인 것들을 부정함으로써, 서서히 자신에게서 욕망을 박탈하기 때문이다. 그러한 부정과 박탈은 사실상 인간의 모든 감각들에게는 어두운 밤이다. 두 번째 이유는 이 연합을 위해 영혼이 사용하는 수단, 또는 걸어가야 할 길이 이해할 수 있는 것이 아니라는 점에서, 어두운 밤처럼 느껴지기 때문이다. 세 번째 이유는 그 여행의 목적지, 즉 신과 관련되어 있는데, 이승에서 살고 있는 영혼에게 있어서 신은 캄캄한 밤이기 때문이다. [비온에 의해 인용된 글. 1965, pp. 158-159]

정신분석과 관련해서 비온은 십자가의 성 요한처럼 차츰 세상적인 것들에 대한 모든 욕망을 스스로 박탈하고 O 안에 있는 존재가 되기 위해 기억과 욕망과 이해를 포기한 채 환자에게 경청하는 특별한 방식을 요구하는 훈련의 중요성을 강조하는데, 이는 "이해라는 측면에서 볼 때 밤처럼 캄캄한 길을 걷는 것"과 다를 바 없다(ibid., 139).

참조: 욕망; 형태; 앎; 마이스터 에크하르트; 기억; 누메나; O, 궁극적 실재; 현상; 심리적 격랑; 실현; 물-자체.

신앙의 행위(Act of faith): 분석가가 피분석자에게 경청하고 있는 동안에 갑자기 분출하는 아이디어들, 예감 또는 직관들을 믿는 능력을 나타낸다. 신앙의 행위는 해석을 구성하기 위해 절대적 진실, 즉 궁극적 실재로서의 O의 존재를 수용하는 능력을 의미한다. 이러한 태도에 도달할 수 있는 가능성은 분석가가 기억과 욕망을 내려놓은 상태에서 들을 수 있는 훈련이 되어있는가에 달려있다. 비온은 이렇게 말한다(1970):

> F[신앙의 행위]를 통해서 정신분석가는 결코 의심하지 않는 상태에서, 현존하는 공식들을 통해서는 그것들의 실재를 정확하게 나타낼 수 없는, 정신적 현상들을 "보고," "듣고," 그리고 "느낄" 수 있다. [pp. 57-58]

비온은 또한 F를 ±K 체계와는 아무런 관련도 없는 것으로, 그리고 O 체계에 속하는 엄격한 과학적 절차의 필수적 요소로 여기고 있는데, 이것은 매우 중요하다. 비록 F는 좌표 안에서 제시될 수는 없지만, 칼럼 6에 가까운 것일 수 있다(ibid., pp. 43-44).

F 개념을 설명하는 과정에서, 비온(1970)은 프로이트가 전에 안드레아-살로메에게 쓴 편지에서 했던 말을 기억하는데, 그 글에서 그는 조사 대상으로서의 주제가 특별히 모호할 경우에 명료성을 제공해줄 수 있는 마음 상태를 성취하는 방법을 언급했다. "프로이트는 자신이 일부러 장님이 되는 것에 대해 말했다. 이와 같이 일부러 장님이 되는 것을 성취하기 위해서, 나는 기억

과 욕망을 피하는 것이 중요하다고 지적해왔다"(p. 43).

사고는 그것의 실현으로서 사물-없음을 갖고 있다. 이 말은 모든 사고는 대상 부재의 결과라는 것을 의미한다. 다른 한편, 신앙의 행위는 그것이 아직 발생하지 않았고, 정신증 환자들에게서 더 명백한, 환각 상태와 연관되어 있다는 점에서, 무의식적이고 알려져 있지 않은 어떤 것을 배경으로 가지고 있다. 비온은 다음과 같이 말한다(1970):

> 신앙의 행위(F)는 정신분석과 다른 과학적 절차들의 작용에서 필수적인 요소이다. 그것은 환각들 또는 환각증의 상태를 경험하는 데 있어서 필수적인 요소이다. 이러한 상태(환각)를 나는 병리적인 상태로 또는 심지어 자연스런 상태의 과장으로 간주하지 않는다: 나는 오히려 그것을 다른 현상들에 의해 중첩되어 있고 가려져 있지만, 항상 존재하고 있는 상태로 간주한다. 만일 이러한 다른 요소들이 완화되거나 유보된다면, 환각증은 그 모습을 드러낼 것이다; 그것의 완전한 깊이와 풍부함은 오직 "신앙의 행위"를 통해서만 접근이 가능하다. [p. 36]

비온에게 신앙의 행위는 기억이나 욕망의 요소들로부터 자유로운 한에서만 과학적인 마음의 상태를 나타낸다; 다시 말해서, 기억이나 욕망이 없는 상태에서만 신앙의 행위는 즉흥적 사고, 무의식적 환상 또는 환각의 출현을 허용한다. 그는 F를 초자연적이거나 바람직하지 않은 마음의 측면들과 연결시키고, 그리하여 F를 포화시키는 위험에 대해 우리에게 경고한다. 그는 한 정신증 환자의 경우를 예로 드는데, 그는 분석하는 동안에 분석가가 해석한 말들이 그의 머리 위로 날아갔다고 느꼈다. 그리고 그 말들은 비온에 의해 쿠션에 있는 무늬였던 것으로 탐지될 수 있었고, 그러고 나서 그 말들은 그의 눈을 통해서 그에게 도달했다. 환자가 이런 방식으로 사물을 경험할 수 있다는 것은 그리고 비온이 그것들을 파악할 수 있다는 것은, 환자와 분석가 모두가, 비온에 의하면, 환각 상태에 있었다는 사실을 말한다(ibid., p. 36).

> 그러나 환각증에서의 진술이 갖는 "의미"는 이성적 사고 영역 안에서 그것이 갖는 "의미"와 같지 않다 … 환각증의 영역 안에서 정신적 사건은 감각인상으로 변형되고, 이 영역 안에서 감각인상들은 의미를 갖지 않는다; 그것들은 쾌락 또는 고통을 제공한다. [ibid., pp. 36-37]

환각증 상태는 분석가가 기억 또는 욕망 없이 포화되지 않은 상태 안에 자신을 두려고 노력하는 것을 의미한다. 거기에서 발생하는 모든 환상, 아이디어, 또는 창자적 감정은 그것이 얼마나 어처구니없어 보이는가와 상관없이, 신앙의 행위를 통해 접근해야만 하며, 또한 무슨 일이 일어나고 있는지를 이해하기 위해 사용해야만 한다. 분석가의 주된 어려움은 역전이 영역 안에, 고통스러운 기억들 또는 해결되지 않은 욕망들을 "담아주는" 능력 안에, 또는 모든 자기애적 욕구를 포기하는 능력 안에 놓여있다. 이런 이유로, 비온은 다음과 같이 말한다.

> 환각증의 영역 안에서 정신적 사건은 감각인상으로 변형되고 이 영역 안에서 감각인상들은 의미를 가지고 있지 않다; 그것들은 쾌락 또는 고통을 제공한다. [ibid., p. 37]

F 개념은 어쩌면 그가 집단의 경험을 탐구하고 있던 시기에 이미 그의 마음속에 있었는지도 모른다:

> 때로는 집단이 나에게 어떤 태도를 가지고 있고, 내가 그 태도에 대해 말로 진술할 수 있다고 생각될 때가 있다; 또 다른 개인이 마치 그가 집단이 그에게 어떤 태도를 가지고 있다고 생각하는 것처럼 행동하고, 내가 그가 무엇을 믿고 있는지를 추론할 수 있다고 생각될 때가 있다; 집단이 한 개인에게 어떤 태도를 갖고 있고, 그것이 무엇인지 내가 말할 수 있다고 생각될 때가 있다. 이러한 경우들은 해석들의 근거를 구성하고 있는 원-자료들을 제공한다 … [1948b, pp. 142-143]

나중에, 정신분열증 환자들의 치료에 대해 말하면서, 비온은 이러한 환자들의 분석에서 역전이가 반드시 중요한 부분을 차지하고 있다고 말했지만, 그것에 관한 논의는 나중으로 미루자고 제안했다(1967, p. 24). 비온은 이 개념을 그의 책 「주의와 해석」에서 명시적으로 언급하고 나서는 더 이상 말하지 않았다. 우리는 그의 F 개념을 적용하여 그 개념과 선불교 사이에 연관성이 있을 수 있다고 주장할 수 있다.

신화(Myth): 이것은 개인의 사적 지식을 집단에 공표하거나 의사소통하는 단계일 뿐만 아니라, 전-관념의 원시적 형태에 해당한다(1963, p. 92). 비온은 "신화들은 정의되어야만 한다; 그것들은 소통될 수 있는 것이어야만 하고 얼마의 공동 감각의 속성을 지녀야만 한다—우리는 그것들을 '공동의 넌센스'라고 부를 수도 있다"고 말한다(1992, p. 186). 신화들은 K(ζ)라는 기호로 표시

들의 혼동에 대해 비판했다. 비온은 이 개념을 다양한 변형의 형태들이 일어나는 동안에 존재하는 상수들을 지칭하는 데 사용했다. 예를 들어, 사진 안에 있는 상수들은 인상파 화가의 그림 안에 있는 상수들과 같지 않으며, 실화 소설(또는 위장에도 불구하고 등장인물을 인식할 수 있는 능력) 같은 포르노 문학은 정신분석적 치료에서 관찰되는 상수들과 동일하지 않다. 참조: 변하지 않는 것들, 투사적 변형, 변형, 굳은 변화에서의 변형.

심리적 격랑(Psychological turbulence): 비온은 이 용어를 다른 사람과의 의사소통과 관련해서, 변화와 관련된, 그리고 무엇보다도 커다란 중요성을 지닌 심리적 성장과 관련된, 저항 또는 정신적 동요 상태로 정의한다(1970, p. 34). 이것은 맑은 강물이 격랑을 일으키는 장애물을 만나기 전까지는 눈에 띄지 않는 것과 유사하다. 누메논 또는 물-자체는 눈에 보이지 않고, 마치 맑은 강물처럼, 알 수 없는 상태로 남아 있으며, 오직 직관될 수 있을 뿐이다. 그것은 대상과의 실현—또는 격랑—을 통해서만 알려질 수 있고, 그때 현상에 자리를 내주게 된다.

> 누메나, 물-자체가 우리가 [예컨대] 인간의 마음이라고 부를 수 있는 대상을 만나는 지점까지 스스로를 밀어붙일 때 [실현], 그때 거기에는 현상의 영역이 존재하게 된다 ... 종교적인 사람은 "거기에 실제로 신이 존재한다"고 말할 것이다. 프로이트와 정신분석가들이 탐구해온 것은 현상이다. [1974, p. 41]

실현을 통해서 우리는 알려지지 않은 것, 물-자체를, 즉 비온이 격랑이라고 부른, 보이지 않는 것을 보이게 만들기 위해서 마음

속에 동요를 일으키는 능력을 알게 된다. 비범한 마음의 소유자인 레오나르도 다 빈치는 "머리카락과 물을 연상시키는 마음속의 동요"를 그려냈다. 그는 "종이와 캔버스 위에 우리가 명확하게 볼 수 있는 표식들을 사용해서 이 격랑을 번역하고 변형시킬 수 있었다." 또한 비온은 종교적 정점에서, 「갈멜 산의 승천」(The Ascent of Mount Carmel)이라는 책에서 십자가의 성 요한이 한 말을 인용하면서, 약간 과장된 방식으로 이렇게 말한다: "... 신 또는 신성과의 결속(binding)과 분리될 수 없는 순진성의 상태를 성취하는 데 포함된 고통" ... 그것은 세속적인 사물들을 부정함으로써 그것들에 대한 모든 욕망을 박탈당한 상태를 의미한다. 이러한 부정과 박탈은 신과 "결합하는" 상태를 성취하기 위해 필요한 것이지만, 이는 인간의 모든 감각들의 밤이기도 하다(Bion, 1965, pp. 158-159). 성 요한이 신과의 합일 상태에 도달하기 위해서는 "부정"과 "박탈"을 거쳐야 했는데, 이것이 그가 자신의 삶에서 겪었던 격랑의 상태를 나타낸다는 것이다. 그는 자신의 고통을 과장법을 사용해서 표현했는데, 그것은 생물학적 모델에서 올챙이가 개구리로 변형되는 순간에 관찰되는 충격과 유사한 것이었다(1965, pp. 158-159; 1974a, pp. 14-15). 비온은 정신분석적 상담실은 조용히 흐르는 맑은 강물처럼 보일 수 있지만, 거기에는 오직 격랑만이 있다고 말한다(1987, p. 308). 예컨대, 출생, 사춘기, 결혼, 노년기, 죽음 등과 같은 분기점들을 건너는 것은 항상 격랑 상태를 만나는 것을 의미한다. 그것을 좌표에 옮겨 놓는다면, 그것은 칼럼 1 또는 정의적 가설에 해당될 것이다(1965, pp. 158-159). 참조: 분기점, 신성, 누메나, 현상, 실현, 물-자체.

심리적 또는 정신적 재앙(Psychological or mental disaster):

참조: 오만, 호기심 그리고 어리석음.

심리적 수학(Psychic mathematics): 비온은 「숙고」(Cogitation)에서, 왜 수학자들은 수학을 "말하지" 않느냐고 묻는다:

> "날씨가 좋아요"라는 말을 수학적 공식을 사용해서 말하는 것이 불가능한 것인가? 수학의 어휘는 충분히 크지 않은 것일까? 아니다: 비록 수학의 기능들 중의 하나가 공표하는 것임이 분명하다고 해도, 그것의 일차적 목적은 일상적인 대화를 위한 것이 아님이 명백하다. [1992, p. 110].

비온은 「경험에서 배우기」(1962)에서, 비록 정신분석가가 수학적 공식들을 사용할 가능성은 아직 없지만, 그와 비슷한 것이 생겨날 가능성은 존재한다고 예언한다(p. 51). 수학과 심리학 사이에 관계를 수립하려고 하는 그의 첫 번째 시도는 "생각하기 이론"(1967, p. 113)에서 발견된다. 그 글에서 그는 "수학적 요소들, 즉 선들, 점들, 원들 그리고 나중에 숫자들로 알려지게 된 것은 젖가슴과 유아, 두 개의 눈, 두 개의 발에서처럼, 쌍의 실현에서, 또는 다른 말로 쌍으로 존재하는 것들이 있다는 경험적인 실현에서 온다"고 서술했다. 다른 한편, 그는 수학적 요소들 또는 아리스토텔레스가 이름붙인 "수학적 대상들"의 발달은 관념의 발달과 유사하다고 제안했다; 예컨대, 젖가슴에 대한 전-관념은 실현과 결합해서(수유하는 젖가슴) 관념을 또는 둘-됨(a two-ness)을 산출하는데, 이는 1+1=2와 유사하다. 예를 들어, 만일 구슬 두 개를 갖고 있는 한 아이가 나중에 구슬 두 개를 더 발견한다면, 그가 자신이 구슬 네 개를 갖고 있다는 결론에 도달하는 데 오래 걸리지 않을 것이다. 이러한 의미에서, 칸트는 순수 수학의 모든 기본 명제들은 선험적으로 존재한다고 말하는데, 이것은 젖가슴에 대한 선험적인 전-관념이 존재한다는 클라인의 이론이나, "정수들은 신에 의해 창조되었다"는 비온의 표현과 비슷하다.

정신증 환자들 또는 인격의 정신증적 부분 안에 있는 과도한 투사적 동일시는 자기를 외부 대상으로부터 구별하는 것이 불가능하다는 것을 의미하는데, 이것은 차이들 또는 둘-됨(two-ness)을 구별하기가 어렵다는 말로 번역될 수 있다. 비온은, 좌표를 사용해서 마음을 범주화하려고 했던 그의 노력과 열정에서 볼 수 있듯이, 불확실한 것에 정확성을 부여하려고 진지하게 노력했다. 이것은 데카르트가, 비록 훨씬 덜 복잡한 것이기는 하지만, 수학의 추상적인 개념을 범주화하기 위해 기하학을 사용할 때 경험했던 유사한 열정을 생각나게 한다.

비온은 외부 현실(R)에 속하는 대상들과 정신적 현실(ψ)에 속하는 느낌들은 그것들이 증가하거나 감소하기 때문에 수량화될 수 있다고 말한다. 숫자는 관찰자에게서 호기심을 유발시키는데(좌표의 범주 4, 주의) 사용될 수 있다; 예를 들면: "대부분의 사람들 ...," "온 세상에 퍼져있는 수 천(수백만)의 사람들 ...," "삼위일체," "다섯 명 중의 네 명 ...," 등. 또는 이런 표현들은 시기심을 유발하기 위해 사용될 수 있다: "당신이 그것을 할 수 있는 유일한 사람이 아니라, 수 천 명의 사람들이 그것을 할 수 있어." 비온은 유클리드 기하학에서의 상대성과 공리적인 대수학의 정확성 사이를 구별하려고 시도한다; 전자는 공간—공간이 평평한가 아니면 굴곡져 있는가에 따라 그것의 정확성이 변하기 때문에—에 대한 근접성을 나타내는데 반해, 후자는 환경과 상관없는 절대적인 현실을 나타낸다. 비온은 또한 기하학적 발달과 수학적 발달 사이를 구별하기 위해 심리학적 의미와 상징주의를 사용한다. 기하학은 대상의 현존-부재 또는 존재-비존재와 관련될 수 있는 반면에, 수학은 대상의 상태, 즉 대상이 온전한 대상인가 아니면 분열된 대상인가, 전체 대상인가 아니면 부분 대상인가와 관련되어 있다. 그 외에도, 기하학적 공간이 우울(부재-현존, 분리)과 관련되어 있는 반면에, 수학은 클라인학파의 편집-분열적 자리에서 관찰되는 박해와 관련되어 있다(1965, p. 151).

멜처(1978)는 비온의 책들인 「변형」과 「정신분석의 요소들」을 비교하면서, 독자가 만나게 되는 커다란 어려움을 비온이 사용한 수학적 기호들과 연관시켰다:

> 현재의 작업에서 화살표, 점, 선, 단어 위(또는 아래)에 첨가된 화살표, 그리고 그리스 글자들뿐만 아니라 그리어 단어들을 수반하는 수학적인 표기들, 유사-방정식들이 증가하는 것은 우리에게 별로 희망적이지 못하다. 우리는 우리의 정신에 대한 이러한 공격을 어떻게 견뎌야할까? 비온은 가장된 환자 B인가? [p. 71][9)]

그런가 하면, 그롯슈타인(1981)은 수학적 대상들이 선택되는 측면을 강조하면서 다음과 같이 말한다:

> 수학적 대상들이 선택되는 이유는 그것들이 대상들의 부재 시에 편리하게 그것들을 나타낼 수 있고, 그럼으로 해서 단어들에 전형적으로 수반되는 연상들의 주연부가 없이 추상화하는 데 유용한 언어를 촉진시키는, 기호들 그리고/또는 상징들의 언어라는 장점을 갖고 있기 때문이다. [p. 12].

---

9) 환자 B에 관해서는 「변형」 pp. 19-23을 보라.

비온은 또한 상황들을 나타내기 위한 숫자들의 다른 조합에 대해 말하면서, "정서적 수학" 또는 "정서의 수학"이라는 용어를 사용한다. 예를 들어, 숫자 1은 다음의 것을 나타낸다:

> 하나는 하나이고 혼자이며 항상 그럴 것이다. [또는] 1/1 = 다른 대상들과 관련되어 있지 않고, 따라서 속성을 갖고 있지 않은—왜냐하면 속성은 관계의 한 차원이기 때문에—하나의 대상 전체와의 관계이다." 종교의 정점에서 볼 때, 이 기호는 "신성"이라는 용어에 의해 표상되는 O를 나타낼 수 있다. [1965, p. 154]

싸움-도피 기본적 가정(Fight-flight basic assumption): 집단 문화의 기본적 가정은, 관련된 것이 무엇이든 상관없이(예를 들어 군대), 어떤 것과 싸우거나 그것으로부터 도피하고 싶은 욕구를 나타낸다. 예컨대, 군대의 경우, 집단은 싸우거나 도피하고자 하는 욕구를 충족시켜줄 능력이 있는 지도자를 필요로 하고 추구한다. 보통 편집증적인 성향을 갖고 있는 개인들은 내적 박해에 대한 그들의 느낌을 외부의 "적"에게 투사함으로써 자신들을 방어한다(1948b, p. 73).

비온이 비록 이 기본적 가정 안에서는 공황이나 감당할 수 없는 도피 욕구가 사실상 같은 것이라고 진술했지만, 그 가정 안에서는 분노와 공포의 감정들이 지배한다(ibid., p. 166). 비온은 "공황은 그것이 쉽게 격노를 일으키는 것이 아닌 한, 어떠한 상황에서도 발생하지 않으며, 공포와 결합함으로써 쉽게 분출구를 제공하지 않는다고 말했다:

> 따라서 피할 수 없는 … 좌절은 그것이 시간의 경과에 대

> 한 인식을 요하기 때문에, 그리고 시간은 기본적 가정 현상의 차원이 아니기 때문에, 감당될 수 없다. 도피는 싸움-도피 집단 내의 정서를 표현할 수 있는 기회를 즉각적으로 제공하고, 그럼으로 해서 즉각적인 만족에 대한 요구를 충족시킨다—그 결과 집단은 달아날 것이다. 대안적으로, 공격이 마찬가지로 즉각적인 분출구를 제공한다—그 때 집단은 싸울 것이다. [ibid., pp. 179-180]

그때 집단은 즉각적인 도피나 싸움을 가능하게 해주는 지도자를 따를 것이다. 참조: 기본적 가정, 의존 기본적 가정, 짝짓기 기본적 가정, 결합가.

싸이(Xi): 이것은 "소문자 x"에 해당하는 그리스 철자이다. 비온은 이것을 포화되지 않은 요소 또는 요인과 동등한, "수학적 대상"을 나타내는 데 사용했는데, 그것은 가까이 다가와 포화시키는 모든 실현에 열려 있는 전-관념과도 비슷하다(1970, p. 90). 비온은 또한 그것을 정서의 수학적 측면을 상징화하는 데 사용했고, 또한 $(\Psi)\xi$ 또는 $K(\xi)$처럼, 기능의 일부인 요인(factor)으로도 사용했다.

씨쥬라 또는 분기점(Caesura): 그리스어와 라틴어와 연관된 단어로서, 운문에서 연결이 잠시 끊기거나 멈추는 경우를 가리킨다. 프로이트(1926)는 "억제, 증상 그리고 불안"이라는 글에서 "태내에서의 삶과 초기 유아기의 삶 사이에는 출생 행위의 인상적인 씨쥬라로 인해 우리가 믿고 있는 것보다 훨씬 더 많은 연속성이 존재 한다"고 진술했다(p. 139). 비온은 이 유비를 확장하여, 유사성 또는 차이성으로 기술되는 다양한 차원들을 결합/분리 또는 분리/침투하는 문턱의 존재를 포함하는 것으로 만들었다. 예를 들면, 정신분석적 의사소통에서의 저항(1987, p. 298), 입과 젖가슴 사이, 자궁 내의 삶과 성인의 삶 사이, 개인과 커플 또는 동양 문화와 서양 문화 사이의 상호작용 등에 씨쥬라가 존재한다. 비온은 다음과 같이 말한다:

> 피카소는 양쪽 측면에서 볼 수 있도록 유리 조각에 그림을 그렸다. 나는 씨쥬라에 대해서도 똑같이 말할 수 있다고 제안한다. 그것은 당신이 어떤 방식으로 바라보느냐, 또는 당신이 어떤 길로 여행하느냐에 달려있다. 심리신체적 장애인지, 신체-심리적 장애인지, 당신이 어떤 것을 선택하든, 즉 심리신체의 관점에서 보든, 아니면 신체-심리적 관점에서 보든, 그 그림은 같은 그림으로 인식되어야 한다. [ibid. p. 306]

시간과 관련하여 비온은 다음과 같이 말한다:

> … 환자는 자신이 기억해낼 수 없을 거라고 생각되는 과거의 많은 특징들을 지닌 미래에 대한 두려움을 표현할 수 있을 것이다; 또는 아직 일어나지 않았기 때문에, 그는 미래를 기억할 수 없다. 희미하게 표현되는 이것들은 사실상 매우 강력할 수 있다. 나는 거기에 가장 강력한 아이디어들이 있다고 추측하는데, 그것은 그것들이 일어나지 않은 미래에 묻혀 있거나, 망각된 과거에 묻혀있기 때문이고, 따라서 우리가 "사고"라고 부르는 것에 속해 있는 것이 아니기 때문이다. [1977a, p. 43]

그러고 나서 비온은 다음과 같이 질문한다:

> 사고들이나 아이디어들이 출생 후의 의식적 사고로부터 무시간성을 갖고 있고, 아직 사고들이나 아이디어들이 아닌 마음의 수준에 속해 있는 정신-이전의 단계로 거슬러 올라가는 방향에서, 씨쥬라를 통과할 수 있을 만큼 충분히 "뚫고 들어가는"(penetrating) 의사소통 방법이 있을까? 그 침투는 어느 방향에서나 효과적이어야 한다. 그것은 출생 시 여성의 자궁 안에서 밖으로, 또는 성교 시 밖에서 여성의 몸 안으로 침투하는 것과 비슷하다. [ibid., p. 45]

비온은, 프로이트가 출생과 관련해서 표현했던 것처럼, 환자의 마음 안에서 일어나는 많은 일들이 그들의 태내의 삶에서 발생했던 것에 의해 크게 영향을 받았을 수 있다고 추측했다. 그는 다음과 같이 결론 내린다:

> 그렇다면 … ? 분석가도; 피분석자도; 무의식도; 온전한 정신도; 광기도 아닌 씨쥬라를 탐구하라. 씨쥬라, 연결, 시냅스, (전이-역)전이, 변하는-변하지 않는 무드를 탐구하라. [ibid., p. 56]

ㅇ

아이디어(Idea): 비교적 모호한 개념으로서, 때로는 알파 기능의 산물인 알파 요소들로 구성된 정신분석적 대상을 나타내고; 그것이 욕동과 그것의 만족 사이의 교량을 나타낸다는 점에서, 이성(R)과 관련되어 있다(1963, p. 4). 그것은 요인들로서의 사고들을 담는 기능으로서 간주되고(ibid., p. 30); 좌표의 가로축뿐만 아니라 전체 좌표를 나타낸다: "내가 기호 I를 사용할 때, 나는 전체 좌표를 지칭하거나 내가 동격으로 분류한 하나 또는 그 이상의 칸들을 지칭한다(ibid., p. 28); 그러므로 비온에 따르면, 아이디어는 가로축에 속한, 분류될 수 있는 많은 용법들에 적용될 수 있으며; 또한 세로축에 속한, 많은 단계들로 발달할 수 있다(ibid., p. 25). 담는 것-담기는 것과 관련해서, 아이디어는 담는 것일 수도 있고 담기는 것일 수도 있다. 참조: H, K, L.

아이스크림 또는 아이 스크림(Ice cream or I scream): 참조: 젖가슴-없음.

안전감(Security): 비온은 분석적 경청이, 회기가 편집-분열적 자리에서 작용하는 기제들에 의해 주도될 때 우세해지는 정서와는 달리, 클라인이 서술했듯이, 우울적 자리에서 작용하는 기제들에 의해 주도될 때 우세해지는 감정으로서, 인내심을 언급한다. 나는 비온이 우울적 자리에서 발생하는 대상관계가 제공하는 안전감에 의해 자극되는 확신의 느낌과는 대조적으로, 편집-분열적 자리에서 경험되는 대상관계에 의해 유발되는 불확실성과 직면할 때 분석가가 다루어야만 하는, 인내와 좌절을 수용하는 역량에 대해 말하고 있다고 본다(1970, p. 124).

알(R= Reason, 이성): 열정에 봉사하는 기능으로서, 현실세계 안에서 열정을 지배한다. 비온은 L(Love), H(Hate) 그리고 K(knowledge) 사이에 놓여있는 모든 정서들을 열정으로 이해한다. R은 아이디어(I)가 충동과 충동의 만족 사이의 결함을 메우는 데 사용된다는 점에서, 아이디어와 연관되어 있다(1963, p. 4). 비온은 "이성은 정서의 노예이며, 정서적 경험을 합리화하기 위해 존재한다"고 말한다(1970, p. 1). 참조: H, L, K 연결.

알파-공간(Alpha-space): 알파-공간은 실재하는 대상들이 살고 있는, 그리고 자체의 현실과, 하부적 및 상부적 현실(적외선과 자외선 같은) 같은 자체의 한계들을 갖고 있는 대상들이 살고 있는 공간으로 이루어져 있다. 그 대상들은 일반적인 사고에 의해 이해될 수 있고, 일반적으로 "볼 수 있고," "들을 수 있으며," "만질 수 있는" 것들처럼, 감각들에 의해 지각된 대상들과 구별되지 않는다. 비온은 알려져 있지는 않지만, 특별한 준비를 갖춘 개인의 직관에 의해 접근할 수 있는 영역의 존재를 서술하려고 시도하고 있다. 그가 특별한 실체를 지닌 정신분석적 영역이 존재한다고 주장할 때, 그는 분명히 환각증, O 그리고 신앙의 행위와 같은 현상들을 말하고 있다. 그는 다음과 같이 말한다:

> … 의심할 바 없이, 지속적으로, 자체의 규칙에 따라서만 변화하는 현실들이, 비록 그러한 규칙들이 알려지지 않았지만, 존재한다. 이러한 현실들은 적절히 기능할 수 있는 정신 장치가 사용될 수 있다면, "직관이 가능하다" … 직관이 작용하는(직관적으로 아는) 상태들은 투명하고 [투명성을 보라] 불투명하다. [1992, p. 315]

현실에 대한 직관을 가로막는 주된 불투명성은 이해, 기억 그리고 욕망에 해당한다. 이러한 불투명성은 궁극적으로 O와의 교제를 허용하게 될, 포화되지 않은 정신분석적 경청의 투명성을 방해하는 격랑으로 작용한다. 이러한 불투명성을 피하기 위해서는, 영구적이고 지속적이며 내구성 있는 훈련이 확립되어야만 한다(ibid.). (참조: 베타-공간)

알파-기능(Alpha-function): 처음에 비온은 "꿈-작업 *α*"라고 불렀다가 나중에 프로이트가 그것을 만들어냈던 것과 다른 방식으로 사용되는 혼동을 초래할 수 있다고 느껴서 그것을 바꾸려고 노력했다(1992, p. 73); 그러나 그는 그렇게 말한 후에도 계속해서 같은 용어를 사용했다. "*α*-기능"이라는 용어는 「숙고」에서 60년대 초로 추정되는 시기에 처음으로 사용되었는데, 그럼으로써 비온은 마침내 꿈-작업과 *α*-기능을 제대로 구별할 수 있게 되었다. 그는 이 이론을 확립하는 데 프로이트의 「꿈의 해석」(1900)과 "정신 기능의 두 가지 원리들에 대한 공식화"(1911)에서 가져온 개념들뿐만 아니라, 클라인에게서 가져온 죄책감, 초자아 그리고 편집-분열적 자리와 우울적 자리 개념들을 사용했다.

α-기능은 잠든 상태와 깨어있는 상태를 구분하고, 의식과 무의식을 구분하며, 정체성과 자기됨의 느낌을 갖도록 허용하는, 꿈

사고들을 창조하는 데 필요한 재료들을 마음에 제공할 뿐만 아니라(1967, p. 115), 감각 정보를 α-요소들로 바꾸는 능력을 서술하는 데 사용되는 추상화 능력을 나타낸다(1992, p. 63). 뇌는 결코 쉬지 않는다; 한쪽이 잠들어 있는 동안 다른 한쪽이 깨어있을 있도록 허용하는 a-기능과 접촉 장벽의 투과성 덕택에, 의식과 무의식 상태들 사이에 변동이 존재한다. 이 기능을 꿈-작업과 구별하기에 앞서, 비온은 일련의 단계들이 필수적이라고 말했다: (a) 감각적 인상들에 주의를 기울이기; (b) 이러한 인상들을 기억 속에 저장하기; (c) 그것들을 "표의문자들"로 바꾸기; (d) 현실원리와 쾌락원리 중 어떤 원리가 마음을 지배하느냐에 따라 다른 결과가 발생하기. 만일 현실원리가 지배한다면 그것들을 저장하고 기억할 것이고, 쾌락원리가 지배한다면 그것들을 축출할 것이다.

α-기능은 정상적인 투사적 동일시를 허용하는 아기와 어머니 사이의 적절한 관계의 산물이다. 보통 아기는 스스로 자신의 감각 정보를 사용할 준비를 갖추고 있지 않다. 따라서 아기는 그것을 어머니 안으로 비워내야 하고 그것을 자신이 사용할 수 있는 α-요소들로 바꾸기 위해 그녀의 몽상 능력에 의존해야 한다. α-기능은 감각적 경험들과 정서들에 대해 작업해내고, 그 일이 성공적이라면, 사고들을 만들어낼 수 있는, 무의식과 의식 사이의 접촉 장벽으로 저장될 수 있는 α-요소들을 산출할 것이다(1962, pp. 17-18). 만일 α-기능이 작용하지 않는다면, 개인이 경험한 감각인상들과 정서들은 변형되지 못한 채, 비온이 베타-요소들이라고 부른 것, 또는 칸트를 따라, 현상을 나타내는 α-기능과는 다른, 물-자체(thing-in-itself) 또는 누메논을 만들어낸다. 사고들과 분리할 수 없는 것이고 의식적인 추론 및 경험에서 배우기와 뗄 수 없는 것이기도 한, 이 기능은 또한 의식적 사고를 무의식으로 보

1) 참조, Lopez-Corvo 1992, 1994.

낼 수 있고, 따라서 의식이 짊어지고 있는 과도한 사고의 부담을 덜어줄 수 있다. 그것에 대한 예는 습관을 만들어내기 위한 학습에서 찾아볼 수 있다. 비온에 의하면, 정신증 환자들의 경우, "표면적으로는" 무의식화될 수 없고 추상화와 구체화 기제들을 위한 재료로 사용될 수 없지만, 무의식이 존재한다는 역설이 존재한다(1992, p. 71).

사랑, 이해 또는 지혜를 산출할 수 있는, 젖가슴을 향한 증오와 시기심에 의해 유발되는, *α*-기능에 대한 공격들은 환자 안에서 자기 자신 또는 살아있는 사람들로서의 다른 사람들과 접촉할 수 있는 가능성을, 즉 "자기에 대한-시기심"의[1] 기제들을 관찰할 수 있는 감정을 파괴한다(1962, p. 9, 119). 참조: 꿈-작업.

알파-기능의 역전(Reversal of *α*-function): *α*-요소가 역으로 기능함으로써, 스스로를 *β*-요소로 만들 뿐만 아니라, 기괴한 대상을 발생시키고, "접촉 장벽"의 해체를 결과로 가져오는 상태를 나타낸다. 그러한 역전은 비온이 "*β* 스크린"의 형성을 설명하는 데 사용했던 기제를 특징짓는다: 인격의 비정신증적 부분에서 관찰되는 것처럼, 감각인상이 꿈과 의식적 사고를 위해 사용될 수 있도록 *α*-요소로 변하는 대신에, 접촉 장벽의 발달이 방해받고 파괴된다. 접촉 장벽은 그것의 질적 요소를 상실하고, *α*-요소는 그것을 *β*-요소로부터 분리시켜주는 속성을 박탈당하고 투사됨으로써 *β* 스크린을 형성한다(1962, p. 25).

멜처(1978, pp. 119-126)는 비온이 이론적으로 밝혀낸 부분을 임상사례를 통해 상세하게 설명한다. 그의 글을 읽을 것을 추천한다. 참조: 알파-요소, 알파-기능, 베타-요소, 접촉 장벽.

알파-요소(Alpha-elements): 알파-기능의 산물로서, 비온은 이것을 기억으로 저장할 수 있고, 최종적으로 꿈 사고, 의식적 사고, 무의식적인 깨어있는 사고, 꿈 형성, 접촉 장벽, 기억, 그리고 경험에서 배우는 능력을 창조하는 데 사용할 수 있는 감각인상들(시각적 이미지들, 청각적 패턴들, 후각적 패턴들, 등)을 나타내는 "축소할 수 없을 정도로 단순한 대상들" (1992, p. 181)이라고 서술한다(1962, p. 26). 본래 비온은 그것을 아기에게 만족을 제공해줄 수 있는 "실제의, 살아있으며, 존재하는, 호의적 대상들"로서 서술했고, "죽은 그리고 실제 같지 않은 대상들"(1992, p. 133)로 서술되는 베타(β)-요소들과는 정반대되는 것으로 언급했다. 그는 처음에 **α**-요소들이 감각 자료들의 축적과는 별도로 **α**-기능에 의해 **β**-요소가 변형되는 것에서 유래한다고 생각했었고, 그래서 그것을 "꿈-작업-**α**" 라고 명명했었다(ibid., pp. 182-183).

α라는 명칭은 「숙고」에서 처음 등장하는데, 정확한 날짜는 알 수 없지만 1960년대 초로 추정된다. 그 글에서 비온은 알파-요소들의 조직이 두 개의 수준으로 구성된다고 말했다: 하나는 외부 사건의 충격을 나타내는 수준이고, 다른 하나는 사건의 내적 "소화" 과정을 나타내는 수준이다(1992, pp. 149-181):

1) 정서적 경험 → 꿈-작업-**α** [**α**-기능] → **α**-요소 → "이야기화" → 꿈

2) 전개되는 이야기에서처럼, 인격이 참여하고 있는 깨어있는 사건에 대한 감각 → 꿈-작업-**α** [**α**-기능] → 꿈-사고들

여기에는 두 개의 과정이 포함되어 있다. 하나는 알파-기능에 의해 다루어지는 외적인 정서 경험들이 알파-기능에 의해 알파-요소들로 전환되고, 따라서 이야기화(역사적 순서)의 과정을 거

치게 되며, 그 결과 깨어있는 삶의 정서적 경험에 근접할 수 있게 되고, 저장이 가능할 뿐만 아니라 깨어있는 동안의 의식적 사고에 적합한 것이 되는 과정이다. 두 번째 과정 동안에, 저장된 이야기는 알파-요소들로 바뀌는데, 그럼으로써 인격이 잠을 자든 깨어있든 상관없이 무의식적 꿈-사고들을 위해 사용될 수 있는 것이 된다(1962, p. 8, 1992, pp. 149-150). 예를 들어, 걷는 법을 배우는 것과 관련된 정서적 경험을 통과하고 있는 아이는, 알파-기능이 그 경험을 저장해서 나중에 의식하지 않고도 걸을 수 있게 해주기 때문에, 마침내 걸을 수 있게 된다.

α-요소들이 증식되면서, 그것들은 접촉-장벽을 형성하기 위해 조직되고 응집되는데, 그 접촉-장벽은 의식적 요소들과 무의식 요소들 사이의 접촉 지점과 분리 지점을 나타내고, 의식과 무의식의 구별을 발생시키는 실체이며, 잠들어있는 상태와 깨어있는 상태를 구별할 뿐만 아니라, 사고들과 꿈들의 발생을 허용하는 역할을 한다.

α-요소들과 *β*-요소들의 정교화 과정은 1959년 8월 10일에 기록된 「숙고」 pp. 62-63에서 서술되었다. 비온은 그 글에서 알파-기능을 꿈-작업과 동일시했고 베타-요소들을 "꿈꾸어지지 않은 소화되지 않은 사실들"과 동일시했다(1992, p. 64). 그러한 구성물은 고전적 이론에 나오는 일차과정과 이차과정 개념의 확장으로 이해될 수 있다.

멜처(1978)는 "텅 빈 개념"의 특성을 강조한다. 그에 의하면, 비온은 알파-요소들을 "텅 빈 개념"과 함께 제시했다: "비온은 이 모델의 텅 빈 개념을, 그것을 성급하게 임상적 의미로 채우려는 시도들에 대한 경고와 함께, 반복해서 강조했다"(p. 119).

---

2) 이 메모는 1977년, 5월 28일에 기록되었다.

애니미즘(Animism): 타자들과 자신을 살아있는 존재로서 생각하지 못하는 어려움과 대조를 이루는 상태. 이것은 살아있는 대상들에게 죽음의 특질들을 부여하고자 하는 욕구와 구별되며, 그 반대도 마찬가지이다(1962, p. 9). 참조: 살아있는 것과 살아있지 않은 것, 주물성애, 원-실제 대상들 사이의 차이.

야생적 사고(Wild thoughts): 비온은 "길 잃은 사고"와 "야생적 사고"를 구별했다. 길 잃은 사고는 사고의 주인이 없거나, 또는 주인은 있지만 절취된 것이거나, 너무 오래되어서 소유주가 없는 것으로 드러나는 것을 길들이려고 시도하는 사람에 의해서 발견될 수 있는 사고를 가리킨다. 예를 들어, 비온은 진실은, 거짓말과 달리, 그것을 담는 생각하는 자를 필요로 하지 않는다고 말했다; 그러나 비온보다 훨씬 앞서, 라틴어의 거짓말(mentior)과 마음(mentis)이 동일한 어원을 가지고 있다는 점에서, "거짓말은 생각하는 자를 필요로 한다"는 비온의 표현과 비슷하게, "마음은 거짓말을 한다"는 것을 의미할 수 있다.

다른 한편, "야생적 사고"는 "어떤 종류의 소유권도 직접적으로 추적할 수 없는, 또는 심지어 특정한 사고의 족보에 대해 알 수 없는 종류"의 사고를 나타낸다(1997, p. 27).[2] 그것에 대한 좋은 예는 꿈-사고, 또는 "자궁 내의 사고"일 수 있는데, 이것은 물-자체나 누메나와 같은 칸트의 개념과 연결되어 있는 것으로 보인다.

> 만약 생각하는 자가 없이 사고가 떠오른다면, 그것은 "길 잃은 사고"이거나, 주인의 이름과 주소를 갖고 있는 사고이거나, 또는 "야생적 사고"일 수 있다. 그러한 사고가 떠오른다면, 문제는 그것을 어떻게 할 것인가일 것이다 ... 만

> 약 그것이 야생적 사고라면, 당신은 그것을 길들이려고 노력할 것이다 ... [ibid.,]

참조: 자궁내의 삶, 물-자체, 진실.

양안적 시각(Binocular vision): 비온의 "상상속의 쌍둥이"라는 글에 등장하는(1967, p. 3) 이 용어는 규제하거나 통합하는 요소로서 시각을 사용하는 것을 가리킨다. 그 글에서 비온은 세 명의 환자들에 의해 경험된, "환경을 탐구하는 새로운 능력의 출현"을 나타내는, "시각적 관심"에 대해 언급했으며, 그 외에도, 항상 거기에 있었지만, 지적인 지각의 결여로 인해 관찰될 수 없었던 초기 갈등과, "상상속의 쌍둥이" 환상에 의해 초래된 갈등의 해소에 대해 말했다. 비온은 이렇게 말한다:

> 나는 구강기 공격성과 연결된 발달상의 문제들이 이빨의 출현과 동시에 존재하는 것과 같은 방식으로, 심리적 발달이 시각적 통제의 발달과 묶여있지 않을까 궁금했다. [1967, p. 22]

비온(1962)은 다른 곳에서, 의식을 심리적 속성을 지닌 감각기관으로 간주하는 프로이트의 입장이 사실임에도 불구하고, 그것으로는 불충분하다고 진술한다. 왜냐하면 정신분석적 시각은 의식뿐만 아니라 무의식의 현존도 필요하기 때문이다:

> 이 모델은 두 개의 눈이 만들어내는, 같은 대상에 대한 두 장면을 양안적 시각을 통해 서로 관련시키는 것과 유사한 능력에 근거해서 형성된 것이다. 정신분석적 대상을

> 바라보는 데 있어서 의식과 무의식의 사용은 눈으로 볼 수 있는 대상에 대한 시각적 관찰에서 두 눈을 사용하는 것과 유사하다. 프로이트는 이러한 기능, 즉 정신적 속성에 대한 감각기관을 의식에 한정했다. [1962, p. 86]

분석가와 비분석가의 상호작용 역시 양안적 시각으로 작용할 수 있다(1965, p. 74).

「변형」(1965)에서, 비온은 "역전 가능한 관점"에 대해 주장한다. 환자는 그의 관점을 바꿈으로써 대상을 향한 그의 태도를 바꾼다는 사실이 관찰된다는 것이다. 이러한 태도의 변화는 시간과 공간 안에서 분열이 발생하는 것을 포함한다. 왜냐하면 이런 상황에서 환자와 분석가의 시간-공간의 차원들은 완전히 다른 것이기 때문이다. 역전 가능한 관점은, 역설적으로, 분석가의 양안적 관점의 도움을 통해서 다루어지고 수정되게 될, 양안적 관점의 한 종류로 이해될 수 있다.

또한 점에 의해 표시되는 대상, 즉 실제 대상이 아닌 대상들을 가리키는 말로 된 언어, 또는 그것들을 나타내는 상징들의 현존과 부재 사이에도 양안적 시각이 있다. 이러한 양안적 시각의 형태는 정신증 환자들, 또는 인격의 정신증적 부분 안에는 부재한데, 그것은 거기에는 생각하기가 상징적 동등시에 의해 지배되기 때문이다.

비온은 시간적 및 공간적 차원들과 관련해서, 양안적 시각은 마치 한 눈은 현재에 맞추고 또 다른 눈은 과거 또는 미래에 초점을 맞추는 것과 같다고 관찰한다. 예를 들어, 그는 전이에서 관찰할 수 있듯이, 더 이상 존재하지 않는 자신의 "과거"를 의식하는 환자와, 아직 일어나지 않은 "미래의" 발견에 대해 의식하고 있지 않은 수학자를 구별한다. 이러한 두 개의 입장들을 나타내기 위해서 그는 한쪽 끝에서는 과거를 나타내고, 다른 쪽 끝에서는 미래를 나타내는, 하나의 척도를 개발한다. 그는 무의식에 의미를 부여한다:

——> <——　　　　——> <——

무의식과 무의식　　　　의식과 의식

수학적인 공식적인 책략들을 의식하지 못하는 수학자의 마음 상태는 ——> 무의식에 의해 나타낼 수 있으며, 젖가슴의 부재에 대한 좌절과 참을 수 없음을 나타내는] 장애가 있는 환자의 마음 상태는 <—— 의식에 의해 나타내질 수 있다(1965, p. 85). 화살표들의 의미는 또한 현재에 대한 부정을 상징할 수 있다. 왜냐하면 환자는 수학자가 그의 미래에 대한 지식의 차원을 무의식 안에 유지하는 것과는 달리, 그의 의식을 사용하여 부재한 젖가슴의 냄새를 찾아 과거를 탐색하려고 시도할 것이기 때문이다; 이것은 "현재가 있었던 곳"을 의미하는 점으로 표시될 수 있다." 참조: 유비, 연결에 대한 공격, 자궁 안의 삶, 연결, 젖가슴 없음, 점(.), 역전 가능한 관점, 상징적 동등시.

양자 이론(Quantum theory): 하이젠버그(Heisenberg, 1958)의 진술에 대해 논의하면서, 비온은 빛은 어떤 때는 "미립자"로, 또 어떤 때는 "파동"으로 행동한다는 빛의 이중적 행동에 관한 가설이 "입자"는 Ps에, 파동은 D에 일치할 수 있다는 점에서, Ps↔D 이론과 병행하는 원초적 환상들에 관한 아이디어에 대해 궁금해 한다. 그는 다음과 같이 주장한다.

> 원시적 환상들과 관련된 것들, 즉 미립자(편집-분열), 또는 파동 이론(우울적 자리)을 원시적 환상들이라는 측면에서

설명하는 것이 근본적으로 가능한 것인가? 이것들은 초월할 수 없는 인간 정신의 한계들이 아닌가? [1992, p. 60]

하이젠버그의 이론인 “불확정성의 원리”는 원자보다 작은 입자(광자)의 운동량이나 위치는 그것이 발견되는 특별하고 특정한 순간에만 측정될 수 있다고 설명한다. 왜냐하면 입자들의 관찰에 필요한 정확도의 조건이 그것의 자리를 관찰하는 데 필요한 것들과 직접적으로 상충되기 때문이다. 이 가설과 비온의 O 개념 사이에는 일종의 유사성이 있는 것으로 보인다.

어떤 것이 있던 자리(Place where something was): 참조: 인식; 유클리드 기하학; 기하학적 공간; 선; 점(.); 젖가슴-없음; “사물-없음” 공간.

언어적 사고(Verbal thoughts): 여기에서 다루어지는 것의 많은 부분은 생각하고, 종합하며, 감각인상들을 말로 연결시켜내는 능력을 다루고 있는(ibid., p. 60), 비온의 논문 “정신분열증 이론에 관한 메모”에서 발췌한 것이다(1967, pp. 26-35). 이러한 상태는 통합을 이루고자 하는 성향에 달려있기 때문에, 우울적 자리와 그리고 내적 및 외적 현실에 대한 의식의 출현과 동시에 일어난다. 비온은 1957년에 정상적으로 언어적 사고가 최초로 구조화되는 것은 편집-분열적 자리의 매우 이른 단계에서라고 말했다; 그러나 정신증 환자 또는 인격의 정신증적 부분은 분열과 투사적 동일시 기제의 사용을 통해서 끊임없이 사고들을 파괴할 것이다(ibid., pp. 48-49, 60). 이러한 상태는 언어적 사고의 형태를 위한 튼튼한 기초를 수립하는 데 필요한 감각인상들의 순조로운 투사와 내사의 가능성을 방해한다. 이런 환자들의 경우, 우울적 자리는 파국적인 것으로서 경험될 수 있는데, 그 이유는 고통스러운 우울 감정이 환자의 마음으로 하여금 언어적 사고들의 분열과 투사를 증가시켜 그것들을 외부 대상 안으로, 예를 들어, 분석가 안으로 집어넣는 방식으로 방어하도록 유도하기 때문이다. 보복에 대한 불안으로 인해, 내사가 변경되고(참조: 역전된 투사적 동일시), 그 결과 언어적 사고의 형성을 가능케 하는 토대가 되는, 좋은 대상을 확립하는 데 필수적인 함입(incorporation) 또한 변경된다. 비온은 "귀에서 눈물이 나온다"고 말한 정신증 환자를 언급한 적이 있는데, 그는 이것을 단어를 적절히 연상할 수 없는 무능력을 나타내는 것이라고 추론했다. 프로이트를 패러디하면서(1915), 비온은 눈물이 귀에서 나오는 것은 그의 피부의 검은 여드름 자국이 남긴 구멍에서 땀이 나는 것, 또는 페니스가 찢겨지면서 생긴 구멍에서 오줌이 나오는 것과 유사하게, 눈물이 나쁜 대상이 되고 있는 것을 뜻한다고 해석했다. 환자가 자신은 잘 들을 수 없다고 말하고, 이어서 말도 잘할 수 없다고 말했을 때, 비온은 그 환자의 귀에서 나오는 나쁜 눈물로 자신의 해석을 익사시킬 필요에 대해서, 그리고 어쩌면 그가 이미 분석가의 혀를 찢어버렸을 것이라고 해석했다. 그러한 망상적 사고는 모든 형태의 의사소통에 대한 공격을 의미한다. 왜냐하면 분열이 그의 생각하는 능력을 파괴해버렸기 때문이다. 환자는 생각하는 능력이 파괴된 이런 상태를 광증의 표현으로서 경험한다(참조: 광증, 실현; 지각을 위한 장치). 결국, 이 딜레마는 덫으로 표상된다:

> 정신분석은 환자가 생각하기와 언어적 논리를 사용할 것을 요구한다. 이것은 그를 우울적 자리에서 나타나는 두려움, 우울, 절망감의 상태로 내몰기 때문에 그를 공포에 질

> 리게 한다. 그리고 이것은 환자로 하여금 정신분석을, 비온의 환자들 중의 하나가 표현했듯이, 진정한 "감옥"으로 경험하게 만든다. [ibid., pp. 29-32]

나중에, 비온은 그의 책 「변형」(1965)에서, 정신분석가들은 세련된 언어적 사고를 통해 작업한다는 점에서, 그들이 표현하는 것은 좌표 상에서 칼럼 1, 2 그리고 5의 E열과 F열에 놓일 수 있고, D열과 G열에도 놓일 수 있는 반면에, 환자가 표현하는 것은 진실과 타협하지 않는다는 점에서, 좌표 그 어디에도 놓일 수 있다고 말했다.

없음(Without-ness): 비온은 이 표현을 시기심에 의해 통제되는 담는 것-담기는 것(♀♂) 관계와, 그것에서 산출되는 -K를 서술하는 데 사용했다. 그러한 상태에서 아기는 시기심과 증오의 감정과 함께, 자신의 두려움을 분열시켜 젖가슴 안으로 투사하고, 그 결과 상생적 관계를 형성할 수 없게 된다. 그 젖가슴은 또한 시기에 차서 아기가 갖는 죽음의 공포를 중화하는 데 사용될 수 있는 좋거나 가치 있는 요소들을 제거하고, 그 자리에 무가치한 찌꺼기를 채워 넣음으로써, 죽는 것에 대한 두려움을 이름 없는 두려움이나 공포로 바꾸어 놓는데, 비온은 이것을 -K로 나타낸다. 비온은 이것을 매우 심각한 상태로 간주한다. 왜냐하면 그때 젖가슴이 죽음의 공포를 중화하지 못할 뿐만 아니라, 살고자 하는 소망을 제거하기 때문이다. 이것은 또한 비온이 "없음"으로 규정한 -(♀♂)로 표시된다. 비온은 나중에 그의 책 「변형」에서 이것을 -←↑로 나타내는데, 그 의미는 다음과 같다:

> ... 그것은 외부가 없는 내적 대상이요, 몸이 없는 소화관이

> 다. 그것은 정신분석에서 이해하는 초자아의 특질을 전혀 갖고 있지 않은 "초"자아이다. 그것은 어떠한 도덕성도 없이 행해지는 도덕적 우월성에 대한 시기어린 주장이다 ... 벗겨내는 과정은 -♀ -♂가 공허한 우월성-열등성을 나타내는 것이 될 때까지 계속될 것이고, 결국 그것은 무(nullity)로 퇴화할 것이다. [1962, p. 97]

참조: 상생적 관계, 의식적 앎, 담는 것-담기는 것 상호작용, 마이너스 K.

에이치(H): 증오(hate)라는 단어에서 가져온 정신분석적 요소로서, 열정 또는 정서를 나타내는 L(love) 그리고 K(knowledge)와 함께, 담는 것-담기는 것 기제들(♀♂)을 수단으로 사용하여 좌표의 다양한 범주들을 묶는, 역동적인 연결을 구성한다(1963, pp. 34-35). 비온은 또한 -H, -K 그리고 -L이 존재한다고 보는데, 여기에서 -H는 사랑이 아니다. 고전적 이론과 관련해서, H는 "죽음본능"과 동등시 되고, L은 "성적 본능"에 해당하며, K는 "인식선호본능"에 해당될 것이다.

엘 연결(L link): 이것은 사랑(Love)이라는 단어의 첫 문자에서 가져온 것으로서, 정신분석적 요소를 나타낸다. 비온은 이 용어를, H 그리고 K와 함께, 열정들 또는 감정들의 하나를 나타내는 데, 그리고 담는 것-담기는 것 기제를 따라 좌표 안의 다른 요소들과 묶이는 역동적 연결을 나타내는 데 사용했다(1963, pp. 34-35). 비록 -L과 -H에 대해서는 거의 언급하지 않았지만, 비온은 -H, -L 그리고 -K가 존재한다고 보았다. 사랑과의 관계에 대해서, 비온은 다음과 말했다:

> "사랑"과 같은 용어는 "신의 사랑"이라는 용어에서처럼 어떤 것을 정확하게 서술할 수 있는 것이 아니다. 이 후자의 용어는 사람들이 잘 알고 있는 신체적 사랑처럼 단순한 어떤 것이 아닌 요소를 도입하려는 시도이다. 암사자는 자신이 사냥한 먹잇감에 코를 비벼대면서—인간의 용어로 해석하면—그것에 대한 온갖 사랑과 애착의 감점을 보인다; 그러나 그것은 사랑하는 대상을 파괴하는 잔인한 사랑이다. 이런 시각적 이미지들은 우리가 성숙한 사랑이라고 생각하는 것에 대해 말할 때조차도 사용되지만, 절대적 기준에서 볼 때 성숙한 사랑은 또 다른 것이다. 인간의 언어를 통해서 모호하게 윤곽이 그려지고 나타내지는 이 다른 사랑은 전적으로 다른 특성을 가지고 있다; 그것은 한 동물이 다른 동물에게 갖는 사랑이나 아기가 젖가슴에 대해 갖는 사랑과는 질적으로 다르다. 그것은 감각적 실재나 경험의 측면에서 서술될 수 없는, 절대적 사랑으로 더 확장된다. 그렇게 되기 위해서는 감각적 경험과 명료한 언어의 전체 범위 밖에 놓여있는 어떤 것, 즉 하부-감각적이고 초-감각적인 언어가 존재해야만 한다. [1992, pp. 371-372]

역동적 연결(Dynamic links): 좌표에서 세로축의 A와 H범주 사이의 변화들은 두 종류일 수 있다: 기제와 역동. 기제적인 연결들은 담는 것-담기는 것(♀♂) 구조에 해당한다. 예를 들어, 전-관념(D열)은 관념(E열) 안에 담기고, 이것은 다시금 개념(F열) 안에 담기는 식으로 계속된다. 다른 한편, 역동적인 연결은 H, L 그리고 K요소들에 의해 성취된다. 담는 것-담기는 것의 순조로운 작동은 역동적 연결의 성질에 달려있다. 예를 들어, 박해 불안의 정도는 젖가슴에 대한 시기에 찬 공격(H)과 사랑하는 관계(L) 사이의 상호작용과 관련된다(1963, p. 34) 참조: 연결.

역전된 알파-기능(Reversed α-function): 참조: 알파-기능.

역전된 지각(Perception in reverse): 이 용어는 이미 외부 대상에게로 투사된 것이 동일한 경로를 따라 반대 방향으로 되돌아오는 것을 지각하는 데 사용되는 기제이다. 비온은 이 기제를 환각, 망상, 그리고 기괴한 대상들의 창조에 기여하는 역동을 설명하는 데 사용했다. 참조: 역전된 투사적 동일시.

역전된 투사적 동일시(Projective identification in reverse): 비온이 정신증 환자들이 외부에서 오는 개념들이나 정신적 내용을 어떻게 내사하고 함입하는지를 설명하는 데 사용한 기제이다. 이는 정신증 환자들이 사고들을 생각하는 장치를 결여하고 있을 때, 그들의 망상들이 지닌 성질을 이해하도록 돕기 위해 해석을 시도하는 방식과 유사하다. 비온은 "이 대상들이 그것들이 축출되었던 것과 동일한 통로를 통해서 되돌아온다"고 말했다(1967, p. 61).

생각하기를 위한 장치가 분열되고, 절단되고, 외부 대상 안으로 투사되었기 때문에, 환자들은 내사를 위한 장치를 갖고 있지 않다. 이것은 그들로 하여금 해석을, 자신들을 공격하고 분열시킨 투사적 동일시와 동일한 것으로 지각하게 만드는데, 이때 그 투사적 동일시들은 아마도 환자들이 투사했다고 느끼는 대상이 복수하는 것으로 인식될 것이다. 또한 그러한 재-함입된 입자들이 "사물"의 특성을 갖고 있기 때문에, 그들이 그것을 생각하는 것을 어렵게 만든다(ibid., p. 62). 비온은 이 기제를 자신의 "창자를 두뇌로" 사용했다고 말한 환자를 예로 들어 설명한다. 비온이 그에게 "그가 어떤 것을 삼켰다"라고 말했을 때, 그는 "창자는 삼키지 않아요"라고 대답했다. 그 환자는 그의 대상들을 재-내사하기 위해 종합할 수 있는 능력이 없었고, 대상들을 한 덩어리로 만들고 압축할 수밖에 없었으며, 그 결과 대상들을 구체적인 사물들, 기괴한 대상들 또는 표의문자들로 지각해야만 했다. 그리고 그것들을 다른 사람들과 의사소통하는 데 사용해야만 했다 (ibid., pp. 40-41, 61). 참조: 표의문자; 정신증; 정신증적 인격과 비-정신증적 인격 사이의 구별.

역전이(countertransference): 비온은 집단과 함께 했던 자신의 경험으로부터 해석을 공식화하는 데 역전이를 사용하는 것이 중요하다는 생각을 그의 이론에 도입했다:

> 해석에 대한 가장 강력한 증거는 집단 안에서 관찰된 사실에 있는 것이 아니라, 분석가의 주관적인 반응 안에 있으며, 그것들에 대한 설명은 집단 역동 안에서보다는 분석가의 정신병리 안에서 발견될 수 있는 가능성이 더 많다. [1948b, pp. 148-149]

비온은 나중에 하이만(Hamann, 1950), 래커(Racker, 1953) 그리고 그린버그(Grinberg, 1957) 등에 의해 더 명확하게 표현된, 역전이를 구조화하는 데 있어서 투사적 동일시가 수행하는 중요한 역할을 예견했다. 그는 다음과 같이 말한다:

> 이러한 반응들은 집단 내의 분석가가 멜라니 클라인(1946)이 투사적 동일시라고 일컬은 것의 최종적인 수용자라는 사실에 달려있다는 것이 나의 믿음이다 ... 나에게

> 있어서 역전이 경험은 분석가로 하여금 자신이 투사적 동일시의 대상이 되는 경우와 그렇지 않은 경우를 구별할 수 있게 해주는 매우 분명한 특질을 갖고 있는 것으로 보인다. 분석가는, 그 사실을 인식하는 것이 아무리 어렵다고 해도, 자신이 누군가의 환상 안에서 어떤 역할을 수행하도록 조종되고 있는 것을 느낀다. [1948a, p. 149]

이 마지막 측면에 관해 블랑도뉘(Bleandon, 1994)는 다음과 같이 덧붙인다:

> 역전이 개념이 1950년대 정신분석적 문헌에 등장하기 시작했을 때, 비온은 십년도 훨씬 전에 그러한 현상을 알고 있었다. 정신증에 관한 그의 글은 독창성과 밀도에 있어서 이 분야의 다른 어떤 글보다 뚜렷한 차이를 드러낸다. [p. 108]

비온은 1953년에 쓴 "정신분열증 이론에 관한 해설"이라는 그의 글에서(1967, pp. 23-25), "해석을 위한 증거는 역전이에서와 환자의 행동 및 자유연상에서 찾아져야만 한다. 역전이는 정신분열증 환자의 분석에서 중요한 부분을 차지한다 …"고 말했다(ibid., p. 24). 1967년 3월에 쓴 「숙고」(1992)에 실린 글에서, 그는 분석 회기 동안 해석에 앞서 우울 감정뿐만 아니라 박해 감정을 실험하는 것의 중요성에 대하여 말했다:

> 나는 정확한 해석을 위해서는 분석가가, 우리가 희망하듯이, 설령 그것이 수정된 형태이기는 하지만, 해석을 주지 않는 "박해" 단계를 거칠 필요가 있다고 제안한다. 비슷하

> 게, 분석가는 해석을 하기 전에 우울 단계를 통과해야 한다 … 나는 정신증 환자나 경계선 환자와의 분석을 통해서 이러한 믿음을 갖게 되었다. 나는 해석이 아무리 옳은 것이라고 해도, 분석가가 해석을 하는 행위의 일부로서 정서적 위기를 통과하는 것을 환자가 느끼지 않는 한, 환자는 그 해석을 결코 받아들이지 않을 거라고 생각한다. [1992, p. 29]

나중에 그는 "정신분석가가 피분석자에 관해 말하는 것은 정신분석가 자신에게도 진실된 것이라고 가정할 수 있다"고 말했다(ibid., p. 361).

1974-75년에 브라질에서 개최된 컨퍼런스에서, 비온은 분석가가 환자에 대해 경험하는, 따라서 해석을 위해 사용될 수 있는 의식적인 감정들을 분석가가 알지 못하고 따라서 사용될 수 없는 감정들로부터 구분했다. 비온이 진정한 역전이라고 부른 것은 바로 이 후자의 감정들이다.

1975년에 브라질에서 있었던 비온의 슈퍼비전들 중의 하나에서, 그 프로그램에 참여한 분석가들 중의 한 명이 그의 환자와의 의사소통과 관련된 어려움을 표현했다: "나는 접촉을 수립하지 못하는 어려움의 원인이 나에게 있는지 환자에게 있는지 모르겠습니다." 그때 비온은 다음과 같이 대답했다:

> 그것은 언제나 고려해볼만한 가치가 있는 문제입니다. 그러나 여기에서 다시금 나는 분석가들이 역전이를 사용할 수 있다는 주장에는 문제가 있다고 봅니다. 이것은 정확하지 않은 사고방식입니다. 여러분은 여러분이 느끼는 감정을 사용할 수는 있지만, 역전이를 사용할 수는 없습니다.

> 정의상, 나는 나의 역전이에 대해서 아무것도 할 수 없습니다. 분석가에게 가서 분석을 받는 것 외에는 할 수 있는 것이 없습니다. 그러나 우리들 대부분은 우리가 찾아갈 수 있는 분석가가 없다는 사실을 견뎌야만 합니다. [1987, p. 26]

비슷한 표현이 그 전 해에 리오데자이네로에서 사용되었다:

> 역전이는 기법적 용어이다. 그러나 종종 그렇듯이 기법적 용어는 닳아버리는 바람에 가치를 상실한 동전처럼 변한다 … 역전이에 관한 이론은 분석가가 자신이 그것을 갖고 있다는 것을 알지 못한 채, 환자와 갖는 전이 관계에 대한 이론이다 … 우리는 상담실 안에서 우리의 역전이를 사용할 수는 없다. 그것은 용어상의 모순이다. 그 용어를 그런 식으로 사용하는 것은 "역전이"라는 단어 대신에 새로운 용어를 고안할 필요가 있다는 것을 의미한다. 역전이는 환자에 대한 우리의 무의식적 감정들이고, 그것이 무의식적인 것이기 때문에 그것에 관해 우리가 할 수 있는 것은 아무것도 없다. [1990, pp. 122]

그리고 얼마 후에 상파울로에서, 누군가가 그에게 분석가가 해석을 위해 역전이를 사용하는 것에 관해 물었을 때, 비온은 이렇게 말했다:

> 나는 그가 다른 분석가를 찾는 것이 더 낫다고 생각한다. 왜냐하면 역전이에 의해 자극된 정신분석적 해석들은 상당한 정도로 분석가와 관련되어 있기 때문이다. 만약 피분

> 석자가 운이 좋다면, 그것들은 또한 피분석자와 관련된 어떤 것을 가질 수 있을 것이다. 그러나 조만간에 역전이에 기초한 분석은 재난을 만나거나, 어쨌든 실패할 것이다. 왜냐하면 모든 해석들은 피분석자와 별 상관이 없고 대부분 분석가와 관련될 것이기 때문이다. 신체적 의학에서, 만약 외과의사가 해부학과 생리학의 발견에 근거하지 않고 역전이에 근거해서 수술을 한다면, 이것은 오래지 않아 명백한 실패로 드러날 것이다. [ibid., p. 191]

비온은 예컨대, 환자가 분석가 안에서 이끌어낼 수 있는 통찰이라고는 없는, 살인적이고 가학적인 악성 증오와 관련된 역-행동(counter-acting)의 위험성에 대해서도 말한다. 그에 따르면, 통찰의 부족, 통찰을 사용하는 것에 대한 환자의 저항은 분석가 안에서 유사한 감정들을 자극할 수 있다. 예를 들어, "내가 그에게 해석을 하면, 나는 완전히 망할 것이다"와 같은 감정이 그것이다. "나는 내가 '증거'라고 부르는 것 없이, 그에게 해석을 해야 하는 이유가 무엇인가?"(1992, p. 301). 그는 마치 자신에게 말하듯, 계속해서 말한다:

> 나는 깊은 무력감을 느낀다. 나는 무엇을 해야 할지 알 수 없는데, 그럴 때 나에게는 마치 무언가를 할 수 있는 것처럼 행동하고 싶은 생각이 없다. 또는 내가 할 수 있다는 환상에 실체를 주고 싶지 않다. 나는 모른다. 아무도 아는 사람이 없다. 그것은 어처구니없이 단순하다—우리가 그것을 복잡하게 만들고 싶지 않는 한. 아무것도 할 일이 없을 때에는—아무것도 하지 마라! [ibid., pp. 301-302]

역전이에 관한 이 모든 언급들을 신앙의 행위 또는 O가 되는 것에 대한 서술과 비교할 때, 비온이 그의 독자들에게 혼란은 말할 것도 없고 갈등을 제시한다고 생각하지 않을 수 없다. 우리는 다음과 같이 질문할 수 있다: 비온이 말한 의미에서, 역전이로부터 자유롭도록 충분히 분석 받은 분석가가 과연 존재하는가? 즉, 그가 "환각증의 상태" 안에서 해석을 할 때, "O에 의해 깨우침을 얻고" "신앙의 행위"를 사용하면서, 자신의 역전이를 다룰 필요가 없는 분석가가 있는가? 비온은 "엄격한 의미에서의 역전이"에 해당하는 병리적 구성물과 O와 신앙의 행위와 연결된 "정상적인" 역전이를 구별했을 가능성이 있다. 비록 개념적으로는 다르지만, 그러한 진술은 기텔슨(Gitelson, 1952)이 전체로서의 환자에 대한 분석가의 반응(혹은 "분석가의 전이")을 환자의 부분적 측면에 대한 반응(혹은 "분석가의 역전이")으로부터 구분한 것과 관련되어 있을 수 있다; 이 구분은 랙커(Racke, 1953)가 역전이의 "일치적" 형태와 "상보적" 형태를 구별함으로써 더욱 확장되었다.

역전 가능한 관점(Reversible perspective): 시간과 공간의 분열의 한 형태로서, 비온은 이것을 널리 알려진 베커(Wecker)의 정육면체와 루빈(Rubin)의 꽃병을 이용해서 설명한다. 그 두 그림은 도해(diagram)의 어느 측면이 "형상"으로 보이고 어느 것이 "바닥"으로 보이는지에 따른 관점의 변화를 보여준다. 예를 들어, 정육면체의 경우 그것은 어느 면이 더 가깝게 보이느냐— AB나 CD 중—에 달려있다면, 꽃병에서는 선택된 것이 꽃병의 형태인지, 서로를 바라보고 있는 두 사람의 옆모습인지에 달려 있다. 비온은 이러한 이중적 관점을 갖고서 집단에 대해 연구하는 동안, 작업 집단과 드러나지 않은 기본적 가정 집단들 중 하

나의 사이에서 관찰되는, 이중성의 개념을 설명하려고 시도했다. 그때 그는 다음과 같이 진술했다:

> 집단 안에서 정신과의사는 때때로 관찰된 특정한 정서적 상황의 "이중성"이 어떤 것인지 고려해야만 한다. 그는 또한 자신이 방금 서술한 상황의 "이중성"이 이미 경험된 것은 아닌지 그리고 이전의 어떤 회기에서 서술된 것은 아닌지에 대해 고려해야만 한다. [1948b, pp. 87-88]

이어서 비온은 유사한 역동을 사용하여, 분석가와 환자 사이

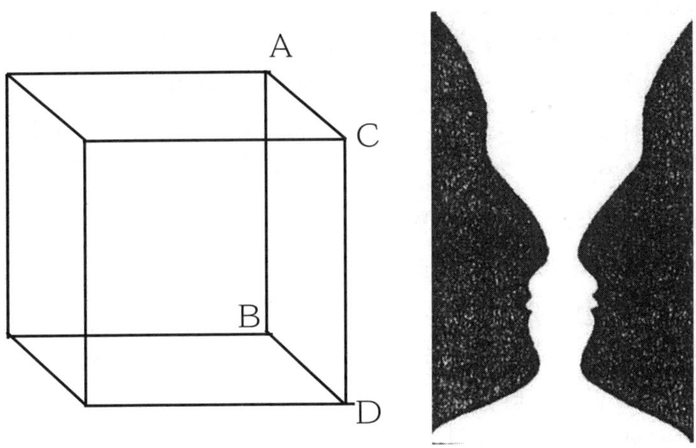

그림 2. 역전 가능한 관점

또는 환자 자신 안에서 발생할 수 있는 일치 또는 불인치를 성장의 고통을 다루기 위한 방어로서 설명했다. 그는 환자가 해석에 의해 제공된 "과학적 연역체계"에 반대하고 경쟁하기 위해 자신의 "과학적 연역체계"를 사용하는 상황에 대해 말한다. 이것은 다음과 같은 옛 격언에 의해 요약될 수 있다. "때때로 오른손은 왼손이 무슨 일을 하는지 알지 못한다." 또는 스페인 격언에 의하면, "하나는 노새를 생각하고, 다른 하나는 누가 그것을 타는가를 생각한다."

의견의 일치(agreement)는 해석의 내용에 대해 노골적으로 반대하는 환자처럼, 강제적인 것일 수 있다. 또 어떤 경우에는, 역전 가능한 관점에서처럼, 그 일치가 그렇게 명백한 것이 아닐 수 있다. 정신분석적 요소라는 특별한 정점에서 보자면, 그러한 불일치는 K와 -K 사이, 즉 분석가의 앎과 환자의 앎의 부재 사이에서 발생하는 것이다. 의견의 일치는 성장과 진보를 산출하는 역동적인 상태를 반복을 일삼고 정체되어 있는 상태로 변화시키는 방식을 암시한다. 분석이 "역전된" 상태에서 흘러갈 때, 분석가와 환자 사이에는 무의식적인 의견의 일치가 발생할 수 있다. 때로 그것은 몸짓, 태도, 침묵 등과 같은 거의 지각될 수 없는 감각인상에 근거해서, 그 분석이 환자와 분석가 사이의 접촉 장벽 위에서 이루어지고 있고 "제대로 작용하고 있다"는 인상을 주지만, 비온이 진술했듯이, 실제로는 그렇지 않다. 이러한 차이는 대개는 결코 말로 표현되지 않는다; 그것은, 비록 비온이 좌표를 통해 본다면 모습을 드러낼 것이라고 강하게 확신했지만, 침묵과 불일치 사이에서 흘러간다(1963, p. 54n). 때때로 이것은 환자가 방어를 내려놓는 순간에 드러날 수도 있을 것이다. 하지만, 역전 가능한 관점은 즉각적으로 다시 수립될 것이다. 비온은 깊은 수준에서, 이 기제는 성장에 의해 유발되는 정신적 고통에 대한 방어라고 결론 내린다(ibid., p. 63).

공포증적 및 회피적 방어기제를 사용하는 한 젊은 환자가 분석을 시작한지 한 달 쯤 된 어느 한 회기에서, 자신은 분석가의 "해석을 잊어버리지 않기 위해 마음속에서 끊임없이 되새긴다"고 말했다. 나는 그때 그녀에게, 우리는 그와 반대되는 상황을 생각할 수 있다고 말해주었다. 즉, 그녀가 해석으로부터 자유로워지고 마음속에 아무것도 남아있지 않다는 것을 확인하기 위해서 그것을 되새기고 있다는 것이다. 오랜 침묵 끝에, 그녀는 약간 특이하게, 나의 맞은편을 바라보면서 일어섰는데, 나는 그가 비온의 환자와 비슷하게(1965, p. 131), 그녀의 눈을 통해 내가 한 말들을 축출하고 있다는 인상을 받았다. 더욱이, 나는 만약 내가 "나의 말을 기억하는 것"에 관한 그녀의 가설을 받아들였다면, 역전 가능한 관점을 촉발시켰을 것이라고 생각한다. 역전 가능한 관점이라는 기제 배후에 있는 것은 오이디푸스 신화와 관련된 성장의 고통에 대한 방어이다(ibid., p. 63).

환자는 역전 가능한 관점을 사용해서 분석가와 직접적으로 대면하는 것을 회피할 수 있는데, 이것은 마치 오이디푸스 상황의 불안을 실험하는 것과도 같다; 대신에 환자는 계속해서 비온이 "정적인 분열"이라고 부른 기제를 사용해서 자신의 방식을 고수하는데, 이것은 관념의 발생을 위해 전-관념과 실현의 결합을 허용하는 역량에서의 실패를 나타낸다. 비온은, 때때로 역전이 불가능할 경우, 환자는 해석을 듣는 방식에서 일부를 뒤틀거나 잘못 듣거나 오해함으로써, 또는 좀 더 병리적으로는, 망상과 환각을 사용함으로써, 의사소통의 작은 왜곡들로 되돌아갈 수도 있다고 말한다(ibid., p. 60). 비록 전적으로 명료하게는 아니지만, 비온은 또한 관점의 역전을 "양안적 시각"과 관련시킨다. 즉 양안적 시각을 역전이 존재하지 않을 때에는 그것의 대체물로 그리고 역전이 존재할 때에는 그것의 방해물로 본다는 것이다. 그러나 이 견해는 다른 분석가들에 의해서 의문시되고 있다(Meltzer, 1978, p. 6). 좌표의 범주에서 보자면, 역전 가능한 관점 안에서 환자가 말하는 것은 F1, G1 그리고 G2에 위치할 수 있고, 분석가가 말하는 것은 F5, G5 그리고 G6에 해당할 수 있다. 참조: 변경된 초점, 양안적 시각, 이중적 관점, 정적 분열, 정점.

연결에 대한 공격(Attacks on linking): 비온은 이 개념을 정신증 환자들 또는 인격의 정신증적 부분이 그들의 언어적 사고에 격렬한 공격을 가함에도 불구하고, 항상 어느 정도의 의식을 갖고 있다는 사실을 이해시키기 위해 1957년에 처음으로 언급했다(1967, p. 48). 비온은 이 공격들이 현실 그 자체를 향하기보다는 언어적 사고를 향한다고 느꼈다. 언어적 사고는, 프로이트에 의하면(1911), 현실에 대한 감각인상들과 의식 사이에 존재하는 관계를, 즉 외적 현실과 내적 현실 사이의 관계를 나타낸다; 이런 이유로, 이 연결이 파괴될 경우, 사고와 대상관계들이 손상되지만, 현실에 대한 의식은 남아있다.

비온은 "원초적 젖가슴 또는 페니스"에 대한 공격과 분열을, 연결들에 가해지는 모든 공격들에 대한 전형으로 사용했다. 또한 투사적 동일시 기제를 마음이 이러한 공격으로 인한 파편들로부터 자체를 자유롭게 하려고 시도하는 방식으로 서술했다(1967, p. 93). 이 주제에 대한 주된 공헌은 이미 클라인이 표현했듯이, 대상보다는 연결에 강조점이 주어졌다는 데 있다.

연결에 대한 공격들은 원래 부분-대상들에 의해 지배되는 편집-분열적 자리 동안에 이루어진 것이다. 여기에서 부분-대상들의 관계는 젖가슴의 모양이 아닌 그것의 내용물에 의해, 그것의 해부학이 아니라 그것이 지닌 양분, 사랑, 증오, 독, 등과 같은 기능들, 즉 생리학에 의해 결정된다(ibid., p. 102). 이러한 종류의 자기 자신 및 다른 사람들과의 부분-대상관계는 다음과 같은 표현을 설명해준다:

> … 덜 심각한 환자가 "내 생각에는"(I think) 또는 "내가 믿기로는"(I believe)이라고 말할 때, 심각한 장애를 가진 환자는 흔히 "... 처럼 보인다"(it seems)라고 말하는 경향이 있다. 그가 "... 처럼 보인다"라고 말할 때, 그는 종종 어떤 느낌에 대해 말하는데, 그것은 그의 정신의 일부분이기는 하지만, 아직 전체 대상의 일부로서 관찰되지는 않은 것이다. [ibid., pp. 101-102]

어떤 환자들에게는 투사적 동일시가 그들을 이해시킬 수 있는 연결 또는 의사소통의 유일한 형태가 된다. 그들은 보통 아기였을 때, 죽음과 관련된 "이름 없는 공포"를 경험했던 아기들, 즉 그들의 어머니들에 의해 좋은 돌봄을 받지 못했거나 담겨지지 않았던 아기들이다. 그 후에, 이러한 감정들은 증오로 바뀌고, 전이에서 마치 그들이 제대로 이해받지 못하는 것처럼, 즉 분석가를 자신들의 불평을 수용해주지 않거나 완화시켜주지 않는 사람이라고 경험한다. "따라서 환자와 분석가 사이의, 또는 유아와 젖가슴 사이의 연결은 투사적 동일시의 작용이다"(ibid., p. 105)라고 비온은 말한다. 극단적인 경우, 원초적 시기와 증오는 탐욕으로 변하고, 행동화, 비행 또는 자살 위협 등과 함께 환자와 분석가의 마음을 삼켜버리고 만다(ibid., p. 106).

시기심에 의해 파괴되는 또 다른 중요한 연결은, 부모들의 창조성과 성취뿐만 아니라 커플이 "결합하는 것"에 대한 공격에서 관찰될 수 있듯이, 부모 사이의 관계이다. 이때 부모 커플은 또한 결합된 이미지 안에서 경험되는데, 그것은 "자기에 대한 시기심" 이라는 기제에 의해 내적으로 공격받는다(Lopez-Corvo, 1992, 1994). 호기심과 마찬가지로, 판단(judgement) 또한 배우는 능력을 방해하게 될 파편화와 비워내기를 위한, 가능한 공격목표들을 나타낸다(ibid., p. 103). 참조: 정서적 연결들, L, H, K 연결, -K, -L, 모성적 몽상, 이름 없는 공포.

연역적 공리 체계(Deductive axiomatic system): 참조: 과학적 연역체계.

열정(Passion): 비온은 열정 또는 그것의 결여가 탐욕과 관련되지만 않는다면, 그것은 폭력에 대한 어떤 암시도 없이, 강렬함과 따스함으로 경험되는 정서라고 서술한다. 그는 사랑, 증오, 그리고 지식을 그것들로부터 발산되어 나오는 차원들과 함께 열정에 포함시킨다. 비록 열정이 항상 두 마음을 연결시키지만, 그것은 역전이와 구분되어야만 한다. 왜냐하면 역전이의 경우, 열정은 잠재된 내용의 억압을 의미하기 때문이다. 열정은 감각들에 의해서 증명될 수 없다. 왜냐하면 마치 명백한 증오가 사랑으로 가장할 수 있고 그 역도 성립하는 것처럼, 또는 의기양양함이 우울을 숨길 수 있는 것처럼, 종종 하나의 정서는 어떤 다른 정동을 실제로 숨길 수 있기 때문이다(1963, pp. 12-13).

멜처(1986)는 열정은 격랑 또는 파국적 변화를 유발할 수 있는데, 그것은 사춘기 청소년들에게서 관찰되는 열정적인 사랑 같은, 새로운 정서들이 이미 존재하는 정동들에 끼치는 충격 때문이라고 말한다(pp. 187-190).

영감(Premotion): 비온은 이 단어를 아무런 정의도 제공하지 않은 채 사용한다. 그는 그것을 「정신분석의 요소들」(1963, pp. 75-76) 제16장에서 두 번 사용했는데, 그곳에서 이렇게 말한다: "... 한 환자가 첫 상담에 올 때, 분석가의 영감은 그 환자에 대해서 다른 요인들로부터는 얻을 수 없는 정보를 제공한다"(ibid., p. 75). 아마도 그는 분석가에 의해서 직관적으로 파악될 수 있는 느낌들에 대해서 말하고 있는 듯하다. 몇 줄 아래에서, 그는 이렇게 말한다:

> 나는 "예감"이 경고와 불안의 느낌과 연관되어 있다는 것을 부정하지 않는다. 불안의 느낌은 분석가가 자료 안에서 영감을 인식하도록 안내한다는 점에서 가치 있는 것이다. 그러므로 영감은 다음과 같이 나타내질 수 있다: 불안(ζ), 여기에서 ζ은 포화되지 않은 요소이다. [1963, p. 76]

"영감"이라는 말이 "예감"이라는 단어의 철자오류인가 아니면 정서적 상태보다 앞선 상태를 암시하는 신조어인가에 대한 질문이 있다. 하지만 비온이 왜 "전-정서"(pre-emotion)와 같은 용어를 사용하지 않았는가라는 질문이 계속해서 남는다. 비앙커디(Bianchedi, 2001, 개인적 대화)는 비슷한 의견을 표명한 바 있다. 메오티(Meotti, 2001, 개인적 대화)는 영감이라는 용어에 성 토마스 아퀴나스의 추종자들이 부여한 의미에 주의를 환기시켰다. 그들은 그 용어를 신의 전지성(全知性)에서 나오는 일종의 "움직임"을 지칭하는 데 사용했고, 그러한 움직임이, 인과율의 한 형태로서, 사람들로 하여금 명백한 자유를 통해서 움직이게 하는 요소라고 믿었다. 그들은 그것을 "물리적 영감"(proemotio physica)으로 불렀다. 이러한 정의에 기초해서, 구치(Gooch, 2001)는 하나의 흥미로운 가설을 제시한다:

> 나는 피분석자의 영감이 분석가 또는 부모의 영감을 자극한다고 생각한다. 영감은 베타-요소일 수 있고, 예감은 알파-기능, 또는 정신적 앎(이차과정, 현실원리, 신호 정동, 자아기능)이 발달하는 데 필요한 요소가 생겨나기 시작하는 것일 수 있다. 그리고 이것은 방출(쾌락원리, 일차과정, 비워내기, 신체화, 행동화, 증상형성)과 대비된다. [개인적 대화]

예감(Premonition): "하나의 관념적 내용이라기보다는 하나의 정서적 상태"를 나타낸다. 전자는 "전-관념"이라는 용어에 의해 더 잘 특징지어질 수 있기 때문이다. 비온은 "나는 '예감'이 경고와 불안의 느낌과 연관되어 있다는 것을 부정하지 않는다"고 말했다. 이 말은 예감이 정서들의 전조들로서 해석될 수 있다는 것을 뜻한다. 직접적인 관찰에 의하면, 정서적 상태들은 그것들이 예감들로서 생각될 수 있을 때에만 의미 있는 것이 된다; 예를 들어 역전이 불안은 분석가의 탐구를 안내할 수 있고 종국에는 해석을 구조화하는 데 도움을 줄 수 있는, 하나의 예감으로서 해석될 수 있다: 비온은 "만약 예감들이 경험될 수 없다면, 분석가가 정확한 해석을 하는 것이 어렵게 되고 피분석자가 그것을 이해하는 것도 어려워진다"고 말한다. 이런 의미에서 예감은 O 또는 환각증 같은 다른 중요한 개념들과 관련되어 있는 것으로 보인다. 비온은 또한 예감과 영감(premotion)을 상호교환적으로 사용한다.

하나의 "정신분석적 요소"로서, 예감은 다음과 같이 나타내질 수 있다: 불안(ξ), 여기에서 ξ은 포화되지 않은 요소를 나타낸다.

오, 궁극적 실재(O, ultimate reality): "Origin"(기원)이라는 단

어에서 가져온 글자로서, X축과 Y축이 교차하는 지점에 해당하는 데카르트식 좌표(coordinates)의 중심을 가리키는 데 사용된 동일한 용어와도 관련된 것으로 보인다; 그것은 또한 선불교에서 말하는 "기원"(기원)이라는 개념에서 유래한 것일 수도 있다. 비온은 O를 회기에서 그리고 예술가의 창조활동이나 깨달음(illumination)의 상태 안에서 발생하는 물-자체, 또는 측정할 수 없는 것, "절대적 사실"(1965, p. 17, 40), 그리고 그것 자체의 본성상 알려질 수 없는 것(ibid., p. 17)으로 정의한다. O가 알려질 수 있는 경우는 O의 변형이 존재하는 상수들을 결합시킬 수 있음으로 해서 다른 것들과의 의사소통이 가능해질 때뿐이다. 이것이 발생하기 위해서는 두 가지 조건이 충족되어야만 한다: 기억과 욕망이 포기되어야 하고, O와의 연합—비온이 하나-됨의 상태라고 부른—이 발생하도록 허용되어야 한다(ibid., p. 102). O는 계속적으로 되고 있으며, 이 순간의 O—마치 현재의 시간처럼—는 이후의 O일 수 없다. 이것이 O가 알려질 수 없는 이유이다. 만일 우리가 그것을 안다면, 그것은 더 이상 O가 아닐 것이다. 그것은 O가 아닐 때에만 O일 수 있다. O는 하나의 "자리"도 아니고 하나의 상태도 아니다. O는 있을 수 있거나 있을 수 없는 하나의 가능성이다. 고전적 이론에서, O는 분석가나 환자에게 또는—이상적으로는—두 사람 모두에게 갑작스런 계시로서의 "통찰"이라는 개념과—비록 다르지만—동등하다.

비온은 또한 "항구적 결합"의 발생을 허용하는 일종의 기능이 존재한다고 말하는데, 이 기능은 O와의 융합 또는 하나-됨을 강화시키는 일종의 촉매제로서 작용하는 하나의 배열(constellation)로서 확인된다(1970, p. 33). 이 융합은 어떤 경우에는 공적인 것이 될 수 있다; 이것은 분석 회기 동안에 행해지는 해석을 통하여, 또는 일부 예술가들에 의해 경험되는 느낌을 통하여 이루어진다. 다시 말해서, 예술가들이 그들 자신의 O와 직면할 때, 그들이 연주하는 음악을 듣고, 그들이 그린 작품을 바라보는 청중들에게 자신들의 작업을 전파할 능력이 있을 때 발생한다(1965, p. 97). 그것은 마치 O가 불변의 것에서 모습을 드러내는 것과도 같으며, 이는 벌집에서 채취한 왁스 조각의 변형에 대한 데카르트의 말[3]에서 발견하는 것과도 같다. 종교 영역에서, 마이스터 에크하르트는 신성이 인간에 의해 삼위일체로 인식되는 지점에까지 진화한다고 말한다. O는 무의식이 계속적으로 되고 있는 것으로 해석될 수 있다; 예를 들면, 우리 경험의 밀도가 아무리 높다 하더라도, 우리는 항상 우리의 꿈들의 일부에 관해 알려지지 않은 딜레마들을 직면할 것이다.

거짓됨에 기초해서는 진정한 O의 되기가 불가능하다. O는 모든 대상의 절대적 진실이기 때문이다. 분석가는 자신을 O와 동일시할 수 없으며, 대신에 O가 되어야 하고(하나-됨), 이런 방식으로 O의 진화에서 발생하는 사건들을 알 수 있게 된다(1970, p. 30). 아마도 O는, 만약 우리가 그것이, 좋은 것이건 나쁜 것이건, 궁극적 진실을 나타낸다고 생각한다면, 더 잘 이해될 수 있을 것이다. 비온은 환자의 O(Op)와 분석가의 O(Oa)를 구별한다. 예를

---

3) 벌집에서 갓 떼어낸 왁스 조각은 아직 꿀맛, 꽃냄새, 색깔, 형태, 유연성을 간직하고 있다. 그것은 단단하고 차가우며 손가락으로 튕기면 소리를 낸다. 그러나 만약 그것을 불 가까이에 두면, 이 모든 속성들은 사라진다. 맛도 향기도 없어지고, 색깔이 변하고, 형태가 왜곡되며, 크기가 증가하고, 액체가 된다. 그것으로 어떤 형태를 만드는 것이 불가능하고, 손가락으로 튕겨도 소리가 나지 않는다. 그렇다면 이 모든 변화를 거친 후에도 그 왁스는 동일한 왁스인가? 우리는 그것이 같은 왁스라고 말할 수밖에 없고, 그 누구도 다르게 말 할 수는 없을 것이다 ... 확실히, 우리는 그것에 관해, 내 감각이 내게 알려주는 것에 관해[왜냐하면 그 안에 담겨 있는 모든 것이 변했기 때문에] 아무것도 알 수 없다 ... 하지만 그 왁스는 동일한 것으로 남아있다(Descartes, R., 1641).

들면, 회기에서 “무엇이 Op인가?”라고 묻는 것은 환자가 무엇에 대해 말하고 있는가를 의미한다(1965, p. 17). 비온은 이렇게 말한다: “그러므로 나는 모든 분석적 상황에서 O는 분석가와 피분석자 모두가 동등하게 변형을 위해 사용이 가능하며,” 따라서 정신분석에서 환자와 분석가 모두에게 공통적이지 않은 그래서 두 사람 모두의 변형을 위해 사용할 수 없는 O는 무시되어야 하고 상관이 없는 것으로 간주되어야 한다고 결론내릴 수 있다. 왜냐하면 어떤 방식으로든 그것을 탐구하는 것이 가능하지 않기 때문이다(ibid., p. 48).

일부 환자들의 O에 대한 반응은 좌표의 A열과 B열에 속한 자료들로 이루어진, 원시적인 것일 수 있다: 예를 들어, 분석가의 존재를 부인하고자 하는 무의식적인 목적을 가지고 분석에 와서 그런 방식으로 분석가의 부재(TpO)에 대한 두려움을 다루려고 시도하는 환자를 생각해보자. 그 환자가 회기에 존재한다는 것은 분석가가 존재하는 것을 그가 알고 있다는 증거이다(좌표의 A열, 즉 A2에 속하는, 감각적 수준 또는 베타-요소); 그러나 동시에 환자는 마치 분석가가 존재하지 않는 것처럼, 즉 좌표의 칼럼 2의 B열, 즉 B2에 해당하는 것처럼 행동한다(ibid., p. 53). 비온은 O를 환자의 반응과 다른 것으로 간주했고, 그것을 좌표의 칼럼1에 속하는 정의적 가설로서 생각했으며, 다음과 같은 부정적 특징들을 갖고 있다고 보았다: 인격 안에 머물거나 거주하는 자로서의 그것의 존재는, 그 개인이 신이든 악마이든, 아무런 관련이 없다. 왜냐하면 O는 선하지고 악하지도 않고, 알려지거나 사랑받거나 미움 받을 수 없으며, “궁극적 실재” 또는 진실과 같은 용어로 표현될 수 있는 것이기 때문이다. 우리가 최대한으로 또는 최소한으로 될 수 있는 것은 그것이 되는 것이지만, 그것과 동일시하는 것은 그것으로부터 멀어지는 방법이고, 종종 과대망상의 형태로 드러나는 정신병리의 표현이다. 고전적 정신분석에서, O에의 접근불가능성은 저항의 표현으로 간주되었다. 비온이 서술하듯이, 거기에는 O와 관련된 연상들의 주연부(周緣部)가 존재한다: 진실, 형태, 그리고 ξ[4], 거리, 신성 등으로 특징지어지는 현상들(ibid., p. 162).

비온은 또한 O 안에, 특히 분석가 안에 양극 상태가 존재한다고 지적하는데, 그것은 다음과 같은 결합이 있을 수 있기 때문이다: (a) 분석적 경험에 의존하는 O의 측면과 (b) 또 다른 O의 직관적 측면의 결합(ibid., p. 49). 그는 전자를 O1의 Taβ라고 부르고, 후자를 O2의 Taβ라고 부른다(ibid., p. 50). 참조: 변형.

정신증 환자가 투사를 위해 사용하는 공간은 무한히 많은 차원들을 가질 수 있고, 그 공간 안에서 분석 전체는 O의 강렬한 정서적 폭발이 파국적으로 발생한 변형으로 볼 수 있다: "인격, 연결, 그리고 제2의 인격의 요소들이 그것들의 기원 지점으로부터 그리고 서로에게서 광대하게 먼 곳으로 즉각적으로 추방되는데(1970, p. 14), 비온은 이러한 기제를 "과장법"(hyperbole)이라고 서술했다. 그와 같은 O 안에서의 폭발 사건은 베타-요소들로 인해 환자의 어떤 행동 또는 행동화(뒤틀림, 모습의 변화, 얼굴 찡그림, 등)로 변형되는데, 이것은 Tpβ에 해당하고, 좌표의 칼럼 6에 해당될 수 있다.

비록 비온이 이러한 방식으로 서술하지는 않았지만, 내가 믿기로는, 어떤 순간에 O를 포착하는 것, 또는 O를 K로 변형시키는 것은 클라인이 서술한 무의식적 환상 개념에 해당하는 것일 수 있으며, 그는 더 나아가 O는 직관적인 깊이와 일반화와 접해 있다고 보았는데, 이 후자를 신비가들이 서술해온 조명 행위와

---

4) 이 사전의 도입부에 나오는 축어표를 참조하시오.

비슷한 것이라고 간주했다. 다른 한편, 나는 O를 "제로"로 서술하는 것은 잘못된 견해라고 본다(Grinberg et al. 1972, Bion, 1974, p. 107). O가 K로 변형되는 것(O → K)은 해석의 구조화 행위를 나타내지만, 이 행위는 먼저 분석가가 K가 O로의 변형을 허용하는 특별한 자세를 취할 것을 요구한다. 이 상태는 프로이트가 말하는 "자유롭게 떠다니는 주의" 개념에 이미 나타나 있는 것이지만, 비온의 개념 안에서 더 밀도 있게 관찰되고 있다. 그리고 이것은 또한 선불교와의 연결을 암시하고 있다. O를 이해하기 위해서, 우리는 분석적으로 경청하는 동안에 직관적으로 떠오르는 모든 것을 수용하고 믿어야만 한다. 이것이 비온이 신앙의 행위라고 서술한 것이다.

비온은 십자가의 성 요한(Saint John of the Cross)과 에크하르트를 언급하는데, 이는 그들이 신과의 합일 또는 하나-됨이라고 서술한 것에 담긴 그들의 신비 경험과 내적 조명의 감각 때문이다. 비온은 O의 의미에 대한 그의 묘사에서 이 경험들을 하나의 패러다임으로 사용했다. 이런 이유로 어떤 사람들은 O가 "형이상학적이고 종교적인 의미"를 갖고 있다고 믿는다(Symington & Symington, 1966, p. 10). 그러나 에크하르트의 신성에 대한 비온의 관심은 그다지 신의 존재 또는 다른 어떤 종교적 대상에 대한 증거로서의 "담기는 것"(♂)에 있지 않다; 대신에 그의 관심은 그러한 알려지지 않은, 생각할 수 없는, 말로 표현할 수 없는 어떤 것, 진실 그 자체 또는 궁극적 실재와의 그러한 연합을 경험하는 "담는 것"(♀)을 향해 있다. 비온에게 있어서, 신비가가 신에게서 받는 계시는, 그 신이 어떤 신이라고 해도, 분석가가 "자유롭게 떠도는 주의"와 함께 그리고 "기억이나 욕망이 없이" O에게, 즉 말로 할 수 없고, 알려지지 않고, 생각할 수 없는, 진실 그 자체 또는 궁극적 실재에게, 그 특정한 순간에 환자가 표현하고 있는 것에 경청하는 동안에 경험하는 계시와 비슷하다.

요약하면, O에 대한 이론을 위한 근거로서 비온은 몇 가지 가정들을 사용했다고 말할 수 있다: (a) 단지 직관을 통해서만 알 수 있는 칸트의 누메논 개념, 또는 알려지지 않은 것(또는 전-관념, 물-자체, 말로 설명할 수 없는 것, 등), 그리고 누메논과 특정 대상 사이의 결합 또는 실현의 최종 결과로서의 현상들(관념, 대상, 젖가슴, 등); (b) 아리스토텔레스의 "형태"(form) 이론. 이 이론에서는 현상이 "형태"로서 간주된 추상적 개념을 상기시키는 자로서 작용하기 때문에, 형태는 그 반대되는 것으로 간주될 수 있다. 비온은 아리스토텔레스 이론을 위한 패러다임으로서 밀턴의 실낙원에서 가져온 몇몇 구절들을 제시한다; (c) 십자가의 성 요한이 "카르멜 산에서의 승천"에서 서술한 신과의 합일 경험을 포함해서, 마이스터 에크하르트, 성 요한 루이스브뢰크(Blessed John Ruysbroeck)의 서술들에서 추론할 수 있는 신성(Godhead).

참조: 신앙의 행위(F); 하나-됨; 욕망; 형태 이론; 플라톤의 형태; 신성; 거짓말; 마이스터 에크하르트; 기억; 누메나; 현상; 물-자체; O 안에서의 변형, K 연결; K의 변형, O의 변형, 진실, 선불교.

오만, 호기심, 어리석음(Arrogance, Curiosity, Stupidity): 이 개념은 1957년 7월/8월 파리에서 열린 국제 정신분석학회에서 발표된, "오만에 대하여"(1957a, pp. 86-92)라는 비온의 논문에 근거해 있다. 그는 "오만, 호기심, 그리고 어리석음"이라는 세 가지 형태의 행동들이 동일한 사람 안에서 일어나는 "심리적 파국"의 표현으로 간주한다. 자랑스러움이 생명본능이 우세한 개인에게서 나타날 때, 그것은 자존감이 되지만, 만일 죽음본능이 우세한 개인에게서 나타난다면, 그것은 오만이 된다. 이 세 개념들 사이의 관계를 명료히 밝히기 위해서, 비온은 성적 범죄를 이차적 요소로 간주하는 관점에서 오이디푸스 신화를 바라본다. 그때 중심이 되는 범죄는 "티레시라스에게 테베의 저주에 대한 비밀을 밝히라고 강력히 주장하면서, "어떠한 대가를 치르더라도 진실을 밝히겠다고 맹세"하는 오이디푸스의 오만함이라고 지적한다. 자신의 어리석음에 의해 지배된 오이디푸스는 그의 오만으로 인해 모든 범죄와 죄로부터 자유롭다고(자신은 죄를 짓지 않는다고) 스스로 믿을 수 있었다는 것이다.

이와 비슷한 기제가 대부분의 독재자들의 마음속에서 작용했을 수 있다. 예컨대, 히틀러는 그의 어리석음과 오만으로 인해 그의 어머니에 대한 단순한 은유로서의 가이아를 지배할 수 없다는 것을, 그리고 온 세상을 지배하는 것이 불가능하다는 것을 볼 수 없었다. 비온은 임상 실제에서, 이러한 사람들에 대한 분석은 피상적으로는 친숙한 신경증 치료의 패턴을 따르는 것으로 보일 수 있지만, 실제로는 분석적 작업에도 불구하고 진전이 없다는 것은 우리가 실제로는 정신증 수준의 심리적 파국을 다루고 있다는 증거일 수 있다고 본다. 여기에서 발생할 수 있는 하나의 복잡한 상황은, 분석 절차 안에 정상적으로 존재하는 "파국"의 본질적인 구성요소로서 환자가 경험할 수 있는 호기심과 환자의 정상적인 호기심의 충돌 가능성에서, 또는 비온이 경고했듯이, 피하는 것이 어려울 수 있는 상황인, 일종의 도착된 행동화의 표현에서 발생한다. 이러한 경우, 분석은 투사적 동일시, 혼란스러운 상태, 이인증 그리고 망상들을 다루는 정신증 환자의 치료와 동일한 것이 될 것이다.

바히아(Bahia, 1977)는 분석가의 소극적 능력과 그의 전능하고 오만한 호기심, "알지 못함"(-K)을 견디는 대신에 어떠한 대가를 치르더라도 진실을 알고자 하는 소망 사이의 관계에 대해 말한다. 어떤 의미에서, 이것은 또한 진정한 어리석음을 의미하는, 전능한 호기심 수준으로 확장될 수 있는, 자신의 욕망에 대한 분석가의 애착을 나타낼 수 있다.

오만에 대한 비온의 작업에 대해, 멜처(1978)는 아이러니하게 다음과 같이 논평했다: "확실히, 예를 들어, 파리 학회에서 발표된 "오만에 대하여"라는 논문은 많은 사람들에게 비온이 서술하고 있던, 오만을 보여주고 있다는 충격적인 인상을 주었다"(p. 31).

오 안에서의 변형(Transformation in O): O는 알려질 수 없고, 말로 설명할 수 없는 것이며, 항상 초월적이고, 생성되고 있는 것이기 때문에, O에 속한 모든 특질들뿐만 아니라 O와의 모든 연결들은 실제로 O의 변형들이다. L, H 그리고 K는 연결이며, 그렇기 때문에 그것들은 O와의 궁극적인 관계의 대체물이다. 그것들은 O에 도달할 수는 없지만, O 안에서의 변형에 적합한 것들이다; 예를 들어, 역전이에서 경험되는 느낌은 우리가 환자의 O에 대해 알도록 도울 수 있다. 그러나 그러한 느낌은 또한 "역-작용"을 불러올 수 있다. 분석가가 이 둘을 구별하는 것은, 비온에 따르면, 훌륭한 분석적 훈련을 필요로 한다.

오의 변형(Transformation of O): 이것은 O에 의해 경험되는 일련의 변형들을 서술한다. 그러한 변형이 일어나는 것은 O가 정적이지 않기 때문이다. O는 진실이며, 계속해서 변화하고 있거나 변화되고 있다; 다른 말로, O는 공간뿐만 아니라 시간에 의해서도 심각하게 영향을 받는다. 한 문화에서 진실인 것이 다른 문화에서는 진실이 아닐 수 있으며, 오늘 진실인 것이 내일은 진실이 아닐 수 있다; 오늘 회기의 O가 내일 회기의 O와 결코 같은 것일 수 없다; 기억하는 것이 그토록 위험한 이유가 바로 이것이다. 참조: 욕망, 신성, 기억, O, 궁극적 실재, O 안에서의 변형, K의 변형, 진실.

오이디푸스 콤플렉스(Oedipus complex): 오이디푸스 신화에는 두 측면, 즉 사적 측면과 공적 측면이 있다. 사적 측면은 그 비극에 대한 개인 자신의 읽기, 즉 개인이 사적으로 경험한 것을 나타낸다; 공적 측면은 공적으로 소통할 수 있는 내용을 나타낸다. 이 신화의 사적 측면은 아기가 외적 세계에 존재하는 그들의 부모와의 접촉을 확립하기 위해 사용하는, 알파-요소 또는 전-관념에 상응한다. 이 알파-요소 또는 전-관념이 실제 부모의 실현과 결합함으로써 부모라는 관념이 만들어진다. 이 때 부모 커플에 대한 시기 어린 공격은 알파-요소 또는 전-관념을 파괴하는데, 그럴 경우 부모라는 관념을 마음속에 간직할 수 없게 된 아기는 오이디푸스 콤플렉스를 "해결" 하는 것이 불가능해진다. 왜냐하면 아기는 그 콤플렉스를 구조화한 적이 없기 때문이다. 비온은 바벨탑 신화, 에덴동산 신화, 그리고 스핑크스 신화에서와 마찬가지로, 오이디푸스 신화의 배후에는 인간이 지식을 얻는 것에 대한 신의 적대적인 태도(-K)가 존재한다고 본다. 그것은 신의 권위에 대한 위협으로 느껴지기 때문이라는 것이다. 그것은 신화의 도덕적 특성을 나타낸다.

비온은 좌표의 F4, G4, F5, 그리고 G5 범주에 해당하는 "오이디푸스 이론"(정신분석적 이해)과 좌표의 C영역에 해당하는 "오이디푸스 신화"(이야기)를 구별한다(1963, p. 58). 그는 이 이론 안에 있는 세 종류를 서술한다: (1) 아버지, 어머니, 그리고 아이 사이의 관계의 실현; (2) 관념을 산출하기 위해 실현에 대한 인식과 결합하는 정서적인 전-관념; (3) 3인조의 구성원에 의해 개인 안에서 자극되는 심리적 반응.

신화 그리고 이야기의 관점에서 볼 때, 신화의 요소들은 문자들이 모여 단어를 만들어내는 것과 비슷한 방식으로, 또는 서로 다른 가설들이 하나의 과학적 연역체계 안에서 결합하는 것과 같은 방식으로, 서로 결합한다. 신화 속의 모든 요소들은 그것들이 신화의 이야기 속에 배열되는 방식 덕택에 의미를 획득한다. 비온은 두 가지 측면을 강조한다: (a) 티레시아스가 그것의 위험을 경고한 이후에도 진실을 알고자 하는 오이디푸스의 고집. 비온은 이것을 오이디푸스의 교만, 호기심, 그리고 어리석음을 나타낸다고 언급했다(ibid., p. 45); (b) 전통적으로 스핑크스에게로 돌려졌던 수수께끼는 인간의 호기심의 표현을 나타낼 수 있다.

비온은 좌표의 가로축을 사용해서 신화를 평가하기 위해—비록 불완전한 것이지만—연습을 시도한다. 그는 전-관념들을 사용해서 사실들을 억지로 만들어낼 수 있는 가능성을 인정하고(1963, p. 49), 사과한다: “정확한 일치를 만들어내는 것이 나의 목적은 아니다 ... 따라서 가로축과 신화의 요소들 사이에 정확한 일치를 만들어내는 것은 신화의 본성을 가리는 왜곡이 될 것이다”(ibid., pp. 65-66). 가로축과 관련해서, 비온은 다음의 요소들을 고려한다:

(1) (범주 1) 이 신화 이야기에 나오는 신탁의 설명은 이야기가 전개되면서 점진적으로 포화되어가는, 전-관념 또는 포화되지 않은 요소와 비슷하게 정의적 가설로서 간주될 수 있다.
(2) (범주 2) 짝짓기 중의 뱀들을 공격한 일로 인해 장님이 된 티레시아스의 경고는 신화 속의 사건들에 의해 발생한 불안에 대한 방어로서, 거짓된 가설을 나타낼 수 있다.
(3) (범주 3) 스핑크스의 수수께끼는 호기심에 대한 위협인

> 동시에, 호기심에 대한 자극을 의미할 수 있다; 이것은 프로이트학파에서의 주의 개념을 나타낸다.
> (4) (범주 5) 오이디푸스가 오만하게도 조사를 계속했다는 점에서, 그는 교만 또는 과장된 자부심이라는 죄를 범했을 수 있지만, 이 행동은 과학적 성실성 또는 조사나 탐구 수단의 성실성에 대한 상징으로 간주될 수도 있다.
> (5) (범주 6) 신화 자체의 전개가 오이디푸스의 추방 또는 등장인물들의 해산에 의해 제시된다는 점에서, 범주 6의 행동을 나타낼 수 있다. 이 요소들에는 일련의 재앙들이 더해질 수 있다: 테베를 휩쓴 역병, 스핑크스와 죠카스타의 자살, 오이디푸스가 장님이 된 것, 라이우스 왕의 피살, 괴물 또는 서로 조화되지 않는 특징들을 가진 대상에 의해 제기된 최초의 수수께끼(ibid., pp. 46-47).

비온은 플루타르크를 따라, 콤플렉스의 삼각형과 유크리드의 "신부의 의자" 이론에서 제시된 직각 삼각형 사이를 연결시키고자 시도한다. 그는 또한 이등변 삼각형에 대한 "당나귀의 다리(Pons Asinorum)" 이론, 즉 "두 개의 길이가 같은 다리와 세 개의 무릎을 가진 동물"이라는 서술을 사용한다. 플루타르크는 직각 삼각형은 2개의 직각의 변들에 의해 표시된 부모들과 빗변에 의해서 표시된 아이에 의해 만들어진 삼각형과 동일하다고 서술했다. 오니안스(Onians, 1951) 역시 그리스 사람들은 "무릎(knee)"이라는 용어가 성기와 마찬가지로 삼각형의 각도를 나타내는 것으로 간주했다고 서술했다.

요인(Factor): 라틴어에서 유래한 "만드는 자," "저자"라는 의미의 단어이다. 산술에서 그것은 하나의 값을 얻기 위해 함께 모인 각각의 숫자들을 가리킨다. 넓은 의미에서, 그것은 최종적인 결과를 만들어내는 데 기여하는 각각의 요소들을 가리키거나 그 요소들의 함수를 가리킨다. "요인 분석"으로 알려진 이러한 요인들에 대한 분석은 상관관계의 도표 안에서 변수들 사이의 상호작용을 평가하는 방식을 나타낸다. 이러한 관점에서 볼 때, 비온의 좌표는 한편에서는 "발생학적인 것" 또는 "세로축"에 의해 제시된 사고의 진화와, 다른 한편에서는 그 진화를 사용하는 마음의 기능들, 즉 "사용들" 또는 가로축이라고도 불리는 것 사이의 상관관계에 대한 요인 분석을 나타낸다. 비온은 그가 "인격의 기능"이라고 부른 안정된 실체를 산출하기 위해 조합될 수 있는 요인들이 인격 안에 존재한다고 가정했다(1962, pp. 1-2). 그는 다음과 같이 말한다:

> "기능"은 여러 요인들이 협력해서 작동하는 정신적 활동을 일컫는 이름이다. "요인"은 기능을 구성하기 위해 다른 정신적 활동과 협력해서 작동하는 정신적 활동을 일컫는 이름이다. 요인들은 기능의 일부로서 서로 협력하고 있다는 점에서 ... 기능에 대한 관찰로부터 추론될 수 있다 … 그러나 요인들은 기능에 대한 직접적인 관찰에 의해서는 추론되지 않는다(ibid.).

예를 들어, 비온의 "정신분석적 기능 이론"에서, $\boldsymbol{\Psi}(\xi)$, ξ라는 기호는 개념을 수립하기 위해 실현을 모색하는 요인 또는 포화되지 않은 요소, 또는 전-관념을 나타낸다.

욕망(desire): 욕망은 충족되지 않았거나 비-포화된 아이디어의 산물로서, 기억이 과거와 연관되어 있듯이, 미래와 연관되어 있다. 물론 기억과 욕망 모두는 과거의 감각 경험들과 연결되어 있지만 말이다(1970, p. 45). 비온은 그가 관심을 갖고 있는 소망의 개념은 단순한 회상들이나 예상들을 말하는 것이 아니라, 감각인상들을 통해 획득한 경험들과 관련되어 있다고 설명했다. 그 경험들은 이미 형성되어 있고, 쾌락이나 고통을 포함하는 감정이 환기되는 것을 나타내며, 좌표의 범주 2에 속하는 것으로서, O가 K로 변형되는 것을 나타내는 데 사용된다. 예를 들어, 환자를 치료하고자 하는 소망이나 이론을 기억하고자 하는 욕구와 같은 것으로서, 이는 궁극적 실재, 알 수 없는 진실, 또는 O를 나타내는 신앙의 행위에로의 접근을 방해한다(ibid., p. 30). 만약 정신분석가가 기억이나 욕망에서 자유롭지 못하다면, 그는 환자 안에 분석가의 소망에 갇힌 포로가 되는 환상을 심어주는 위험을 자초할 것이다(ibid., pp. 43-43). 이것이 "거짓-자기" 병리에서 종종 관찰되는 것이다.

비온은 다음과 같이 말한다:

> 예를 들어, 나는 한 회기, 또는 한 주, 또는 일정 기간의 목표에 대한 욕망에 자신을 허용하는 것이 심각한 잘못이라고 생각한다. 그것은 환자의 치료, 또는 행복, 또는 미래에 대한 욕망이 마음속으로 들어오도록 허용함으로써, 분석 작업을 방해한다. 그 욕망은 분석가의 분석적 능력을 잠식하고 그의 직관을 차츰 퇴화시키는 결과를 가져온다. [ibid., p. 56]

용법의 축(Use axis): 참조: 좌표의 가로축.

우르에서의 매장(Ur, burial in): 비온은 좌표에서 β-요소를 포함하고 있는 A열과 α-요소에 해당하는 B열을 비교하면서, BC

3500년경에 있었던 우르 왕의 죽음뿐만 아니라, 여왕을 포함한 모든 신하들이 죽음을 함께 한 장례식에 대한 기록을 패러다임으로서 사용한다. 그들은 모두 해시시를 복용한 환각상태에서 왕의 시체와 함께 산 채로 매장되어야만 했다. 비온은 이 장면을 500년 후 도굴범들이 묘소를 파냈을 때의 장면과 비교하면서, 영혼의 보복에 대한 두려움이 없이 호기심과 탐욕에 완전히 사로잡혀 있는 도굴범들을 지배할 수 있었던 감정에 대해 말하면서, "무지"가 "마약"처럼 죽음에 동참했던 사람들의 마음을 지배했던 것은 아닐까 하고 묻는다. 도굴범들은 호기심에 고무되어 탐사를 시작한 최초의 과학자들일지도 모른다; 결국 비온은 고고학자들 역시 종종 탐욕에 의해 지배된다고 말한다.

> 도굴범들은 어떻게 사건 후 500년이나 지난 시점에, 정확하게 여왕의 무덤을 찾을 수 있었을까? 운이었을까? 우리는 우리의 종교적 제도를 우르의 사제들의 영적 후손으로 간주해야 할까? 우리는 왕족의 묘지를 파헤친 도굴범들을 우리의 과학자들만큼이나 과학적인, 과학의 선구자들로 인정하고 그들을 위한 기념비를 세워야 하지 않을까? [1977a, p. 10]

왕과 함께 매장된 사람들의 마음은 A6 범주에 위치한 β-요소에 의해 지배되었고, 이후 왕의 묘지를 도굴한 사람들은 C6 범주에 해당될 수 있다. 비온은 호기심에 대한 체계적인 공격이 에덴동산, 바벨탑, 오이디푸스 신화속의 스핑크스 신화와 같은 여러 신화들에 의해 이루어졌다고 주장한다.

우울적 자리—편집-분열적 자리(D-PS): 참조: 편집-분열적 자리와 우울적 자리.

우울증(Depression): 비온은 임상적 우울증에 관해서는 거의 말하지 않았다: "우울증은 젖가슴이 있던 곳 또는 다른 어떤 상실된 대상이 있던 곳을 나타내는" "반면에, 공간은 우울증과 다른 어떤 정서가 있던 곳을 나타낸다"(1970, p. 10).

원(Circle): 비온은 원을, 점 또는 선과 유사하게, 기하학적인 시각 이미지로서 사용하는데, 이 모든 것들은, 비록 좌표의 H범주에 속해 있지만, 전-관념과 유사한 것으로 간주된다. 왜냐하면 그것들은 대수학적 변형들을 나타내기 때문이다(1965, p. 100). 비온은 원을 마음을 나타내는 그림으로서 사용한다. 그는 다음과 같이 진술한다:

> 일부 인격들에게 "안과 밖"에 대한 시각적 이미지로서 사용되는 원은 정신증 환자들과 같은 다른 인격들에게는 안과 밖을 가르는 막이 존재하지 않는다는 증거로서 사용된다. [ibid., p. 82]

비온은 현상학적인 측면에서 마음을 뫼비우스 띠와 비슷한 것으로 이해하고 있는 것으로 보인다.

비온은 원을 자르는 선은 (대상과 마음 사이의 관계와 유사하게) 다음의 가능성들[5)]을 갖는다고 말한다: (i) 현실적이고 뚜렷한 (또는 실제적이고 분리된) 관계: 원의 내부, 즉 내적 세계. 이것은 O를 그리고 K 안에서의 그것의 변형을 추구하는 분석가-피분석자의 작업이 조화롭게 이루어지는 관계를 나타낸다; (ii) 현실적이고 우연히 일치하는 (또는 실제적이고 우연히 일치하는) 관계: 선이 원의 안과 밖 모두와 동일하게 접해 있는 경우. 이것은 변

---

5) 복소 공액에 대한 그림 참조

화에 저항하는 전능성과 이상화의 감정이 지배하는 관계를 나타낸다; (iii) 복소 공액(conjugate complex) 관계: 선이 완전히 원 밖에 있는 경우. 이것은 자기애를 나타낸다: 외부가 내부에 의해 보상되는 거울 표상; 예를 들어, 분석가-환자의 상호작용이 역전 가능한 관점에 의해 지배되는 경우가 그것이다(ibid., p. 83).

원을 둘러싼 선의 움직임이 내면으로부터 단순히 원과 접촉하는 위치로 이동하고, 그 다음에 완전히 원 바깥으로 이동하는 것은 변형을 나타낸다. 비온은 "직선이 원의 내면에 놓여 있거나, 원에 접해 있거나, 전적으로 원 밖에 있는 것으로 간주될 수 있을 때, 사고의 영역 안에서 변형이 발생한 것이다"라고 말한다(ibid., p. 83). 참조: 콤플렉스; 접합; 선, 젖가슴 없음; 비존재; "사물-없음," 점(.); ←↑, ↑→.

원-사고들(Proto-thoughts): 자아가 젖가슴의 부재 또는 젖가슴-없음을 다루어야만 할 때 나타나는 일종의 원시적 사고들 또는 표의문자들을 가리킨다. 그러한 젖가슴의 부재는 정확히 그 젖가슴이 필요한 것이기 때문에 나쁜 것으로 여겨진다. 그러한 부재는 원시적인 형태의 생각하기 또는 원-사고들의 형성—부재하거나 나쁜 대상의 자리를 차지하는—을 유발한다. 이 "나쁜 대상들"은 두 가지 방식으로 다루어진다: 투사적 동일시를 통해서 비워지거나 언어적 사고의 사용을 통해서 그리고 사고들을 생각하는 장치의 창조를 통해서 완화될 수 있다. 참조: 생각하기를 위한 장치; 언어적 사고들.

원-실제 대상들(Proto-real objects): 비온에 의하면, 이것들은 아기를 둘러싸고 있는 원시적 대상들로서, 현실원리와 쾌락원리에 의해 지배되는 세상을 살아간다. 그 세상에서는 대상들이 만족을 주면 살아있을 것이고, 좌절을 주면 죽어있을 것이다. 나중에 비온은 그것들을 각각 알파-요소와 베타-요소라고 불렀다. 좌절을 견디는 능력의 감소 때문이건, 아니면 대상들로부터 오는 공격성의 증가 때문이건, 아니면 그 둘 모두 때문이건 간에, 좌절에 대한 내성부족이 증가할 경우, 아기는 불쾌로부터 자유로워질 필요 때문에 감각인상들을 꿈-사고들의 창조에 사용될 수 있는 자료들로 만들어주는 장치, 즉 변형을 일으키는 장치를 공격하게 된다. 그 결과, 사고들을 생각하거나 처리할 수 있는 장치가 없으면, 원-실제 대상들은 사물들로 변할 수 있다. 이러한 "죽은 원-대상들"이 너무 많아지면, 그것들을 달래주어야 할 필요 외에도, 그것들을 이상화하고 장래에 초인적 속성을 지닌 찬양의 대상들로 변화시켜야 할 필요를 유발한다; 이 기제는, 비온에 따르면, 정확히 그것들이 죽어 있기 때문에 작동한다.

> 일반적인 관찰과는 반대로, 찬양받거나 숭배되는 대상의 본질적 특징은 그것이 죽어있어야 한다는 것이다. 그래야만 살아있지 않고 살아있는 것이 불가능한 것으로 알려진 것을 살려내려는 환자의 충실한 노력에 의해 저지른 죄가 용서받을 수 있다. 이런 태도가 주물숭배와 관련된 감정들의 복합체를 형성하는 원인의 일부로 작용한다. [1992, p. 134]

달리 말해서, 죄는, 살아있다고 믿지만 사실은 살아있지 않은 (죽은) 대상에게 헛되이 의존하는 것에 의해 대가를 치르게 된다. 그러나 정확히 바로 이것 때문에, 그들은 그 어떤 것도 제공할 능력이 없다; 예를 들면, 조각상이 기적을 일으킬 수 있다는 믿음이 그것이다. 주물숭배와 종교적 믿음은 이 기제들에 의해 설명될 수 있다. 참조: 살아있는 것과 살아있지 않은 것 사이의 차이.

원-정신적 체계(Proto-mental system): 비온은 처음에 이 개념을 집단 역동과 관련해서 기본적 가정(ba)이 출현하기 이전의 "미분화된 느낌들" 또는 "잠재적 상태"를 서술하기 위해서 사용했다(1948, pp. 101-102). 그것은 신체적 상태와 정신적 상태의 분화가 시작되는 체계 또는 모체로 간주될 수 있다. 그것은 잠재된 상태로 남아있는 것들을 포함해서, 모든 기본적 가정들 안에 존재하는 정서들의 전조들을 담고 있다. 기본적 가정들 중 어느 하나가 모습을 드러내고 그것의 느낌이 집단 안에서 지배적일 때, 잠재적인 상태로 남아 있는 다른 것들은 이 원-정신 체계에 담긴 상태로 남는다; 예를 들면, 만일 싸움-도피 기본 가정이 표면으로 드러나면, 의존적 정서와 짝짓기 정서는 잠재적인 상태로 남을 것이다(ibid., p. 105).

비온은 이 체계를 사용해서 질병의 출현을, 그것의 원인론과 상관없이, 설명하려고 시도한다. 개인에게서 드러나는 질병들은 그들이 속해 있는 집단(도시, 가족, 직업, 기타)에 달려있다; 즉, 질병들은 원-정신적 체계, 지배적인 기본적 가정, 그리고 잠재적인 기본적 가정 사이의 관계의 산물이다. 모든 질병들에는 3개의 차원이 있다: (a) 미분화된 또는 원-정신적 체계에 상응하는 "모체," (b) 잠재적인 기본적 가정과의 결정된 "동맹," (c) 지배적인 기본적 가정에 의해 결정된 "원인." 질병에는 일반적으로 정신-신체적 병리가 존재하며, 그것 역시 전염될 수 있다. 예컨대, 폐결핵은 환자가 돌봄을 요한다는 점에서, 의존적인 기본적 가정(ba*D)과 연관될 것이고(모체), 짝짓기 기본적 가정(ba*P)과 동맹을 형성할 것이며, 싸움-도망 기본적 가정(ba*F)을 원인으로 가질 것이다.

나는 임상적 경험을 통해서, 갑상선 기능 항진증에서 나타나는 안구돌출증은 투사된 "내적 살인자"를 감시하는 것(의존)으로 해석될 수 있고, 따라서 그것은 의존적 기본적 가정과 짝짓기 기본적 가정이 잠재적인 것으로 남아 있는 상태에서 싸움-도피 기본적 가정에 해당된다는 사실을 알 수 있었다.

> 집단의 행동으로 표면에 드러날 수 있고, 또는 역으로 신체 과정을 통해서 스스로를 표현하는, 마음의 심층에 있는 원시적인, 아마도 부족 시절의 삶이 이렇게 환기되는 것은 두려운, 심지어 뇌리를 떠나지 않는 충격을 준다. [Meltzer, 1986, p. 38]

멜처(1978)는 또한 "원-정신 체계" 개념과 프로이트의 일차적 자기애 개념 사이에 평행관계가 있음을 밝혔다: "대상관계와 동일시가 미분화되어 있는, 그리고 자아가 아직 순수한 신체-자아인 수준에서"(p. 9). 얼마 후에 멜처(1986)는 비온이 "비-상징적인, 지명된, 외적으로 사실적인, 양적인" 것의 극단적인 표상으로서의 원-정신 체계와, 다른 쪽 극단에서 "정신적 또는 정서적인, 상징적인, 내면을 지향하는, 질적이고 미적인" 것으로 간주되는 것 사이를 구분한 것이 커다란 명료성을 제공했다고 주장했다. 멜처는 계속해서 비온이 원-정신 체계와 정신 사이의 경계에 하나의 가설적인 "빈" 개념인, 알파-기능을, 그리고 본질적으로 신비한 것인 상징형성 과정을 위치시켰다"고 말한다(p. 10). 시밍톤 부부(1966)는 원-정신 체계는 베타-요소라는 비온의 좀 더 성숙한 개념을 위한 전조였다고 제안한다(pp. xvi, 35).

유비(Analogy): 비온(1977a)은 이 용어를 대상 자체보다 대상들 사이의 관계가 지닌 중요성을 강조하기 위해서 사용했다: “여기에는 주의가 유비에서 사용된 두 이미지들 사이의 관계가 아니라 그 이미지들에 자체에 집중되기 때문에 혼동이 발생할 수 있다”(p. 26). 이해할 수 없을 정도로 추상화되는 문제는 구체적이 되는 것에 의해 극복될 수 있지만, 그것이 오도할 수 있기 때문에 문제가 된다. 유비의 중요성은 하나가 다른 것과 갖는 유사성이 아니라, 그 둘 사이의 관계에 있다”(Bion, 1974, p. 19). 참조: 연결에 대한 공격, 양안적 시각, 정서적 연결.

유사-인과관계(Pseudo-causation): -K와 관련된 원인-결과의 상호작용을 의미한다. 참조: 인과율 이론; 마이너스 K.

유클리드 기하학(Euclidian geometry): 유클리드는 기원전 323년에서 285년 사이에 알렉산드리아에서 살았던 기하학자이다. 비록 그의 공헌의 일부는 수학 분야에서 여전히 유의미하지만, 기하학과 관련된 그의 가정들 대부분은 부정확한 것으로 판명되었고, 19세기 이후로는 대부분이 폐기되었다. 그는 다섯 개의 공리들과 “공동체 개념들”을 포함하고 있는 그의 작업에서 점, 선, 원에 대해 설명했다. 비온은 점, 선, 원을 투사적 변형과 관련된 다른 기하학적 도식들과 함께 신화, 갈등, 증상, 인격적 특징, 환자-분석가의 상호작용 등을 공간적으로 나타내는 데 사용했다. 그는 기하학이 본래 외부 공간의 실현에서 비롯된 추상화이며, 따라서 그것이 유래한 곳인 정신적 공간 안에서 다시 실현될 수 있다는 생각에 근거해서 그러한 개념의 중요성을 정당화했다. 이것은 기하학이 실제적인 필요에서, 예컨대, 땅의 구획을 측정할 때, 삼각형의 표면에 대한 측정이 매우 유용하다는 사실에서 시작되었음을 의미한다. 이후에 수학은 본래 그것에 의미를 부여했던 인간의 필요성과의 초기 관련성을 잃어버린 채, 고도로 추상화되었다(1963, pp. 88-89; 1992, pp. 203-204). 비온은 "나는 감정, 정서, 또는 다른 정신 경험이 있었던 "공간"에 대한 경험이 그것의 심리-내적 기원이라고 제안한다"고 말한다(1965, p. 121). (참조: 정신적 공간). 비온은 정서들, 정서 없음, 또는 정신증적 강도의 불안과 같은 생물학적 실재들을 나타내기 위해 기하학을 사용했다. 예컨대, 점(.), 선(-), ←↑, ↓→, <-.- 그리고 <-.-↑등이 그것들이다. 이것들 중 마지막 4개의 상징들은 "페니스- 없음"을 의미하는 "선" 또는 "젖가슴-없음"을 의미하는 "점"이 좌표의 축에서 뒤로 후퇴하고 있음을 나타낸다.

비온은 플루타르크(Plutarch)를 따라 오이디푸스 신화를 정삼각형과 연관시킨다. 그것은 그 신화가 삼각구도를 갖고 있기 때문만이 아니라, 고대 그리스 사람들이 삼각형을 "세 개의 무릎을 가진 것" 또는 동일한 다리들을 가진 것으로 서술했기 때문이다. 오니안스(Onians, 1951)—프로이트의 성욕 이론을 지지했다고 비난받을 수 없는—는 초기 그리스 문학에서 무릎은 빈번히 생식기와 관련된다고 주장했다. 비온은 "이것은 나로 하여금 유클리드의 다섯 번째 공리를 새로운 시각에서 보게 만들었다"고 말한다. 그것은 또한 사람들로 하여금 전통적으로 스핑크스에게 부과해온 질문을 재평가하게 만들었다(1992, p. 202).

비온은 기하학적 요소들과 수학적 요소들 사이의 구별을 도입했고, 전자는 일차적으로 대상의 현존이나 부재, 대상의 존재나 존재하지 않음과 관련되어 있는데 반해, 후자는 대상 자체의 상태—즉, 그것이 전체인지 아니면 부분인지, 전체 대상인지 아니면 부분 대상인지—와 관련되어 있다고 보았다. 또한 "기하학적 공간"이 우울증(부재-현존, 분리)과 관련되어 있는 반면에, 수학적 요소는 박해와 그리고 클라인의 편집-분열적 자리와 관련되어 있다고 보았다(1965, p. 151).

비온은 그의 작업 대부분에서, 추상적인 정신 내용을 기하학적 요소로 대체함으로써 정신분석을 세상에 제시하는 데 유익할 수 있다고 주장했다. 그는 정신증 환자에게서 발견되는, 그가 "무한한 투사의 우주"라고 부른 것을 서술하면서, 다음과 같이 주장했다:

> 이러한 정신 상태를 탐구함에 있어서, 환자는 점, 선 그리고 공간을 사용할 수 없지만, 분석가는 그것들을 사용할 수 있다. 기하학자는 기하학을 이용해서 삼-차원적 공간을 조사하고, 유클리드의 구상적 기하학을 대수 기하학으로 대체하는 것을 통해서, 그의 연구를 다중 차원을 가진 공간으로 확장할 수 있었다. 따라서 우리는 이제 비유클리드 기하학을 사용할 심리적 준비를 갖추기 위해 유클리드의 공간을 떠나야만 한다. [1970, pp. 14-15]

멜처(1978)는 「변형」과 「정신분석적 요소들」을 비교하면서, 비온이 사용한 수학적 기호들을 다룰 때 독자들이 직면하는 어려움에 대해 설명한다:

> 화살표, 점, 선, 단어들 위의(또는 아래의) 화살표들, 그리고 단순한 그리스 철자가 아닌 그리스 낱말을 사용하는 표기법, 유사-방정식 같은 수학 기호들이 급격하게 증가하는 현재의 작업에서 그런 희망이 우리를 지탱해주지 않는다. 우리는 우리의 정신에 대한 그러한 공격을 어떻게 견뎌야 하는가? [p. 71]

참조: 의식적 앎(Cs); 좌표, 가로축; 좌표, 세로축; 정신 공간.

의례(Ritual): 참조: 마술.

의미(Meaning): 한 사람이 자신에 대해서 가질 수 있는 의견(나르시시즘)—또는 자기-존중감이나 의미—과 다른 사람들이 갖는 의견(사회-주의) 사이의 관계를 나타낸다. 비온은, 만약 의미와 나르시시즘 사이의 관계를 고려한다면, 정신분석에서 "나르시시즘—사회-주의"라는 확장이 갖는 중요성이 좀 더 잘 이해될 수 있다고 말한다. 젖가슴은 의미를 모으는—또는 더 나아가, 그것이 의미 그 자체인—또는 자기애적 관련성을 모으는 본질적인 원천이며, 그것은 나중에 사랑, 이해, 그리고 의미로 바뀔 뿐만 아니라, 배우는 능력을 증대시킨다. 이 후자의 기술은, 해석을 비판으로 또는 지식과 통찰의 원천으로 간주하는 등의, 해석에 대한 반응에서 관찰된다. 젖가슴의 상실은, 어떤 이유에서건, 모든 것을 상실하는 것에 대한 두려움으로 바뀔 뿐만 아니라, 마치 사람이 더 이상 존재하기를 중지한 "물질적인 것"이 되기라도 한 것처럼, 모든 의미를 상실하는 것에 대한 두려움으로 바뀐다(1965, p. 81).

의미는 우리가 우리 자신에 대해서 느낄 수 있는 사랑(L), 증오(H) 그리고 앎(K)에 대한 일종의 기능이다. 의미 없는 세계에 대한 비판은, 그 세계가 얼마나 크든 얼마나 작든 상관없이, 세계가 완전히 파괴되었음을 말해주는 표식이 될 수 있다는 두려움에서, 즉 그 사람 자신의 자기애에 대한 위협으로 변할 수 있는 것에서 유래한다고 비온은 말한다. 이런 일이 발생할 때, 즉 세계가 의미를 제공할 수 없을 때, 의미가 어떤 강력한 존재들이나 대상들로부터 얻어질 수 있을 거라는 믿음이 발달할 수 있다. 자신에 대한 사랑을 경험하지 못하는 무능력이 의미를 견디지 못하는 것 또는 의미의 부재로 바뀔 수 있다(ibid., p. 73). 이 점에서, 의미는 다른 사람의 견해가 긍정적인지 아니면 부정적인지에 따라, 희망과 관련되어 있다고 생각할 수 있다. 예컨대, 분석가가 말하는 내용과는 상관없이, 내적인(자기애적) 의미의 결여를 부인하기 위한 시도로서 목소리가 주는 위안을 얻기 위해 분석가의 해석을 요구하는 환자가 있다(ibid., pp. 81, 101). 이런 경우, 분석이 중지될 위험이 있다. 왜냐하면 "의미 없음"을 투사해야 할 환자의 욕구가 해석을 평가절하하기, 지각하기, 결석하기, 관점을 역전시키기, 또는 종국적으로는 모든 것을 중단하기 등에 의해 행동화될 수 있기 때문이다. 참조: 꿈, 꿈-사고, 꿈-작업.

의미 있는 꿈(Significant dreams): 비온은 여러 임상 사례 발표들에서, 예컨대, "상상속의 쌍둥이"에서 뿐만 아니라, 이론들을 설명하기 위해 다른 꿈들, 즉 "호랑이와 곰"(1965, pp. 15-16)이나 "떨어지는 팔"(1992, p. 231) 같은 몇몇 꿈들을 제시했다. 그는 자신이 꾼 "니그로에 대한 꿈"을 단 한번 언급했다(ibid., pp. 51-52). 주말 동안에 한 환자가 호랑이와 곰이 싸우는 꿈을 꾸고는, 비명을 지르며 깨어나서 공포에 질렸다. 그는 그들이 격렬하게 격투를 벌이는 과정에서 그를 넘어뜨리고 죽일 것이라고 느꼈다. 곰이 간신히 호랑이를 멈추게 했지만, 그의 코는 뜯겨나갔고, 환자는 그 이미지를 생각하면서 몸을 떨었다(1965, pp. 16-16).

비온은 "떨어지는 팔"의 꿈과 관련해서 환자의 개인사나 연상은 제시하지 않았다. 그는 이것을 단지 신화와 비슷하게, 꿈이 항구적 결합 안에서 어떻게 α-요소들을 끌어 모으는지를 보여주는 예로서만 사용하였다. 그는 설명은 하지 않았지만, 꿈과 신화가 대수학적 미적분학으로 환원될 수 있음을 보여주고자 했다.

... 따라서 세밀한 검토 후에 얻게 되는, 그 도구들은 문제

> 를 나타내는 데 그것들이 지닌 적합성을 통해서, 문제 그 자체를 해석할 수 있고, 그럼으로써 그 문제를 해결할 수 있는 길을 열어준다. [1992, p. 230]

꿈에서 환자는 자리에 앉아 있었다.

> ... 그 신호는 기차에서 그리고 차를 운전하고 있을 때 보통 멈추라는 의도를 나타내는 것으로서 사용된다. 그리고 그의 팔이 떨어졌다는 것은 어떤 요소들이 결합되었음이 분명하다고 가정되어야 한다. [1992, p. 231]

의미 있는 꿈의 세 번째 예는 비온 자신의 꿈으로서, 그가 1959년 10월 3~4일에 "부정적인 것(negative)을 다루기"에 관한 콰인(Quine)의 「수학적 논리」(Mathematical Logic, p. 31)의 한 구절을 읽던 중에, 졸다가 꾼 꿈이다.

> 깨어서 생각해보니, 그 꿈은 흑인(negro)과 부정적인 것(negative) 두 단어 모두의 앞부분인 "neg"와 관련된 것이었다. 그런데 나는 왜 그때 그것을 적어두지 않았을까? 그리고 이제 나는 부정적인 것(negative)과 원주민(native)에 대해 생각해본다. "원주민"은 인도와 나의 어머니 그리고 "열등한" 인도인 같은 유색인종에 관한 기억과 관련되어 있다. 그리고 현재를 의미하는 "여격어"(dative)와 내가 좋아했던 데이트들(dates)을 생각해본다. 들어내거나 치워버리는 것과 관련된 "탈격어"(Ablative)일 수도 있다. 꿈속에 나타난 흑인은 이제 실제 사람이 아니라 표의문자인 것 같다. 이 표의문자가 내가 지금 만들어내는—아마도 내가

> 꿈꾼 사람이기 때문에—이 모든 아이디어를 담을 수 있게 해준다는 것이 나의 이론이다. 이런 부류에 속한다고 말하는 것이 유용할 수 있는 사람들, 또는 꿈꾸는 사람들이 있는 것 같다. [ibid., pp. 51-52]

블랑도뉘(Bleandonu, 1994)는 "데이트"(date)라는 단어에 대한 비온의 연상을 사용하여 다음과 같이 말한다:

> 비온은 "데이트"(date)라는 단어에 대해 연상할 때, 그것의 의미를 통한 또는 랑데부를 통한—누구와의—중복결정(overdetermination)을 고려하지 않는다. 클라인학파나 프로이트학파와는 달리, 비온은 "니그로"를 고려하는 데 있어서 이러한 연상적 풍부함을 포기한다—실제 사람이 아니라, 표의문자로서 ... "니그로"가 실제 사람이 아니라는 비온의 제안은 무엇을 의미하는가? 단순히 말해서, 그것은 꿈에서 온 사람이다. 그는 잠자는 동안의 표상의 지위와—거기에서 "니그로"는 "실제 사람"인 것처럼 보이고, "소화되지 않은"사실로서 표상되었다—독자에게 주어진 "해석"에서의 지위 사이를 구별한다. "니그로"를 표의문자로 만들면서, 비온은 사실을 부분적으로 "소화"했다. 글쓰기에 의해 환기된 "니그로"의 시각적 이미지는 정신적 소화과정의 일부이다. [pp. 174-175]

의사소통(Communication): 비온은 의사소통을 사적인 지식을 공적인 것으로 만드는 능력(참조: 공표화)으로 서술했다(1963). 분석가가 해석을 할 때, 그 해석에 내포된 사실들은 더 이상 사적인 것이 아니다(1965, p. 31). 또한 분석가가 무의식을 의식화하려고 시도할 때, 그는 사적인 어떤 것을 공적인 것으로 만들려고 시도하는 것이다. 의사소통의 과정 안에는 알려지지 않은 것, 설명할 수 없는 것, 또는 O로부터 시작해서 비온이 Tpβ라고 부른 최종적인 변형에 이르기까지 이어지는 복잡한 사건들의 연쇄가 있다(참조: 변형). 예를 들면, 풍경과 그것을 화폭에 옮기는 화가, 그리고 예술작품을 감상할 때 발생하는 찬사의 느낌에 반응하는 대중 사이에서 수립되는 관계가 그것이다(ibid., p. 32); 이와 비슷하게, 정신분석적 논문을 발표할 때 그것을 듣는 대중의 반응은 회기 안에서 O가 K로 변형되는 순간에 발생하는 정서와 관련될 수 있다.

비온은 분석가들이 섹스, 두려움, 적개심, 전이, 등과 같은 이미 닳아빠진 단어들, 전문 용어들, "소음에 지나지 않는 것들," "진부한 넌센스"와 거의 다를 바 없는 표현들을 사용하는 데 따른 포화를 피하면서, 해석을 직조하기 위한 사적인 언어를 개발할 필요가 있다고 말한다(1987), p. 315):

> 나는 모든 분석가가 자신의 언어를 개발하고 적시에 필요한 단어들을 사용할 수 있도록 훈련—내가 아는 한 어떤 훈련 과정에 의해서도 제공될 수 없는—을 거쳐야만 한다고 생각한다. [ibid.]

의사소통할 수 있는 앎(Communicable awareness): 비온은 이 용어를 "어떤 것에 대해 지식을 갖고 있는" 또는 "그것에 대해 아는" 정신적 상태를 가리키는 데 사용한다:

> "지식"은 누군가가 어떤 것을 안다는 것을 의미하지 않는 한 의미가 없다. 이것은 … 관계에 대한 하나의 주장이다 … 나는 "지식"이라는 용어를 잠정적으로, 한편으로 의사소통 할 수 있는 앎과, 다른 한편으로 개인이 알고 있다고

> 느끼는 대상과의 관계와 뗄 수 없이 연관되어 있는, 마음의 상태를 서술하는 데 사용할 것을 제안한다. [1992, p. 271]

비온은 "의식"이라는 단어 대신에 "의사소통할 수 있는"이라는 단어를 선호했는데, 그것은 의식하지 못한 채 어떤 것을 알고 있고 그것에 대해 의사소통하는 것이 가능하기 때문이다. 또는 반대로, 어떤 것에 대해 의식하고 있지만, 그것을 의사소통할 수 없을 수도 있기 때문이다. 참조: 앎, 의식적인 앎(Cs).

의식(Cs): 참조: 의식적 앎.

의식(Consciousness): 이 영역에 대한 비온의 공헌은 의식을 "심리적 자질을 지각하는 감각기관"이라고 한 프로이트의 정의(1926)에 기초해 있다. 비온의 "생각하기 이론"에 따르면, 의식은 꿈-사고를 만들기 위한 재료를 마음에 제공할 뿐만 아니라, 잠드는 것과 잠에서 깨는 것, 의식적인 것과 무의식적인 것 사이를 구별하며, 자기-인식의 감각을 성취하기 위해서, 감각 정보를 α-요소로 전환시켜주는, α-기능에 의존하는 기관이다. 비온은 이런 수준의 추상화가 최초로 모성적 몽상에서 습득된다고 보았다. 아기의 가장 초보적인 의식은 그의 무의식과 관련되어 있지 않고, 그의 모든 자기-인상들은 동등한 가치를 갖고 있으며, 그것들은 모두 의식적이다. 이때 수용기관으로 기능하는 것은 어머니의 몽상 능력이며, 그 능력 안에서 아기의 의식을 위해 제공되는 모든 감각들이 최초로 처리된다(1967, p. 116). 아기의 초보적 의식은 감각 정보를 처리할 수 없고, 따라서 그것은 어머니 안으로 집어넣음으로써 비워진다. 그런 점에서, 감감 정보가 α-요소로 변

의식적 앎(Conscious awareness, Cs): 비온은 원래 "의식적 앎"을 "지각의 장치"와 동일한 것으로 보았다. 그는 1956년에 다음과 같이 말했다:

> … 삶이 시작될 때부터 지각의 장치는 공격을 받는다. 인격의 이 부분은 잘리고, 작은 조각들로 분열되며, 그 다음에는 투사적 동일시를 통해 인격에서 축출된다. 내적 및 외적 현실에 대한 의식적 앎을 담당하는 정신 장치를 제거함으로써, 환자는 산 것도 아니고 죽은 것도 아닌 것처럼 느껴지는 정신적 상태에 도달한다. [1967, p. 38]

이것은 비온이 약 9년 후인 1965년에 "논평(commentary)"(참조: 비온, 1967)을 썼을 때, 마음에 갖고 있던 혼란이다. 그는 그 글에서 자신이 1956년에 했던 언급을 C범주의 공식들로서 그리고 "폭로 모델"로서 사용하는 것은 실수라고 말했다:

> C범주의 공식들은 읽혀지고, 잊혀져야 하는 것이지만, 특별한 정신분석적인 정서적 상황에 속한 고유한 진화의 일부로서 재출현하도록 허용된다. [ibid., p. 154]

나중에 비온은 마음의 측면들을 나타내기 위해 기하학의 개념을 사용해서 "아는 것"(being aware)과 "의식하는 것"(being conscious)을 구분하려고 시도했다. 그는 전자를 Cs 또는 ±←↑라는 기호로 나타냈고, 후자와 거의 반대 의미를 갖는 것으로 보았다. 이것은 "의식적인 것"은 "심리적 속성을 지각하기 위한 감각기관"이라는 프로이트(1926)의 정의와 같다. 아는 것 혹은 Cs는 곤충에게 존재하는 빛을 추구하는 성향이나 사냥감을 찾는

맹수의 인식(민감성?), 또는 "부재하는 젖가슴"을 찾는 아기의 인식과 비슷한 상태를 의미한다. 비온은 이것을 -.(마이너스 점) 또는 대상이 있었던 곳(참조: 대상-없음, 점)으로 나타내려고 했다. ←↑는 정상적인 좌표의 세로축(A에서 H로 가는 방향)과 가로축(1에서 5로 가는 방향), 즉 ↓→과 반대되는 방향을 상징한다. 그리고 이것은 A1, 즉 β-요소들에 의해 점유된 범주에 해당하지만, 엄밀한 의미에서 β-요소가 아니며, 따라서 A1 범주가 아닌 D1, D3 또는 D4 범주에 속하는 것이다. Cs와 ←↑는 분리될 수 없는 것이고, 음식을 찾는 "굶주림"처럼 계속해서 포화를 추구하는, 포화되지 않은 항구적 결합($\Psi\xi$)에 해당한다.

> 이 "의식"은 존재를 요구하는 존재의 결핍에 대한 인식이요, 의미를 추구하는 사고요, 그것에 근접하는 실현을 추구하는 정의적 가설이요, 존재하기 위한 물리적 거주지를 찾고 있는 정신이며, ⇕를 추구하는 우이다. [1965, p. 109]

-←↑는 범주 C3을 나타내며, 존재하지 않는 "사람"으로 의인화될 수 있다.

> 그 사람의 증오와 시기심은 "그 의식"으로 하여금 제거해야 할 존재를 "갖고" 있다고 간주되는 모든 대상으로부터 "존재"의 흔적을 제거하고 파괴하겠노라고 결심하게 만든다. 그러한 존재하지 않는 대상은 너무 끔찍한 것일 수 있기 때문에, 그것의 "존재"는 부인되고, "그것이 있었던 곳"의 흔적만을 남길 수 있다. [ibid., p. 111]

참조: 가슴-없음, 비-존재, "사물-없음," 점(.).

의약품(Medicine): 참조: 의학적 모델.

의존적 기본 가정의 진동(Oscillations of Dependent basic assumption): 의존적 기본 가정(ba*D)에 지배되는 집단 안에 존재하는 정서적 진동으로서, 이 진동은 작업 집단(W)의 치료적 지도자와 의존적 기본 가정 안에서 선택된 우발적 지도자 사이에서 이루어진다. 이 후자는 보통 혼란된 개인에 의해 대표된다. 이 두 상황들 사이에서 발생하는 정서적 진동은 매우 높은 수준의 불안을 야기할 수 있는데, 그 불안이 치료자에 의해 적절히 담겨지지 못할 경우, 그것은 다른 더 큰 집단들로 확장될 수 있다. 예를 들어, 하나의 작은 치료적 집단(또는 다른 어떤 종류의)의 욕구가 병원 당국, 신문, 국회, 또는 대통령에 편지를 써야 하는 욕구로 확장될 수 있다. 참조: 기본 가정, 의존적 기본 가정, 싸움/도망 기본 가정, 집단, 짝짓기 기본 가정, 분파, 결합가.

의존적 기본적 가정(Dependent basic assumption): 집단 문화에 대한 이 기본적 가정은 의존할 수 있는 지도자를 만들고 싶은 욕구와, 동시에 그를 신뢰할 수 없다는 감정 사이에서 경험되는 양가감정을 나타낸다. 지도자와 개인적인 관계를 수립하고 싶은 욕구가 우세한데, 그 이유는 그가 문제를 치유하고 해결할 수 있는 유일한 사람으로 느껴지기 때문이다. 이 모델은 의사-환자 또는 스승-제자 관계와 유사하다. 지도자는 원하는 사람이면 집단의 구성원 중 누구라도 될 수 있지만, 어떤 경우에는 집단의 역사가 "경전"으로 간주되기도 한다. 지도자에게 부여된 힘은 과학이 아니라, 마법에서 오는 것으로 느껴진다. 빈번하게, 침묵은 마술사에 대한 환상을 유지하기 위한 시도로서, 치료사가 조사를 요하는 재료들을 검토하는 "과학자"가 되는 것을 허용하지 않기 위해 사용된다. 일부 구성원들은 집단을 종교적 종파로서 간주한다. 또한 여기에서 집단의 탐욕은 개인의 욕구와 대조를 이룰 수도 있다(1948, pp. 74~78). 그리고 탐욕과 우울증이 지배하기 때문에, 죄책감이 발생할 수도 있다(ibid., p. 166).

비온은 또한 일종의 역전 가능한 관점을 나타내는, 의존적 가정 집단(ba*D)의 변형 또는 이중성에 대해서도 언급했는데, 거기에서 의존적 가정 집단에 의해 지배되는 집단은 정확하게 반대로 행동함으로써, 즉 그들을 돌보기를 거부하는 치료사를 보호하고 양육하는 방식으로, 집단에 대해 책임을 지지 않는 치료사의 태도로부터 스스로를 방어한다(ibid., pp. 119-121). 또 다른 중요한 측면은 이러한 유형의 집단의 경향성이, 만약 그것이 자발적으로 발달하도록 허용된다면, 여러 나라들과 종교적 종파들에서 빈번하게 관찰되듯이, 병이 가장 깊은 사람을 지도자로 선택한다는 사실이다(ibid., pp. 121-122). 참조: 기본적 가정(ba), 집단문화, 싸움-도피 집단과 의존 집단 사이의 진동, 짝짓기 집단.

의존적 집단의 이중성(Dual of Dependence group, the): 참조: 의존적 기본적 가정(ba*D).

의학적 모델(Medical model, the): 의학적 모델과 관련해서 비온은 다음과 같이 말한다:

> 정신분석이 의학적 모델과 병행하는 것은 예전에도 유용했고 지금도 유용하다. 그러나 정신분석은 많이 성장해왔고, 그래서 신체적인 의학적 모델과는 다르다고 여겨지게

> 되었다. 지금 그 둘 사이의 간격은 명백한 수준을 지나 연결이 불가능한 수준이 되었다. [1970, p. 6]

물질의 범주와 정신의 범주 사이의 중요한 차이는 실현의 질에 기초해 있다. 전자는 감각적인 경험들, 예를 들면 촉감, 영상, 냄새 등에 의존하는 반면에, 후자는 이런 종류의 실현을 갖고 있지 않다: 예를 들어, 불안은 맛도 없고 냄새도 없다. 의학적 영역에서 냄새, 촉감, 또는 맛이 사용되는 것과 마찬가지로, 정신분석가는 "직관"을 사용해야 한다고 비온은 추천한다. 실현의 모델이 대상의 현존에 연결되어 있는 반면에, 마음은 부재, "사물-없음" (no-things) 또는 무(nothingness)를 다루어야만 한다. 환자들과 의사소통하는 것은 유사한 제한들을 갖는다: 환자들의 불안이 물리적인 속성을 갖고 있지 않다면, 우리는 환자가 무엇을 이야기하고 있는지 어떻게 아는가? 이런 경우 우리가 의존하는 유일한 준거는 우리 자신의 불안이다. 왜냐하면 거기에는 비교를 위한 냄새도 맛도 없기 때문이다.

아이건(Eigen, 1995)은 비온을 설명하려는 시도에서, "마음을 사물로서 취급하는 것은 마음을 살인하는 것을 의미한다"고 말한다. 사물-없음을 담아내는 어려움을 피하기 위해서, 우리는 사물-없음을 사물로 채울 뿐만 아니라, 사물-없음이 사물인 것처럼 관계 맺는다. 정신적 고통에 대한 내성부족은 마음으로 하여금 투사적 동일시와 행동화(좌표의 범주 2에 해당하는)를 통해 베타-요소들로 인한 고통으로부터 벗어나도록 압력을 가한다. 왜냐하면 그런 상황에서 베타-요소들은 비워져야만 하기 때문이다. 다른 한편, "사물"의 부재 또는 "사물-없음"으로 인해 발생하는 고통을 견디는 능력은 정신적 삶을 위한 좋은 보호장치로 작용한다. 이 능력은 정신이 신체와 같은 사물로 변화되거나 사물의 상태로 환원되는 것을 막아준다.

다른 관점에서 바라보면, 신체적 언어는 무의식적인 암점-언어를 대체하고 그것을 신체로 채운다. 반면에, 종종 문화에 의해 조건화되는 증상들은 신경증의 윤곽을 결정한다. 애니미즘 또는 주술은 전체성의 개념, 즉 전체적 대상이라는 건축물을 형성하는 차원들을 생각하지 못하는 무능력의 산물이다. 대신에 애니미즘 또는 주술은 역설적으로 살아있는 대상들에서 생명을 벗겨내어 생명이 없는 사물 속으로 투사하는 일을 발생시킨다. 이것은 다시금, 자주 관찰되듯이, 잠재적인 폭력문화를 만들어낸다. 왜냐하면 거기에서 생명은 무가치한 것이 되기 때문이다. 그것은 세상에 대한 평평한 또는 2차원적인 지각을 나타내는데, 거기에는 자기됨에 대한 감각도 없고, 정체감도 없으며, 정신분석은 마치 환자가 기계라도 되는 양, 기계적인 개입과 다를 바가 없는 것이 된다. 신체는 마치 다른 사람의 것 인양 낯선 것으로 경험될 수 있지만, 마음은 "자기됨"(selfhood)의 장소, 자신과 하나됨의 장소를 나타내고, 따라서 자율성을 성취하는 유일한 통로이다.

이름(Name): 이름은 예컨대 한 사람의 이름처럼, 그 의미가 알려져 있지 않은 일련의 현상들을 항구적 결합 안에 함께 묶는 것을 목적으로 고안된 것을 나타낸다. "이름"에 의해 묶이는 것은 단지 전-관념에게 응집성을 제공하고 그것의 구성 요소들이 분산되고 상실되는 것을 막아줄 뿐만 아니라, 그것의 의미를 발견할 수 있는 가능성을 허용해준다. 예를 들어, 우리가 "개" 라고 말할 때, 우리는 우리가 말하고 있는 대상이 무엇인지 알고 있다고 가정하는데, 그것은 개라는 "이름"에 의해 묶여 있는 항구적 결합과 관련된 연상들의 주변부(penumbra)가 그 동물의 전-관념을 나타내기 때문이다. 우리가 그 개념의 진정한 의미에 도달하기 위해서는 하나의 실현으로서의 실제 개의 존재를 필요로 할 것이다(1963, pp. 88-90). 비온은 이름이, 담는 것-담기는 것(♂♀)의 작용을 사용해서 의미를 축적하는 능력을 갖고 있다고 말한다.

이름 없는 공포(Nameless terror)[6]: 이 용어는 1962년에 비온이 "생각하기에 대한 이론"(1967, p. 116)에서 처음으로 언급했다. 그는 어머니가 그녀의 아기에게서 받은 불안에 대한 감각적 정보를 신진대사할 수 없을 때, 또는 다른 말로, 어머니의 몽상능력이 존재하지 않을 때, 아기가 겪는 감정들을 지칭하기 위해 이 용어를 사용했다. 아기와 젖가슴의 관계가 아기로 하여금 어머니 안으로, 예컨대, 자신이 죽어간다는 감정을 투사하는 것을 허용하고, 이어서 젖가슴이 지닌 항구적 요소가 그 감정을 아기의 마음이 좀 더 감당할 수 있는 것으로 바꾼 다음에, 아기가 그 느낌들을 재-내사할 때, 거기에는 정상적인 발달이 이루어진다. 그러나 만일 그러한 투사가 어머니에 의해 수용되지 않는다면, 아기는 죽음에 대한 그의 공포가 현실적인 것이라고 느끼게 되고, 그때 그것의 재-내사는 좀 더 감당할 만한 죽음의 공포가 아니라, "이름 없는 공포"가 될 것이다. 아기의 초보적인 의식은 그것에 부과되는 요구를 다룰 능력이 없기 때문이다(1967, p. 117). 또 다른 방식으로 말해서, 만일 몽상이 우세하다면, 담는 것-담기는 것의 관계는 관련된 모든 요소들이 그것으로부터 유익을 얻고 종국적으로는 생각하는 장치와 K를 가져다준다는 점에서, 상생적인 관계가 될 것이다. 그러나 만일 시기심이 그 관계를 지배할

6) 그롯슈타인(1993)은 "이름 없는 공포," "파국적 변화," "시상하부적 공포"(thalamic fear), 등과 같은 개념들이 비온이 세계 일차대전 동안에 겪었던 인생 경험, 특히 1918년 8월 8일에 그의 중대에서 유일한 생존자였던 일과 밀접히 연관되어 있다고 제안한다(Bion, 1985, 또한 이 사전의 서문을 보라).

경우, -K와 이름 없는 공포를 발생시킬 것이고(1962, Pp. 96-99), 이것은 비온이 -(♂♀)라고 표시한 담는 것-담기는 것의 상태에 해당될 것이다. 이것은 젖가슴이 죽고자 하는 소망을 막아주지 못할 뿐만 아니라, 살고자 하는 소망을 앗아간다는 점에서, 실제로 심각한 상태이다(ibid, pp. 97-99).

이삭 뉴턴 경(Newton, Sir Isaac): 참조: "사라진 값의 유령들."

이성(Reason): 참조: 알.

이야기(Narrative): 이것은 잘 알려진 이야기를 들려주는 것과 같은, 공적이고 잘 알려진 종류의 원인-결과 상호작용의 한 형태를 나타낸다. 이야기는 선택된 사실, 항구적 결합 또는 편집-분열적 자리에서 우울적 자리로의 이동 등, 실현 또는 연상이 절대적으로 개인적이고 사적인 영역에서 발생하는 것과는 다른 것이고, 그것은 우연히 시작하지만, 항구적 결합에 의해 묶인 채 강박적으로 스스로를 반복한다. 오이디푸스 신화는 "검으로 사는 자는 검에 의해 죽는다"는 격언에서처럼, 인과론 이론에 관련된 공적인 이야기를 나타낸다. 그러나 동시에 오이디푸스 신화에는 개인적인 측면, 즉 항구적 결합의 산물이 있고, 어떻게 모든 사람이 자신의 역사를 만들어가는지, 그들 자신만의 신화를 만들기 위한 어떻게 사적인 여행을 수행하는지에 대한 측면이 있다. 이야기와 인과율은 과거에 사실들이 어떻게 관련되었는지—또는 오이디푸스 신화에 관련해서 비온이 말했듯이, "페니스가 있던 곳"—에 대한 기억과, 그것의 미래와의 관계, 즉 "페니스가 있을 곳"과 관련된 것을 나타낸다. 그것은 좌표의 범주 3 또는 표기(notation)에 위치시킬 수 있다. 테베의 교차로에서 일어난 일은 공적인 것 또는 누구에게나 잘 알려진 것이며, 그것은 범주 3에 속한다.

다른 한편, 예를 들면 명백하게 이야기가 없는 맥락에서 "고양이"라는 단어는 특정 개인에게는 일련의 사적인 사건들을 재연합할 수 있고, 하나의 항구적 결합을 나타내는 일종의 개인적 의미를 제공하거나, 좌표의 범주 C1에 해당하는 정의적 가정을 제공할 수 있다(1965, pp. 96-97).

이중적(Dual): 참조: 역전 가능한 관점.

이차적 특질(Secondary qualities): 참조: 일차적 및 이차적 특질.

인격화(Personification)[7]: 인격화는 클라인(1929)이 놀이에서 실제의 또는 상상속의 사람들이 지닌 특성들을 대상들에게 부여한, 아이들에게서 관찰되는 동일시의 한 형태를 서술하기 위해 사용한 개념이다. 힌쉘우드(Hinshellwood, 1989)는 "모든 놀이에 편재한 인격화는 클라인으로 하여금 모든 정신적 활동은 인격화된 대상들 사이의 관계로 생각할 수 있다는 견해를 갖도록 이끌었다"(p. 389)고 말한다. 비온은 그의 환자가, 환상화된 쌍둥이로 이해되는 인격의 분열된 부분을 "인격화"하는 것에 대해 말하면서, "상상속의 쌍둥이"라는 용어를 사용했다. 그는, 인격화는 상징화 능력이 개선되었음을 보여주는 것으로 간주될 수 있고, 그런 점에서 그것은 "분석의 결과가 희망적임을 나타낸다"고 본다. 참조: 상상속의 쌍둥이, 정신증에서의 분열, 정적인 분열.

---

7) 나는 인격화 개념과 관련해서 Paolo Polito(2001) 박사의 제안에 감사를 드린다.

인과성 이론(Casuality, theory of): 원인-결과의 상관성, 또는 합리적인 방식을 따르는 사건들의 필연적인 연쇄를 말한다. 정의적 가설 즉, 좌표의 범주 1에 해당한다(1965, p. 79). 비온은 인과성 이론을 거부하는 흄(Hume)의 가정, 즉 두 사건들 사이에는 논리적 근거가 없으며, 다만 나중에 강제적인 것으로 변하는 최초의 우연한 사건이 있을 뿐이라는 생각을 따른다. 흄은 논리적 전제 없이, 하나의 사건에 이어 또 다른 사건이 이어지는 이러한 인과성의 관계를 결정하는 요소를 항구적 결합이라고 보았다(ibid., pp. 64-65). 이 체계가 갖고 있는 어려움들 중의 하나는 그것이 과학적 연역체계와 애니미즘 사이, 즉 우울적 자리와 편집-분열적 자리(depressive and paranoid-schizoid position) 사이를 구별하는 데 실패하고 있다는 점이다. 비온은 두 개의 상반되는 체계를 도입했는데, 하나는 유사-인과성으로 간주되는 -K와 관련된 것이고, 다른 하나는 K 또는 진정한 인과성과 관련된 것이다. 예를 들어, 유사-인과성은 β-요소들의 연쇄, 또는 대상의 부재와 관련된 상황, 즉 마이너스 젖가슴(참조: 점)과 같은 "부재의 현존"일 수 있다. 비온은 다음과 같이 말한다:

> 환자의 관심은 하나의 β-요소에서 그 다음의 β-요소로 옮겨가는데, 이 모든 것은 그것들의 파괴와 분산의 "원인" 또는 발생 원인을 부정하기 위한 유사-인과성의 연쇄와 연결되어 있다(1965, p. 79).

> 연속적인 사건들의 연쇄를 의미하는, 선에 포함된 점들은 기하학적으로 인과성과 유사-인과성 모두를 나타낼 수 있다(ibid., pp. 79-80).

인내심(Patience): 클라인의 편집-분열적 자리 개념과 유사한 상태를 서술하기 위해 비온이 사용한 용어로서, 그것은 비록 편집-분열적 자리의 병리적 요소들로부터는 자유롭지만, "고통과 좌절을 감당하는 것과의 연관성"은 보유하고 있다. 그는 곧 바로 키이츠를 인용한다[8]: "하나의 패턴이 드러날 때까지 '성급하게 사실과 이유를 찾지 않으면서' 인내심을 유지해야만 한다" (1970, p. 124). "패턴"은 우울적 자리를 향해 진화할 것인데, 비온은 이런 상태를 위한 조건으로 안전감(security)을 말한다. 즉, 안전하다는 느낌 및 감소된 불안에 대해 말한다. 인내심과 안전감 사이의 이동 주기는, 분석의 최종 단계에서 그렇듯이, 매우 짧은 것이어야 한다. 그러나 물론 그 기간이 매우 길 수도 있다. 비온은 분석가가 그 두 단계를 모두 통과하지 않고서는, 해석을 제공하기 위해 필요한 작업을 수행했다고 볼 수 없다고 본다. 나는 여기에서 비온이 인내심과 좌절을 견디는 분석가의 역량에 대해 말하고 있다고 본다. 왜냐하면 이때 분석가는 우울적 자리에서 발생하는 대상관계가 제공하는 안전감에 의해 자극되는 확실성의 느낌과는 대조적으로, 편집-분열적 자리에서 경험되는 대상관계에 의해 자극되는 불확실성을 다루어야하기 때문이다. 참조: 편집-분열적 자리, 안전감.

인식(Awareness): 참조: 의식적 인식.

일반화(Generalization): 추상화와 비슷하게, 경험에서 얻은 것을 공고히 하고 그 경험을, 그것의 구성 요소들이 분산되거나 파괴되는 것에 의해, 상실하는 것을 피하기 위해 포화되지 않은 요

---

8) 비온이 인용한 키이츠의 편지의 일부는 비온의 저서, 「주의와 해석」(1970)의 마지막 장에 실린 "소극적 능력"에 대한 서술에서 발견된다.

소가 포화되어 어떤 것에 묶이는 과정을 나타낸다(1963, p. 85). 이것은 전-관념이 실현과 연합하여 관념을 창조하는 것과도 같다. 예컨대, 흄의 항구적 결합 개념, 또는 사고들이 일단 다른 단어들과 묶이면 의식적으로 지각될 수 있는 새로운 특질을 얻는다고 말한 프로이트의 개념에서 관찰되듯이(1911, p. 226), 하나의 아이디어에 대한 개념은 그것이 하나의 단어 또는 다른 어떤 기호와 묶일 때 공고화된다.

일차적 분열과 이차적 분열(Primary and secondary splitting): 클라인은 "일차적 분열"을 편집-분열적 자리가 유지되는 동안에 작동하는 하나의 과정으로 서술했다. 다른 한편, 비온은 분석과정에서 정신증 환자들이 우울적 자리에 도달한 후에, 다시 편집-분열적 자리로 퇴행할 때 발생하는 "이차적 분열"에 대해 말한다. 비온에 의하면, 이것이 일어날 때, 환자는 우울적 자리에 있는 동안에 전체 대상을 창조하기 위해 함께 융합할 수 있었던 부분들에 대해 엄청난 분노를 느끼고 불안해하며, 그 부분들을 엄청난 강도의 폭력을 사용해서 다시 분열시킴으로써, 자아가 복구될 수 있는 모든 가능성이 사라지고, 그 결과 회복에 대한 전망이 불투명해진다(1967, pp. 80-81). 이러한 상태는 전-관념에 대한 공격을, 또는 부모 사이의 관계에 대한 관념뿐만 아니라, 오이디푸스 콤플렉스에 대한 이해를 허용해주는, 사고 장치에 대한 공격을 발생시킨다(1965, p. 60).

일차적 특질(Primary qualities): 참조: 일차적 및 이차적 특질.

일탈된 변화의 형태들(Aberrant forms of change): 발달을 요구하는 새로운 아이디어가 발생하지만 활성화된 기본적 가정들이 그것을 감당할 수 없을 때, 세 가지 기본적 가정들 중 하나가 집단을 지배하게 되는 외형적 변화들을 가리킨다. 비온(1948b)은 이렇게 말한다:

> 만일 의존 집단이 활성화되어 있고, 그 집단이 짝짓기-집단 지도자의 압력에 의해 위협을 받는다면, 특별히 아마도 메시아적(Messianic) 희망으로 물들어 있는 아이디어의 형태에 의해 위협을 받는다면, 그리고 권위-만들기에 의존하는 방법이 부적절한 것으로 입증된다면, 그 위협은 또 다른 집단의 유입을 유발하는 반응을 불러올 수 있다. 만약 싸움-도피(fight-flight) 집단이 활성화된다면, 다른 집단을 흡수하는 경향성이 출현할 것이고. 짝짓기-집단이 활성화된다면, 분열하는 경향성이 출현할 것이다. [p. 156]

ㅈ

자궁 내의 삶(Intra-uterine Life)[1]: "억제, 증상 그리고 불안"이라는 논문에서 프로이트(1926)는 이렇게 말했다: "자궁 내의 삶과 초기 유아기의 삶 사이에는 출생 행위의 인상적인 분기점으로 인해 우리가 생각하게 된 것보다 훨씬 더 많은 연속성이 존재한다"(p. 138). 이 진술에 기초해서 비온은 다음과 같이 질문한다:

> 결국, 만약 해부학자들이 꼬리의 흔적을 발견한다고 말할 수 있고, 외과의사들이 마찬가지로 기관지의 갈라진 금에서 유래한 종양을 발견한다고 말할 수 있다면, 우리가 보통 합리적이고, 정상적인 행동이라고 생각하는 보기 좋고 고요한 표면을 찢는 충격적이고 혼란스런 방식으로 작용하는 정신의 흔적들, 또는 원시적 요소들이 존재하지 못할 이유가 없지 않겠는가? [1987, p. 308]

비온은 태아가 임신 말기에 부모 사이의 갈등이나 그것과 비슷한 것, 또는 사람의 목소리나 어머니의 소화기관에서 나는 커다란 소음 등으로 인해 양수 안에서 발생하는 불쾌한 변동들을

---

1) Aray(1992)의 연구와 Raskovky(1958)의 연구 같은, "태아 심리학" 또는 자궁 내의 삶에 대한 연구들이 남미 정신분석 문헌에는 광범위하게 존재한다.

인식할 수 있다고 가정했다. 그는 임신 말기에 태아의 인격은 이러한 방해물들에 대한 적개심을 경험할 수 있을 정도로 발달한다고 생각했다: 분열시키고, 조각내고, 비워내려는 시도의 대상인 "원-아이디어들" 또는 "원-감정들." 그는 또한 그 순간에는 너무 덧없고 지각할 수 없는 것이기에 그것의 존재를 알 수조차 없는 특정한 상태들이 존재한다고 제안했다. 그것들은 나중에 우리가 인식하지 못한 상태에서 우리를 파괴할 정도로 생생한 것으로 드러난다(ibid., p. 318). 참조: 분기점, 표의문자, 원-사고.

자리들(Positions, the): 비온이 클라인에 의해서 서술된 두 개의 자리들에 대해서가 아니라, 그것들 사이에 있는 것을 지칭하기 위해 사용한 개념으로서, 그는 이것을 PS↔D(1992, p. 207)로 표현한다:

> 나는 편의를 위해 편집-분열적 자리도 우울적 자리도 아닌, 그것들 각각의 얼마를 나타내는 상태를 자리들이라고 부를 것을 제안한다. [ibid., p. 215]

작업 집단(Work group): 이것은 또한 "세련된 집단"(sophisticated group)이라고도 불린다. 그것은 집단이 현실과의 접촉을 수립할 수 있고, 진화의 필요를 인식할 수 있으며, 기본적 가정의 통제를 벗어나 공동의 목표를 위해 함께 작업할 수 있는 순간을 나타낸다. 그것은 좀 더 "과학적인" 방식으로 갈등을 다루는 경향성에 의해 지배받는데(1948b, p. 99), 이 경향성은 프로이트의 가정에 따르면(1911), 자아에 해당된다(ibid., p. 143). 이 집단의 가장 큰 무기는 조직, 구조, 협력 그리고 언어적 의사소통이다(ibid., p. 185). 작업 집단은 그것이 기본적 가정에 의해 지배되지 않을 때, 집단이 따르게 될 방향을 나타낸다. 그렇기 때문에 집단이 세련된 수준(W)에 머무르기 위해서는 지배적인 기본적 가정이 지닌 정서를 다루어야만 한다(ibid., p. 135). 이 집단은 몇 시간 또는 몇 개월 동안 지속될 수 있는데, 그것은 끊임없이 집단을 지배하려고 시도하는 잠재적인 기본적 가정의 정서적 압력을 해결하는 집단의 역량에 달려있다. 이런 종류의 집단의 지도자는 특정한 기본적 가정의 내적 현실과만 접촉하는 집단의 지도자와는 달리, 집단의 외부 현실에 접근할 수 있다(ibid., pp. 144-145).

나중에 「주의와 해석」(1970)에서, 비온은 종교적 정점에서 이러한 형태의 집단은 신과 인간 사이, 이상화된 초자아와 인간 사이를 구별해야 하고 그 구별을 유지해야만 한다고 진술하는데, 이것은 프로이트의 작업에 대한 어떤 비판도 결코 수용될 수 없다고 믿었던, 프로이트를 추종하는 정신분석적 집단이 프로이트를 이상화한 것에도 적용된다(p. 75). 참조: 기본적 가정, 의존적 기본적 가정, 싸움-도피 기본적 가정 집단, 짝짓기 기본적 가정 집단, 결합가.

저항(resistance): 이것은 O의 접근 불가능성, 사고들을 항상 무의식 상태로 유지하려는 노력, 진실에 대한 두려움, 그리고 대상이 현실이 되는 것에 대한 두려움 등을 나타낸다. "저항은 대상의 현실(reality of the object)이 임박한 것에 대한 두려움 때문에 작동한다"(1965, p. 147). 이것은 결코 거짓됨(falseness)에 대한 두려움을 나타내는 것이 아닌데, 그 이유는 아마도 현실에 대한 접근 불가능성을 다루기보다는 그것을 무시하는 것이 더 낫다고 느끼기 때문일 것이다. " 때로는 '장님' 이 되는 것이 병리적이 되는 것보다 현명하다고 느껴지는 ... 경우들이 있다"(ibid., p.

149). 현실을 아는 것, 즉 진실을 파악하는 것은 어렵다. “감자를 노래하게 만드는 것이 불가능한 것과 같은 이유로, 현실을 아는 것은 불가능하다.” 우리는 감자를 심고, 껍질을 벗기고, 먹을 수는 있지만, 결코 그것을 노래하도록 만들 수는 없다(ibid., pp. 147-148). 저항은 O 안에서의 K의 변형과 밀접하게 관련되어 있고(TK→O), 좌표의 칼럼 2와 연결되어 있다.

비온은 또한 꿈-작업에서의 저항 역시 의식적인 합리적 경험을 꿈으로 전환하고,—그 반대가 아니라—꿈을 보통 분석가의 욕망이나 “느껴진 욕구”를 나타내는 의식적인 합리적 경험으로 전환하고자 하는 환자의 “느껴진 욕구(felt need)”라고 제안한다—고전적 이론에 의해 알려진 것과는 별도로. 비온은 다음과 같이 결론 내린다:

> “느껴진 욕구”는 매우 중요하다; 만약 이것에 마땅한 중요성과 비중이 주어지지 않는다면, 환자의 진정한 질병은 간과될 것이다. 이것은 꿈의 해석에 대한 분석가의 고집으로 인해 모호해진다. [1992, p. 184]

참조: 거짓됨; “느껴진 욕구”; 좌표, 가로축; 진실.

전-관념(Pre-conception): 비온은 전-관념을 선입견으로부터 구별한다. 그는 전자를 좌표의 수직축 D열에 속하는 것, 즉 실현을 요구하는 욕망의 존재에 해당하는 것으로 서술한다. 다른 한편, 후자는 예감(premonition)과 관련되며, 따라서 좌표의 칼럼 3(표기, notation)과 칼럼 4(주의, attention)에 해당한다; 예를 들면, 분석가가 충분히 이해하지 못하고 있는 어떤 것이 회기에서 발생하고 있다는 예감을 가질 때가 그런 경우이다(1963, p. 75). 비온은 사고들이 그것들의 발달사의 성질에 따라 전-관념, 관념, 그리고 개념으로 분류될 수 있다고 말한다(1967, p. 111). 전-관념은 칸트의 "비어있는 사고" 개념과 유사한 것, 즉 예상되는 상태(1962, p. 91)로서, 이는 아기가 젖가슴에 대한 타고난 또는 선험적 기질을 갖고 있다는 가설과 비교될 수 있다; 달리 말해서, 아기(전-관념)가 젖가슴에 접촉할 때, 하나의 실현이 발생한다. 즉 그것은 관념으로 변형되는데, 비온에게 있어서 이것은 일종의 담기는 것-담아주는 관계를 나타낸다. "그러므로 관념은 정서적인 만족 경험과 끊임없이 결합할 것으로 예상된다"(1967, p. 111). 우리는 고전적인 "본능" 개념이 전-관념에 대한 비온의 생각 배후에 놓여있다는 것을 직관적으로 알 수 있다. 참조: 관념, 개념, 실현, 사고들.

전이(Transference): 이 개념에 대하여 비온은 다음과 같이 말했다.

> 전이의 요소들은 자기 자신이 아닌 대상의 현존에 대한 환자의 인식을 드러내보여주는, 환자의 행동의 측면에서 발견되어야만 한다. 그의 행동의 어떤 측면도 무시될 수 없다 ... 그의 인사, 또는 그것의 간과, 카우치나 가구, 날씨에 대한 언급 등을 그 자신이 아닌 대상의 현존과 관련된 측면에서 이해해야 한다. [1963, p. 69]

심리적 수학을 적용하면서, 비온은 마음을 $\Psi(\xi)$라는 등식으로 나타내는데, ξ는 각 회기 동안에 전이에 의해 산출되는 포화의 정도를 결정하기 위해 검토해야 하는 비-포화된 측면을 가리킨다. 변형 이론의 정점에서, 비온은 전이

신경증을 T(환자)β로 나타낸다(1965, p. 18):

> 이 변형은 왜곡을 거의 포함하지 않는다: 프로이트가 사용한 전이"라는 용어는 감정과 아이디어가 하나의 적용 영역에서 다른 적용 영역으로 이동하는 모델을 함축하고 있다. 그러므로 나는 이러한 부류의 변형들을 "굳어진 움직임"(rigid motions)으로 서술할 것을 제안한다. 굳어진 움직임의 상수는 투사적 변형 특유의 상수와 대비되어야 한다. [ibid., p. 19]

비온은 회기 안에 환자가 존재한다는 것은 그가 분석가의 존재를 알고 있다는 것을 보여주는 것이지만, 그러한 사실은 부재를 부인하는 데 사용된다고 말한다. 그리고 이것은 좌표의 칼럼 2에 해당한다고 본다. "그는 회기 안에서 마치 내가 부재하는 것처럼 반응하는데 ... 이러한 행동은 나의 현존을 부인하기 위한 것이다":

> 나에 대한 그의 "비전"을 나타내기 위해 내가 사용하는 모델은 나 또는 젖가슴이 차지했어야 마땅하지만 그렇지 못한, 부재하는 젖가슴, 장소 또는 위치와 관련된 모델이다. "마땅하다"(ought)는 단어는 도덕적 폭력성과 전능성을 표현한다. 나에 대한 시각적 이미지는 기하학자가 점으로, 음악가가 악보에 표시된 스타카토로 부르는 것에 의해 나타내질 수 있다. [ibid., p. 53]

전이는 혼동을 피하기 위해 구분을 필요로 하는, 강한 지점과 약한 지점을 갖고 있다. 전이의 강함은 "두 사람 모두에 의해 사용할 수 있는 '사실'을 갖고 있고, 따라서 두 사람 모두에 의한 토론에 열려있다"는 데 있다; 전이의 약함은 전이가 "말로 설명될 수 없고 당사자들 외에 그 누구에 의해서도 논의될 수 없다는 데 있다. 이 단순한 사실을 인식하지 못하는 실패는 혼란으로 인도한다" 참조: 역전이; 선; 젖가슴-없음; 점(.); 투사적 변형; 변형; 굳어진 움직임에서의 변형.

전이 해석(Transference interpretation): 비온은 심각한 사고장애를 보이는 환자들을 치료하는 동안에 "정통 전이 해석을 할 수 있는 기회들이 발생하고 있고, 또 실제로 그런 해석을 하는데도 불구하고, 종종 환자들이 그런 해석들에서 아무것도 배우지 못하고, 연결이 되지 않는 연상들의 흐름만이 계속될 뿐"이라고 말한다(1962, p. 20). 환자가 자신의 온전한 정신, 또는 "인격의 비정신증적 부분," 또는 α-기능을 분석가에게 투사하고 있다는 사실을 깨닫고 난 후에야 상황은 변할 수 있었다. 그는 이렇게 말한다:

> 기능 이론은 내가 그의 인격의 알려지지 않은 기능들을 담고 있다고 가정함으로써, 그리고 그 가정에 기초해서 그것들이 어떤 것인지에 대한 실마리를 찾기 위해 회기의 경험들을 꼼꼼히 살펴봄으로써, 이 문제를 풀 수 있다는 전망을 제공했다. 나는 나 자신이 환자의 "의식"이라고 가정했다. [ibid., p. 21]

비온은 전이에 대한 이해를 추구하는 기제들을 사용하는 것을 그만 둔 다음에야, 비로소 환자가 깨어 있는 상태에서 회기 안에서 일어나는 직접적인 사건들을 꿈꾸고 있다는 것을, 달리 말해서 감각인상을 α-요소로 그러나 잘못된 방식으로 옮기고 있다는 것을 깨닫게 되었다고 결론 내린다: "나는 알파-요소의 부족으로 인해 꿈꾸지 못하고, 따라서 잠들 수도 깨어 있을 수도, 의식적이지도 무의식적이지도 못하는 무능력을 목격했다"(ibid.) 참조: 역전이, 전이, 굳어진 움직임에서의 변형.

전조(Precursors): 비온이 다른 정서들의 전조들로서 작용하는 느낌들을 지칭하기 위해서 사용한 용어로서, 예를 들면, "한 환자가 경험하고 있는 미움이 사랑의 전조라면, 하나의 요소로서의 그것의 가치는 사랑의 전조로서의 그것의 속성에 있는 것이지, 미움에 있지 않다. 그리고 이것은 모든 다른 정서들에도 마찬가지로 적용된다"(1963, p. 74). 참조: 예감, 영감.

전지성(Omniscience): 좌절을 견디지 못하는 무능력 때문에 사고를 생각하는 장치의 확립이 방해받을 수 있다. 그러나 좌절이 견뎌지면, 하나의 전-관념과 그것의 실현 사이에 짝짓기가 가능해지고, 경험으로부터 배우는 것이 가능해진다. 이 두 극단들 사이에 중간 단계가 있을 수 있는데, 거기에서 좌절에 대한 내성 부족은 회피 방어를 활성화시킬 정도로 크지는 않지만, 현실 통제를 결정지을 정도로 충분히 중요하다. 이 경우, 전-관념을 관념과 짝짓기 하는 것에 대한 대체물로서의 전능성(omnipotence)이 자극된다. 비온은 전지성(omniscience)이 경험으로부터 배우는 능력과 생각하는 능력 모두를 대체할 것이고, 그 외에도 진실과 거짓 사이의 구별을 가능하게 하는 정신적 능력을 대체할 것이라고 말한다. 이 점에서, 전지성은 마술과 종교에서 관찰할 수 있듯이, 모든 과학적 논리 밖에서, 참된 것과 거짓된 것 사이를 구별하는 전제적이고 변덕스러운 의도를 나타낸다(1967, pp. 114-118).

전치(Displacement): 비온은 전치를, 전이에서 관찰되는 것처럼, 과거의 사건들이 현재의 다른 상황으로 옮겨지는 것이라고 간주한다. 그는 다음과 같이 말한다:

> 여기에서 일어나고 있는 것은 그가 전혀 자극받지 [않았다][2)]는 사실이 환자에게 분명해지기 전까지는, 직접적인 원인이 억압된다. 그리고 곧바로 오래된 "기억"이 현재의 사건에 대한 인식을 대체한다. 초기 이야기의 주체가 환자의 현 백일몽 안에서 주인공이 되는데, 그 백일몽이 직접적인 현실 상황에 적합한 사고를 차단한다. 이 설명으로 충분하지 않을까? [1992, p. 137].

비온이 제공한 또 다른 설명은 투사적 동일시 기제와 관련되어 있는 것으로서, 예를 들어, 현재의 사건이 지금 공간 안에 부재한, 과거의 누군가에게 투사되는 경우가 그것이다. 그는 최종적으로 다음과 같이 질문한다:

> 간략히 말해서, 프로이트가 꿈-작업의 특성으로 설명했던 기제들이 실제로는 정신의 광범위한 영역 안에서와 수없이 많은다양한 기능적 장들 안에서 작용하는 것으로 발견될 수 있지 않을까? [ibid., pp. 137-138]

점(.)(Point): 유클리드는 점을 부분들을 갖고 있지 않은, 분할할 수 없는 것으로 정의했고, 이후 다른 사람들은 그것을 "확장되지 않는 장소," "차원들이 없는 기하학적 실체," "선의 한계," "무

---

2) 원본에서는, 부정사 "not"은 빠져 있지만, 이것이 없다면 의미가 이해되지 않기 때문에, 실수로 간주하여 첨가하였다.

한한 요소들" 등으로 서술했다. 플라톤은 처음에 그것을 낙인(***στιγμη***)이라고 명명했는데, 그것은 "찰라" 또는 "점"을 의미한다.[3] 비온은 그것을 "젖가슴의 부재"를 표현하는 데 사용했는데, 그 이유는 아마도 그리스어에서 "점"이라는 단어는 시간과 공간의 차원 모두—찰라, 순간, 낙인, 또는 흔적—와 같은 뿌리를 갖고 있기 때문인 것 같다(1965, p. 53). 만일 점이 대상의 부재, "젖가슴-없음" 또는 "사물-없음"을 표현한다면, 그리고 만일 우리가 생각하기 이론을 사용해야만 한다면, 그렇다면 점은 K와 관련된 전-관념(좌표의 D열)을 나타낼 것이다(ibid., p. 77). 그러나 만일 우리가 "점"을 장소로 간주한다면, 그것은 예컨대 젖가슴, 페니스, 대변 또는 잔인하고 악의적인 박해자와 같은 부재-현존을 나타내는 부분대상들의 결합으로 생각될 수 있을 것이다(ibid., p. 78). 그것은 "그 장소," "그 시간," 또는 "성장의 단계"를 의미할 수 있다(ibid., p. 119).

단어들은 사고들을 나타내는데, 그것들은 사물이 없는 공허, 또는 "사물-없음"이며, 하나의 점으로 표현될 수 있다. 이 때 점은 젖가슴이 있었던 장소나 흔적, 또는 "젖가슴-없음"을 의미할 수 있다(ibid., p. 82). 시간과 관련해서, 그것은 "현재가 있던 곳"을 가리킬 수 있다(ibid., p. 86). 좌표에서 그것은 A1에 해당된다. "선"과 비슷하게, 점은 여러 상황들에도 불구하고 변치 않고 남아 있는 시각적 이미지를 나타낸다. 마이너스 점(-.)은 "거기에 없는"(부재한) 대상이 있는 장소; 존재하지 않았던 것이 있는 장소; 또는 "존재하지 않는 것"이 항상 유지되는 장소를 나타낸다. 이것이 정확히 전이에서 발생하는 상황이다. 참조: 원, 선, 젖가슴-없음, "사물-없음."

---

3) 영어에서 그 두 개의 의미는 "dot" 그리고 "spot" 외에도 "period"라는 단어 안에 압축되어 있다.

점의-쌍(Point-pair): 좌표체계 안의 선 위에 위치한 두 개의 다른 점들을 가리킨다. 비온은 이 개념을 내적 및 외적 현실에 상응하는 점들 사이, 또는 무의식적 내용과 의식적 내용 사이, 또는 현존하는 대상과 부재한 대상 사이 등의 기하학적 관계를 확립하기 위해서, "숫자 그리고 복소 공액"(conjugate complex) 같은 다른 수학적 개념들과 함께, 변형 이론과 관련해서 사용한다(1965, pp. 86, 103). 참조: 원, 복소 공액, 숫자.

접근할 수 없는 정신적 상태(Inaccessible mental state): 비온은 아주 초기의 삶이나 자궁 내의 삶을 사는 단계 동안에 발생한 원시적 사건들 같은, 의식적 또는 무의식적 상태와는 다른 그리고 말로 설명할 수 없는, 알려지지 않은 존재와 관련된 정신 상태에 대해 지나치듯이 가볍게 언급했다. 비온과는 독립적으로 그리고 일부는 비온보다 앞서서 이 주제를 다른 연구자들이 있는데, 그들 중 일부는 이것을 "태아의 정신적 삶"(Raskovsky, 1958; Aray, 1992)으로, 그리고 다른 일부는 "분열성적 비밀"(Lopez-Corvo, 1994)로 불렀다. 비온은 이렇게 말한다:

> 나는 마음의 의식적 및 무의식적 상태들 외에도, 또 하나의 상태가 있을 수 있다고 제안한다. 내가 그것이 붙여줄 수 있는 잠재적인 명칭은 접근할 수 없는 마음의 상태라는 것이다. 그것이 접근할 수 없는 이유는 태아가 그렇게 할 수 있게 되자마자 그것을 제거해버리기 때문이다. 그것이 심장박동에 대한 인식이든, 아니면 공포, 소리, 또는 영상의 느낌에 대한 인식이든—자궁 내의 양수의 압력 변화에 의해 눈 부위에 가해지는 압력을 통해 경험된 일종의 영상—그것들은 모두 우리가 의식 또는 무의식이라고

부를 것이 되지 못한 것들이다. [1997, p. 50][4)]

「주의와 해석」에는 이 주제에 대한 약간의 언급이 등장하는데, 프란체스카에 따르면, 그것은 이전의 진술에 비해 암시적인 방식으로 표현되었다(참조: 1997, pp. vii-viii).

> 자료는, 그것을 언어화하고자 하는 사람이 항구적 결합을 관찰할 수 있을 정도로 그것을 충분히 경험한 적이 없을 경우, 전-언어적인 것일 수 있다. 그는 다음과 같은 여러 유사한 상황들과 비슷한 상태에 처하게 된다: 고통을 받지만 겪어내지 못하는 상태; 미분법이 발명되지 않았기 때문에 행성의 움직임을 이해하지 못하는 상태; 억압되는 것으로 인해 정신 현상을 의식하지 못하는 상태; 발생한 적이 없기 때문에 어떤 사건을 알지 못하는 상태. [1970, p. 11]

접시(Trays): 참조: 변형.

접촉(Touch): 접촉의 감각은 담는 것-담기는 것의 상호작용에서 일어날 수 있는 혼동에 대한 "해독제"로서 사용된다. 그것은 담는 것과 그것의 내용물 사이를 구분하고 구별하기 위해서 접촉한다는 생각과 관련되어 있다(1963, p. 95). 그것은 또한 피부가 두 대상들 사이에서 "멀리 있으면서 가까운" 장벽으로서 사용될 수 있다는 점에서, 진정시키는 데 사용될 수 있다(참조: 거리). 그것은 시각, 청각, 후각과 같은 감각기관을 사용하는 다른 모델과

---

4) 이것이 기록된 정확한 날짜는 알려지지 않았지만, 프란체스카 비온은 그때가 「정신분석의 요소들」이 출간된 해인 1963년일 거라고 보고 있다 (참조 1997,pp. vii-viii).

는 다르다. 왜냐하면 그런 감각들은 모두 멀리서도 경험될 수 있기 때문이다. 그러나 접촉은 "촉각적 접촉에 의한 지형학적으로 더 가까운 관계가 ... 다른 모델에 의한 더 멀리 있는 관계보다도 덜 친밀한 것, 즉 혼동된 것이라는 역설적인 효과"를 산출하기도 한다(ibid., p. 96).

접촉의 질(Quality of contact): 리프가(Lipgar, 1998)에 따르면, 이차세계 대전 동안 비온과 함께 장교후보 훈련생을 선출하는 과제를 위한 임무를 수행했던 서덜랜드(Sutherland)는 비온이 종종 "후보생들이 다른 사람들과 갖는 "접촉의 질"을 평가할 필요성"에 관해 언급했다고 진술했다(p. 30). 리프가는 이렇게 말한다:

> 그들은 다양한 성격의 소유자들이 좋은 장교들이 될 수 있다고 생각했다. 그러나 비온은 "압력을 받고 있고 자신의 목적을 위해서 동료들의 이익을 무시하도록 유혹받는 상황에서 개인적 관계를 유지할 수 있는 능력이야말로 결정적인 특성"이라고 간주했다." [ibid.]

접촉-장벽(Contact-barrier): 알파-요소들이 일관되고 지속적으로 증가하는 것을 통해 구성된 실체를 묘사하기 위해 비온이 사용한 용어인데, 이것은 나중에 시냅스로 알려진 신경-생리학적 단위를 표현하기 위해 프로이트가 사용했던 용어이기도 하다. 접촉-장벽은 의식과 무의식 사이에 위치하는 것으로 가정되고, 의식과 무의식 상호간의 분리뿐만 아니라 접촉을 가능케 하고, 내부 현실로부터 외부 현실을 구별할 수 있게 하는 요소이다. 접촉-장벽은 일종의 투과막으로서 기능할 것이고, 그것의 성질은 α-요소들의 공급이 어떻게 확립되는지 그리고 어떻게 서로 관련을 맺는지에 달려있다. 깨어있는 동안과 잠들어 있는 동안에 알파-기능은 정서적 경험과 관련된 감각인상들을 알파-요소로 변화시킨다. 이 요소들의 양이 증가하면서, 그것들은 응집력을 갖게 되고, 덩어리를 형성하며, 이야기의 형태를 주기 위한 순서가 정해지고, 논리적으로 또는 심지어 기하학적으로 질서를 갖추게 된다(1962, p. 17). 의식에서 무의식으로 그리고 그 반대로 이동하는 그것의 속성을 따라, 접촉-장벽은 기억에 그리고 어떤 특별한 기억의 특징들에 영향을 미칠 수 있다. 그것은 또한 무의식과의 관계에서 의식이 행동하는 방식을 결정하는 방어들의 성질을 규정한다. 즉, 그것은 어떤 기억을 억압하든지 아니면 의식화되도록 허용함으로써, 그것을 진실을 드러낼 수 있는 사고로서 사용할 것인지의 여부를 결정한다.

정신증 환자들, 또는 인격의 정신증적 부분에 관한 연구를 통해서, 비온은 신경증 환자들에게서 관찰되는 것과는 다른 종류의 의식과 무의식의 상호작용이 존재한다는 사실을 알게 되었고, 그들의 경우에는 기본적으로 무의식적 요소가 의식화되는 것에 대한 저항이 부재할 뿐만 아니라, 기억 과정에 장애가 있다는 사실을 알게 되었다. 그러한 관찰들은 비온으로 하여금 그가 "베타-요소 스크린" 또는 "베타-스크린"이라고 부른, 또 다른 심리적 구성물을 창안해내도록 이끌었다.

멜처(1978)는 접촉-장벽을 클라인의 "무의식적 환상"(pp. 41-42) 개념과 관련시켰는데, 물론 그것은 고전적 이론에서의 "방어"의 개념을 닮은 것일 수도 있다. 다른 한편, 무의식적 환상은 비온에 의해 도입된 O 개념과 연관될 수 있다

접 합(Articulation): 「숙고」(1992)에서 비온은 그것의 의미를 이렇게 설명한다:

> ... 그것은 요소들을 함께 모으고 통합하는 것을 통해서 결합된 부분들이 하나의 전체적인 복합체를 형성하는 과정에 대한 명칭이다. 내가 그 단어에 부여하는 의미는 그것이 "수집"이라는 단어와 대조적으로 사용될 때 더 분명해질 것이다 … [p. 158]

아마도 나중에 비온이 광범위하게 사용하게 되는, 푸엥카레(Poincare)에게서 가져온 "선택된 사실" 개념이 여기에서 나왔을 수 있다.

정서(Emotion): 비온은 정서를 사랑(L), 증오(H)로, 그리고 그것들의 부정적인 상대역을 -L, -H로 나타낸다. 그러나 -L이 H와 같은 것은 아니다. 그것은 아마도 "무관심"에 더 가까울 것이다. 그것들은 고전적 정신분석에서의 성적 및 공격적 욕동에 해당한다. 비온은 그 외에도 앎(K)을 추가했고, 그 세 가지를 열정들로서 뿐만 아니라(1963, p. 4), 사람들, 가설들, 또는 정신분석적 요소들을 묶어주는 연결들로서 간주하였다.

정서는, 마치 우리가 호수 표면에 비친 풍경이 미풍에 의해 형태가 변경되는 모습에서 볼 수 있듯이, 또는 그 미풍이 다른 격랑을 발생시키는 모습에서 볼 수 있듯이, 관념작용(ideation 또는 K)의 윤곽을 왜곡할 수 있다. 두드러지게 인지적인 정신분석 과정 동안에 관찰될 수 있듯이, 정서는 관념작용이 지배하는 진전과정에서 발생하는 혼란을 나타낸다. 이 과정에서, 정서는 분석가와 환자 모두에게, 전이와 역전이의 형태 안에서, 원치 않지만 피할 수 없는 혼란으로서 작용하며, 파국적인 변화의 형태를 띤 진정한 격랑을 야기할 것이다.

비온은 좌표가 K가 아닌 상황을 위해서도 사용될 수 있는지에 대해 의문을 갖는다: "사랑과 증오의 강한 감정들이 구별하고 배우는 능력에 영향을 줄 수 있다"는 것이 공통된 경험의 일부이다(1965, p. 70). 정신분석과 유사한 앎을 지향하는 좌표는 정서들이 현존할 때 마치 호수의 표면처럼 동요할 것이다. 가로축에서 사랑의 감정은 정의적 가설로서 범주 1에 해당할 것이다(ibid.).

격랑과 파국적 변화의 개념을 사용하여, 멜처는(1986) 정서적 경험을 다음과 같이 정의한다:

> 정서적 경험은 … L, H, K와 -L, -H, -K 사이에서 갈등을 일으키는 세계의 아름다움과 신비와의 만남이다. 직접적인 의미가 정서로 경험되는 동안, 정서적 경험은 직접적인 자극 대상들만큼이나 다양할 수 있지만, 그것의 의미는 항상 그리고 궁극적으로 친밀한 인간관계와 관련되어 있다. [p. 26]

정서적 연결(Emotional link): 자기(self)를 자기 자신 및 다른 사람들과 연관시켜주는 모든 정서적 연결들(시기심, 감사, 우울, 섹스, 죄책감, 등) 중에서, 비온은 사랑(L), 증오(H), 지식(K) 세 가지를 선택한다. 그러한 선택에 대해 블랑도뉘(Bleandonu, 1994)는 이렇게 말한다:

> … L, H 그리고 K는 회기의 정서적 사실들의 전체를 나타낼 필요에 의해서가 아니라, 음악에서의 음조처럼, 결합을 통해 하나의 진술을 창조해내는 다른 요소들에게 가치를 줄 수 있는, 음조를 위한 필요에 의해서 동기화된다. [p. 161]

이 연결들은 살아있는 대상들 사이의 관계를 의미하며, 비온에 의해, 항구적 결합을 나타내는 것으로 그리고 다른 모든 정서들을 포함하는 가설들 또는 정신분석적 요소들로서 간주되었다 (1963, pp. 249-250; 262-270). 비록 정신증 환자들 또는 인격의 정신증적 부분 안에는 단어가 더 이상 사물의 표상이 아니라, 사물 그 자체를 나타내는 상황, 즉 시걸(1957)이 말하는 상징적 동등시가 적용되는 상황이 존재하지만, 모든 연결은, 그것이 나타내야만 하는 것이 어떤 것이든 관계없이, 무언가를 나타낸다.

연결은 감각과 관련되거나 관련되지 않은 감정들 사이의 항구적 결합을 나타내는 가설들처럼 작용한다: (a) "그러한 용어들에 의해서 나타내진 것들은 특정한 감각인상들의 항구적 결합에 대한 간명한 가설들." 예컨대, "나는 바다가 싫다"라고 말하는 것은 바다가 감각들에 의해서 지각된 것이다; (b) 감각과 관련되지 않은 인상들의 항구적 결합에 대한 간명한 가설들. 예컨대, "나는 우울증이 싫다"라고 말하는 것은 우울증이 맛과 냄새와 같은 감각들에 의해서 지각되지 않고 있는 것을 말한다 (1992, pp. 266-267).

표상이 잘못될 경우, K 연결은 -H나 -L과 유사한 -K에 해당된다. 그러나 -L이 H와 같거나 -H가 L과 같은 것은 아니다. 신체적인 것과 달리, 심리적인 특질들은 감각적 정보를 갖고 있지 않다. 예를 들어, 불안은 냄새나 맛이 없다. 이런 의미에서, 비온은 건강염려증은 심리적 특질과의 연결을 수립하려는 시도를 나타내는 것일 수 있고, 이때 신체적 감각들이 심리적 특질 안에는 없는 감각 정보를 대체한다고 보았다. 환자들과의 의사소통은 비슷한 한계들을 제시한다: 만약 환자들의 불안에 신체적 특질들이 없다면, 우리는 그들이 무엇을 말하고 있는지 어떻게 아는가? 그런 경우, 그들이 하는 말을 비교하기 위한 냄새나 맛이 없기 때문에, 우리가 유일하게 참조할 수 있는 것은 우리 자신의 신체적 감각들이다.

L과 H가 생명본능과 죽음본능에 대한 고전적인 생각을 나타낸다면, K는 클라인에 의해 도입된 인식선호 본능을 나타낸다. 참조: 파국적 변화, H, K 연결, -K, L 연결, -L.

정신분석(Psychoanalysis): 비온에 따르면, 정신분석은 "항구적 결합을 묶어주는 용어라고 간주되어야 한다. 무엇이 결합되는지 그리고 그 결합이 무엇을 의미하는지를 이해하기 위해서는 여러 해가 지나야만 한다"(1970, p. 63). 그는 나중에 약간 비관적인 어조로 다음과 같이 말한다:

> 정신분석이라는 모험을 어렵게 만드는 것은 항상 변화하는 인격이 또 하나의 그런 인격에게 말한다는 것이다. 그러나 인격은 고무줄이 늘어나듯이 발달하는 것 같지는 않다. 그것은 마치 양파처럼 많은 껍질을 발달시키는 것 같다 ... 환자는 "통 채로 깨지기보다는" 부분적으로 붕괴된다. 성공적인 파멸로 이끈 불행의 경우에도, 많은 측면들이 건재한 상태로 남아있다. [1977a, p. 47]

집단 경험에 대해 연구하는 동안, 비온은 정신분석을 짝짓기 기본적 가정을 자극해내는 "집단 작업"(W)이라고 정의했고, 그 작업에서는 성욕이 중심적인 위치를 차지한다고 보았다. 나중에, 「변형」(1965)에서, 그는 분석가의 작업은 "실현(실제적인 정신분석적 경험)을 해석 또는 일련의 해석들로 변형시키는 것"이라고 볼 수 있다고 말한다(1965, p. 6). 그는 또한 정신분석이 정지 상태에 있지 않기 때문에, 우리는 정신분석에서 상

수에 대해 말할 수 없다고 덧붙인다:

> 정신분석은 계속 발달할 것이기 때문에, 우리는 정신분석이 마치 정지된 상태에 있기라도 하듯이, 정신분석의 상수에 대해 말할 수는 없다. 정신분석 실제에서, 확립된 이론들이 특정한 상황에 부적절한 것으로 보인다는 이유로 확립된 이론들을 버리는 것은 바람직하지 않다. 그러한 처사는 확립된 규칙을 고수하는 게 더 나은 순간에 너무 쉽게 특별한 이론들을 만들어내는 경향을 강화할 것이다. [ibid., p. 4]

그는 또한 정신분석을 특징짓는 친밀감의 분위기 안에 있는 고립의 느낌, 즉 분석가가 환자의 가족 또는 다른 동료들과 이야기할 때 분석가의 마음 속에 항상 존재해야 하는 느낌을 강조했다(1963, p. 15). 「주의와 해석」에서 비온은 정신분석과 다른 과학들 사이의 관계를 조사한다. 정신분석적 방법이 비과학적인 것은 아니지만, 거기에는 다음과 같은 차이가 있다:

> "과학"이라는 용어는, 그것이 지금까지 감각 대상들에 대한 태도를 서술하는 데 사용되어온 것처럼, "정신분석적 과학"이 다루어야 하는 현실에 대한 접근방법으로는 적절하지 않다. [1970, p. 88]

과학은 말로 할 수 없는 것, 알려지지 않은 것, 또는 비온의 용어로, O를 다룰 수 없다. 그런 비판은 또한 음악, 미학, 정치학 또는 종교와 같은 다른 분야들에도 똑같이 적용된다. 과학은 증상들과 같은 사물의 감각적인 측면을 다루며, 무게나 색깔이 없는 우울 또는 불안을 다루지 않는다. 필요한 것은 앎(K)을 제한하지 않는 과학, 달리 말해서, 일종의 하나-됨의 수학, 또는 타자와의 연합의 수학이다. 비온은 심리적 수학이라는 가설을 도입하려고 시도했다. 예를 들면, 관찰되고 있는 대상과 관찰하는 사람의 느낌들은 증가할 수도 있고(+) 감소할 수도 있다(-)는 단순한 사실에 근거해서, 그는 O와 수학 사이의 관계를 설명할 수 있다고 보았다.

비온은 "정신분석적 이론"과 "관찰 이론"을 구별했다. 전자는 기준의 통일성을 허용하는 정신분석의 이론적 체계에 대한 구체적인 공식화와 결정에 해당되고, 이는 좌표의 F열인 관념에 속한다. 예를 들자면, 투사적 동일시 개념 안에 함축되어 있는 이론이 그것이다. 다른 한편, "관찰 이론"은 임상 실제에서 이론이 실현되는 것을 말한다. 비온은 이것을 투사적 동일시 이론의 실현에 해당되는, "과장법"(hyperbole)이라는 개념을 통해서 설명한다(1965, p. 160). 참조: 심리적 수학, 정신분석적 요소들.

정신분석적 게임으로서의 좌표(Grid, as a psychoanalytic game): 비온은 좌표를 정신분석적 게임으로 사용하는 가능성을 제시했다. 그는 좌표를 일종의 분석적 가상 게임으로 사용함으로써, 경험적 측면이 덜 결정적인 것이 될 수 있다고 보았다. 그는 이 "상상 훈련"을 음악과 직접적으로 연결되어 있지는 않지만 모든 음악을 구성하고 있는 요소들과 관련되어 있는 음계들을 연습하는 음악가의 활동에 비유했다(1963, p. 101).

정신분석적 경청(Psychoanalytic listening): 프로이트는 안드레아-살로메에게 보낸 1916년 5월 25일자 편지에서, 보통 탐구 대상에 의해 둘러싸인 "모호성"을 보상해주는 장점을 갖는 정신적 상태에 도달하는 방법을 제안했다.[5] 이 방법은 "인위적으로 자신의 눈을 멀게 하는 것"을 포함한다. 그는 이렇게 표현했다: "나는 내 연구에서, 모든 빛을 하나의 캄캄한 통로에 집중시키기 위해 나 자신을 인위적으로 눈멀게 했다"는 것을 알고 있다. 비온은 "경청"을, 분석가가 자신에게서 모든 선입견을 제거하고 난 순수한 순진성에 가까운 상태로 서술했다. 여기에서 말하는 순수한 순진성의 상태란, "나의 호기심을 자극하는 문제에 빛을 비춰줄 전-관념을 위한 공간을 만들기 위해 알지 못하는 [비포화된] 상태에 머무는 것을 의미한다"(1965, p. 47). 나중에 비온은 클라인의 편집-분열적 자리와 비슷한 "인내"라는 개념을 덧붙이는데, 이 개념은 자리 개념과는 달리 모든 병리에서 자유롭고, 오직 고통의 느낌들과 좌절에 대한 내성과만 관련되어 있다(1970, p. 124). (참조: 역전이).

경청은 모든 이해, 기억, 또는 욕망으로부터 자유로운 상태에서 이루어져야 하며, 그리고 빈번히 특히 정신증 환자들의 말을 경청할 경우에는 환각증 상태에서 이루어져야 한다. 이러한 준비가 궁극적 진실로서의 O의 진화를 허용한다. 비온이 "진화"(evolution)라고 서술한 이 개념은 고전적 정신분석에서의 "무의식적 환상" 개념에 해당되는 것일 수 있다. 이러한 깨달음에로의 진화가, 신앙의 행위의 도움으로, 해석의 구성을 허용한다(ibid., p. 43).

비온은 1959년 10월에 쓴 메모(1992, p. 82)에서, 환자에게 경청하는 동안에 자신에게 일어난 일을 다음과 같이 털어놓았다:

> 졸음이 오고 있다; 그것은 내 생각들에 접근할 수 있기 위

---

5) 샤르코의 죽음을 기념하는 글에서, 프로이트는 이 방법을 그의 프랑스인 스승에게서 들었다고 언급했다.

해서 내가 성취해야 하는 이완 상태의 일부이다. 그러는 동안 나는 계속해서 꿈을 꾸어야 하는데, 그것은 잠이 들게 되는 위험을 수반한다. 나는 눈이 따가워서 눈을 감아야만 했다. 그때 나는 거의 잠이 들었다 ... 나는 아무것도 알 수 없었음이 분명하다. 내가 환경에서 제거하고 싶은 물건들을 싸고 포장하는 것. 이것이 알파가 의식으로부터 사물들을 숨기는 일을 한다는 것을 의미하는 것일까? [ibid.]

그리고 다른 곳에서 이렇게 말한다:

> 창조적인 작업자는 그의 알파-기능을 손상되지 않은 상태로 유지하는 것이 필수적이라는 점에서, 분석가는 회기를 꿈꿀 수 있어야 한다는 것이 분명하다. 그러나 그가 잠들지 않고 이것을 할 수 있으려면, 그는 충분히 수면을 취해야 할 것이다. [ibid., p. 120]

비온은 또한 이해, 기억, 그리고 욕망의 억제가 분석가를 멍하거나 졸린 상태로 유도하는, 원치 않는 복잡한 상황이 발생할 수 있다고 설명한다. 비록 이 상태와 정상적인 경청의 상태 사이에는 차이가 있지만, 그 차이를 설명하는 것은 쉽지 않다. 분석가는 자신의 욕망(고통-쾌락)을 희생하는 것에 대해 반발할 수도 있다. 왜냐하면 그것은 환자와 분석가 모두에게 힘든 일이기 때문이다. 비온은 이와 관련해서 특정한 규칙을 제시한다:

> 1. 기억: 과거 회기들을 기억하지 마라. 이미 말한 것이나 행한 것을 기억하려는 충동이 크면 클수록, 그 충동에 저

> 항하고 싶은 욕구도 더 크다. 이 충동은 일어났던 어떤 일을 기억하려는 소망으로 스스로를 제시할 수 있는데, 그 이유는 그것이 정서적 위기를 촉발시킨 것으로 보이기 때문이다: 어떤 위기도 이 규칙을 깨도록 허용해서는 안 된다. 어떤 사건도 그것이 마음을 차지하도록 허용되어서는 안 된다. 그렇지 않으면, 회기의 진화가 관찰될 수 있는 유일한 순간에, 즉 그것이 발생하고 있는 동안에, 그 진화는 관찰될 수 없을 것이다.
> 2. 욕망: 분석가는 다가오는 회기의 종결(한 주, 또는 일정 기간)에 대한 모든 욕망을 피하면서 회기를 시작해야만 한다. 그 결과, "치료" 또는 심지어 이해에 대한 욕망들이 증식하도록 허용해서는 안 된다. [ibid., pp. 381-382]

정신분석적 대상(Psychoanalytic objects): 과학 철학자들과 정신증 환자들(또는 인격의 정신증적 부분)이 추상적인 것을 구체적인 것으로 바꾸려고 시도하는 방식과 유사하게(참조: 상징적 동등시), 비온은 아리스토텔레스의 수학적 대상을 모방하여 "사물"과 "사물-없음" 사이에서 경험되는 것과 같은, 공간을 다루기 위해서 "정신분석적 대상"을 세우려고 시도한다. 그는 이렇게 말한다:

> 전적으로 점들, 대상들의 위치들, 어떤 것이 있던 장소들, 또는 앞으로 언젠가 있게 될 장소들에 의해서 나타내지는 마음의 존재를 가정하는 것은 편리한 일이다. [1965, p. 106]

그리고 나중에 이렇게 말한다:

> 수학에서, 계산을 요하는 대상들이 존재하지 않아도 계산이 행해질 수 있지만, 정신분석적 실제에서는 정신분석가가 해석을 공식화할 때 대상들을 보여줄 수 있는 것이 본질적이다. [1970, p. 1]

숫자라는 개념은 두 귀, 두 눈, 두 손 등과 같은 둘-됨이, 또는 열 손가락, 열 발가락처럼 열-됨(10진법)이 실현된 결과일 수 있다. 수학적 대상의 발달은 관념에 해당될 수 있다: 숫자의 선험적인 개념이 그것의 실현과 결합하기.

> 그러한 대상을 확인하는 것은 다음의 두 가지에 달려 있다: (a) 대상의 성질이 의사소통 되는 수단을 발견할 가능성. 이것은 이 연구의 대상인 그 방법 자체를 사용하는 것을 포함한다; (b) 관찰자가 그 대상을 견딜 수 있는 정신적 도구를 갖추는 것. [1962, p. 68]

비온에게서 가져온 예를 사용해서 말하자면, 우리는 항구적인 **ψ**가 자체의 불완전한 성질을 만족시킬 능력이 있는 젖가슴이 존재한다는 욕망을 나타낸다고 추정할 수 있다. 다른 한편, **(ζ)**로 상징화되는 이 욕망의 실현은 커다란 쾌락을 주는 "정서적 경험"(관념)을 제공할 것이다. 이러한 경험은, 칸트가 설명했듯이, 현상이라는 개념과 동등한 것으로서, 실험적 또는 경험적 대상의 존재를 의미한다. "수학적 대상"을 이용하는 이 실현이 나타내는 것은 **ψ(ζ)**에 해당하며, 이는 관념과 동일하다. 만약 상징화된(**σψμβολ**) 인격의 "타고난 성격"이 추가된다면, 우리는 **ψ(ζ)(σψμβολ)**이라는 공식을 얻게 될 것이다. 비온은 성장과 앎에 관련된 다른 예들을 제시한다(1962, pp. 69-70). 일련의 정신분석적 대상들은 선택된 사실의 현존과 함께 응집성(coherence)을 획득할 수 있으며, 이것은 종국적으로 과학적 연역체계의 공식화를 허용할 것이다(ibid., pp. 72-73). 이 과정은 함축적으로 그것을 물-자체에 가까이 데려가려는 어떤 것, 즉 구체화를 향한 경향성을 수반한다.

정신분석적 요소들(Psychoanalytic elements): 처음에 "정신분석적 요소들"과 "정신분석적 대상들"은 서로 바꿔 사용할 수 있는 용어였다; 예를 들면, 「정신분석의 요소들」이라는 책에서, 비온은 정서적 연결들(L, H, 그리고 K)의 관계에 대해서 말하면서(1963, p. 3), 정신분석적 대상들이 정신분석적 요소들에서 유래한다고 말한다(ibid., p. 11). 그러나 "아이디어"에 대해서 말할 때 그는 정신분석적 대상들이 알파-요소들과 같은 요소들로 구성된다고 함으로써, 전에 했던 것과는 반대되는 말을 한다(ibid., p. 4). 나중에, 열정에 대해서 말할 때, 그는 그 둘을 구별하지 않는다: "... 정신분석적 대상 그리고 그러므로 정신분석적 요소의 차원들 중의 하나 ..."(ibid., p. 13).

멜처(1978)는 이 혼동에 대해 이렇게 말한다:

> 그가 처음에 PS↔D, LHK, R(이성) 그리고 I(아이디어, 또는 정신분석적 대상)와 함께 ♀♂을 하나의 요소로 서술했다가, 나중에 그것들을 기제(♀♂)로 그리고 PS↔D로 부른 것이나, 그보다 조금 더 전에는 그것들을 하나의 기능(LHK) 안에 있는 요인들이라고 부르는 바람에, 이것은 극도로 혼동스러운 것이 되었다. 그리고 그가 요소로서의 ♀♂을 버리고, 요소라는 용어를 사용할 수밖에 없는 것을 담고 있거나 함축하고 있는, "중심적 추상화"를 받아들일 때 그리고 요소들이 본질적으로 관찰할 수 없는 것이라는

결론에 도달할 때, 이 혼동은 더욱 심해진다. [p. 56]

그러나 「정신분석의 요소들」 마지막 장에서, 비온은 마침내 정신분석적 대상들과 정신분석적 요소들 사이에 분명한 구분을 확립했다. 그는 정신분석적 대상이 세 개의 차원들을 갖는다고 말한다: 분석 이론, 신화, 그리고 감정.

> 분석적 대상은 분석적 요소와 동일한 것은 아니지만, 분자와 원자의 관계와 유사한 관계를 갖는 것으로 간주될 수 있다. 비록 해석이 분석적 대상인 것은 맞지만, 정신분석적 대상이 반드시 해석일 필요는 없다 ... [해석은] ... PS↔D와 ♀♂의 작용에 따른 산물로서 출현한다. (1963, p. 101-102).

그는 이렇게 결론 내린다:

> 정신분석의 요소들은 단일한 좌표-범주 안에 위치한 아이디어들과 느낌들이다; 정신분석적 대상들은 감각, 신화, 그리고 열정의 영역 안에서 확장된 것을 수반하는 연상들과 해석들로서, 그것들을 나타내는 데는 세 개의 좌표 범주들을 요한다. [ibid., p. 103-104]

그러나 그는 이런 차원들과 관련해서, 이전에 정신분석적 대상과 정신분석적 요소 사이의 차이를 분명히 구별했다:

> 정신분석적 요소들과 그것들에서 나온 대상들은 다음의 차원들을 갖는다:
> 1. 감각 영역에서의 확장.

> 2. 신화 영역에서의 확장.
> 3. 열정 영역에서의 확장.
> 해석은 그것이 정신분석적 대상을 밝혀주지 않는 한, 만족스러운 것으로 간주될 수 없으며, 해석이 주어질 때 정신분석적 대상은 이 차원들을 갖고 있어야만 한다 ... 감각 영역에서의 확장은 ... 해석되는 것은 ... 감각의 대상이어야 한다는 것을 의미한다. 예를 들면, 그것은 볼 수 있거나 들을 수 있는 것이어야만 한다 ... [ibid., p. 11]

그것은 의견의 일치를 허용하기 위해서 공동 감각을 갖고 있어야만 한다.

신화 영역에서의 확장은 환자가 말하는 것의 숨은 내용을 이해하기 위해서 특정 순간에 분석가가 사용할 수 있는 개인적 신화들을 가리킨다; 그것은 예를 들어, 환자의 공격성에 직면해서 그의 분노는 "자신이 못된 아이라는 말을 들었다는 이유로 유모를 때리고 싶어 하는 아이의 감정인 것 같다"고 말하는 것이다 (ibid., p. 12). 이것은 분석가의 개인적 신화에 대한 진술을 나타내는 것이지, 관찰된 사실에 대한 진술이나 하나의 실현을 나타내기 위한 이론의 공식화가 아니다. 열정에서의 확장은, 비온에 의하면, "그것이 탐욕이라는 용어와 관련되어 있지 않는 한, ... 폭력에 대한 아무런 암시가 없는, 강렬하고 따뜻하게 경험되는 감정"을 나타낸다. 감각과 신화와는 달리, 열정은 두 마음이 서로 연결되어 있음을 의미한다(ibid., pp. 12-13). 그것은 아마도 다른 사람들이 "공감"이라고 부르는 것과 일치할 것이다.

"요소"라는 용어를 선택한 것은 화학에서 그러한 개념이 갖는 관련성뿐만 아니라, "유클리드학파 요소들"이라는 용어에 의해 고무된 것일 가능성이 크다. 비온에 따르면, "정신분석적 요소들"

은 서로 결합하여 단어들을 형성하는 알파벳 철자들과 비슷하게, 추상화의 산물을 나타낸다; 그것들이 결합될 때, 그것들은 분석적 작업에 필요한 거의 모든 이론들을 나타낸다. 모든 요소들은 분석가의 마음속에서 감각인상들, 신화들 또는 열정을 나타내는, 여러 차원들을 갖고 있는 인격의 기능들임이 분명하다. 비온은 다음과 같이 말한다:

> 특정 요소들을 자체 안에 담아내는 조합이야말로 그러한 요소들에 의해 전달될 필요가 있는 의미를 위해 필수적이다. 멜랑콜리아에서 전형적인 기제는 그것이 특정한 조합 안에 담겨져 있다는 점에서 전형적인 것이다. [1963, p. 2]

모든 요소들은 다음의 특징들을 갖고 있어야만 한다: (a) 그것들은 그것들이 최초에 서술했던 것과 동일한 실현을 나타낼 수 있어야 한다; (b) 그것들은 비슷한 요소들과 결합할 수 있어야 한다; (c) 그것들은 결합을 통해, 만일 실현이 존재한다면, 그 실현을 나타낼 수 있는 과학적 연역체계를 형성해야만 한다. 이러한 요소들 중에는 다음의 것들이 포함된다: (i) 담는 것과 담기는 것 사이의 역동적인 관계를 나타내는 ♀♂. 이것은 클라인의 투사적 동일시의 개념과 비슷하다; (ii) 클라인학파의 편집-분열적 자리 및 우울적 자리 개념과 푸엥카레의 선택된 사실이 조합된 것의 근사치를 나타내는 PS↔D; (iii) L(사랑); (iv) H(증오); 그리고 (v) K(앎). 이것들 중 마지막 세 가지 요소들은 정신분석적 대상들 사이의 연결을 나타낸다. 모든 요소들은 예외 없이 기능들로 간주된다.

그롯슈타인(1981)은 수학적 대상들을 선택한 이유에 대해 이렇게 말한다:

그것들이 대상들의 부재 시에 편리하게 대상들을 대신할 수 있고 그럼으로 해서 단어들에 전형적으로 수반되는 연상들의 주연부에 영향 받지 않고서도 추상화에 유용한 언어를 촉진시킬 수 있는, 기호들의 언어 그리고/또는 상징들의 언어라는 장점을 갖고 있기 때문이다. [p. 12]

정신분열증(Schizophrenia): 비온에 따르면, 정신분열적 병리는, 비록 그가 후에 "병리적인 신체적 상태에서 비롯된 신체적 질환"(1965, p. 144)에 해당될 수 있다는 생각을 확립하기는 했지만, 환경과 인격의 통합의 장애에서 온다. 하지만 그는 외부 환경의 중요성을 제쳐두고, 모든 정신분열증적 인격 안에서 발견되는 몇몇 중요한 특징들을 강조한다: (a) 생명본능과 죽음본능 사이의 결코-끝나지 않는 갈등; (b) 너무 파괴적이어서 사랑의 감정까지도 질식시키고 가학증으로 바꾸는, 삶의 충동에 대한 파괴적 충동의 우세; (c) 철저한 분열과 대대적인 투사적 동일시의 사용을 통해서 정신을 파괴함으로써, 살아있는 것도 아니고 죽은 것도 아닌 정신 상태를 초래하는, 내적 및 외적 현실과 이를 의식하게 하는 모든 마음(지각 기관)의 측면에 대한 증오; (d) 그 결과, 항상 현존하는 임박한 멸절에 대한 공포; (e) 정신증적 전이에서 관찰되는 미성숙하고 성급한 대상관계 형태(1967, p. 38)와, 집요함과 대조를 이루는 연약함. 정신증 일반뿐만 아니라 인격의 정신증적 부분에 관한 비온의 진술들의 많은 부분은 정신분열증과 밀접하게 관련되어 있다.

1973년 리오데자네이로에서 열린 강연에서, 비온은 정신증 환자의 분석에 관해 질문을 받고, 다음과 같이 대답했다:

나는 내 상담실에 올 수 있는 정신분열증 환자들만을 분석했다. 비록 내가 그들을 "정신분열증 환자"라고 부르는 것이 최선의 서술이라고 지금도 믿고 있지만, 그들이 입원을 요하는 부류의 환자들과 비교될 수 있다고는 보지 않는다. 나는 내가 친숙하게 알고 있는 정신분석 세계 안에 "미친 일들"이 빈번히 일어난다는 말을 덧붙여야 할 것 같다. 분석가들 중에는 많은 정신분열증 환자를 치료해보지 않고서는 분석가라는 직함을 사용할 자격이 없다고 생각하는 사람이 적지 않다는 사실에, 나는 놀라지 않을 수 없다. 거의 정신병원이 어떻게 밥을 먹고 사는지 궁금할 정도이다. 내가 아는 작은 지식의 범위에서 볼 때, 그토록 많은 분석가들이 정신분열증 환자들을 치료하고 있다고 믿기는 어렵다. 이러한 주장은 정신분석이라는 과학의 영역에 속한 것이 아니라, 유행의 영역에 속하는 것이다. 모자에 깃털을 꽂는 것이 가끔 유행이듯이, 정신분석가들도 "그들의 머리에 정신증 환자"라는 모자를 쓰는 유행을 따르는 것으로 보인다. [1974, pp. 92-94]

정신분열증적 언어(Schizophrenic language): 정신분열증 환자는 세 가지 방식으로 언어를 사용한다: (a) 행동의 형태로서; (b) 의사소통의 형태로서; (c) 사고의 형태로서.

(a) 언어는 행동의 자리를 취할 수 있다. 예를 들어, 환자가 어떤 사람이 피아노를 치는 이유를 이해하기 위해서 "피아노에서 움직임을 꺼내고 싶어 하는" 경우나, 정 반대로, 자신이 있어서는 안 되는 곳에 있다고 느끼는 무능감을 해결하기 위해서 환자가 사고의 전능성을 사용하려고 시도하는 경우가 그것이다.

(b) 언어는 또한 투사적 동일시를 위해 사용될 수 있으며, 대상을 통제하기 위해 그리고 분리 불안의 고통을 피하기 위해 대상에 기생하는 데, 사용될 수 있다. 그것은 또한 대상을 분열시키는 데, 예를 들면, 분석가 또는 분석가의 언어를 분열시키는 데 사용된다.

(c) 기생하는 대상을 투사적 동일시를 통해 끊임없이 공격하는 것에 대한 공포에서 오는 편집증적 불안으로 인해, 함입 과정이 방해 받는다는 견해에서 볼 때, 동일시들은 이제 역전된 투사적 동일시로 경험된다. 이 역전된 투사적 동일시는 비온이 아이디어들이 압축되고 덩어리가 되는 원인으로서 설명한 것으로서, 이들 환자들을 "고도로 압축된 말하기"(highly compact speech)로 이끌게 된다. 이 압축된 말하기는 "비정신증적 의사소통에 사용되는 언어적 표현보다는 음악에 더 적합한" 구성물이다(1967, p. 41).

정신-역학(Psycho-mechanics): 비온은 이 개념을 예컨대, 베타-요소들이 변형되는 방식 또는 성장을 향해 개방하는 방식과 같은 정신적 작용들을 설명하는 데 사용한다. 이것은 K와의 관계 안에 있는 PS↔D에 존재하는 진전과 후퇴의 움직임을 이해하는 데, 또는 서로 교대하는 담는 것-담기는 것의 움직임(♂♀)을 이해하는 데 필수적이다. 비온은 이렇게 말한다:

해결책은 담기는 것을 조각들로 변형시키는 파괴적인 분열 공격들을 임상적으로 탐구하는 것을 통해서 접근될 수 있을 것이다. 왜냐하면 그 조각들은 그 안에 문제의 핵심에 도달할 수 있는 충분한 연관성을 보유하고 있기 때문이다. 유사하게, 담는 것의 조각들도 여전히 섭취 또는 내

사 기능을 수행하고 있는 조각들과의 연관성을 남겨놓고 있다. [1963, p. 84]

이 기제는 좌표의 발생학적 또는 세로축의 성장을 의미하는, 베타 요소에서 알파 요소로의 변화를 포함해서, PS↔D와 ♂♀ 모두의 교대 움직임을 설명할 수 있다. 참조: 편집-분열적 자리와 우울적 자리; 진보와 퇴행; 좌표, 세로축.

정신적 고통(Mental pain): 비온은 이것을 "정신분석적 요소"로 그리고 전체 분석의 핵심적인 부분으로 간주하였다. 그 이유는 그것이 일종의 성취이기도 하지만, 만일 고통이 없다면 "환자가 분석을 받으러 올 이유가 없기 때문이다(1963, p. 62). 많은 환자들은 분석이 고통의 감소를 가져와야 한다고 생각하지만, 반드시 그런 것만은 아니다; 분석이 성취하는 것은 고통을 견디는 능력이 커지는 것이다. 신체적인 의약품에 비유해서 말하자면, 죽음을 다루는 것이 아니라면, 고통을 느끼는 능력을 파괴하는 것은 매우 위험한 일이다. 예를 들어, 의약품에의 의존은 고통을 회피하는 하나의 방식일 수 있다; 비슷한 방식으로, 환자들은 역동적인 것을 정적인 것으로 바꿈으로써, 즉 역전 가능한 관점을 사용해서 고통을 회피할 수도 있다(ibid., pp. 60-63).

이러한 비온의 견해들을 사용해서, 죠셉(Joseph, 1981)은 "정신적 고통을 경험하는 것을 향해서"라는 글을 썼는데, 그 글에서 그녀는 정신적 고통을 견디는 것을 비온이 사용한 키이츠의 표현인 "소극적 능력"과 비교했다.

정신적 공간(Mental space): 비온은 이것을 O의 동의어로서, 또는 비록 사고로서 표상될 수는 있지만, 물-자체 또는 알 수 없는 것으로 서술했다(1963, p. 22). 비온은 "나는 알파-요소를 포함하여 원시적인 모든 것을 사고에 포함시키는 반면 ... 베타-요소는 임의적으로 제외시킨다"고 말했다(1970, p. 11). 다른 한편, 정신증 환자 또는 인격의 정신증적 부분은 그들이 정신적 공간의 실현을 도와줄 알파-기능과 같은 장비를 결여하고 있다. 그들의 처지는 "기하학자가 대수학적 기하학을 설명할 수 있기 전에, 데카르트의 공식의 발견을 기다려야만 하는 것과 비슷하다"(ibid,, p. 12). 그들은 투사적 동일시가 발생할 수 있는, 담는 것에 대한 관념을 갖고 있지 않다. 이것은 그들이 알파-요소들과 사고 표상들을 산출할 수 있는 알파-기능과 같은 연결체계를 결여하고 있는 것과도 같다. 정신증 환자들에게, 공간의 정신적 실현은 천문학적 공간에서조차 표상될 수 없을 정도로 너무 광대한 것으로 느껴지기 때문에, 결코 표상될 수 없다"(ibid.). 그러므로 정서들을 경험하거나, 언어적 사고들을 사용하거나, 시간과 공간을 인식하는 능력은 모두 파괴되고, 광대함 속으로 흩어진 채 떠다니는 파편들만 남게 된다. 그것은 환자들이 종종 "갑작스럽고 완전한 침묵"이라고 표현하는 공황 또는 "정신증적 공황"[6]의 느낌을 수반하는데, 이것은 "대폭발로부터 가능한 한 멀리 떨어진 극단으로 옮겨가는 것"과도 같다(ibid). 비온은 이런 상태를 환자가 "수술 후에 충격을 받은" 상태와 비교하는데, 이런 환자의 경우 몸 전체의 모세혈관들이 너무 많이 팽창하기 때문에 혈액이 모세혈관들 속으로 흐르게 되고, 그 결과 혈액이 신체 내부로 유출됨으로써 죽음에 이를 수도 있다(ibid).

비온은 "우주 팽창" 이론을 오이디푸스 상황에서 도망치고 싶어 하는 개인의 경향성과 연관시키는데, 그는 이것을 "정신적 우

---

6) 비온은 전에 이런 종류의 공황을 "이름 없는 공포"라고 불렀다(참조 1967, p. 116).

주가 일차적 장면으로부터 성운으로 팽창되는 것"이라고 언급한다. 나중에 그는 이렇게 말한다:

> 도망치려는 시도는 그것에 상응하는 발견하려는 시도와 연결되어 있음을 보여주는 경향이 있다. 그것은 그러한 시도가 개인이 유아기에서 성인기로 여행하면서 공간 개념의 팽창을 추구하는 것으로 이루어져 있기 때문이다. 정신증 환자는 아주 작은 공간만을 차지하려는 욕망을 보인다. [1992, p. 204]

그는 또한 "신체적 한계들"과 "정신적 현실"을 구별하려고 시도하는데, 전자는 한계가 있고 구체적인 것으로 간주되는 반면에, 후자는 한계가 없고 알려지지 않은 것으로 여겨진다고 말한다. 우리는 "마음의 경계들이 어디에 있는지 또는 충동들이 어디에서 시작되는지 알지 못한다"는 것이다(ibid., pp. 372-373). 참조: 베타-공간, 이름 없는 공포, 젖가슴-없음.

정신적 발달(Mental development): 참조: 성장.

정신적 상대역(mental counterpart): 비온은 이 표현을 어떤 상황의 내적 표상을 서술하는 데, 즉 아무런 외적 표상이 없는 내적 형상을 시각화하는 데 사용한다: 그것은 "내면의 눈," "상상 속에서 본 것" 등의 표현을 사용하는 것과도 같다. 비온은 "나는 이러한 활동이 시각적인 감각에 대한 정신적 상대역에 달려있다고 본다"고 말한다. "유사하게 기억의 쓴 맛은 생식체계를 포함한 다른 체계들과 유사한, 영양공급 체계의 정신적 상대역에 달려있다"(1965, p. 91). 참조: 내적 생식체계, 정점.

정신적-영역(Psycho-sphere): 참조: 인간 생활권, 마음 영역.

정신적 재앙(Mental disaster): 참조: 심리적 재앙.

정신증(Psychosis): 비온의 작업 중 많은 부분이 정신증과 정신증적인 사고방식을 다루고 있다. 이것들은 초기에 출간된 몇 권의 저서들에 수록되어 있을 뿐만 아니라, 그가 쓴 거의 모든 글들에 포함되어 있다. 1973년에 그가 정신증 환자들과 행한 분석에 대해 질문을 받았을 때, 그는 이렇게 대답했다:

> 나는 나의 상담실에 올 수 있는 정신분열증 환자들만을 분석했다. 비록 내가 지금도 그들을 "정신분열증 환자"라고 부르는 것이 최선의 서술이라고 생각하고 있지만, 그들이 입원을 요하는 부류의 환자들과 비교될 수 있다고 보지는 않는다 ... 분석가들 중에는 많은 정신분열증 환자를 치료해보지 않고서는 분석가라는 직함을 사용할 자격이 없다고 생각하는 사람이 적지 않다는 사실이 놀랍다 ... 내가 아는 작은 지식의 범위에서 볼 때, 그토록 많은 분석가들이 정신분열증 환자들을 치료하고 있다고 믿기는 어렵다. 이러한 주장은 정신분석이라는 과학의 영역에 속한 것이 아니라, 유행의 영역에 속하는 것이다. 사람들이 가끔씩 모자에 깃털을 꽂는 유행을 따르는 것처럼, 정신분석가들도 "그들의 머리에 정신증 환자들"이라는 모자를 쓰는 유행을 따르는 것으로 보인다. [1974, pp. 92-93]

참조: 알파-요소; 알파-기능; 연결에 대한 공격; 베타-요소; 기괴한 대상; 환각; 정신증적 인격과 비-정신증적 인격 사이의

구별; 정신분열증; 정신증에서의 분열.

정신증에서의 분열(Splitting in psychosis): 비온은 분열과 해리를 구분하였다. 분열은 정신증뿐만 아니라 인격의 정신증적 부분에서 발생하는 과정을 나타내는 반면에, 해리는 히스테리와 같은 신경증처럼 보다 양성적인 병리에서 발생하는 과정을 나타낸다. 비온은 분열을, 자아의 어떤 측면들, 즉 지각 장치, 언어적 사고에 대한, 그리고 이미 주체의 초기의 삶에서 분열되어 있었던, 사고과정의 모체에 대한 대대적이고 가학적인 공격에 사용되는 주된 기제라고 서술한다. 여기에서 중요한 측면은 분열이 현실에 대한 감각인상들과 그것들에 대한 인식을 연결시켜주는 연결고리를 과녁으로 삼는 바람에, 상징형성이 불가능해진다는 것이다. 뒤이은 단계에서, 분열은 또한 명사나 동사의 사용과 같은 낱말의 조합에 영향을 미침으로써, 명료한 언어사용의 가능성을 방해한다. 내적 및 외적 대상들에 대한 대대적인 투사적 동일시를 수반하는 분열은 기괴한 대상들의 창조뿐만 아니라, 내적 대상들의 황폐화의 원인으로 작용한다.

정신증의 실현(Insanity, realization of): (참조: "정신분열증 이론에 관한 해설," 1967, pp. 33-34). 만약 정신분석적 치료가 정신증 환자로 하여금 대대적인 분열 과정의 문제를 해결하고, 그의 자아와 대상의 통합을 개선하며, 현실에 대한 더 큰 인식을 가능케 하고, 언어적 사고를 더 적절하게 표현할 수 있도록 돕는 데 성공적이라면, 그는 더 힘든 상황을 직면할 각오를 해야 한다고 비온은 경고한다. 그는 이렇게 말한다:

> 만약 분석가가 비교적 성공적이었다면, 환자가 정신적 실

> 재를 인식하는 일이 일어난다; 그는 자신이 환각들과 망상들을 갖고 있다는 것을 인식하고, 음식을 먹을 수 없거나 잠을 잘 수 없다고 느낄 수 있다. [1967, pp. 33-34]

환자는 분석가를 증오하고 자신에게 일어난 모든 것이 분석가의 탓이라고 비난한다. 다른 한편, 분석가는 환자를 걱정하는 가족을 안심시켜야만 하고, 그런 상황을 이용해서 이득을 얻고 싶어 하는 외과의사와 전기충격 치료사를 멀리해야만 한다. 그러나 비온에 따르면, 이 상황에서 가장 중요한 것은 환자가, 자신이 지금 "미친 상태"라는 것과, 평생 동안 피하려고 애써왔던 모든 것을 그에게 직면시킬 수 있을 정도로 용감한 한 사람에 대해 전이 증오(transference hatred)를 느끼고 있다는 것을 부인하지 않고 인식하는 것이다.

정신증적 공황(Psychotic panic): 참조: 이름 없는 공포.

정신증적 인격과 비-정신증적 인격 사이의 구별(Psychotic and non-psychotic Personalities, differentiation between)[7]: 이것은 비온의 논문 제목이다. 그는 이 논문에서 한 사람 안에 있는 인격의 정신증적 부분과 비-정신증적 부분을 서술한다. 비온은 이러한 이중성을 정신증 환자의 자아 배후에 현실과의 접촉이 유지되고 있다는 사실에서 연역해낸 것처럼 보인다. 이것은 정신증적 부분에 의해 숨겨진 채로 유지되고 있는 비-정신증적 부분이 존재하고 있는 데 따른 결과임에 틀림없다는 것이다. 이 두 부분들 사이의 상호작용과 통제는 비온이 전에 작업 집단(W)과

---

7) 1955년 10월에 영국 정신분석학회에서 발표된 이 논문은 1957년에 출간되었으며(국제 정신분석 저널, 38, 3-4부), 그 당시까지 정신증에 관한 비온의 발견들에 대한 최상의 체계화를 보여준다.

기본적 가정들(ba) 사이의 관계를 설명했던 것을 생각나게 한다.

정신증적 부분과 비-정신증적 부분의 주된 차이는 초기 삶에서 분열된, 지각 장치(의식)와 언어적 사고와 같은 자아의 측면들을 비워내는 것을 목표로 하는, 분열과 투사적 동일시를 사용하는 데서 발생한다. 이 양 측면의 분단은 그것들 사이에 어떤 연결도 불가능한 정도에 이를 때까지 시간을 두고 차츰 증가한다. 마치 아기가 자신이 젖가슴을 가학적으로 공격해서 파괴했다고 느끼듯이, 정신증 환자들은 스스로 자신들의 감각인상들을 공격하고 절단함으로써, 빠져나올 길이 없는 정신적 상태 안에 갇혀 있는 죄수들이라고 느낀다. 지각 장치들을 비워내는 것은 마음을 황폐한 상태로, 그리고 현실을 인식하는 것이 불가능한 상태로 남겨두는데, 그 마음이야말로 감옥으로부터의 도망을 가능케 하는 수단이요 목표라고 말할 수 있다. 그러나 그들은 자신들이 죄수라고 느끼는 동시에, 추방되어서 외적 대상들—"담는 것" 또는 "담기는 것"—안으로 투사된, 그것 자체의 삶을 갖고 있는 조각들을, 즉 비온이 "기괴한 대상들"이라고 부른 것을 경험한다.

해석을 이해하거나 투사된 요소들을 다시 안으로 들이는 데 필요한 내사적 과정 역시 심각한 장애를 겪는다; 이런 상황에서 선택할 수 있는 유일한 방법은 비온이 역전된 투사적 동일시라고 부른 것을 사용하는 것이다(1967, pp. 40-41). 방어 전략에서도 역시 차이가 존재한다: 인격의 비-정신증적 부분은 억압을 사용하는데 반해, 정신증적 부분은 투사적 동일시를 사용한다. 정신증 환자들의 경우, 억압이 없기 때문에 그들의 무의식은 꿈 가구(dream furniture)와 유사한 대상들로 구성된 세계로 대체되며, 그들은 이 세계 안에서 살아간다. 분열과 투사적 동일시 기제가 증가할 경우, 인격의 두 부분 사이의 균열이 증가함으로써, 그것들을 다시 합치려는 어떠한 시도도 불가능한 수준에 도달하게 된다.

비온은 「변형」에서, 정신증 환자들이 겪는 어려움들 중의 하나는, 그들이 실제 대상들의 현존이 없이는 분석적으로 작업할 능력이 없다는 사실 외에도, O를 T로 변형시키지 못하는 그들의 무능력과 관련되어 있다고 말한다. 그는 계속해서, 그들의 마음 속에 있는 것이 어떤 것이든, 그것이 외부 현실 안에서 드러나지 않는 한(참조: 기호-대상들), 그것에 대해서 "생각하는 것"이 불가능할 수 있다고 말한다. 정신증 환자들 역시 단어들과 구절들을 사용할 수 있다는 점에서, 그들이 생각할 능력을 갖고 있다고 가정하는 것은 논리적으로 맞다; 그러나 대상의 부재를 다루기 위해 단어들과 사고들을 조작한다는 의미에서의 생각하기가 바로 그들이 할 수 없는 것이다(참조: 상징적 동일시). 정신증 환자들에게는 기억이 없고, 대신에 소화되지 않은 사실들이 있다(1965, pp. 40-41). 비온은 또한 이들 환자들이, 환각증에서의 변형으로 인해, 어떤 욕망이라도 만족시킬 수 있는 전능적 환각의 "마술적" 측면을 사용한다고 지적한다. 그들은 해석들을 마치 "정신적 똥"처럼 쓸모없는 것으로 만드는 것을 통해서 경쟁하고자 하며, 동시에 분석가가 그들의 "온전한 정신"을, 또는 그들의 환각 속에 함축되어 있는 힘을 훔치려 한다고 느낀다(ibid., p. 132).

멜처(1978)는 비온이 인격의 정신증적 부분과 정신분열증 같은 임상적 정신증을 구별하지 않는다고 지적하면서, 이것은 편집-분열적 자리를 정신분열증의 고착지점을 나타내는 것으로 보는 클라인의 영향 때문일 수 있다고 말한다. 그는 또한 비온이 인격의 이 부분이 편재하는 것이라고 보았는지, 아니면 정신분열증적 장애를 보이는 사람들에게만 있는 것이라고 보았는지 분명하지 않다고 덧붙인다(p. 26).

정신증적 전이(Psychotic transference): 정신증 환자의 전이는 "때 이르고, 단명하며, 갑작스럽고, 극도로 의존적이다"(1967, p. 37). 생명본능과 죽음본능 모두에 의해서 유발된 압력은 세 가지 주요한 결과들을 낳는다: (a) 대대적인 투사적 동일시로 인해 발생하는 환자와 분석가의 혼동 상태; (b) 양 본능들 사이의 상호적인 훼손; (c) 환자가 극도의 혼동과 고통스런 훼손에서 오는 불안으로부터 벗어나기 위해 "제한된 관계"를 복구하려고 시도하기. 비온은 이 제한된 관계의 성질을, 비록 그것이 좀 더 확장된 형태의 상호작용과 교차할 수 있지만, "특징 없는"(featureless) 것이라고 묘사했다. 그리고 그가 사용하는 "엄격한"(strict)이라는 용어는 다른 사람들이 분열적(schizoid) 또는 자폐적(autistic)이라고 서술한 것과 비슷한 의미를 갖는다고 추론할 수 있다(ibid.).

정의적 가설(Definitive hypothesis): 비온이 좌표의 칼럼 1을 표시하기 위해 사용한 이름. 그것은 아직 미발달 상태이지만, 이름에 의해 묶여질 필요가 있는 집단이나 결합체와 같이 모든 구별됨의 잠재력을 나타낸다. 만약 우리가 어떤 것이 있다고 가정한다면, 어떤 점에서 우리는 또한 그것이 있지 않다고 가정하는 것이기 때문에, 그것은 항상 부정적 요소를 가정한다. 즉, 우리가 이 사전이 비온에 관한 것이라고 말한다면, 우리는 그것이 다른 사람에 관한 것이 아니라는 것을 암시하고 있는 것이다(1970, p. 24). 우리는 어떤 것이 있지 않다고 암시할 수 있는 것과 마찬가지 방식으로, 어떤 것이 있다고 암시할 수 있는데, 이것은 이런 저런 방식으로 추론할 수 있는 개방성 또는 가능성을 허용하는 상태이다. 예를 들어, 한 사람이 좌절을 견딜 수 있다면, 그 사람이 어떤 것이 있다는 가능성을, 즉 포화되지 않은 전-관념이 포화될 수 있기 위해 개방하는 태도를 가정하지 못할 이유가 없다. 그러나 만약 정반대로, 좌절을 견디는 능력이 너무 없다면, 그때 그 개인은 그것의 존재를 부인하고 파괴하기 위해 "그것"에 부정적으로 반응할 것이다. 젖가슴의 상실에 의해 손상을 입은 아기가 젖떼기를 견디지 못하는 경우가 그것인데, 그때 아기는 그러한 상실이 남겨준 것을 받아들일 수 없다. 만약 환자가 정의적 가설을 견딜 수 없다면, 전-관념은 좌표의 D4에 해당하는 것에 도달할 수 없을 것이다(1970, p. 16).

비온은 또한 뉴턴의 미분학에 대한 비숍 조지 버클리(Bishop George Berkeley)의 반박 논문을 사용해서, 정의적 가설의 부정적 요소 측면을 강조했으며, 그때 그는 "사라진 값의 유령들"(ghosts of departed quantities)이라는 표현을 사용했다(1965, pp. 157-158).

"아빠"라는 단어는 항구적 결합 안에서 그 단어 안에 함께 머무르는 사실들의 집단을 나타낼 수 있다. 따라서 함축적으로 함께 안겨있는 상황들의 집단이라는 점에서, 아빠는 정의적 가설을 나타낼 수 있다. 비온은, 수학적 관점에서, 집단에 대한 부정인 "하나"(1)는 부정적 가설, 또는 가설들의 무효화와 같은 것일 수 있으며, 또는 뒤집어 말해서, "정의적 가설"의 부정적 특질은 집단에 대한 부인이라고 말한다(1965, p. 150). 비온은 기대와 포기의 상태를 서술하기 위해 심리적 격량에 대한 개념을 고안해냈는데, 이것은 좌표의 칼럼 1에 해당된다.

페레이라(Ferreira, 2000)는 정의적 가설에 대한 비온의 설명이 세 개의 하위 요소들을 함축하고 있다고 제안한다: (a) 개념에 대한 정의 (b) 그 정의의 부정적 측면 (c) 정의적 가설의 소멸(p. 186). 참조: "사라진 값의 유령들," 좌표, 가로축, 심리적 격량.

정적 분열(Static splitting): 비온은 그가 역전 가능한 관점이라고 서술한 상황이, 클라인에 의해 서술된 편집-분열적 자리에서 작용하는 좀 더 "역동적인" 형태와는 달리, 분열의 "소극적인" 형태에 의해 지배된다고 본다.

> 내가 서술한 상황에서, 역동적인 분열은 없는 것 같다. 정적 분열은 마치 분열이 정적인 자세 행동에 정지되어 있는 것과 같은 것으로서, 여기에서 역동적인 분열은 환각이 현실을 대체할 때와 마찬가지로 더 이상 소용없다. [1963, p. 58]

정적인 분열이 발생할 때, 환자는, 비온이 "역동적인 것"으로 간주했던, 그/그녀 자신 안의 오이디푸스 상황에 대한 불일치 또는 그와 비슷한 상황으로 들어갈 필요는 없다. 그는 단지 관점을 역전시키고, 즉 역동적 상황을 매우 "수동적이고" β-요소의 침범적인 투사적 및 내사적 동일시와는 다른 어떤 것으로 바꾸면 된다. 달리 말하면, 환자는 분석가가 "자신의" 방식대로 진행할 거라는 기대와 함께 "자신의" 방식대로 진행하면서도, 그들이 함께 진행하고 있다는 느낌을 만들어낸다.

정점(Vertex): 수학적 관점에서 볼 때, 이것은 하나 또는 그 이상의 선들, 면들, 각들이 만나는 한 점을 나타낸다. 비온은 이것을 관점(a point of view) 또는 정점으로부터의 투사로서 사용하는데, 단순한 표현이라기보다는 수학적 관련성을 갖는 의미로 그렇게 한다.

> 우리는 "냄새의 관점에서 볼 때"와 같은 용어를 사용할 수는 없다. 왜냐하면 환자가 "나는 코로 사물을 보지 않는데요"라고 말할 것이기 때문이다. 그것은 마치 환자가 까

> 다룹게 굴고 있는 것처럼 들리지만, 사실상 그의 말은 지극히 정확한 것이다; 그는 회화적 언어에서 사용되는 구절을 이해할 수 없다. 그러므로 "정점"과 같은 수학적 용어를 빌려오는 것이 더 낫다. [1974, pp. 88-89]

변형은 정점의 변화에 달려있다; 잠을 자면서 꿈을 꾸고 있는 사람의 정점은 그가 깨어있는 동안의 정점과 같을 수 없고, 예술가의 정점은 그의 작품을 평가하는 비평가의 정점과는 다를 것이다. 또한 분석가는 분석 회기 동안에 매 순간마다 다양한 정점을 사용할 수 있다. 하나의 감각이나 체계에서 또 다른 것으로 정점을 바꾸는 것은 어떤 것에 대한 이해나 설명을 개선하는 데 유용한 것으로 입증될 수 있을 것이다. 정점은 너무 가깝거나 멀어서는 안 된다. 예를 들어, 남자와 여자는 너무 같지도 않고 너무 다르지도 않기 때문에, 잘 지내지 못할 수도 있다: 비슷한 상황이 환자와 분석가 사이에서 발생할 수 있다(1970, p. 93). 정점의 다양한 유형들과 관련해서, 비온은 시각적 정점은 "소화적, 호흡적, 후각적, 청각적 정점 등"과 같은 다른 정점들에 비해 자유로움의 정도가 훨씬 더 크다("조명"할 수 있다)고 제안한다(1965, pp. 90-92). 그는 "내적 관점"에 대해 특별한 언급을 하는가 하면, "정신적 생식체계의 상대역"—"내면의 눈" 또는 시각적 체계의 정신적 상대역과 같은—으로 서술된, "내면의 생식체계"에 대해 말한다(ibid., p. 91). 이러한 내적 정점은 직관, 물-자체, O 그리고 신앙의 행위와 같은 개념과 관련된 것일 수 있다.

예를 들어, 한 개인이 자신이 그러한 여행을 할 거라고 기대하는 상상속의 "거세하는 자"를 달래기 위해 x라는 도시로 여행을 떠난다고 하자. 그는 또한 "거세하는 자"를 달래기 위한 필요에 의해 강요받는다는 느낌과 상관없이, 자신의 뜻에 따라 여행을 할 수도 있다. 그 도시와 여행은 두 경우 모두에서 동일한 것일 수 있지만, "내적인" 정점들은 다르다. 한 정점은 진정된 것이고, 다른 하나는 진정된 것이 아니다. 참조: 신앙의 행위, 내면의 생식체계, 직관, 궁극적 실재, 물-자체.

"젖가슴-없음"(No-breast): 클라인에게 있어서 이것은 젖가슴의 부재가 나중에 나쁜 젖가슴의 존재로서, 즉 젖가슴이나 좋은 젖가슴과 반대되는 정신적 실체로서 공고화되는 일련의 정서들로 바뀐다는 점에서, 일종의 현존-부재(presence-absence), 즉 부정적 실현(a negative realization)을 나타낸다. 프로이트에 의하면, 관념작용(ideation)에서 유래하는 생각하기는 행동의 특별한 속성을 획득한 것이다; 이것이 바로 운동을 통한 방출이 방해 받을 때, 정신적 장치가 자극들의 누적에서 스스로를 해방하도록 허용하는 것이다. 만족이 불가능할 때(젖가슴-없음), 미래는 자아가 좌절을 견디거나 견디지 못하는 방식에 달려있다. 비온에 따르면, 자아는 (a) 내적 또는 외적 대상들 안으로 투사되는, 사고들 또는 베타-요소들을 비워내는 형태를 이용하고; (b) 상황을 수정하며; (c) 신체적 측면들(물질적 측면)과 정신적 측면들 사이에 분열을 수립하고; 또는 (d) 전-관념을 관념과 결합시킴으로써 사고를 창조하거나 부재한 대상의 부정적 실현을 성취할 수 있다. 참조: 투사적 동일시, 사고들.

젖가슴-없음은 젖가슴과 다르며, 이것은 기하학적 직유법, 예를 들면 점(.)과 같은, 하나의 표식이나 낙인, 악보에 표시된 스타카토(staccato)와도 유사한 순간적인 지점을 사용해서 표현할 수 있다. 그것은 단순한 자리, 즉 젖가슴이 있었지만, 탐욕에 의해서 먹혀졌거나 분열로 인해 파괴되어 사라져버린, 그래서 그것이 있던 자리, 즉 낙인만이 남겨진 장소로 축소된 젖가슴에 해당된다(1965, p. 54). 심리학적 개념과 기하학적 표현 사이의 관계와 관련해서, 비온은 다음과 같이 궁금해 한다: "점과 선으로 환원되는 이러한 시각적 이미지들이 어떤 경우에는 수학의 융성으로 인도하고 [젖가슴의 부재가 수학적 사고들로 번역될 때] 다른 경우에는 정신적인 불모지[정신증]로 인도하는 것은 어째서인가?" (ibid., pp. 56-57).

비온은 거의 3년 동안 아이스크림을 찾을 수 없었다는 말을 계속해서 반복하는 한 정신증 환자의 사례를 서술한다: 비온은 "no ice-cream"이라는 환자의 말을 "no I—scream"의 표현을 나타내는 것으로 해석했다; 그는 다음과 같이 설명한다:

> 나는 두 인격들 사이의 연결이 "I scream"이었던 관계에 심각한 공격이 이루어졌다는 것을 지금 알고 있다. 이 연결은 파괴되었고, "I scream"이 있던 장소는 "no—I scream"이 차지하게 되었다. "I scream"이라는 연결 자체는 전에는 음식물, "ice-cream" 또는 "젖가슴"이었지만, 시기심과 파괴적 충동에 의해 좋은 젖가슴이 "I scream"으로 바뀐 것이다. 이야기 형태로 표현하면, 그것은 다음과 같다: 그는 좋은 젖가슴에 의해 그의 대상과 연결되어 있었다(그는 ice-cream을 좋아했다). 그는 이것을 공격했고, 아마도 실제로 그것을 깨물었을 것이다. 연결로서의 젖가슴의 장소는 "I scream"에 의해서 점령당했다. 추가적인 공격들은 그것을 "no-I scream"으로 만들었다. [ibid., p. 13]

그 환자의 불평은 여러 해 동안 반복되었고, 비온은 마지막까지 그것이 정신증 환자의 마음속에 있는 시간과 공간의 광대함을 나타낸다는 사실을 인식하지 못했다:

정신적 공간은 어떤 3차원적 공간의 실현과도 비교할 수 없을 정도로 광대하기 때문에, 정서를 느낄 수 있는 환자의 역량은 상실된 것처럼 느껴진다. 왜냐하면 그러한 역량 자체가 고갈되고 광대함 속에서 상실되었다고 느껴지기 때문이다. [ibid., p. 12]

조약돌(Marbles): 참조: 변형.

조정(Accomodation): 참조: 동화.

존 던(Donne, John): 영국의 시인(1572-1631)으로서, 비온은 그의 시 "두 번째 기념일: 엘리자베스 부인의 종교적 죽음"에서 한 짧은 연을 인용한 바 있다:

그녀의 순결한 피는 그녀의 뺨에서 말을 하고
그 말이 얼마나 분명하던지
사람들은 그녀의 몸이 생각한다고 말한다.

참조: 베타-요소.

종합(synthesis): 엄격한 의미에서, 종합은 마치 산소와 수소가 결합하여 물이 되는 것처럼, 그 자체의 요소들로부터 무언가를 산출하는 것을 의미한다. 넓은 의미에서, 그것은 이전의 종합으로부터 산출된 것일 수 있는, 이미 존재하고 있는 어떤 것에서 새로운 어떤 것을 산출하는 것을 의미한다. 칸트는 종합적 명제와 분석적 명제를 구분하였다. 전자는 후자와는 달리, 오직 경험을 통해서만 인식될 수 있다. 예를 들어 "앙헬 폭포는 세상에서 가장 높은 폭포이다"라는 말은 그것이 전에 측정되었음을 암시한다. 분석적 명제에서, 술부는 주부의 일부이다: "뚱뚱한 남자는 남자이다," "정삼각형은 삼각형이다." 다른 철학자들은 그것들 사이의 어떤 차이도 부정한다.

좌절에 대한 내성 또는 내성 부족(Frustration, tolerance or intolerance of): 전-관념으로서 생겨난 어떤 소망이 부재하는 젖가슴의 실현과 만날 때, 거기에는 발생학적 잠재력이나 습득된 잠재력이 어떤 것인가에 따라 세 가지 가능성이 존재한다: (a) 좌절을 견딤으로써, "부재"가 좌절을 좀 더 견딜만한 것으로 바꿔주는 사고로 변하는 동시에, 실현과 관념이 결합함으로써, 부정적이든(젖가슴-없음) 긍정적이든(좋은-젖가슴), 경험으로부터 배우는 것이 가능해진다. (b) 만약 현실에 의해 부과된 좌절이 견딜 수 없는 것이라면, 마음은 대대적인 투사적 동일시를 사용해서 나쁜 내적 대상들로 표상되는 나쁜 경험들을 피하거나 없애버리려고 시도할 것이다. 좌절에 대한 내성 부족은 사고와 생각하는 능력의 발달을 가로막을 수 있다. (c) 전능감 및 전지감과 관련된 중간적 자리(intermediary position)가 발생한다. 비온은 다음과 같이 말한다:

> 만약 좌절에 대한 내성 부족이 회피의 기제를 활성화할 정도로 심하지는 않더라도 현실원리를 지배할 정도로 크다면, 인격은 전-관념과의 결합, 또는 관념으로서의 실현을 부정적 실현으로 대체할 것이고, 그 결과 전능감을 발달시킬 것이다. [1967, p. 114]

그러한 전능감은 경험으로부터 배우는 것에 대한 대체물로서 전지감을 포함하며, 그 결과 종종 광신적인 개인들에게서 발견되듯이, 옳고 그름에 대한 도덕적인 믿음에 근거한, 독재적이고 독단적인 결정을 함으로써 진실된 것과 거짓된 것 사이의 구별이 불가능해진다. 전지감은 또한 삶에 몰두하지 못하게 하는 요인일 수 있는데, 그것은 전지감이 개인들로 하여금 다른 사람들과 그들 자신들과의 관계에서, 특히 살인 충동이나 자살 충동과 관련해서 살아있는 대상과 무생물 대상, 인간과 기계 사이를 분별하지 못하도록 만들기 때문이다(1992, p. 248).

좌표의 가로축(Grid, horizontal axis): 비온은 이것을 "사용" 축 또는 "도식적" 축이라고 불렀다. 그것은 사고를 담고, 진화하도록 허용하고(세로축에서), 상황에 따라 그것을 사용하는, "마음"을 나타낸다. 비온은 이렇게 말한다: "이 축의 칼럼들은 하나의 진술이 수행하는 기능들을 나타낸다. 그 진술은 신탁의 선언, 즉 회기의 주제에 대한 발표(announcement)일 수도 있다 ..." (1963, p. 71). 이 축은 미완의 것(1—...n)으로, 즉 끝없이 확장될 수 있는 것으로 간주된다. 이 축에 담긴 진술 내용은 항상 같으며, 유일하게 달라지는 것은 그것들이 사용되는 방식이다. 예컨대, 진술 X는 "정의적 가설"로 간주될 수 있고(칼럼 1), 방어로서, 즉 거짓말로서 사용될 수 있으며(칼럼 2), 반복되는 행동으로 인식될 수 있고(칼럼 3), 마침내 특정 종류의 행동화를 결정할 수도 있다(칼럼 6). 의미는 그것이 사용되는 방식에 따라 달라지고, 그것은 다시금 그 내용이 위치하게 되는 범주 또는 칼럼에 의존한다. 이 축의 하나의 사용에서 다른 하나의 사용으로 옮겨가는 기제는 담는 것-담기는 것 기제에 달려있는 반면, 그것의 역동은 쾌락과 고통에 기초해 있는 것처럼 보인다(ibid., p. 34).

칼럼 1은 신화, 또는 정의적 가설을 나타내는 회기의 내용과 같은, 다양한 사용들에 대한 일련의 정의들을 나타내는데, 그것

좌표(Grid):

좌 표

	정의적 가설 1	ϕ[8] 2	표기 3	주의 4	탐구[9] 5	행동 6	•••n
A β-요소	A1	A2				A6	
B α-요소	B1	B2	B3	B4	B5	B6	•••Bn
C 꿈-사고, 꿈, 신화	C1	C2	C3	C4	C5	C6	•••Cn
D 전-관념	D1	D2	D3	D4	D5	D6	•••Dn
E 관념	E1	E2	E3	E4	E5	E6	•••En
F 개념	F1	F2	F3	F4	F5	F6	•••Fn
G[10] 과학적 연역체계		G2					
H 대수적 계산법							

---

8) 아마도 비온은 이 프씨라는 기호를 "첫 번째 거짓말"을 뜻하는 그리스어 "πρωτον ψευδοζ"에서 빌려왔을 것이다. 거짓된 전제들과 거짓된 결론들을 다루는 아리스토텔레스의 사전 분석에서 가져왔을 수 있다. 그 글은 거짓된 진술은 선행하는 거짓의 결과라는 주장을 담고 있다. 그것은 "과학적 심리학을 위한 기획"에서 히스테리 환자들에게서 거짓말하기가 갖는 중요성을 서술하기 위해 프로이트(1886)가 사용한 것이기도 하다. 스트레이치(Strachey)는 비엔나 의사인 막스 헤르쯔(Max Herz)가 프로이트가 서기로 있던 학회에서 발표한 논문에서, 비슷한 맥락에서 같은 용어를 사용했다고 덧붙였다(p. 352n).

은 그 안의 사실들이 항구적 결합에 묶여 있다는 것, 그것들은 의미 있는 것이지만(meaningful), 의미를 갖고 있지 않다는 것, 그리고 더 중요하게는, 현재의 항구적 결합이 이전에 기록된 모든 다른 것들을 배제한다는 점에서, 그것들이 제한적이라는 것 등을 의미한다. 예를 들어, 만약 내가 고양이라고 말한다면, 그 단어는 털, 색깔, 눈, 목숨들, 등을 연결시켜주는 전치사 또는 항구적 결합을 나타낼 것이다. 그것은 너무 제한적이어서 다른 모든 동물의 특징들을 배제할 것이고,[11] 이전의 모든 다른 항구적 결합—그것이 어떤 것을 나타낼 수는 있어도, 아무런 의미는 없는—을 배제할 것이라는 점에서, 고유할 것이다. 회기의 내용은 정의적 가설을 구성하는 동시에, 또한 O에 대한 정서적 경험이 일단 회기에서 제시되고 분석가에 의해 이해되고 나면 해석을 구성하는 데 사용하게 될, 최종적 산물(Tβp)로 변형되는 것을 나타낸다. 이것은 또한 이전에 주어진 모든 다른 해석을 배제하는, 그리고 특정한 순간에 이르기까지는 분석가의 최종적 변형의 산물(Tβa)에 해당하는, 정의적 가설을 나타낸다. 페레이라(Ferreira, 2000)는 이 칼럼을 세 부분으로 구분할 수 있다고 말한다: (a) 제시된 정의적 가설; (b) 그 정의의 부정적 측면; (c) 그 가설의 소멸.

칼럼 2는, C열과 마찬가지로, 그것 자체만의 좌표를 가질 수 있다. 그것은 환자에게 방어 장벽 또는 두려운 감정들이나 아이디어들에 대한 저항으로서 작용할, 그래서 파국적 변화(1977a, pp. 5-6)의 출현을 막아줄 이론을 제공해주는 목적을 지닌, 거짓된 진술로서 사용된다. 고전적 이론에서, 칼럼 2는 환자의 저항

---

9) 최초의 좌표에서 이 칼럼은 "탐구" 대신에 "오이디푸스"로 명명되었다 (비온, 1997, p. 7).

10) 최초의 좌표에서, G와 H칸은 존재하지 않았다.

11) 비온은 말한다: "극단으로 끌고 간다면, 고양이라는 단어는 젖가슴이 있던 장소로서의 점과 유사한 기호일 뿐이고, '고양이-아님'을 의미할 것이다" (1963).

과 분석가의 역전이 저항에 해당될 것이다. 비온에 따르면, 비교적 추상적인 방식으로, 거기에는 일종의 초-방어(meta-defence)가 있을 수 있다. 그 초-방어에 의해 C2에 해당하는 아이디어, 신화 또는 꿈은, 다시금 또 다른 아이디어에 대한 방어로서 작용하게 될, 다른 아이디어에 대한 방어로서 작용할 것이다. 또는 달리 말해서, C2는 G2를 억제하는 데 사용될 수 있다(1963, p. 80). 블랑도뉘(1994, p. 166)는 비온에 의해 그리스어 프씨(ψ)로 명명된 이 칼럼이 프로이트가 아리스토텔레스의 말을 변형시켜서 히스테리 환자에게서 발견되는 근원적 거짓말을 지칭하는 데 사용했던 개념인 근원적 거짓말(proton pseudos)과 관련되어 있을 수 있다고 제안한다.[12] 비온은 거짓됨(falsity)과 거짓말(lie)을 다음과 같이 구별한다:

> 거짓된 진술은 인간 존재의 부적절성, 즉 분석가든 피분석자든 상관없이, 진실을 알 수 있는 자신의 능력을 확신할 수 없는 사람과 더 많이 관련되어 있는 반면에, 거짓말은 우연히 큰 실수를 저지르지 않기 위해 진실에 대한 자신의 지식을 확신해야만 하는 사람과 더 많이 관련되어 있다. [1977a, p. 5]

칼럼 3, 4, 5는 분석 작업을 수행하는 동안 덜 방어적이고 더 협력적인 수준의 진술들을 나타낸다. 예컨대, 칼럼 3은 하나의 항구적 결합을 이미 묶여 있고 등록된 다른 항구적 결합들과 연합시켜줄 수 있는, 진술들에 대한 표기나 기억과 관련된 측면들을 사용하며, 그런 점에서 그 시점까지는 기록되지 않았던 의미를 산출할 수 있는, 관련성과 일관성을 제공한다(1965, p. 98).

---

12) 참조, 각주 21번.

칼럼 4는 프로이트가 주의라고 정의했던 것, 특히 분석가의 경청이 발생하는 방식, 자유롭게 떠다니는 주의 또는 의미의 추구와 발견과 관련되어 있다(ibid., p. 79). 그것은 또한 이전에 제시된 것의 반복, 또는 항구적 결합들에 주의를 기울이는 것을 말한다.

칼럼 5는 특히 도덕적 의미의 추구와 관련된 사실들에 대한 질문, 호기심, 탐구 또는 구별과 관련되어 있다(ibid., p. 79). 최초의 좌표에서 비온은 이 칼럼을 오이디푸스 칼럼이라고 불렀는데, 그것은 주로 신화 안에서 오이디푸스가 끈기를 갖고 진실을 탐구했다는 사실 때문이었다(1997, p. 10). 참조: 오만, 호기심, 어리석음.

칼럼 6은 환자와 분석가 모두의 행동화와 관련되어 있다. 비온에 따르면, 분석 자체는 때때로 행동화의 한 형태로 사용될 수 있다. 근육 움직임이나 다른 어떤 형태의 운동 방출이 중요한데, 왜냐하면 그것들은 자극들의 축적에 따른 부담에서 마음을 해방시키기 위한 것일 수 있기 때문이다(1963, pp. 71-72). (참조: 투사적 동일시). 해석과 관련된 기능들 또한 이 범주에 해당된다. 예를 들어, 한 공포증 환자가 "자신은 해석들을 잊어버리지 않기 위해 마음속에서 그것들을 반복한다"고 말했다고 하자. 그러한 주장은 E6 범주를 나타낼 수 있지만, 만약 그것이 환자가 그 해석들을 비워내기 위한 목적으로 그것들을 통제하고 캡슐화하기 위해서 반복한 것이라면, 그것은 A6에 해당할 것이다. 하지만 만약 환자가 말한 것이 나중에 거짓말로 드러난다면, 예를 들어, 만약 그녀가 그것이 꿈이었다고 말한다면, 그것은 또한 C열에 속할 수 있을 것이다. 비온은 이렇게 말한다:

> 모든 좌표의 범주들은, 그것들이 중요하지만 경험이 그것들에 투자되기 전까지는 의미를 갖는다고 볼 수 없다는

점에서, 칼럼 1의 범주들의 특질을 갖고 있다고 간주된다. [1997a, p. 10]

비온은 가로축과 세로축 모두에서 화살표를 사용할 것을 제안하는데, →는 축을 따라 이동하는 움직임을 나타낸다. 예를 들면, 3→는 성장을 나타내는 표기를 의미하고 ←3은 성장을 억제하는 표기를 의미한다(1965, p. 94).

좌표의 기능(Grid, functiong of the): 아마도 멘델리브(Mendeleev)의 주기 표(Periodic Table)에 기초해 있는, 좌표의 구성은 한편으로, 생각하기의 발생학적 진화와, 다른 한편으로, 그러한 진화와 변형을 담아내고 사용하는 마음을 교차시키고자 하는 비온의 시도를 나타낸다. 그는 그것을 "[정신분석적] 진술들을 분류하고 궁극적으로는 그것들을 이해하기 위한 도구"(1997, p. 13), 또는 "정신분석적 현상을 추론하기 위한 관습"이라고 불렀다. 만약 한 분석가가 이 관습을 사용한다면, 좌표가 인쇄되거나 기록된 전-관념의 표상이라는 점에서, 그는 전-관념을 다루고 있는 것이다(1963, p. 98).

좌표는 보통 사용의 수준과 추상화 및 조직화의 수준 모두에서 생각하기가 세련되어가는 정도에 따라, 왼쪽에서 오른쪽으로 그리고 위에서 아래로 움직인다. 그것은 이렇게 말할 수 있다: 구조화 수준을 가리키는 세로축은 클라인이 말한 자리들의 진보적 움직임을, 즉 PS↔D를 따르는 반면, 사용의 축 또는 가로축은 담는 마음이라는 의미에서, 담는 것-담기는 것(♀♂)의 기제를 따른다.

좌표는 정신분석적 과정의 목적과 일치하는, K의 발달에 대한 표현으로 서술된다. 비온은, "분석가는 표현된 아이디어가 감정들의 소통을 위한 도구로서 의도된 것인지, 아니면 그 감정들이 아이디어보다 이차적인 것인지를 결정해야만 한다"고 말했다 (ibid., p. 96). 처음에 그는 I(아이디어)라는 용어를 사용했지만, 나중에 그가 변형 이론을 사용하기 시작한 후로는 K라는 용어를 사용했다. 정서들은 마치 바람이 호수의 표면을 흔들어 출렁거림을 만들어내듯이, 분석의 인지적 목적을 방해할 수도 있다. 유일한 차이는 좌표 안에서 정서적 측면과 인지적 측면 모두가 서로에 의해 상호적으로 영향 받는다는 것이다(1965, pp. 70-71).

"정신분석의 요소들"(1963)에서, 비온은 어떤 때는 좌표의 "신비"를 풀어준다는 인상을 주고, 다른 때는 그렇지 않다는 인상을 준다. 그는 독자에게서 커다란 기대를 불러일으키면서, 조금씩 그렇게 한다. 이 어려움들 중의 일부는, 예컨대, 그가 좌표의 가로축을 사용해서 오이디푸스 콤플렉스를 평가하려고 했던 성공적이지 못한 시도들에서 관찰될 수 있다. 거기에서 그는 전-관념들을 만들어내는 것에 의해 사실을 강요할 수 있는 가능성을 인정하였고, 그것에 대해 사과했다:

> 정확한 일치를 확립하는 것이 나의 목적이 아니다 ... 그러므로 가로축과 신화의 요소들 사이의 일치를 정확한 것처럼 보이게 만드는 것은 신화의 본성을 모호하게 하는 위조일 것이다. [1963, pp. 65-66]

좌표의 추상화 수준은 그것을, 마치 이해가 불가능한 어떤 것인양, 모호하고 신비스런 것으로 만든다.[13] 좌표를 이해하는 것은 오직 실습을 통해서만, 즉 비온이 그것을 만든 목적을 위해 사용하는 것을 통해서만 가능하다. 그것은 분석가가 회기에 대

13)「정신분석의 요소들」17장을 보라.

해 좀 더 숙고하기를 원할 때, 또는 그의 직관적인 추리 능력을 높이기를 원할 때, 또는 단순히 그가 하고 있는 작업의 정확성에 대한 의심 때문에 좌표에게 물어보고 싶을 때, 회기의 내용을 좌표 안에서 생각해보는 것으로 이루어진다. 분석 회기가 진행되는 동안에는 좌표의 사용이 추천되지 않는다(1963, p. 73; 1977a, p. 3). 다른 한편—이것은 매우 중요한데—회기의 내용을 분류하기 위해 좌표를 사용한다는 사실은 우리가 어떤 식으로든 정신분석적 요소들 또는 "분자들"을 다룬다는 것을 의미한다.

프란체스카 비온(Bion, 1977)은 좌표를 사용하는 목표와 관련해서 다음과 같이 요약한다:

1. 분석가의 직관 훈련을 위해;
2. 회기 동안의 작업에 대한 기억을 돕기 위해;
3. 관찰의 정확성을 증가시키기 위해;
4. 분석의 사건들과 그것들에 대한 해석 사이의 갭을 연결시키기 위해;
5. 분석가들이 그들의 직관 능력을 발달시키기 위한 방법인 정신분석적 "게임"에 참여할 수 있게 하기 위해;
6. 심지어 대상들이 부재한 상태에서도, 수학적 의사소통에 맞먹는 기록 방법을 발달시키기 위해;
7. 정신분석을 위한 전주로서, 그러나 그것을 대체하는 것은 아닌;
8. 정신분석가들이 그들의 정신적 근육을 사용할 수 있는 정신적 운동기구를 제공하기 위해;
9. 진술들을 분류하고 궁극적으로는 이해하기 위한 도구로서. [p. 5]

좌표는 서로 교차하는 두 개의 주요 축들로 이루어져 있다. 1에서 ...n까지로 표시된 가로축은 세로축 안에 담긴 사고들과 요소들을 “사용하는” “마음을 나타낸다. 세로축은 A에서 H까지의 여덟 개의 수준들로 구성되는데, 이것은 생각하기의 가장 원시적인 측면들로부터 시작해서 좀 더 복잡한 것들에 이르기까지의 발생학적 발달을 보여준다. 비온에 따르면, 가로축에서 조건들은 동일하지만, 각기 다르게 사용될 수 있는 반면, 세로축에서는, 조건들은 다르지만, 동일하게 사용된다(1963, p. 87). 좌표는 범주들 안에 위치시킬 수 있는 아이디어들(I)과 감정들을 나타내는 요소들을 담고 있으며, 그럼으로써 그 요소들은 정신분석적 대상들을 구성할 수 있게 된다.

다양한 주석들을 통해서, 비온은 좌표 사용에 대한 양가적인 태도를 보여주었다. 처음에 그는 자주 낙관적이고 그것의 가치에 대해 확신했던 것으로 보인다. 그러나 다른 시점에서, 특히 그의 생애 말기에, 그는 그것의 중요성에 대해 회의적이었던 것으로 보인다. 1974년, 리우데자네이로 학회에서, 비온은 이렇게 말했다:

> 좌표는 도구를 만들어내기 위한 하나의 사소한 시도에 지나지 않습니다. 도구는 이론이 아닙니다. 그것은 인치와 센티미터가 표시된 자와 마찬가지로, 이론들로 만들어졌고, 여러 이론들에 맞추어 만들어졌습니다. 그러나 자(ruler)는 다양한 사람들에 의해 온갖 종류의 목표들을 위해 사용될 수 있습니다. 내가 어렸을 때 다니던 학교에서, 선생님은 “손 내밀어”라고 말하고는 자로 손바닥을 때리곤 했습니다 ... 이것이 내가 좌표에 대해 주장할 수 있는 전부입니다. 나는 그것이 얼마나 나쁜 것이고, 그것의 본래 과제를

> 수행하는 데 얼마나 부적합한 것인지를 아는 것으로 충분하다고 생각합니다. 하지만 설령 그것이 일정 정도의 정신적 고통을 야기한다고 해도, 나는 여러분이 그것을 좋은 것으로 변화시키고 더 나은 것으로 만들 수 있기를 희망합니다. [1974a, p. 53]

그 후 1977년에, 그는 "그럼에도 불구하고, 좌표의 사용은 나의 작업에 대해 많은 것을 알려주고 깨닫게 해주는, 비판적인 태도를 간직하는 것을 더 용이하게 했다"고 말한다(1977a, p. 6). 같은 해에, 그는 뉴욕에서 모인 학회에서 다음과 같이 말했다: "내가 나의 이론 체계에서 좌표를 제거하자마자, 나는 그것이 얼마나 부적절한 것이었는지를 깨달을 수 있었다 ... 만족감은 오래가지 않았다"(1980, p. 56). 그렇게 하는 것이 힘들었느냐고 질문을 받았을 때, 그는 이렇게 대답했다: "나에게는 어려운 일이 아니었습니다. 다만 그것이 내가 만날 수 있는 사실들과 실제로 일치하지 않기 때문에 시간낭비였을 뿐이죠(ibid.)."

좌표의 기원(Grid, origins of the): 비온은 "좌표는 정신분석가들이 훈련을 위해 사용할 수 있는 도구이지만, 작업이 진행되는 회기 동안에 사용될 수 있는 것으로 고안된 것은 아니다"라고 말했다(1977a, p. 3). 그것은 분석가가 진술들을 분류하는 데 사용하는 것으로 고안된 것이다. 그것은 비록 정신분석 이론들을 사용해서 만든 것이기는 하지만, 이론이 아니며, 하나의 도구의 지위만을 갖는다(Bion, 1997, p. 8). 좌표에 대한 비온의 사고의 진화와 관련해서 몇 가지 측면들이 고려되어야만 한다.

(A) 좌표에 관한 최초의 아이디어는 비온의 1957년도 논문인, "인격의 정신증적 측면과 비정신증적 측면의 구별"(pp. 45-46)에

서 찾아볼 수 있는데, 거기에서 비온은 외부 세계를 향해 있는 감각기관들과 그것들에 부착된 의식 사이의 관계에 대한 프로이트의 진술에 관해 논의했다. 비온의 설명은 다음과 같은 내용을 포함한다: 긴급한 내적 욕구가 발생할 경우, 어떤 것이 새로운 것이고 어떤 것이 친숙한 것인지를 비교하면서 외부 세계를 탐색하는 "주의"; 이러한 주기적인 의식 활동의 결과를 배열하고 기억을 형성하는 데 기여하는 "표기"; 어떤 것이 진실된 것이고 어떤 것이 거짓된 것인지를 결정해야 하는 "판단"; 쾌락원리의 지배하에 운동 방출을 지향하는 그리고 자극들의 축적에 따른 부담에서 정신적 장치를 해방시켜주는 수단으로 기능하는 "행동"; 마지막으로, 그것 자체가 경험적 행동 방식을 나타내는 것인, 좌절을 견디는 수단으로서의 "생각하기." 이러한 이론들과 나란히, 좌표의 체계적 축인 가로축 또는 "사용 축"이 나중에 형성되었다. 우리는 이 축이 생각하기뿐만 아니라 그것의 점진적인 복잡성을 "담는" 마음을 나타내며, 그것의 최종적 산물이 세로축에 의해 나타내진다고 결론내릴 수 있다.

「숙고」(1992)에 기록된 1959년 10월 11일자 글에서, 비온은 동료에 대한 공격적 환상에 대해 말하면서 갑자기 다음과 같이 말했다: "그러나 수학과 음(音)은 어떠한가? 기하학은 일종의 시각적 이미지이고; 음악은 시각적 이미지들을 불러낼 수 있다"(p. 90). 같은 글에서, 그는 신비스런 방식으로, 음악과 수학으로 들어가지 못하는 그의 주저가 용기의 결여[14] 때문일 수 있다고 제안

---

14) 유클리드 기하학에서 답을 찾고자 하는 시도는 비온이 이 문장에서 스핑크스의 수수께끼를 사용한 것에서 추론될 수 있다: 아침에는 네 발로 가고, 오후에는 두 발로 가며 밤에는 세 발로 가는 동물. 그는 희랍인들이 이미 추론했듯이, 삼각형을 가지고 있고 선들이 연결되어 있는 각들의 개념을 생식기의 개념과 자유연상을 통해 연관시켰다. 이 문장은 정신분석을 수학화 하는 것이 용기(고환)를 필요로 한다고 진술하는 비온의 모호한 방식이었을까?

한다; 즉 좌표가 산출해내는 것과 같은 "기하학적 도구"를 창조하는 것에 대한 반응을 감히 직면하지 못하기 때문이라는 것이다(ibid., pp. 91, 201-202). 또 다른 중요한 논쟁은 분석가가 방법을 발견할 때 직면하는 문제에서 온다:

> 그가 실수하고 있다는 것을, 그리고 그가 저지를 실수가 어떤 종류인지를 알 수 있게 해주는 방법이 있다면 말이다. 이 방법에 대한 추구는 정신분석가에게 있어서 과학적 방법을 추구하는 것을 구성한다. [ibid., p. 123]

(B) 나중에 비온은 생각하기에 대한 이론을 연구하였고, 스며들거나 변형될 수 없고 방출을 위해서만 사용될 수 있는 중립적인 재료들, 또는 칸트의 용어를 사용하자면, 물-자체인 베타-요소들에서 시작해서 수학적 생각하기(참조: 심리적 수학)의 복잡성에 이르기까지의 사고의 발생학적 진화에 대해 설명했다. 그는 이 노선을 따라, 좌표의 수직적 또는 발생학적 축을 정교화했다.

(C) 비온은「경험에서 배우기」13장에서(1962, pp. 38-41), 정확하면서도 사실들의 유연성을 유지할 수 있게 해주는 공식들을 사용할 필요에 대해 논한다. 그러한 유연성은 "고정된 가치를 가진 이론들과 개념들에 의해 ... 대체될 수 있는 요인들로서의 변수들을 사용하는 데서 온다"(ibid., p. 38). 이것은 기능의 요인들의 변화에도 불구하고, 그것의 원리들은 변하지 않고 남을 수 있는 "기능 이론"(알파-기능 개념에서 볼 수 있듯이)의 사용에서 찾아볼 수 있다. 그는 견고한 구조, 즉 유연하게 적용할 수 있는 정신분석 이론을 확립해야 할 필요성이 있다고 믿었다. 이것은 분석적 세팅의 경직성으로부터 O의 유연성이 나왔다는 점을 고려할 때, 전혀 낯선 개념이 아니다. 비온은 이렇게 말한다:

> 적용된 이론을 제시하는 것에 의해 분석의 진전을 명료하게 보여준 회기에 대한 기록은 분석가의 기억을 돕는 것 이상의 목적을 가지고 있다 ... 중심적인 문제는 분석적 문제들 및 그것들에 대한 작업을 기록하는 일과 ... 그것을 심각한 의미의 상실 없이 다른 사람들과 의사소통하는 일 모두를 위해 가치 있는 표기 체계의 필요성과 관련되어 있다. [ibid., p. 40]

그러나 비온은 이것으로는 충분하지 않다고 덧붙인다. 왜냐하면 정신분석의 발달은, 수학적 표기가 사실들을 기록하듯이, 그리고 계산을 위한 수단을 제공하듯이, 정보를 저장하는 공식을 발견할 것을 요구하기 때문이다. 이 주장에서 비온은 그가 좌표를 말하고 있다는 사실을 명시하지는 않았지만, 그가 좌표를 생각하고 있었다는 사실은 명백하다. 이런 생각은 비온의 사후에 출간된「야생적 사고 길들이기」서문에서 프란체스카 비온이 했던 말에 의해 지지받는다: "비록 비온이 좌표의 아이디어에 대해 훨씬 전부터 작업해왔을지라도, 그것을 글로 쓴 것은「경험에서 배우기」가 출간된 이후였다"(1997, p. 3).

(D) 그 다음 단계는 추상적인 것을 구체화하는 것인데, 비온은 소화체계나 아기의 음식 섭취와 같은 구체적이고 실제적인 기능들을 사고 형성과 그것들을 생각하는 데 필요한 장치와 같은 추상적인 기능들로 취급함으로써 그 일을 시도했다. 비온에 따르면, 소화 장치와 생각하기 장치는 공동 기원을 갖고 있다. 왜냐하면 그것들 모두는 영양분을 공급하는 통로와 관련된 감각인상들을 다루기 때문이다: 젖의 현존이나 부재에 의해 공급되거나 공급되지 않은 양분들뿐만 아니라, 그와 동시에 도달하는, 젖가슴의 현존이나 부재에 의

해 발생하는 사랑스럽거나 고통스런 감각들.

> 유아는 내부에 있는 아주 나쁜 젖가슴, 즉 거기 있지 않음으로 해서 고통스런 느낌을 주는 젖가슴을 알고 있다. 이 대상은 호흡 체계[또한 피부와 소화 체계], 또는 만족을 주는 젖가슴을 삼키는 과정에 의해 "비워내져야 한다"고 느껴진다. 삼켜진 이 젖가슴은 "사고"와 구별될 수 없는 것이다. 그러나 "사고"는 실제로 입속에 넣어지는 대상의 존재에 의존한다. [1962, P. 57]

이런 식으로 젖가슴, 또는 물-자체는 마음속의 아이디어와 동등시되고, 입속에 있는 물-자체와 구별될 수 없는 것이 된다. "우리는 분명히 베타-요소와 아주 가까이 닮은 대상에 도달했다"(ibid., p. 58).

구체적인 것과 추상적인 것의 차이는 다음에서 볼 수 있다: (a) 구체적 진술: 거기에는 음식에 대한 허기의 만족이 그것이 달려 있는 젖가슴이 존재한다; (b) 추상적 진술: 거기에는 필요한 것을 무엇이든 그리고 언제든 제공해줄 수 있는—그리고 제공하는—어떤 것이 존재한다. 비온은 다음과 같이 결론 내린다:

> 영양공급과 관련된 정서적 경험들이, 사고의 실현을 나타내는 데 사용되는 이론적 연역체계들을 형성하기 위해, 개인들이 추상화해낸 다음에 그 요소들을 통합해낸 것이라고 생각하는 데는 그만한 이유가 있다. 사고와 관련된 과정을 보여주고 이해하기 위해 모델로서 영양공급 체계를 사용하는 데는 이유가 있다. [ibid., p. 62]

좌표의 세로축(Grid, vertical axis): 이 축은 베타 요소에 해당하는 A열을 제외하고는, 실현을 기다리고 있는 포화되지 않은 요소들로 이루어져 있다. 이 축의 각 단계는 이전 단계의 기록이요, 다음 단계에 대한 전-관념이다. A에서 H까지 이어지는 성장은 기능상의 차이보다는 정교화의 정도의 차이를 말해주며(1963, p. 87; 1965, p. 43; 1997, p.6), 이것은 클라인학파의 Ps↔D 자리에서 서술된 통합과 해체의 기제들과도 비슷하다. 이 축에서 역동적인 연결들은, 가로축에서와 마찬가지로, L, H 그리고 K 요소들이다(1963, pp. 34-35). 이 축의 성장은 다음의 기제들에 달려 있다: (a) 심리-기제들; (b) 특수화와 일반화(구체화와 추상화) 사이의 변동; (c) 연속적인 포화; (d) 정서적 욕동들(ibid., p. 84).

(A) 심리-기제들은 투사적 동일시와 편집-분열적 자리 및 우울적 자리의 변동 사이에 존재하는 관계 안에서, 즉 K와의 관계 안에서 발생하는 상태로서 서술된다. 비온은 파편화된 조각들이 통합과 문제 해결을 제공할 수 있을 것이고, 그것이 PS↔D 안에 그리고 ♀♂ 안에 존재하는 변동을 촉진시킬 것이라고 간주했다.

(B) 특수화와 일반화 과정들은 추상화와 관련되어 있다: 즉 하나의 요소가 실현 또는 포화됨으로써 특수화되고, 거기에서 시작해서 나중에 일반화가 발생하는 과정과 관련되어 있다. 그 과정에 이름을 주고, 그 다음에 그것을 기억하는 것(표기)은 그 경험의 구성 요소들이 분산되거나 해체되는 것에 의해 그 경험이 상실되지 않도록 막아줄 것이다.

(C) 일반화 또는 추상화는 포화되지 않은 요소가 포화되는 과정으로 이해될 수 있다. 이 기제에 관한 더 상세한 내용은 포화-비포화된 요소들이라는 표제의 서술에서 찾아볼 수 있다.

(D) 비온은 정서적 충동들을 전-관념과 더 많이 관련되어 있는 아이디어의 내용보다는 정서적 상태를 더 많이 나타내는 전

조(前兆)와 관련시킨다. 전조(pre-monitions)는 또한, 비록 전-관념과 비슷하지만, 사적이고 무의식적이다. 달리 말해서, 정서와 전조와의 관계는 아이디어와 전-관념의 관계와 같다.

> 나는 “전조”를 그것과 관련된 경고 및 불안의 의미와 별개의 것으로 생각하지 않는다. 불안의 느낌은 분석가로 하여금 재료 안에 있는 전조[15]를 인식하도록 안내하는 가치를 지닌다. 그러므로 전조는 불안(ζ)에 의해 나타내질 수 있는데, 그 때 ζ는 포화되지 않은 요소를 나타낸다. [1963, p. 76]

역전이 불안은 분석가가 그의 조사를 수행하고 해석을 구조화하는 것을 안내하는 전조가 될 수 있다.

A와 H 사이의 변화들은[16] ♀♂ 기제들과 일치하고, 그곳에서 전-관념은 관념(E열) 안에 담기고, 이것은 개념(F열) 안에 담긴다. 축들 안에 있는 상이한 범주들 사이의 역동적 연결들은 H, L 그리고 K 요소들을 통해서 이루어진다. ♀♂ 작용의 순조로움은 역동적 연결의 성질에 달려있다. 즉, 박해 불안의 정도는 젖가슴을 향한 시기에 찬 공격(H)과 사랑의 관계(L) 사이의 상호작용에 달려있다(1963, p. 34).

---

15) 비온의 이 단어를 아무런 정의를 내리지 않은 채 사용한다. 이 인용문 몇 줄 앞에서 그는 이렇게 말했다: “ ... 환자가 치료를 받기 위해 처음에 찾아올 때, 예감(premotions)이 다른 요인들로부터는 얻을 수 없는 그에 관한 정보를 준다”(1963, p. 75). 이 예감이라는 단어가 전조(premonitions)라는 단어가 잘못 인쇄된 것인지 아니면 정서적 상태보다 앞선 상태를 암시하는 신조어인지에 대한 의심들이 존재한다. 유사한 생각이 비앙커디에 의해 표현된 바 있다(개인적 의사소통).

16) 세로축을 구성하는 범주들 내의 연속적인 성장은 또한 피아제가 말하는 “동화”와 “적응” 개념을 사용해서 이해될 수 있다; 비록 비온이 언급한 적은 없지만, 인식의 발달에 관한 분야 안에서 이것들은 친숙한 개념이다.

비온은 가로축과 세로축 모두에서 K로부터의 전진이나 후퇴를 나타내기 위해 화살표를 사용할 것을 제안한다. 아래쪽을 향한 화살표(↓)는 A에서 H로 가는 움직임 또는 K 방향으로의 전진을 나타내는 반면, 위쪽을 향한 화살표(↑)는 H에서 A로 가는 움직임 또는 K의 파편화, 또는 파괴를 지향하거나 베타로 가는 길을 나타낸다(1965, pp. 88, 99). ↑←는 좌표의 양축 모두에서 전진 움직임과 반대되는 움직임을, 즉 일종의 마이너스 좌표를 나타낼 것이다. 비온은 또한 ↑←에 해당하는 어떤 대상의 존재도 폭력적이고, 탐욕스러우며, 시기에 찬 것으로 간주되는 대상을 나타낼 것이라고 말한다:

> 그러한 대상은 진실을 존중하지 않은 채, 무자비하고, 살인적이며, 약탈자적인 사람 또는 사물들을 나타낸다. 그것은 사실상 피란델로(Pirandello)[17]가 저자를 찾고 있는 등장인물이라고 부른 것일 수 있다 ... 이 세력은 존재 그 자체를 포함해서 존재하는 대상들 모두를 소유하겠다는 시기에 찬 결의에 의해 지배된다. [ibid., p. 102]

세로축의 첫 번째 열(A)은 사고 및 감정과 관련된 혼동들의 영역[18]을 가리키는, 베타요소들에 해당한다. 사고의 영역 안에서 사고와 사물 사이에는, 시걸(Segal)의 상징적 동등시 개념과 유사하게, 혼동이 존재한다. 감정의 영역 안에서 그것은 사실과 환상 사이의 혼동과 같은 것일 수 있다(1963, p. 97); 그러므로 그것들은 칼럼 2와 6에서 사용될 수 있을 뿐이다(1965, p. 44). 베타 요

---

17) Pirandello(1996),. Six Characters in Search of an Author,. London: Penguin Books.

18) 비록 비온은 "혼동"이라고 말하지만, 나는 "구별의 결여"가 더 나은 용어라고 생각한다..

소들은 생명이 있는 것과 생명이 없는 것, 주체와 대상, 도덕적인 것과 과학적인 것을 구별할 수 없다; 그것들은 투사적 동일시로서 사용될 수 있고, 감금할 수 있는 역량을 갖고 있다.

A에서 B로 가는 경로, 즉 베타 요소에서 알파 요소로 가는 경로는 전-관념에서 관념으로 가는 움직임과 비슷하며, 우♂에 달려있다. 베타 요소들은 흩어져 있지만 다음과 같은 방법으로 응집력을 획득할 수 있다: (a) PS↔D와 관련된 변화들; (b) 하나의 모델, 또는 젖가슴처럼, 선택된 사실을 닮은 다른 요인인, 담는 것으로 작용하는 외부의 조직자; (c) 비온이 "심리-기제들"이라고 서술한 다른 기제들. 비온은 이렇게 말한다:

> 담기는 것을 형성하기 위해 베타 요소들이 응집되는 것은 우울적 자리의 특징인 통합과 유사하다; 반면에 베타 요소들의 분산은 편집-분열적 자리의 특징인 분열과 파편화와 유사하다. [1963, p. 40].

비온은 또한 알파 요소나 베타 요소들에 대한 탐구는 항상 그 둘 모두를 포함해야 한다고 충고한다:

> 베타 요소들과 알파 요소들은 알려져 있지 않고, 그럼으로 해서 존재하지 않을 수도 있는 대상들을 지칭하기 위한 용어들이다. 내가 알파 요소들, 베타 요소들 그리고 알파 기능을 말하는 목적은 그것이 무엇인지를 알기에 앞서 그것에 관해 논의하고, 말하고, 생각할 수 있기 위해서이다. 의미를 암시한다는 위험에도 불구하고, 내가 하나의 표시가 그것의 의미가 열려 있는 것, 즉 분석가가 그 자신의 경험으로부터 대답해야 할 어떤 것을 나타내기를 바란다

> 는 점에서, 나는 베타 요소라는 용어가 전혀 사고로 간주될 수 없는 현상들을 설명한다고 설명할 수밖에 없다. [1997a, pp. 10-11]

이상적으로는,

> 그 용어가 끌어 모을 수 있는 어떤 의미도 오직 분석적 실천에서 유래한 것이어야 한다. 그리고 이 용어는, 그것이 이성적으로 사고로 간주되는 현상을 설명한다는 점을 제외하고는, 알파 요소에도 마찬가지로 적용된다. 나는 그것들이, 개인이 프로이트가 꿈 사고라고 서술한 것을 가능하게 해주는, 요소들이라고 간주할 것이다. [ibid., p. 11]

비온에게 있어서, 베타 요소들은 사고가 발생하는 초기 모체를 나타낸다. 그것들은 생명 없는 것과 정신적인 대상들의 특질을 공유하는데, 그것들 사이에는 어떤 구별도 없다. "사고들은 사물들이고, 사물들은 사고들이다; 그리고 그것들은 인격을 갖는다"(1963, p. 22). 그는 여기에서 정신증 환자들, 인격의 정신증적 부분, 아이들과 모든 종류의 종교적 믿음에서 볼 수 있는 전능적인 마술적 사고의 특질에 대해 말하고 있다.

두 번째 열(B)은 알파 요소들, 즉 알파 기능의 산물에 해당한다. 우리는 생각하기와 관련된 이 축의 전체적인 발생학적 진화에서 알파 기능이 갖는 비중을 고려할 때, 그것을 좌표 끝 부분에 위치시킨 것이 정당한 것인가를 의심할 수 있을 것이다. 비온은 다음의 진술에서 이런 종류의 무언가를 암시했던 것으로 보인다:

> 개인들이 성장 과정에서 그들 내부에서 사용하는 몽상 기능과 마찬가지로, 알파 기능은 내가 관념 및 개념(E와 F)과 연관시킨 변화와 관련된 것으로 서술될 수 있다. 나는 그러한 실체들을 알파 기능으로 설명한 바 있다. [1963, p. 27]

> 좌표 안의 모든 범주들은, 어쩌면 B열을 제외하고는, 특정 정신분석적 재료 안에서 때로는 더 중요하고 때로는 덜 중요한 기능을 수행하는 것으로 보인다. [ibid., pp. 29-30]

C열은 감각적인 용어, 즉 보통 꿈, 신화, 이야기, 환각에서 나타나는 것 같은, 시각적 이미지들로 표현될 수 있는 사고의 범주들에 해당한다. 비온은 이 범주가 그 자체의 좌표를 가질 필요가 있다고 제안한다(1977, p. 3),

D열은 칸트가 말하는 "텅 빈 사고들" 개념과 비슷한 전-관념에 해당한다(1967, p. 111). 그것은 아기가 탄생 직후에 젖가슴을 기대하듯이, 또는 분석가가 환자가 하는 말의 드러난 내용의 의미를 상상하듯이, 일종의 실현을 정신적으로 예상하는 상태를 나타낸다. 그때 그것은 다시금 해석을 구조화하는 데 필요한 무의식적 환상의 명료화를 가능케 한다. 비온은 전-관념을 $\psi(\xi)$ 공식으로 나타낸다: ψ는 알려지지 않은 것을 나타내고, ξ는 포화되지 않은 요소를 나타낸다. ξ가 일단 지식에 의해 포화되면, 그것은 관념이 되고, 따라서 E열에 속하게 될 것이다.

E열은 전-관념이 실현과 연합한 데 따른 관념을 나타낸다:

> 전-관념이 그것에 근접한 실현과 접촉하게 될 때, 정신적인 결과물은 관념이다. [ibid., p. 111]

> 이런 점에서, E열을 나머지 열들이 배제된 전-관념들을 구성하는 것으로 서술하는 것은 잘못된 것으로 보인다. 왜냐하면 그것들 역시 전-관념으로서 기능할 수 있기 때문이다. [1997, p. 11]

요약하자면, 관념은 상수에 의해 대체된 변수로서 간주될 수 있다.

F열은 과학적 관찰들을 보여주기 위한 정신분석적 및 비정신분석적인 이론적 공식들에 해당한다. 관념들은 "진실의 명료화 또는 표현의 도구가 되기에 부적합한 요소들을 제거하기 위해 고안된" 과정을 통해 개념들로 바뀐다(1963, p. 24).

G열은 정신분석적인 과학적 연역체계가 발달하기 전까지는 별 소용이 없다. 대수적 체계가 확립될 때까지 기다려야만 하는 H열에 대해서도 비슷한 설명이 적용된다. 이 열은 연구보고서나 논문 발표와 관련해서 중요한 것일 수 있다.

자유롭게 떠있는 주의와 환자의 재료에 편안하고 포화되지 않은 상태로 경청하는 것은 D4에, 즉 "주의 깊은 전-관념"에 해당한다. 이 재료에 대한 이해는 D4(전-관념)에서 관념 또는 E4로의 움직임을 나타낸다. 하나의 재료를 다른 것과 비교하는 것을 통해 확인을 추구하는 것은 E3와 E5를 향해 가는 움직임으로 볼 수 있을 것이다. 해석을 구조화하기, 인상들을 언어화하기, 통합해내기 등은 F5에 해당할 것이다. 마지막으로, 환자의 마음에 영향을 미치려는 의도로 해석이 주어질 때, 그것은 G6에 위치할 수 있을 것이다.

멜처(1978)는 세로축의 몇몇 측면들이 기능하는 방식을 다음과 같이 요약한다:

> ... 정신분석의 "분자들"은 좌표의 B열, C열, G열에서 가져온 요소들인, 감각들, 또는 정서적 경험에 대한 지각에서 유래한 알파-요소들, 그 요소들이 묶여 있는 신화 또는 꿈 사고, 그리고 허용될 경우, 그것이 성장해서 도달하게 될 과학적 연역체계에 대한 열정으로 구성되는 것처럼 보인다. [p. 67]

좌표의 접착(Grid, amalgamation of the): 어떤 범주들에게 이중적인 속성을 제공함으로써, "발생학적" 또는 "세로축"과 "가로축" 또는 "사용의 축" 모두를 연합하고자 하는 의도를 나타낸다. 예를 들면, 어떤 진술에 주어질 수 있는 용법을 나타낼 뿐만 아니라, 동일한 진술에 발생적 단계를 나타내기도 하는 전-관념이 그것이다. 비온은 사용 수준과 발생학적 단계를 하나로 모으는 것이 연구에 도움이 될 것인지 그리고 좌표가 진보할 수 있을 것인지를 묻는 것이 적절할 것이라고 말한다. 이런 식으로 칼럼 4와 5는 접착될 수 있고 전-관념이라는 용어에 의해 나타내질 수 있다. 결국 비온(1965)은 그러한 절차에 대해 의문을 갖는데, 그 이유는 그것이 베타-요소들, 꿈들, 개념들 등과 같은 일련의 개념들을 불필요하게 만듦으로써 혼동을 초래할 것이기 때문이다. [p. 43]

죄수(Prisoner): 아기가 자신이 젖가슴을 가학적으로 공격하고 파괴했다고 느끼는 방식과 비슷하게, 정신증 환자는 또는 인격의 정신증적 부분은 감각인상들이 공격받고 절단될 수 있다고 느낀다. 그 결과, 그 개인은 그러한 정신적 상태에 갇힌 "죄수"라고 느끼고, 그런 상황에서 벗어날 수 없다고 믿는다. 왜냐하면 탈출의 수단이자 결과를 나타내는 마음이 황폐해졌고, 현실을 인식하는 역량을 결여하고 있기 때문이다(1967, p. 51). 환자는 자신을 구성하고 있다고 느끼는 배열(constellation)의 일부를 투사하고, 그 투사된 요소들에 의해 위협받는다고 느끼는데, 그 결과 자기 자신이 죄수라는 환자의 느낌은 증가한다.

얼마 후에, 비온(1970)은 분석가가 기억과 욕망에서 벗어나지 못할 경우, 그는 환자 안에 분석가의 욕망에 갇힌 죄수라는 환상을 유발하는 위험에 직면한다고 진술한다. 이것은 "거짓 자기"(false self) 병리가 지배적이 되는 환자들에게서, 즉 다른 사람의 소망이 피분석자 자신의 욕망보다 우선시 되는 상황에서 관찰된다.

주물성애(Fetishism): 비온은 주물성애가 어떤 대상들을 공격하고 파괴했다는 느낌에서 초래된 죄책감이 마술적으로 그 대상들을 되살려내려는 성공할 수 없는 시도에 의해 용서받을 수 있다는 생각에 기초해있다는 아이디어를 도입했다. 그는 이것을 다음과 같은 방식으로 설명했다: 쾌락원리에 의해 지배되는 아기는 좌절을 주는 대상들은 "존재하지 않는다"고 느끼면서, 자신이 만족을 주는 살아있는 원-대상들에 의해 둘러싸여 있다고 느낄 것이다. 만약 좌절에 대한 내성의 감소에 의한 것이든 아니면 주변 대상의 공격성의 증가에 의한 것이든, 또는 그 둘 모두 때문이든, 좌절을 견디지 못하는 정도가 심해지면, 불쾌한 압력에서 벗어나고 싶은 욕구는 아기로 하여금 감각적 인상들을 꿈 사고에 적합한 자료로 변형시키는 역할을 하는 정신 장치를 공격하도록 강요한다. 그 결과, 사고들이 감각인상들을 처리하는(생각하는) 기관을 갖지 못한 채, "사물"(또는 β-요소들)로 변하게 된다. 이러한 "죽은 원-대상들"의 과도한 증가는 그것들을 달래야 할 필요가 더해지면서 그 대상들을 이상화하고 찬양하게 되며,

그것들에게 초인적인 속성을 부여하게 된다. 왜냐하면 그것들은 죽었기 때문이다.

> 상식적인 관찰과는 반대로, 찬양받거나 숭배되는 대상의 핵심적인 특징은 그것이 죽은 것이어만 한다는 것이다. 그래야만 그 범죄는 무생물로 그리고 생명이 없는 것으로 알려진 것을 살려내겠다는 환자의 집요한 노력에 의해 용서받을 수 있다. 이러한 태도가 주물성애와 관련된 복잡한 감정들을 형성하는 데 기여한다. [1992, p. 134]

달리 말해서, 범죄는 죽은 것이 됨으로써 살아있다고 믿어지는(그것들을 창안해낸) 그런 대상들에 헛되게 의존하는 대가를 치르게 되지만, 바로 이것 때문에 그 대상들은 아무것도 제공해줄 수 없다. 예컨대, 동상에 지나지 않는 것이 기적을 만들어낼 수 있다고 믿을 뿐이다. 모든 종교적 믿음과 마찬가지로, 주물성애는 이런 식으로 설명될 수 있다. 참조: 살아있는 것과 살아있지 않은 것 사이의 구별; 마술, 원-실제 대상들; 생각을 위한 장치.

주의(Attention): 프로이트에 따르면(1911), 주의는 행동, 표기, 판단, 그리고 사고와 함께 현실에 대한 의식에 도달하기 위해 자아가 사용하는 기능들 중 하나를 나타낸다.

> 정기적으로 외적 세계를 탐색하는 특별한 기능이 확립되었는데, 긴급한 내적 욕구가 떠오를 때 그것의 사실 자료들을 친숙한 것으로 만드는 주의의 기능이 그것이다. 그것의 활동은 감각-인상들의 출현을 기다리는 대신에 중

간 지점에서 그것들을 만난다. [p. 220]

비온은 이 개념을 위에서 언급한 것들과 함께, 마음의 특정한 자질들과 기능들을 구조화하기 위해, 좌표의 가로축의 일부로서 사용했다.

지각 기관(Perception, organs of): 비온은 최초의 지각된 감각들이 빛의 광선들과 음향 진동들에서 온 것이고, 그 둘 모두는 원거리 지각으로 간주되는 동시에 지능의 발달과 연결되어 있다는 아드리안(Adrian, 1947)의 견해를 받아들인다. 그것들은 행동으로의 직접적인 변형과 관련된 근거리 및 중거리 수용체로 간주되는, 접촉 그리고 다른 신체적 감각과는 다르다. 이 모든 지각들은 의식의 개입 없이도 자동적으로 작용한다. 장면, 소리, 냄새, 직관 같은 것들을 취급하는 원거리 수용체는 지능과 지혜의 발달과 연결되어 있는 반면에, 창자나 방광의 감각 같은 중거리 수용체는, 또는 접촉이나 섹스 같은 근거리 수용체는 행동과 관련되어 있다(1992, pp. 321-322). 또한 비온은 최초의 시각적 지각이, 예컨대, 맛에 대한 감각으로 변하는 연속적인 단계들에 대해, 또는 하나의 대상에 대한 시각적 이미지가 점진적으로 하나의 정신적 표상으로 변형되는 방식에 대해 고찰했다. 그것은 마치 한 마리의 말에 대한 시각적 지각이 일차적으로는 하나의 표의문자로 변형되고, 그 다음에는 하나의 단어, 사고 또는 알파-요소로 변화되며, 궁극적으로는 말로 설명할 수 없는 물-자체에 그리고 O에 도달하는 것과도 같다(ibid., p. 325).

지각 기관들(Organs of perception): 참조: 지각.

지각 장치(Perception, apparatus of): 원래 비온은 "지각의 장치"를 "의식적인 앎"과 동일시했다. 1956년에 그는 다음과 같이 서술했다:

> ... 생이 시작되는 순간부터 지각 장치에 대한 공격들이 이루어진다. 그의 인격의 이 부분은 잘려나가고, 미세한 조각들로 분열되며, 그 다음에 투사적 동일시를 통해 인격에서 축출된다. 이처럼 내적 및 외적 현실에 대한 의식적인 앎의 장치를 제거하고 난 후에, 환자는 살아있지도 죽어있지도 않다고 느껴지는 상태를 성취한다. [1967, p. 38]

프로이트는 지각 장치를 현실원리의 요구에 의해서 산출된 한 세트의 행동들이라고 서술했다. 비온에게 있어서, 이 장치는 언어적 사고와, 그 장치가 생겨난 시점 이후로 그것이 만들어낸 모든 것과 연결되어 있다(1967, p. 38). 정신증 환자들, 또는 인격의 정신증적 부분 안에는 감각기관들에 대한 그리고 그것들에 부착되어 있는 의식에 대한 이드 공격이 행해진다; 거기에는 또한, 프로이트(1924)가 이미 지적했듯이, 현실에 대한 커다란 증오가 있다. 이런 환자들의 경우, 현실원리는 결코 성취되지 않는다. 왜냐하면 전체 대상의 관념으로 통합해내기 위한 모든 시도들이 성취될 수 없고, 현실에 대한 의식이 우울적 자리에서의 복구과정과 관련된 죄책감과 우울증을 야기하기 때문이다(참조: 언어적 사고). 정신증 환자들은 내적 및 외적 현실과 연결하는 데 필요한 자아의 측면들(지각의 장치)을 공격한다. 참조: 연결에 대한 공격, 의식적인 앎.

지구중심 이론(Geocentric theory): 참조: 태양중심 이론.

지도자 없는 집단(Leaderless groups): 비온에 의해 도입된 이 기법의 주된 철학은 개인 정신분석 치료의 기제들을 집단 역동 전반에 적용하는 것으로 구성되어 있다. 그 기제들은 "절제의 규칙"을 유지하는 것과, 지배적인 기본적 가정에 따라 치료사가 항상 해석의 수준에서만 그리고 집단의 무의식적 환상의 전체성에 대해서만 개입하는 것으로 이루어져 있다. 공적영역 안에서 발생하는 개인 치료의 한 형태로서 이루어지는, 개인을 향한 해석은 항상 피해야만 한다. 비온은 "내가 하는 노력은 명료하게 표현된 명료한 사고에 의해 집단 상황의 모호성들에 빛을 비추는 것"이라고 말한다(1948b, p. 84).

비온이 개인 분석과 나란히 유지되는 이러한 혁신적인 치료 형태를 도입할 수 있었던 것은 "의사-환자" 모델에 기초한 관계의 현상 유지(status quo)를 확립하고, 그것에서 유익을 얻기 위해 항상 노력하는 동시에 "의존 집단"의 불안들을 다루는 그의 역량 때문이었다. 그는 집단 문화 안에서 그러한 태도를 유지하는데 따른 어려움들에도 불구하고, 또 다른 구성원으로서 그리고 관찰자의 입장에서 중립적인 상태에 머무르려고 노력했다.

> 내가 말했듯이, 의사-환자 집단이 세련된 구조를 갖고 있는 것처럼 보이지만, 곧 그것의 부적절성을 드러내는데, 그 이유 중의 하나는 그것이 의존 집단을 위한 얇은 위장일 뿐이고, 그렇기 때문에 이러한 종류의 기본 집단에 적절한 정서적 반응들이 직접적으로 불러일으켜질 것이며, 따라서 세련화 구조는 심하게 침체될 것이기 때문이다. [ibid., p. 79]

의존 집단은 다음과 같은 불리한 조건들을 가질 수 있다: (a)

그것은 지도자의 관심에 대한 경쟁을 자극한다; (b) 경험된 유익은 집단에서 오지 않고 지도자에게서 오며, 그 지도자가 치료는 아주 쉽고 단순한 것이라는 믿음을 부추기는 말을 할 때에만 가능하다; (c) "의존 게임"은 속았다는 느낌과 애정에 대한 허기를 발생시킨다. 왜냐하면 구성원들은 항상 자신들이 지도자에게서 충분히 사랑받지 못한다고 느끼기 때문이다; (d) 치료자가 모든 사람들을 동등하게 바라본다는 것을 결코 가능하지 않고, 또 그런 말은 설득력이 없다는 믿음이 생긴다.

직관(Intuit): 지각에 의해 직접적으로 아는 것을 의미한다. 비온은 이 개념이 외과의사가 "보고," "만지고," "냄새 맡고," "듣는 것"을 사용하는 것과 같은 방식으로 정신분석적 영역 안에서 사용될 것을 제안한다. 왜냐하면 예컨대, 불안은 냄새도 맛도 없기 때문이다[19](1970, p. 7). 그는 그 자체의 특정한 "직관이 가능한" 실재들을 가진 정신분석적 영역이 존재한다고 주장한다:

> 나는 그 자체로서의 실재를 지닌 정신분석적 영역이 존재한다고 가정한다. 비록 그것의 규칙들이 알려진 것은 아니지만, 그것은 의심의 여지가 없는 것이고, 변하지 않으며, 자체의 규칙들을 따라서만 변화될 수 있는 것이다. 만약 적절한 마음의 장치가 기능하는 상태에서 직관의 사용이 가능하다면, 이 실재들은 "직관이 가능하다" ... 직관이 작용하는 상태들은 투명하고 불투명하다. [1992, p. 315]

19) 환자들과 의사소통하는 것은 비슷한 제한들을 제시한다; 만약 환자들의 불안이 냄새나 맛과 같은 물리적 속성들을 갖고 있지 않다면, 우리는 환자들이 말하고 있는 것을 어떻게 아는가? 이 경우 우리가 갖고 있는 유일한 준거는 우리 자신의 직관이다.

정신분석적 실재를 직관하는 능력을 가로막는 불투명성은 비온에 의해 "이해, 기억, 그리고 욕망"으로 드러났다; 이 상태들은 항구적이고 계속적인 훈련을 통해서만 피할 수 있다.

진보와 퇴행(Progression and regression): 편집-분열적 자리와 우울적 자리 사이에 있는 진동의 한 형태를 나타내는 것으로서, 인격의 정신증적 부분들과 비-정신증적 부분들 사이에서 관찰될 수 있다. 진보에서는 파괴된 대상들을 복구하려는 충동에서 오는 우울증과 죄책감이라는 위험과 만날 수 있지만, 퇴행에서는 자살, 이차적 파편화, 그리고 전적 퇴화라는 위험이 암시된다 (1967, p. 81).

> 자리들은 단순히 유아기의 특징들이라고 간주되어서는 안 되며, 편집-분열적 자리에서 우울적 자리로의 이동이 유아기 동안에 단 한 번에 걸쳐 성취되는 것으로 간주되어서도 안 된다. 초기 몇 개월 사이에 이 기제가 일단 성공적으로 확립되고 나면, 그것은 그 후로 계속해서 작동하는 과정으로 간주되어야 한다. [1992, pp. 199-200]

이러한 양방향 움직임이 초기에 확립되지 않으면, 성장은 결함 있는 것이 될 수 있고, 개인은 재량껏 진보하고 퇴행할 수 있는 건강한 능력을 박탈당할 수 있다(ibid., p. 200). 이 기제는 또한 담는 것-담기는 것(♂♀) 사이의 관계에서 그것들이 상호적으로 기능을 교환할 수 있는 것과 유사하게(1963, p. 44), 사고의 형성 및 사용과도 관련되어 있는 것으로 간주될 수 있다. 그것은 또한 한편으로 박해 감정(PS)의 입자들의 분산과, 다른 한편으로 우울한 감정(D)의 입자들의 통합 사이에서 발생하는 상호작용으로 이해될 수 있다(ibid., p. 52). 비온은 PS↔D는 대상을 조직하는 반면에, ♂♀은 의미를 제공한다고 말한다(ibid., p. 90). 참조: 우울적 자리.

진술(Statements): 비온은 "진술"을 "공식화"(formulation)와 동일한 것으로 정의하였다(1997, p. 15). 그는 다음과 같이 말한다:

> 불분명한 투덜거림부터 상당히 정교한 구성물에 이르기까지 ... 모두가 진술일 수 있다. 단 한마디의 말, 몸짓이나 찡그림 역시 진술이다. 간단히 말해서, 그것은 분석가와 피분석자, 또는 어떤 인격과 그것 그 자체 사이의 의사소통의 일부를 이루는 모든 것이다. [ibid., p. 8]

나중에 그는 모든 정신분석적 진술은 변형이자 또한 이론임을 우리에게 확인시켜준다(ibid., p. 15). 예를 들어, 한 공포증 환자가 숨은 내적 살인자에 의해 공포에 질려있다고 주장하는 진술은, 그 환자에게 굳어진 움직임에서의 변형이 존재하고 있음을 보여준다(내적 대상이 손상을 입었음에도 불구하고 그녀의 범죄자 부분은 여전히 인지될 수 있다는 의미)는 하나의 이론을 나타낸다. 어떤 순간에, 환자가 비행기로 여행하는 것이 어렵다고 말한다면, 이것은 그녀의 범죄자 부분이 보복당할 수 있다는 그녀의 두려움의 표현이라는 점에서, 진술-이론의 확증을 나타내는 것일 수 있다.

진실(Truth): 비온은 다음과 같이 말한다:

> ... 건강한 정신적 성장은 유기체가 음식에 의존하듯이 진

> 실에 의존한다. 만약 이것이 결여되거나 부족하다면, 인격은 퇴화한다. [1965, p. 38]

진실에 대한 자연스러운 허기가 있다; 아마도 그것은 거짓은 고통을 야기한다는 경험적인 앎이 있기 때문일 것이다(1992 p. 99)[20] 원래 비온은 진실을 거짓과 반대되는 것으로, 그리고 K 안에서의 변형과 연관된 것으로 정의했다.

> 따라서 "진실"은 내가 어떤 진술에 부여하는 특질에 대한 이름인데, 여기에서 말하는 진술은 "내가 안다 ..."라는 느낌과 연결된 현상들과 관련된 가설이다. [1970, p. 117]

이후에 비온은 진실을 O 안에서의 변형과 관련시켰다:

> 생각하는 자가 없을 때 모든 생각하기와 사고들은 진실이다. 이와는 대조적으로, 거짓과 허위를 위해서는 생각하는 자가 절대적으로 필요하다. 생각하는 자가 존재하는 모든 상황에서, 공식화된 사고들은 허위와 거짓의 표현이다. 유일하게 진실한 사고는 그것을 "담고 있는" 개인에게서는 결코 발견되지 않는다. [1970, p. 117]

"하늘이 푸르다"라고 말하는 것은, 비록 서술될 수는 있지만, 생각하는 자를 필요로 하지 않는다. 다른 한편, O는 특정한 순간에 분석가, 신비가, 예술가 같은, 생각하는 자가 가로챈(intercepted) 절대적 진실을 나타낸다; 비록 생각하는 자와 O는

---

20) 라틴어에서, 마음(mentis)과 거짓(mentior)은 어원이 같다. 아마도 환자로 하여금 수년에 걸쳐서 정신분석적 치료에 참가하도록 동기를 부여하는 것은 바로 이 진실에 대한 허기일 것이다.

독립적으로 존재하지만 말이다. 분석에서 환자가 보이는 고전적인 저항은 생각하는 자를 찾고 있는 사고의 표현일 수 있다. 꼭 그런 것은 아니지만, 보통 이것은 환자 자신의 것일 수 있다. 예를 들어, K 안에서의 O의 변형은 해석이 공식화될 때, 직관되거나 번역될 수 있지만, 사고되는 것은 아니다. 그리고 그것을 이해하는 능력은 신앙의 행위라는 수단을 통해서 성취된다. 담는 것-담기는 것 이론에 따르면, 사고와 그것을 담고 있는 생각하는 자 사이의 (혹은 그 반대의) 관계는 상생적, 공생적 또는 기생적이다. 상생적 관계 안에서는, 생각하는 자가 유익한 어떤 것을 고안해냈을 때처럼, 참여한 모든 요소들이 서로에게서 유익을 얻고, 그 관계와 함께 성장한다. 하지만 기생적 관계에서는, 오류로서의 아이디어가 산출된다. 그리고 그것은 거짓이 될 때까지 번성할 것이다.

비온은 분열적 인격에서 초자아는 자아에 앞서 형성되는데, 그것은 현실원리의 불완전한 발달을 초래할 뿐만 아니라, 진실에 대한 존중이 부족하고 도덕적 요소를 지나치게 드높이는 문제를 발생시키는 역할을 한다고 말했다. 분석가가 표현하는 것은 항상 진실된 언어적 사고와 함께 구조화되어야만 하고, 좌표상에서는 항상 칼럼 1, 칼럼 3, 칼럼 5의 E열과 F열, 그리고 아마도 D열과 G열에 위치할 것이다. 다른 한편, 환자가 말하는 것은 어떤 범주에도 속할 수 있는데, 그것은 그가 진실과 타협할 필요가 없고, 따라서 좌표의 어떤 곳에도 위치할 수 있기 때문이다.

감각인상들을 사용해서 구체적 대상들을 알고 싶어 하는 욕구와 비슷하게. 정서적 경험들을 알고 싶어 하는 자연스러운 욕구가 있다. 왜냐하면 그러한 의식의 부재는 정신건강에 필수적인 진실의 박탈을 내포하고 있기 때문이다. "진실의 박탈은 신체적 굶주림이 마음에 미치는 효과와 비슷하다"(1962, p. 56).

진실은, 오이디푸스 신화와 비슷하게, 두 개의 얼굴을 가지고 있다: 하나는 원인-결과 관계에 달려있고 항구적 결합에 따라 조직화되는 사적인 것이고, 다른 하나는 공동 감각과 관련된 보편적이고 이야기적인(narrative) 것이다. 참조: 상생적 관계; 담는 것-담기는 것 상호작용; 거짓말; 궁극적 실재인 O; 기생적 관계; 공생적 관련; O 안에서의 변형; K 안에서의 변형; K의 변형, O의 변형,

진 화(Evolution): 비온은 진화와 기억을 구별하였다. 그는 전자를 일종의 아이디어 또는 그림 인상—감각인상을 갖고 있지는 않지만, 감각인상들에서 파생된 용어들로 표현될 수 있는 경험들에 기초한—이 마음 안에서 갑자기 그리고 뜻하지 않게 발생하거나 "떠다니는" 경험들이라고 정의했다. 예를 들어, "나는 본다"(I see)라는 말은 시각적 이미지를 통해서 직관한다는 의미이다. 다른 한편, 기억은 "어떤 것을 기억하려는 의식적인 시도"를 의미한다. 비온이 말하려고 하는 것은, 환자의 담화를 듣는 동안 어떤 것을 기억하거나 소망하는 대신에, 분석가가 마치 백지처럼 열린 마음을 갖고서, 무언가가 저절로 생겨나고 갑자기 그리고 예기치 않게 떠오를 때까지 전혀 포화되지 않은 상태로 기다려야 한다는 것이다. 참조: 신앙의 행위, 욕망, K 연결, 기억, O, 궁극적 실재, 정신분석적 경청.

집 단(Group): 비온은 집단 치료에 실질적인 이론적 및 임상적 변화들을 도입했다. 그의 경험은 그가 영국군으로 참여했던 두 번의 세계 대전에서 시작되었지만, 더 중요하게는, 그가 사십대 초반이었을 때 영국 버밍햄에 있는 노스필드 병원에서 전쟁 신경증 군인환자들을 치료하기 위한 집단 기법의 연구에 참여했던 일과 관련되어 있다. 매우 중요한 혁신은, 개인 정신분석과 비슷

하게, 치료사의 "절제의 법칙"과 "중립성"이 유지되는 상황에서 "스스로 해석하는 집단" 또는 "지도자 없는 집단들"을 창조하는 것이었다. 블랑도뉘(1994)는 노스필드에서의 경험이 나중에 "치료적 공동체"를 발달시키게 된 결정적인 요인이었다고 서술한다.

비온은 개인 치료와 집단 치료 사이의 차이들을 해결하려고 시도했다:

> 집단 상황이 갖는 하나의 불리한 요소는 여섯 또는 열 명의 사람들을 동시에 보는 것이 우리로 하여금 여섯 또는 열 명의 구별된 인격들이 있다고 가정하도록 이끈다는 점이다. 다른 말로, 참여자들의 뚜렷한 생리학이 매우 지배적이기 때문에 우리는 인격이 유사하게 물리적 외양(外樣)에 묶여있다고 가정하기가 쉽다. 집단 안에 인격들이 존재한다는 사실이 발생시키는 "극적인" 정동은 우리로 하여금 중요한 것은 개별 참여자가 말하거나 행동하는 것이라고 가정하도록 만든다—이것은 또 하나의 분기점이다. [1987, p. 298]

비슷한 방식으로, 비온은 집단 안에서는 자발적인 그리고 공통적인 정서적 반응이 발생할 수 있고, 그것이 특정 순간에 여러 명의 개인들을 뭉치게 할 것이며, 우리로 하여금 해석을 할 수 있는 가능성을 제공한다는 사실을 확인한다. 그는 이것이 집단 해석의 전형적인 모습이라고 말한다:

> 우리는 대부분의 집단에 공통적인 정서로 보이는 것에 대한 민감성을 발달시켜야만 할 것이다; 집단 분석은 불쑥 출현하는 정서의 "요지"(gist)에 대한 사정(査定)에 달

려있다. 그것은 정신분석과 유사성을 갖고 있지만, 동일한 것은 아니다. [1974a, p. 190]

그는 "집단 정신"(group mentality)을 기본적 가정들을 따라 집단 내의 몇몇 개인들이 무의식적으로 갖는 일치된 생각이라고 정의했고, 그것이 의지와는 상관없이 모든 개인적인 열망들을 중화시킬 것이라고 말했다(1948b, p. 59). 그는 세 가지 기본적 가정들(ba)을 서술한다: 의존적(ba*D), 짝짓기(ba*P), 싸움-도피(ba*F). 이러한 집단 수준의 반대쪽 끝에는 그가 "세련된" 또는 "작업 집단"(W)이라고 부른 수준이 존재하며, 이 수준은 현실에 따라, 즉 아이디어 또는 의식적인 목적에 따라 작용한다. 대조적으로, 다른 수준의 집단에서는, 앞에서 언급한 세 개의 기본적 가정들 중 어느 하나에 일치하게, 집단의 목적이나 아이디어에 대한 실행이 정서적으로 방해받는다. 집단은 그것 자체의 역동에 따라 하나의 "기본적 가정"에서 다른 하나의 "기본적 가정"으로 바뀔 수 있지만, 일단 그것들 중의 하나가 지배하게 되고 분명히 드러나면, 다른 것들은 잠재된 상태로 머무른다(ibid., pp. 96; 146-152). 참조: 의존적 기본적 가정, 싸움-도피 기본적 가정, 짝짓기 기본적 가정, 원-정신적 체계, 결합가.

집단 문화(Group culture): 집단의 역동과 관련해서 비온은 세 개의 실체를 고려했다: (a) 개인; (b) 집단 정신; (c) 집단 문화. 이것들은 지배적인 집단 정신과 개인적인 관심 사이의 갈등으로 인한 행동의 측면에서 나타난다. 여기에는 세 종류의 문화가 존재한다: 의존, 싸움-도피, 짝짓기(1948b, pp. 59-61). 참조: 기본적 가정.

집단 정신(Group mentality): 집단 역동과 관련해서 비온은

세 가지를 가정했다: (a) 개인; (b) 집단 정신; (c) 집단 문화. 집단 정신은 집단의 의지에 대한 일치된 표현, 즉 개인들이 익명으로 기여하는 의지의 표현을 나타낸다(1948a, p. 59). ... 이 때 그들은 기본적 가정과 다르게 생각하거나 행동할 때마다 자신들에게 불리하게 작용한다는 사실을 알지 못한다(ibid., p. 65).

집단의 지도자(Group leader): 집단의 지도자는 투사적 동일시 기제의 산물로서 확립된다; 집단의 필요에 따라 이루어질 뿐 결코 다른 가능성은 없다. 그는, 르봉(Le Bon, 1896)이 말하듯이, "자신의 의지를 따르는 것을 중지한 자동화된 인간"이며, 비온에 따르면, 집단의 지도자는 정확하게 이런 능력에서 그의 힘을 끌어낸다(1948a, p. 177). 집단의 구성원이 지도자가 될 가능성은 특정한 기본적 가정 집단의 지도자가 되는 데 필요한 요구사항들을 충족시킬 수 있는 능력뿐만 아니라, 집단의 다른 구성원들과 즉각적으로 그리고 비의도적으로("어쩌면 의도적으로") 결합하는 능력에 달려있다. 작업 집단의 지도자와의 주된 차이는 기본적 가정 집단의 지도자가 그의 특정한 가정에 국한되어 있는 반면, 작업 집단의 지도자는 외부 현실에 접근할 수 있다는 사실에 있다.

짝짓기 기본 가정(Pairing basic assumption): 부부의 결합을 통해서 머지않은 장래에 절망, 증오, 파괴의 감정들에 의해 생겨난 모든 고통에 종지부를 찍을 하나의 아이디어, 또는 메시아의 탄생에 기초해 있는 개념이다. 하지만 이것이 가능하기 위해서는, 그 지도자가 결코 태어나서는 안 된다는 역설, 즉 희망은 미완의 상태로 남아있어야 하고, 항상 "순수한 희망"으로 남아있어야 한다는 역설이 존재한다. 그 아이디어 또는 지도자가 하나의 현실이 될 수 있다고 느껴지는 바로 그 순간에, 분노와 파괴의 감정이 다시 지배적이 될 것이다(1948, pp. 151-152). 이러한 종류의 기본 가정이 지배하는 상황에서는, 메시아적 희망의 느낌이 우세해진다. 이러한 감정들은 치료적 집단 밖에서도, 예컨대, 종교적 믿음이나 귀족사회에서, 그리고 비온이 확인해주듯이, 어떤 점에서는 분석적 커플에게서도 발견될 수 있다(ibid., p. 176). 이것에 대한 하나의 좋은 예시가 비온의 브라질 세미나 4번째 강의에서 제시된 바 있다(1987, pp. 192-24). 참조: 기본적 가정, 의존적, 싸움-도피, 집단, 결합가, 작업 집단.

ㅊ

천식(Asthma): 비온은 「정신분석의 요소」(1963)에서 천식에 관해 짧게 말했는데, 그때 그는 호흡 기관, 청각 기관, 그리고 촉감과 같은 소화관이 제공한 것 외에 다른 모델을 사용하여 좌표를 설명하려고 시도했다. 그는 "만약 생각-느낌과 호흡기 모델의 관계가 인정된다면, 천식의 임상적 징후들이 정신분석적으로 더욱 의미 있는 것이 될 것이라는 사실은 주목할 가치가 있다"고 말한다(p. 96).

천재(Genius): 참조: 신비가.

초보적 의식(Rudimentary conscious): 비온은 이 명칭을 "초보적 정신 장치"와 함께 감각인상들을 *α*-요소들로 정교화하기 위해 모성적 몽상을 필요로 하는 아동의 발달되지 않은 마음을 서술하는 데 사용한다. 초보적 의식은 보통의 성인의 마음이 다루기에 적합한 것으로 간주되는 과제를 다룰 수 없다. 왜냐하면 그것은 그런 과제를 담아낼 수 없기 때문이다. 이러한 원시적인 마음과 모성적 몽상 사이의 관계가 깨지면, 초보적 의식은 당장 짊어져야 할 부담을 다룰 수 없고, 내적 대상("투사적-동일시를 사용하는 거절하는-대상을 뜻하는")이 만들어질 수 있는 장소를 마련한다. 이 내적 대상은 유아에게 이해를 제공하는 대신에 자의적인 오해를 제공하고, 유아는 그 오해를 동일시하게 된다(1967, pp. 116-117). 비온은 이 초보적인 정신이 갖고 있는 정신구조를 정의하면서, 4가지 측면을 서술한다: (1) 완화 또는 회피와 관련된 생각하기(참조: 좌절, 사고); (2) 비워내기를 통한 회피와 관련된 투사적 동일시, 이것은 일반적인 투사적 동일시와 혼동되어서는 안 된다; (3) 전지성(Omniscience); (4) 의사소통.

이러한 종류의 원시적 마음은 종종 무신경이나 주의 결여의 형태로 회피를 드러내는, 경계선 환자에게서 관찰될 수 있다. 참조: 알파-요소; 알파-기능; 생각을 위한 장치, 좌절, 모성적 몽상; 투사적 동일시; 사고.

추상화(Abstraction): 라틴어 abstrahere에서 유래한 단어로서, 특정 대상으로부터 정신적으로 분리하기 위해; 또는 특정한 속성을 분별력 있게 고려하기 위해; 좀 더 단순한 말로, 개인적인 것에서 보편적인 것을 구별하기 위해 "꺼내 오고," "가져오는" 것을 의미한다(Foulquie, 1967). 비온은(1962) 추상화를 정서적 경험을 알파-요소로 변화시키는 알파-기능의 능력으로 요약한다. 그는 정신증 환자들과 과학 철학자들은 그들 모두가 추상적인 것을 구체적인 것으로 바꾸려고 노력한다는 점에서, 동일한 문제를 제시한다고 덧붙인다. 전자(정신증 환자들)는 시걸(Segal, 1957)이 서술했던 "상징적 동등시"를 사용하는 반면에, 후자는 비슷한 방식으로 아리스토텔레스처럼 "수학적 대상들"을 사용하여, 또는 비온이 그러했듯이, "정신분석적 대상들"을 사용하여 추상적인 것들을 구체적인 것으로 만들려고 시도한다(Bion, 1962, p. 68).

비온의 생각하기 이론과 유사하게, 소화 모델(digestive model)

에 기초한 모델로부터 하나의 이론을 추상화해낼 수 있다. 추상화는 간단한 하나의 단어가 항구적 결합에 의해 셀 수 없이 많은 정서들을 압축시키는 수준, 예를 들면, 비온이 "아빠," "젖가슴," 또는 "페니스"를 실제 가설들로 고려할 정도에 이를 수 있다(1962, pp. 66-67; 1992, pp. 252-254). 다른 한편, 추상화는 좌표의 세로축이 진전하는 기제를 나타낸다.

비온(1992)은 정신분석이 과학으로 간주되지 않는 이유들 중의 하나는 정신분석가들이 사용하는 이론들이 종종 관찰에서 온 자료들과 그것들에서 파생된 추상화들이 조합된 것이기 때문이라고 말한다. 다른 말로, 경험적 정보는 그것이 보통 관찰된 것에 관한 진실된 정보를 제공하는 대신에 이론의 창조를 추구한다는 점에서, 그와 동시에, 제공된 이론은 과학적 조사의 엄격한 요건들을 갖추고 있지 않다는 점에서 만족스럽지 못하다(pp. 152-154). 현존하는 정신분석 이론들은 하나의 단어 안에 압축된 아이디어들을 나타내는 상형문자들과 비슷하거나, 또는 일반화와 반대로 특수화의 특성을 지닌 추상화와 비슷할 수 있다(ibid., pp. 256-257). 비온(1963)은 조합을 통해 수천 개의 단어들을 만들어낼 수 있는 글자들처럼, 폭넓은 일반화를 허용하는 추상화를 공식화하는 것이 필수적이라고 결론짓는다. "따라서 내가 찾는 것은 조합의 변화를 통해 정신분석가의 작업에 필수적인 거의 모든 이론들을 표현할 수 있는 비교적 적은 수의 요소들이다"(p. 2).

추측(Conjecture): 우연히 만나게 하다, 접하다라는 의미의 라틴어 conjectura 또는 conjicere의 행위에서 유래한 단어로서, 낮은 확률, 가정, 추정, 가설에 근거한 의심스러운 의견을 가리킨다. 과학에서, 모든 실험상의 진실은 추측의 단계를 거친다.

치료(Cure, the): 정신증 환자들은 분열 기제, 감각기관의 비워내기, 그리고 "치료받고 싶은 야망"의 표현으로서 환각들을 사용할 수 있는데, 이는 창조적 활동으로서의 증상들(1967, p. 68)을 출현하게 만들 것이다. 이러한 환자들의 "치료 과정"은 "이차적 분열," 즉 분석적 치료과정에서 우울적 자리가 시작된 후에 다시 편집-분열적 자리로 퇴행하여 대대적인 분열을 사용하는 시점에서 발생하는, 방어들의 억압에 의해 심각한 영향을 받을 수 있다. 꿈들은 비-정신증 환자에 대한 분석에서 그렇듯이, 예를 들어, "전체 대상"의 이미지들이 출현할 때, 치료적 진전에 대한 믿을 만한 지표로서 사용되는 유용한 도구일 수 있다(ibid., p. 80). 우울적 자리로의 변화는 외상적일 수 있고, 종종 퇴행이나 이차적인 분열을 야기할 수 있으며, 그것에는 자살이나 회복 불가능성을 포함해서 온갖 위험들이 수반될 수 있다(ibid., pp. 80-81).

침묵(Silence): 비온은 그의 글 여러 곳에서, 정신분석 회기 동안의 침묵에 대해 언급했다. 이러한 기고문의 전형으로는 1974년에 리우데자네이로에서 열린 강연들 중 하나에서 그가 했던 진술을 꼽을 수 있다.

> ... 한 환자가 상담실에 와서 한 마디도 하지 않는다; 그는 어쩌면 6일, 6주, 6개월 동안 줄곧 한마디도 안 할지도 모른다. 우리가 이것을 견딜 수 있다면, 6개월이 지난 후에는 이렇게 생각하기 시작할 것이다. "이 침묵의 패턴에 대해 무언가를 알 것 같다. 나는 어떤 특정 순간에 어째서 그의 오늘의 침묵이 금요일의 침묵과 같은 것이 아닌지 말하고 싶지 않다. 그리고 내일 그의 침묵은 또 다를 것이다. 그러나 내가 계속해서 침묵하고 있는 그에게 경청한다면,"—

> 프로이트가 환자와 충분히 오랫동안 상담실에서 함께 있는 것에 대해 말한 방식으로—"나는 거기에 패턴이 있다는 것을 알기 시작할 것이다." 비록 우리가 어떤 것을 들었는지에 대해 말할 수는 없다고 해도, 우리는 "그것이 나에게 영향을 끼쳤고 —나의 역전이에 대해서가 아니라— 나는 회기의 침묵을 존중해왔다"고 말할 수 있다. 만약 우리가 침묵을 존중할 수 없다면, 거기에는 어떤 진전을 이룰 수 있는 기회도 없다: "이 사람과 함께 있는 것이 너무 힘들어; 날마다 이곳에 와서 그를 카우치에 눕혀놓고는 아무것도 말하지 않는 것을 더 이상 참을 수 없어." 왜 우리가 하나의 침묵과 다른 침묵의 차이를 들을 수 있다고 생각하는지를, 그곳에 현존하지 않는 누군가에게 설명하기란 아주 어렵다. [1974a, p. 94]

다른 한편, 프란체스카 비온(1995)은 항상 침묵하는 환자에 대한 비온의 언급을 다음과 같이 반복한다:

> ... 우리가 언어적 소통만을 사용한다면, 우리는 이러한 부류의 환자와 함께 멀리 가지 못한다. 어떤 종류의 정신분석이 침묵을 해석할 필요가 있을까? 분석가는 침묵에 패턴이 있다고 생각할 수 있을 것이다. 만약 분석가가 침묵을 존중할 수 없다면, 거기에는 더 이상의 진전을 위한 기회는 없을 것이다. 분석가는 침묵하고 들을 수 있다. 즉 그는 말하는 것을 멈추고, 그래서 무엇이 진행되고 있는지를 들을 기회를 가질 수 있다. [p. 20]

또 다른 곳에서 그녀는 이렇게 말한다:

어떤 침묵들은 아무것도 아니다. 그것들은 0, 제로이다. 그러나 때때로 그 침묵은 의미 있는 것이 된다. 그것은 101로 바뀐다—침묵에 앞선 소리와 뒤따르는 소리들이 그것을 의미 있는 의사소통으로 바꾼다. 그것은 마치 음악에서의 쉼들과 중지들이, 또는 조각품에서의 구멍들과 틈새들이 의미를 갖는 것과도 같다. [ibid.]

ㅋ

케이, 싸이(K, ζ): 비온이 사용한 공식으로서, 케이는 예를 들면 오이디푸스 신화의 반복되는 측면들 같은 항상 존재하는 요소(constant)를 나타낸다: 삼각관계화, 배제, 시기심, 근친상간 등; 그리고 싸이는 각 개인이 추구할지도 모르는 특정한 비극의 과정들 같은, 신화의 특정한 또는 잠재된 측면들로 표현될 수 있는 포화되지 않은 요소에 대한 기호이다. 그것은 또한 "말로 표현되지는 않지만" 명료하게 밝혀진 것(변할 수 있는)을 담고 있는 "표의문자"를 나타낸다(1974, pp. 23-25).

케이 연결(K link): 비온은 어떤 것을 "아는" 능력을 나타내기 위해 "앎"(knowledge)이라는 단어의 첫 글자를 사용한다; 여기에서 앎은 이미 알고 있는 것에 대해서가 아니라 알거나 담는 성향을 의미한다:

> "앎"은 누군가가 어떤 것에 대해 알고 있는 것을 의미한다. 그리고 이것은 ... 관계 또는 관계의 어떤 부분에 대한 주장이다. 나는 이 "앎"이라는 용어를 잠정적으로, 한편으로 소통될 수 있는 앎과, 다른 한편으로 그 개인이 알고 있다고 느끼는 대상 사이의 관계와 뗄 수 없이 연관되어

있는 마음의 상태를 서술하는 데 사용할 것을 제안한다. [1992, p. 271]

K는 L(사랑)과 H(증오)와 함께, 항구적 결합에 대한 가설을 나타낸다. 이 연결들, 즉 L과 H는 기본적 가정과 작업 집단(W) 사이에 종속관계(subordination)가 존재하는 것과 유사한 방식으로 K에 종속된 상태에 머문다. L과 H는 각각 프로이트(1917)가 말하는 성적 및 공격적 본능들과 관련되어 있는 반면에, K는 클라인)1931)의 인식선호적 본능 또는 지식 욕동과 비슷한 노선을 따른다. 그러나 비온은 이전에 결코 누구도 그토록 강조한 적이 없는 수준의 타당성과 독립성을 앎에 부여했다(참조: Green, 2000, p. 122).

담는 것-담기는 것(♀♂) 관점에서 볼 때, K의 수준은 세 가지 요소, 즉 아기(+♂), 어머니(+♀), 그리고 정신적 성장(+K) 모두가 서로에게서 유익을 얻는(1962, p. 91), 상생적 유형의 담는 것-담기는 것 관계를 지탱할 수 있는 역량에, 또는 아이디어 또는 창안을 담고 있는 생각하는 자와, 생각하는 자 및 창안 모두에게 유익을 주는 목적 사이의 관계를 지탱할 수 있는 역량에 달려 있다. 내용(♂)은 ♂n+♀n으로 표시될 수 있는 연쇄 안에서 순차적으로 서로에게 합산되는, 정서적 경험들에 의해 묶여 있는 의심들, 질문들 또는 변수들을 나타낸다; 이 과정은 결국 생각하기를 위한 장치와 K의 성장뿐만 아니라, 경험에서 배울 수 있는 가능성을 보장해줄 것이다. 그러한 배우기는 통합할 수 있을 뿐만 아니라, 그와 동시에 경직성으로부터 자유롭고 열린 상태에 머물러 있으면서 계속 이어지는 미래의 동화(assimilations)를 위해 준비되어 있는, 담기는 것(♂n)의 역량에 달려있을 것이다. 이 기제를 담는 개인은 그가 경험을 유보할 수 있고, 해석으로부터 배울 수 있으며, 그것의 과거의 경험들과 연관시킬 수 있음을 보여줄 것이다. 거기에는 정교화의 정도가 단계적으로 높아지는 과정이 있다. 예를 들면, 새로운 가설들이 창조되면, 그 다음에 그것들이 체계들을 형성하고, 다시 그것들이 나중에 반복해서 재결합을 가능케 하는 과학적인 연역체계를 형성하게 된다(ibid., pp. 92-94).

그러나 상호작용이, 강한 시기심의 감정에 지배될 경우, 관계는 파괴적인 것이 될 수 있다; 비온이 -(♀♂)으로 표시하고 그것들 사이의 관계를 -K라고 표시한 것. 그 관계는 ♂n+♀n과는 대조적으로, -♂n-♀n가 될 것이다. 즉, +가 시기심에 의해 대체되고, 담기는 것이 담는 것에 종속되며, 의미가 벗겨진 채 쓸모없는 찌꺼기만 남는다. K가 성장과 알파-기능을 나타낸다면, -K는 알파-기능의 부재와 베타-요소들에 해당하는 물-자체의 현존을 나타낸다. K는 계속적인 변형에 열려있는 상태, "알아가고 있는" 상태와 같이 항상 포화되지 않은 상태를 나타낸다. 왜냐하면, 예컨대 프로이트와 비온의 비교에서 알 수 있듯이, 앎의 수준은 그것이 진실에 더 가까이 갈 때 항상 변하기 때문이다.

1960년에 기록된 것으로 추정되는 메모들에서, 비온은 자신이 "앎"이라는 용어를 알파-요소들과 베타-요소들의 총합을 나타내는 데 사용한다고 말한다:

> 그러므로 그것은 개인이 아는 것과 알지 못하는 것 모두를 포괄하는 용어이다. 내가 사용하는 이 용어의 의미는 소위 "지식"이라는 사실 자체의 존재를 암시한다고 생각해서는 안 된다; 그것은 실제성을 갖지 않은 가정을 위한 명칭이다. [1992, p. 182]

나중에 비온은 K와 -K를 구별한다.

그린버그와 그의 동료들(1972, p. 101)은 추상화된 요소들이 정서적 경험을 이해하고 배우는 데 유용하다는 점에서, 추상화 과정이 K 연결 정서적 경험에 본질적이라고 진술한다.

케이 안에서의 변형(Transformations in K): O 안에서의 변형이 O가 되거나(becoming O) O인 것(being O) 또는 "O에 의해 되는 것"(become by O)과 관련이 있다면, K 안에서의 변형은 어떤 것에 대해 "아는 것"과 관련이 있다. O는 다양한 방식으로 진화한다: (a) 드러나거나 알 수 있는 것이 되기; (b) "화육 또는 구현 또는 체화"의 "계승자"(remainder)가 되기(여기에서 비온은 그가 "신성"에 대한 부분에서 서술했던 종류의 관계를 말하고 있는 것으로 보인다); (c) 정신분석적 경청을 하는 동안에 발생하는 것으로 기대되는 O가 되기(TbO) 또는 하나-됨(1965, p. 163).

"O인 것"과 "O와 경쟁적이 되는 것" 사이에는 커다란 차이가 있다: 왜냐하면 후자의 상태는 시기심, 증오, 사랑, 과대망상과 같은 중요한 감정들과 행동화의 현존을 함축하고 있기 때문이다. 종교적 광신도나 과대망상적이 되는 편집증적 독재자들에게서 관찰되듯이, 아이디어에 의해 담겨지는 생각하는 자가가 그런 경우이다. 행동화는 좌표의 가로축에서 고려되는 행동과 구별되어야한다. 행동은 "O인 것"을 돕지만 행동화는 그것을 방해하기 때문이다.

비록 O는 성장과 관련되어 있지만, 그것들의 관계는 K와 같은 다른 변형들의 형태와는 구별된다. 그것은 K는 성장을 포함하지만, O는 "성장에 관해 아는 것"을 의미하기 때문이다. 종교적 또는 철학적 변형은 수학적 변형보다는 O 안에서의 변형에 더 가깝다(ibid., p. 156). O가 K와 갖는 관계 안에는 중요한 측면이 있는데, 비온은 이것을 일종의 도착된 방어라고 서술했다. 즉, 환자가 O안에서의 변형을 방해하기 위해 일종의 역전 가능한 관점으로서의 K를 향한 성장을 도입할 수 있다는 것이다. 비온은 다음과 같이 말했다:

> 해석에 동의하는 것을 통해 분석가는 자신이 그렇게 하고 있다는 것을 알지 못한 채 K를 보존하기 위한 공모 관계로 들어가도록 유혹받는다. 만약 그 책략이 성공적이라면, K 안에서의 변형은 $T\alpha \rightarrow T\beta = K \rightarrow O$의 시작을 방해하는 F2의 역할을 수행할 것이다(1965, p. 160).

TK→TO 유형의 변형들은 강조점이 어떤 것이 "되는 것" 대신에 어떤 것을 "아는 것"에 놓이기 때문에, 두려움이나 증오로 드러나는 저항을 유도할 수 있다. 이것은 대중적인 자기-개발서들에서 자신들의 고통에 대한 답을 찾으려고 하는 사람들이나, 분석을 대학의 학과목처럼 생각하는 사람들, 또는 전이를 이상화하면서 분석가가 자신들을 "치료"해주기를 기대하는 사람들에게서 관찰될 수 있다(ibid., p. 163). 이와 반대되는 변형인 TO→TK는 기억과 욕망 없이 듣는 분석가의 역량에 달려있다(1970, p. 30).

케이의 변형(Transformation of K): 앎(knowledge)의 첫 철자인, K는 L(love)과 H(hate)와 더불어 연결들 중의 하나이다. K 변형은 분석가 안에서 성장을 향한 변형과 관련되어 있고, 궁극적으로는 환자 안에서의 성장을 향한 변형과 관련되어 있다. 성장은 L과 H와 부합하지 않는다. 비온은 환자가 O안에서의 변형을 피하기 위해 사용하는 합리화 개념과 비슷한 방어의 왜곡된 형태에 대해 말했다. O에서 K로의 변형은 오직 분석가가 기억과 욕망으로부터 자유로울 때 확립될 수 있다. 비온은 다음과 같이 말했다.

> 해석에 동의함으로써 분석가는 자신이 그렇게 하고 있다는 것을 알지 못한 채 K를 보존하기 위한 공모 관계로 들어가도록 유혹받는다. 만약 그러한 책략이 성공한다면, K 안에서의 변형은 $T\alpha \rightarrow T\beta = K \rightarrow O$ 가 시작되는 것을 방해하면서 F2의 역할을 수행할 것이다(1965, p. 160).

참조: 욕망, 연결(연결하기), 기억, 변형, O 안에서의 변형, O의 변형.

키이츠, 존(Keats, John): 참조: 성취의 언어, 소극적 능력.

ㅌ

탐구(Inquiry): 좌표의 가로축의 칼럼 5를 나타내고 있고, 그것의 목적을 정확하게 서술하고 있는 단어, 즉 최종적인 문제인 무의식을 이해하려는 증가하는 호기심을 나타내는 단어이다; 아마도 이런 이유로 비온이 처음에 그것의 이름을 "오이디푸스"라고 정했던 것 같다. 파르테노프 비온은 프란체스카 비온에 의해서 사후에 편집된, 「야생적 사고 길들이기」의 서문에서 그 변화에 대해 논의한다:

> ... 좌표 자체는 약간의 변화를 거쳤다: 처음에는 오이디푸스로 지칭했던 좌표 칼럼 5의 명칭이 나중에 출간된 「정신분석적 요소들」에서는 탐구로 바뀌었고, 그 후로 그 명칭이 유지되었다. 이것은 그 책에서 저자가 이 칼럼에 대해 논의한 것에서 볼 수 있듯이, 보다 일반적인 범주를 나타내는 명칭을 선택했음을 말해준다. 오이디푸스는 이 범주에 속하는 하나의 특별한 예에 해당된다. [1997, pp. vii-viii]

태양 중심 이론(Heliocentric theoty): 고대 사모스의 아리스타커스Aristarchus of Samos)는 태양 중심설을 소개했는데, 그 설에 따르면, 맨눈으로 관찰한 결과와는 달리 지구가 태양을 돌고 있다. 이 이론은 이천년이 지나 코페르니쿠스가 아리스토텔레스 이후로 교회에 의해 지지받고 지배해오던 "지구 중심 이론"에 맞서 다시 주장할 때까지 사라졌던 것처럼 보인다. 태양 중심설과 지구 중심설은 상반된 이론으로서, 첫 번째 것은 진실이지만 명백하지 않고, 두 번째 것은 명백하지만 진실이 아니다. 세상에는 여전히 지구 중심설의 잔재가 남아 있다. 예를 들면, 우리는 "내일 아침 해가 뜰 때 만나"라고 말한다. 태양이 뜨는 것이 아니라, 지구가 태양을 돈다는 것이 명백한 사실임에도 말이다 (1992, pp. 154-156). 유사하게, 분석 상황에서, 환자는 지구 중심설, 즉 진실이 아니지만 명백한 것에 기초해 있는, 그가 평생 사용해온 과학적 연역체계의 수호자일 수 있다. 다른 한편, 분석가는 또 다른 과학적 연역체계를 사용해서, 예컨대, 명백하지는 않지만 진실인, 태양 중심설을 사용해서, 정신적 고통을 줄이는 효과와 관련해서 환자를 설득하려고 시도한다. 이 상태는 역전된 관점에서 관찰된 상황과 닮아있다.

심한 거짓자기 병리를 가진 환자가 카우치에 누운 다음, 변명하는 어조로 이렇게 말했다: "어제 나는 새 아파트를 구입하는 서류에 서명하면서 무척 불안했어요. 그런 일에 두려워한다는 것은 바보 같은 일이죠 ... 나는 내가 잘 할 수 있다고 생각했어요. 그런데 나는 여전히 실패하고 있다는 것을 알 수 있었죠." 그녀의 "지구 중심설"의 입장에 따르면, 그녀는 "전이 안에서," 성취에 대한 척도로서 "불안해하지 않을 것"을 요구하는 이상적인 모델의 존재를 가정하고 있거나, 역으로 말해서, 불안을 느끼는 것은 실패를 의미한다고 가정하고 있다. 전이 안에서, 이것은 분석가 역시 그녀가 불안을 경험하지 않을 것을 기대하고 있고, 그녀가 불안해한다면 그것을 실패로 바라볼 것이라는 그의 생각을 나타낸다. 분석가가 그녀 자신의 주위를 도는 대신에(태양 중심설), 그녀가 분석가의 주위를 돌고 있다(지구 중심설). 비온은 해석을 사용해서 다른 과학적 연역체계를 소개하려고 시도하는 것은 격랑을 발생시킬 것이라고 보았다.

통합하는 망상(網狀)조직(Integrative reticulum): 엘리엇 쟈끄(Elliot Jaques, 1960)가 전체 대상을 생각하는 데 필수적인 정신기제의 일부로서 서술한 용어이다. 그는 그것을 다음과 같이 정의한다: 통합하는 망상조직은 완전한 대상 및 그것을 창조하는 수단과 관련된 정신적 도식(mental schema)으로서, 그것은 대상에 대한 정신적 그림과 그것을 창조하는 방법 모두 안에 틈새들이 존재하는 방식으로 조직되어 있다. 의식적으로, 그것은 개념들, 이론들, 가설들, 그리고 작업을 위한 개념들과 추측들의 일부 또는 모두가 결합된 것이다. 무의식적으로, 그것은 비록 충분히 의식화되지는 않는다고 해도, 직접적인 행동을 할 수 있을 정도로 충분히 모아지고 종합된, 감정속의 아이디어, 감정속의 기억, 환상들, 그리고 내적 대상들의 군집이다(p. 360).

퇴행(Regression): 1976년의 로스엔젤레스 학회에서 비온은 다음과 같이 말했다:

> 우리는 유년기나 유아기로 "되돌아가는 것"에 대해 말한다. 나는 그 말이 유용하기는 하지만, 의미 없는 말이라고 생각한다. 우리 중에 어느 누가 유아기나 유년기로 돌아가고, 심지어 내일로 갈 수 있단 말인가? 그렇지 않다는 것이 분명하다. 우리는 어째서, 가정컨대, 우리의 삶의 초기에 기원이 있다고 여겨지는 이것들에 대해 말하는 것일까?

> 우리의 성격이 유년기나 아동기에 발달한다고 해도, 그게 무슨 상관인가? ... 우리는 분열되었거나, 혹은 어떤 식으로건 제거되었다고 추정되는 이러한 특징들이 잊혀졌다고 말할 수 있고, 그리고 어쨌든 우리는 계속해서 유아처럼 행동하지는 않는다; 이러한 것들이 제거되었음이 명백하다. 당신은 젖먹이 시절을 기억하는가? 그것은 잊혀졌거나 제거되었다. 그러나 잊혀진 이것들은 어떤 원시적 방식으로 우리의 마음에 남아있고, 스스로를 알리기 위해 계속해서 작용한다 ... 왜냐하면 그것들은 자체의 방식으로 작용하면서 계속해서 영향을 미치기 때문이다. [1994, p. 244]

퇴행과 진보: 참조: 진보와 퇴행.

투명성(Pellucidity): 분석적으로 경청하는 동안 현실에 대한 지각 또는 직관을 허용하는, 포화되지 않은 정신적 상태를 나타낸다. 이 상태는 기억, 욕망 또는 이해에 의해서 유도되는, 그리고 격랑을 발생시킬 수 있는 "불투명"(opacity) 상태와는 반대되는 것이다(1992, pp. 315-316).

> 물-자체인, 누메나가 분출해서 우리가 인간의 마음이라고 부를 수 있는 하나의 대상을 만날 때[실현] ... 종교적인 사람은 "신이 실제로 존재한다"고 말할 것이다. 프로이트와 정신분석가들이 탐구해온 것은 현상이다. [1974, p. 41]

실현을 통해서 우리는 알 수 없는 것인, 물-자체를 만난다. 그것은 다른 한편, 비온이 격랑으로, 즉 지금까지 보이지 않던 것을 보이게 만들기 위해 불투명을 산출하는 능력으로 언급해온 것을 나타낸다. 참조: 욕망, 프라운호퍼의 선, 누메나, 불투명성, 현상, 심리적 격랑, 물-자체.

투사적 동일시(Projective identification): 비온은 이 개념을 클라인이 서술한 방식을 따라 사용했고, 그것에다 그것이 계통발생학적으로 뿐만 아니라 개체발생학적으로도 생각하기와 의사소통의 매우 원시적인 형태를 나타낼 수 있다는 견해를 덧붙였다(1962, p. 37; 1963, p. 37). 그는 정신증 환자와 인격의 정신증적 부분에서 이 기제가 갖는 중요성을 강조했는데, 그 기제는 지각의 장치 또는 언어적 사고를 위한 장치 같은 자아의 측면들을 비워내는 역할을 한다고 보았다. 이러한 부류의 환자들의 경우, 투사적 동일시는 억압을 대신한다(1967, p. 52). 왜냐하면 우리가 보게 되듯이, 이 환자들은 정신이 억압을 수행하는 데 필요로 하는 장치를 분열시키고 비워내기 때문이다. 그리고 그들의 무의식은 꿈 가구와 비슷한 세계에 의해 대체되는 것처럼 보인다(ibid.). 그의 생각하기 이론에서, 비온은 아기가 출생과 함께 갖고 태어나는 젖가슴에 대한 전-관념과 그가 젖을 먹기 시작한 후에 그것이 실현되는 것 사이의 경험으로부터 사고들이 발생한다는 견해를 확립했다. 젖가슴이 사용 가능하고 욕구가 충족될 때, 그것은 현존하는 젖가슴 또는 "좋은 젖가슴"이라는 관념을 탄생시킬 것이다. 그러나 만일 욕구는 있는데 젖가슴이 부재하다면(젖가슴-없음), 그것은 "부정적 실현"을 탄생시킬 것이고, 그때 두 가지 가능성이 발생할 수 있다: (a) 좌절이 감당되고, 부재한 젖가슴에 대해 생각하는 것이 촉진될 것이다; (b) 좌절이 감당되지 못하고, 좌절—나쁜 대상들의 현존으로 경험되는—을 회피하기 위해 투사적 동일시를 사용해서 그 좌절을 축출할 필요성을 유발할 것이다. 비온은 그러한 비워내기가 "좋은 대상의 내용물"로 경험되는데, 그 이유는 그것이 긴장을 완화시켜주고 더 많은 투사적 동일시의 사용과 함께 더 많은 비워내기를 자극하기 때문이라고 말한다. 비온은 결국 그것은 다음과 같이 느껴진다고 결론 내린다:

> 그때 요구되는 장치는 ... 사고들을 생각하는 장치가 아니라, 축적된 나쁜 대상들을 정신으로부터 제거하는 장치이다. 그것의 절정은 좌절의 수정인지 아니면 그것으로부터의 도피인지 사이의 결정에 놓여있다. [ibid., p. 112]

> 비온은 클라인이 "과도한 투사적 동일시"를 언급했을 때, 그녀는 그것의 사용과 관련된 빈도만이 아니라, 그것의 강도, 즉 과도한 전능성에 대해서도 말했다고 본다(ibid., p. 114)

투사적 변형(Projective transformations): 사영기하학에서 빌려온 개념으로서, 비온은 이것을 "굳어진 움직임에서의 변형"과 반대되는 종류의 변형을 서술하는 데 사용했다. 왜냐하면 최초 대상의 변형(Ta)을 가져온 손상이 너무 커서, 최종 결과물(Ta)에서 최초의 요소들을 인식하는 것이 어렵거나 불가능하기 때문이다. 환자와 관련해서 그것은 제시된 자료들이 너무 형태가 변경되어 있고, 전이뿐만 아니라 환자의 O 안에 존재하는 투사적 동일시의 최종 산물을 확인하는 것이 거의 불가능하다는 것을 의미한다. 그리고 그 결과, 해석이 고도로 사변적인 것이 될 것임을 뜻한다(1965, p. 19). 이런 종류의 변형은 정신증 환자들에게서 발견되고, 좌표의 A칸의 범주에 속한다(ibid., p. 36, 114). 멜처(1978)는 이런 종류의 변형을 부분 대상들, 내적 대상들, 분열, 그리고 투사적 동일시에 기초한, "초기 전이"에 대한 클라인의 개념들과 관련시킨다(p. 73). 참조: 투사적 동일시, 변형, 환각증에서의 변형, 굳어진 움직임에서의 변형.

특질, 일차적 및 이차적(Qualities, primary and secondary): 어느 것? 무엇? 어떤 성질의? 라는 의미의 라틴어 qualitas, qualis에서 유래한 용어로서, 일차적인 것과 이차적인 것 모두의 성질을 결정하는 속성을 나타낸다. 일차적 질은 다음의 것들로 구성된다: (1) 모든 물질적 대상에 본질적인 것이고, 따라서 모든 것 안에 현존하는 것; (2) 지각에 의해 경험된 것이지만, 경험을 지각하는 주체와는 독립적인 것. 반면에, 색깔, 맛, 소리 등과 같은 이차적인 질은 다음의 것들로 구성된다: (1) 물질적 대상에 본질적인 것이 아니고, 따라서 그런 경험들의 정확한 설명과 관련되어 있지 않다; (2) 모든 대상 안에 있는 것이 아니고, 그 경험들을 지각하는 주체에게 더 많이 의존한다. 즉, 그것들은 주관적인 것이다. 일차적 질이 대상과 더 많이 연관되어 있다면, 이차적 질은 주체와 더 많이 연관되어 있다. 하지만 버클리(Berkeley)와 이후의 칸트에 의하면, 모든 질은 주관적인 것이다. 왜냐하면 그것들이 일차적인가 이차적인가와 상관없이, 모든 질은 감각에 의해 지각되기 때문이다.

ㅍ

파국적 변화(Catastrophic change): 프랑스의 수학자인 르네 쏨(René Thom)에 의해 도입된 "파국 이론"(catastrophe theory)과 유사한 개념으로서, 그는 공격하던 동물이 갑자기 도망치거나 주식시장이 폭락할 때 발생하는 것과 같은, 행동의 급격한 변화를 포함하는 많은 상황들을 설명해줄 수 있는 이론을 통해, 안정된 두 상태 사이에서 발생하는 급격한 변화를 설명하고자 했다.

비온은 "파국적 변화"를 사물의 체계 또는 질서의 전복과 관련시킨다; "그것은 참여자에게 재앙의 느낌을 수반한다는 의미에서 … [그리고] 갑작스럽고 거의 물리적인 방식으로 폭력적이라는 의미에서 파국적이다"(1965, p. 8). 그것은 보통 담는 것/담기는 것 이론을 따라 발생하는 변화가 담겨질 수 없을 때 일어난다. 예를 들어, 경계선 환자는 분석 치료를 받는 동안 정신증적 증상들을 만들어내는 것을 통해서 그의 가족 주치의, 친척, 그리고 심지어는 변호사 같은 주위 사람들을 놀라게 한다. 비온은 파국 이전과 파국 이후의 시기를 구분하고, 이 둘 사이의 변형을 (a) 체제의 전복; (b) 폭력성; (c) 불변의 요소들이라는 세 가지 주요한 측면에서 평가했다.

무엇보다도 먼저 분석 세팅이 한 사람에서 다른 사람들로 바뀌는 체제의 전복이 있다: (a) 최초에 또는 파국적 변화 이전의 전복은 정서 경험이 수반되지 않고, 주요한 변화는 발생하지 않는, 그리고 건강염려증적 증상이 우세한, 이론적인 변화에 의해 특징지어진다; (b) 파국적 변화의 폭력성은 해석과 분석적 통찰에 국한된, 일종의 "이론적 폭력성"인데 반해, 파국 이후의 시기 동안에는 폭력성은 명백하고, 환자와 분석가 안에 있으며, 건강염려증적[1] 요소들은 덜 두드러진다. (c) 변형 안에 현존하는 불변의 요소들과 관련해서, 비온은 파국 이전 단계 동안에 환자의 건강염려증적 증상들이 외재화되는 것을 강조했는데, 그 이유는 그러한 증상들이 파국 이후 단계 동안에 가족, 환자, 그리고 분석가가 겪게 되는 고통과 불안으로(임박한 법률소송, 정신증원, 인증 등) 변형된다고 보았기 때문이다. 파국적 변화 동안에 발생하는 과정들은 환자에게 초점이 맞추어진다: Tp, Tpα, Tpβ는 분석가가 주로 관심을 가져야 할 생각을 나타낸다. 그러나 분석가는 또한 자신에 대해서도 관심을 가져야만 한다: Tα, Taα, Taβ 그리고 T(공적인), (1965, Pp. 8-11). 참조: 이 사전의 앞부분에 제시된 "축약어."

낡은 체계에서 새로운 체계로의 변형은 파국적 변화가 없이도 일어날 수 있다; 그렇게 되기 위해서는 낡은 체계가 변형되어야만 하고 새로운 체계에 적응해야만 한다. 그 반대의 경우가 발생할 때, 파국적 변화는 새로운 진실이 적응하지 못한 낡은 체계에 손상을 발생시키는 것으로 드러날 것이다 (Grotstein, 1981, p. 24).

판단(Judgement): 프로이트(1911)에 따르면, 주의, 표기, 행동 그리고 사고와 함께 현실에 대한 인식을 성취하기 위해 자아가

---

1) 본문에는 "hypochandriachal"이라는 단어 대신에 "hypochandriacal"이라는 단어가 여러 번 사용되었다.

사용하는 기능들 중의 하나가 판단이다; 자아로 하여금 참된 아이디어와 거짓된 아이디어를 구별하도록 허용하는, 또는 그것이 억압된 것의 자리를 차지할 수 있는지를 알도록 허용하는 상태. 현실과 환상을 구별할 수 없는 정신증 환자들에게 있어서, 마음의 기능으로서의 판단은 억압되어 있고, 외부 대상 안으로 축출되어 기괴한 대상의 일부가 된다. 그때 환자의 "판단 능력"은 그 기괴한 대상 안에 포함된다(1967, p. 81).

팔리누루스의 죽음(Palinurus, death of): 비온은 버질(Virgil)이 아이네이드(Aeneid) 제 5권 끝부분에서 말한 팔리누루스의 죽음을 은유로 사용하여, 분석가가 분석적으로 경청하는 동안에 기억, 욕망, 그리고 이해를 포기할 준비가 되어 있지 않을 때 직면하게 되는 위험에 대해 설명했다.

> 폭풍이 지난 후, 아이네아스는 모든 배의 돛을 올리라고 명했고 팔리누루스에게 함대의 맨 앞에서 기선을 운항하라고 명령을 내렸다. 기진맥진한 선원들은 쉬려고 벤치에 누워있었다. 팔리누루스가 별들을 바라보면서 앉아있을 때, 바다의 신 넵튠이 보낸 솜누스(Somnus, 잠 또는 꿈의 신)가 포르바스(Phorbas)로 위장한 채 접근해서 다음과 같이 말했다: "팔리누루스여, 산들바람이 상쾌하고, 바닷물은 잔잔하며, 배는 항로를 따라 안정되게 항해하고 있다. 잠시 누워서 필요한 휴식을 취하라. 내가 그대 대신에 키를 잡아주겠다." 팔리누루스는 대답했다: "바다와 바람의 반역을 수없이 보아온 나에게 잔잔한 바다나 상쾌한 바람에 대해 말하지 말라." 그리고 그는 계속해서 키를 잡은 채 별들을 살피고 있었다. 그러나 솜누스는 팔리누루스 위에

> 서 망각의 강의 이슬에 젖은 나뭇가지를 흔들었고, 그는 그의 모든 노력에도 불구하고 잠이 들었다. 그러자 솜누스는 그를 배의 난간 너머로 밀어 떨어뜨렸다. 아이네아스가 그가 없어진 것을 발견했을 때, 그는 사랑하는 조타수의 운명에 슬피 울었다.[2)]

이 은유는 팔리누루스가 키에 집착했던 것처럼, 기억과 욕망에 완고하게 묶여 있는 것의 위험성을 설명하기 위해 사용되고 있다. 비온은 아마도 이런 태도는 다음의 것과는 상반될 거라고 주장한다.

> ... 가족사와 개인사에서 그토록 많은 그리고 그토록 중요한 사실들을 알지 못한 채 의료행위를 하는 보통의 관습들. 비온이 주장하는 태도는 무언가가 잘못될 경우, 태만했다는 이유로 정신분석가를 공격받는 위치로 내몰 것이다. [1977a, p. 15]

또 다른 순간에 그는 이렇게 말했다:

> 나는 회기를 진행하는 동안이나 회기가 끝난 후에 메모를 남기지 않는데, 그것은 누구라도 그 진술이 진실일 수 없다고 반대할 수 있게 하기 위해서이다. [ibid., p. 14]

그는 다음과 같이 주장한다:

> ... 만약 보존될 필요가 있는 것을 기록하고 반복하는 기계

---

2) Publius Vergilius Maro, The Aeneid, Book Ⅴ, pp. 826-871.

> 가 고안된다고 해도, 그것이 더 진실된 것이 되지는 않을 것이다(ibid., p. 14) ... 당연히 동료 정신분석가들은 증거를 갖기를 원한다; 당연히 나도 증거를 제공하고 싶다. 그러나 시간이 흐르면서, 나는 정신분석을 대체할 수 있는 것은 아무것도 없다고 확신하게 되었다. [ibid., p. 22]

증거를 제공하는 것보다 더 중요한 것은 기억과 욕망이 없이 정신분석을 수행하는 것이며, 정신분석은 분석가와 환자 사이에서 사적으로 발생한 것 이상의 증거는 남기지 않는 실천이다. 비온이 O와의 하나-됨, O가 K로의 변형, 그리고 신앙의 행위 등의 기제에 대해 말하고 있음이 명백하다.

페니스-없음(No-penis): 참조: 젖가슴-없음

편집-분열적 자리와 우울적 자리(Paranoid-schizoid and depressive position): 비온은 클라인의 자리들에 대해서 그녀가 서술했던 방식과 매우 비슷하게 말한다. D는 하나의 통합된 대상, 또는 "베타-요소들, 즉 기초적 입자들이 한데 모여서 생긴 덩어리"(1963, pp. 42-43), 또는 "♀ 또는 ♂같은 통합된 대상의 특수한 경우"(ibid., p. 42)로 간주된다. 이런 식으로 비온은 편집-분열적 자리↔우울적 자리를 생각하기 이론과 연결시킨다. 즉, 편집-분열적 자리를 나타내는 일차적 입자들의 "불확실성의 구름"[3]으로부터 베타-요소들로, 그리고 ♀ 또는 ♂로의 변형을 말한다. 이 움직임은 또한 역전될 수 있으며 따라서 그렇게 형성된 대상은 "파편화되고 흩어질 수 있다"(ibid.) PS↔D는 ♀♂과 비슷한

3) "불확실성의 구름"이라는 표현을 사용했다는 점에서, 비온이 양자이론과 하이젠버그의 "불확실성의 원리"를 차용하고 있을 가능성이 매우 높다.

작동형태를 취할 수 있고, 그 역으로도 가능하다; PS↔D가 전체 대상의 "윤곽"을 제공하는 반면, ♀♂은 의미를 제공한다(1963, p. 90):

> ... 나는 PS↔D와 ♀♂이 두 개의 독립적인 행위들의 실현을 나타내는 것으로 간주되어서는 안 된다는 점과, 그것들 각각의 기제가 필요에 따라 상대방의 특징들을 취할 수 있다는 점을 보여주려고 노력해왔다. [ibid., p. 44]

그러한 상관관계는 D와 관련해서는 쉽게 이해할 수 있지만, PS와 관련해서는 특정한 어려움이 제기된다. 왜냐하면 PS가, 비온이 상상속의 임상적 상황을 사용해서 전달하려고 시도했던 것인, ♀ 또는 ♂과 일치한다고 보기는 어렵기 때문이다. 비온은 환자의 일관성 없는 담화(= PS = ♂)는 담아주는 것(♀)으로서의 분석가에게서 역전이 반응을 불러일으킬 것이라고 말한다; 그러나 이 의사소통에서 중요한 것은 환자가 하는 말이 일관성이 없다는 것이 아니라, 담기는 것의 자리를 차지할 수 있는 역량을 의미하는, 그러한 일관성 없음에 노출될 수 있는 분석가의 역량이다. PS에서 D로의 이동은 꿈을 꾸는 동안에[4] 협상되는데(1992, p. 37), 그것은 하나의 자리에서 다른 자리로의 통합과정으로 이끌 수 있는, 선택된 사실의 존재에 달려있다(ibid., p. 213).

멜처(1978)는 비온이 PS↔D 개념을, 클라인처럼, 그것에 심리경제적 의미를 제공하기보다는 오직 "해체-통합" 상호작용에 관련된 기계적 조건의 위치에 국한시켰다고 비판한다(p. 75). 참조: 진보와 퇴행; 생각하기, 생각을 위한 장치; 사고; 언어적 사고.

---

4) 참조: Lopez-Corvo, 1987.

폐소공포증-광장 공포증(Claustrophobia-agoraphobia): 비온은 광장공포증이나 폐소공포증에 대해 거의 말하지 않았다. 그는 그것들을 담는 것-담기는 것의 이론을 사용해서 행동화와 관련시켰다. 광장 공포증은 담는 것 바깥에 있는 것을 나타내고, 폐소공포증은 그 반대를, 즉 담는 것 안에 갇혀 있는 것을 나타낸다.

> 일반적으로 이해되는 행동화는 "분석" 안에서 발생하는데, 그때 분석은 그 자체로서 행동화의 일부가 된다 … 환자가 행동화를 한다고 말할 수 있을 때, 그 분석은 경계가 알려지지 않은 상황 "안"에 있는 것이다. 만약 "행동화"로 특징지어지는 행동이 분석에서 발생한다면, 그것은 환자 안에서 폐소공포증적 증상을 수반할 수 있을 것이다. [1970, p. 110]

환자의 행동화가 분석에 의해 담겨질 때, 환자는 갇혀 있다고 느낄 수 있다.

포화되지 않은-포화된 요소(Unsaturated-saturated elements): 참조: 포화된-포화되지 않은 요소.

포화된-포화되지 않은 요소(Saturated-unsaturated elements): 어떤 상황이나 상태가 무언가에 의해 최대치로 가득 차 있거나(포화된), 또는 반대로 완전히 자유롭거나 텅 빈 상태로 유지되는(불포화된) 경우를 설명하기 위해 화학에서 빌려온 개념. 비온은 포화되거나 포화되지 않은 요소의 존재를 서술하기 위해 자주 그리스 철자 ξ(싸이=x)를 사용하였다. 예를 들어, β-요소들은 물-자체와 동등하고 완전히 포화된 대상으로 범주화되고 서술되었다. 다른 한편, 비온은 회기 동안의 분석가의 마음은 항상, 마치 백지처럼, 기억이나 욕망으로부터 자유로워야 하며, 다른 말로 전-관념과 마찬가지로 전적으로 포화되어 있지 않아야 한다고 주장한다(1963, p. 70).

정신증 환자들은 포화에 대한 강한 욕구를 보이는 투사된 요소들을 두려워할 수 있다. 왜냐하면 그들은 종종 그것들을 그들 자신들의 탐욕에 대한 느낌들과 혼동하기 때문이다. 예를 들어, 그들은 정보를 모으려는 분석가의 관심을 그들에게서 온전한 정신을 훔쳐가려는 시도로 경험할 수 있다(1965, p. 122).

그롯슈타인(1981, p. 14)은 비온의 표현 형태 안에서 관찰되는 명백한 모호성은 일부 표현들에 존재하는 연상들의 주연부를 피하기 위해 신중한 단어선택을 하고자 했던 노력의 결과일 수 있다고 보았다. 그러한 연상들의 주연부가 그가 전달하고 싶어 하는 특정한 의미를 방해할 수 있기 때문이다. 예를 들어, 만약 우리가 "변경된"(altered)이라는 단어 대신에 "달라진"(othered)이라고 말한다면(alter=other), 그 둘은 어원상 같은 의미일 수 있다. 그러나 전자는 오랜 세월동안 사용되어왔기 때문에 포화된 주연부를 갖고 있고, 그런 이유로 후자와는 달리, "다른 것이 개입하는 것"과 정확히 같은 의미를 전달할 수 없다. 참조: 베타-요소, 전-관념, 프시, 싸이.

폭력(Violence): 비온은 폭력을 본능 이론의 정점이나 환경과의 관계라는 정점에서 이해하려고 하지 않았다. 그는 다음의 두 가지를 고려한다: (a) 우선 정신적 장치가 방출의 중요한 수단으로서의 행동에 달려있다는 점; (b) 거짓됨과 진실 사이 그리고 살아있는 것과 살아있지 않은 것 사이를 구별하지 못하는 무능력. 이것은 다음과 같은 표현에서 요약될 수 있다: "만약 호랑이가

가젤의 고통을 안다면, 그는 굶어죽을 것이다." 참조: 살아있는 것과 살아있지 않은 것의 차이; 좌절을 견디는 것과 견디지 못하는 것; 거짓말; 진실.

표기(notation): 비온은 이 개념을 자아가 현실 인식에 도달하는 데 사용하는 기능으로 보았고, 주의, 판단, 행동 그리고 사고와 함께 프로이트(1911)에게서 물려받았다. 그것의 목적은 주의를 얻기 위한 계속적인 추구를 통해, 기억의 한 구성요소로서의 어떤 결과를 확보하는 것이다. 나중에 비온은 표기를, 이미 위에서 언급된 다른 기능들과 함께, 좌표의 가로축의 한 요소로 사용한다.

표의문자(Ideogram or ideograph): "철자" 또는 "아이디어를 나타내는 기호"를 의미하는 "gramma"라는 그리스어에서 유래한 단어로서, 새의 형상이 새가 아니라 작은 것을 의미하는 것처럼, 하나의 이미지가 다른 어떤 것을 나타내는 이집트 상형문자와 유사한 것을 가리킨다. 비온은 이 개념을 드러난 의사소통에 내포되지 않은 측면들을 설명하는 데 사용한다; 표의문자는 드러난 것과 잠재된 것, 말해진 것과 말해지지 않은 것 모두를 담고 있다(1974, p. 26). 비온은 다음과 같은 공식에 따라 잠재된 무의식적인 내용과 드러난 변수 사이의 관계를 나타내고자 시도했다: 상수인 K와 포화되지 않은 요소인 ζ를 나타내는, K(ζ). 비온은 여러 번의 회기를 진행하는 동안 검은 안경을 쓴 채 작업하는 분석가에게 침묵으로 반응했던 정신증 환자에 대해 서술했다. 비온은 그 검은 안경이 표의문자(K)처럼 여러 개의 의미(ζ)를 담고 있다고 해석했다: 그것들은 젖가슴을 닮았고, 그것들이 검은 이유는 불쾌하고 화가 났기 때문이며, 부모의 성교를 훔쳐볼 수 있기 위해서였고, 더럽고 냄새나는 것이었기 때문이었다는 것이다(1967, pp. 57, 61).

어떤 환자들의 경우, 표의문자는 이름을 붙이지 않은 채 어떤 것에 대해 움직임 또는 일련의 움직임을 통해 말하려고 시도하는 것과 같은, "관념운동 활동"(ideomotor activity)의 형태를 취할 수 있으며, 이는 자극의 누적으로부터 유기체를 해방시키려는 시도를 나타내거나 "과도한 투사적 동일시에 의해 손상 입은 자아의 즉각적인 복구를 위해 인격의 정신증적 부분을 제거하려는 시도를 나타낸다"(ibid., p. 57).

프라운호퍼의 선(Fraunhoper, lines of): 요셉 폰 프라운호퍼는 19세기 독일의 물리학자로서, 윌리엄 월레스턴(William Wollaston)의 발견에 의거해서, 태양의 스펙트럼 안에서 빛이 흡수되어 나타나는 검은 띠를 분류하였다. 이 흡수하는 띠들(bands)은 빛을 발사할 수 있는 행성들의 대기 안에 존재하는 원소들의 다양한 파장들을 나타낸다.

비온은 프라운호퍼의 선을, 의사소통 또는 타자와의 하나됨을 가리키는 투명한 띠와는 대조적으로, 마음 안의 방해물들이나 격랑들을 나타내는 검은 띠를 설명하기 위한 "초보적인" 유비로서 사용하였다. 기억, 욕망 그리고 이해는 분석가의 직관을 방해하는 불투명한 띠와 같은 것일 수 있다(1992, pp. 315-316).

프시(ψ): 비온은 요소 또는 분석적 대상과 같은 개념들을 나타내기 위해, 다시 말해서 일반적인 마음이나 환자 또는 분석가의 마음을 나타내기 위해 그리스어 철자인 프시(ψ)를 사용했다; 좌표의 가로축의 칼럼 2. 칼럼 2를 가리키는 데 프시를 사용한 것은 프로이트가 아리스토텔레스의 말을 풍자화해서 히스테리 환자들에게서 발견되는 "첫 번째 거짓말"을 지칭하기 위해 사용했던 개념인, "원 거짓말"(*πρωτον ψενδοξ*)[5]과 관련되어 있다. 프시의 사용과 관련해서, 한편으로, 환자 또는 분석가의 마음에 대한 일반적인 표상과, 다른 한편으로, 좌표의 칼럼 2에 해당되는 거짓말에 대한 좁은 표상 사이에 일종의 불일치가 존재한다. 참조: 기능 이론; 좌표의 가로축.

프씨 + 싸이(Psi + ksi) = ψ(ζ): 분석가 또는 환자의 마음의 상태와 같은, 상수를 의미하는 것으로서의 ψ와, 변치 않는 것의 가치를 결정하는 포화되지 않은 요소—일단 그것이 확립되면 상수의 가치를 결정하는—로서의 ζ의 연합을 나타내는 등식이다(1962, pp. 69-70). 이 경우에, 그것은 자유연상이 검열을 받지 않는 환자의 마음 상태이거나, 기억 또는 욕망이 없는 분석가의 마음 상태와 동등한 것일 수 있다. 이 등식은 관념을 만들어내고 그 다음에 해석이나 통찰의 형태로 개념을 만들어내게 될, 실현을 기다리는 전-관념에 적용될 수 있다. 참조: 정신분석적 요소들.

플라톤의 형태(Platonic forms): 참조: 형태 이론.

플라톤의 형태 이론(Theory of Platonic forms); 형태라는 단어는 플라톤의 "이데아" 개념을 번역하는 데 사용되어 왔는데, 이데아는 "바라보다"라는 뜻을 가진 그리스어로서, 라틴어의 종(species)과도 비슷한 "부류," "종류," 또는 "유형"과 같은 의미로 확장되었으며, 영어에서의 아이디어(idea)와는 다른 개념이다. 플

---

5) *πρωτον*(proton) = 첫 번째, *ψενδοξ*(pseudos) = 거짓된, 거짓말하다. 이 표현은 아리스토텔레스의 첫 번째 분석(2권 18장, 66a)에서 왔다. 그는 그 책에서 거짓된 전제들과 거짓된 결론들을 다루면서, 거짓된 진술은 이전의 거짓됨의 결과라고 주장했다(Freud, 1886, p. 400).

라톤의 "형태 이론"이라고 불리는 것은, 어떤 종류의 것이 존재하는가와 상관없이, 존재하는 "어떤 것"의 유형이나 종류가 존재한다는 것을 말한다. 예를 들어, 하나의 책에 관한 아이디어는, 아무리 그것이 모든 책 안에 존재하는 가능성이라고 해도, 감각적 형태를 갖고 있는 것은 아니다. 그러나 특별한 한권의 책, 예컨대 책 X는 "현상"으로 바뀔 수 있으며, 책 X로서 감각에 의해 인지될 수 있는데, 이는 실현을 나타낸다. 비온은 이 개념을, O에서 K로의 변형, 또는 누메논(noumenon)에서 현상으로의 변형을 설명하는 데, 즉 실현을 설명하는 데 사용했다. 비슷한 방식으로, O는 감각에 의해 개인 안에 있는 가능성으로서 불러내질 수 있지만, 일단 그것이 특정한 사건에 의해, 즉 실현에 의해 접촉된 후에만 그렇게 인식될 수 있다.

비온은 다음과 말한다:

> 이 용어에 대한 나의 이해에 따르면, 아름다운 대상의 모습 같은 다양한 현상들은 그것들이 아름답거나 선한 것이어서가 아니라, 그것을 보는 사람에게 한때 그렇게 알려졌던 그러나 지금은 더 이상 그렇지 않은 아름답거나 선한 대상을 "상기시켜주기" 때문에 중요한 의미를 갖는다. 상기시켜주는 자로서 봉사하는 현상으로서의 이 대상은 하나의 "형태"이다. [1965, p. 138]

비온은 플라톤이 클라인의 "내적 대상"과 그 자신의 "타고난 예상" 개념 및 전-관념이라는 개념을 예언했다고 선언한다.

플라톤의 이데아와 형태는 "누메나"이며, 누메나가 감각들을 통해 드러나는 것이 현상이다. 칸트는 "현상"을 우리의 지각에 출현하는 모든 것이라고 말하면서, 여기에는 두 가지 측면이 있

다고 말한다: (a) 그가 "감각"(sensation)이라고 부른, 외부 대상에 속하는 측면, (b) 그가 "형태"(form)라고 부른, 우리의 지각 장치에 속해 있고 지각된 것에 질서를 주는 능력의 측면. 다른 한편, 누메나는 우리의 감각에 의해 직관될 수 없고, 따라서 전혀 지식이 될 수 없는 대상들로서, 그것들은 물-자체이고, 긍정적인 의미에서, 인간이 소유할 수 없는 지식의 양태인, 지적 직관의 대상으로서 생각될 수 있다. 비온은, 형태는 또한 신과 같은 신비적인 용어 안에서 제시될 수 있으며, "너무나 근본적인 것이어서 우리가 그에 관해 아무것도 말할 수 없는, "영적 본질"로서 간주된다고 말한다(1965, p. 139). "이러한 견해에서, 신은 인간의 마음과는 독립적인 존재(Person)로서 간주된다 … 현상은 개인에게 형태를 상기시키지는 않지만, 그 개인으로 하여금 신성, 또는 물-자체의 화육을 통해 연합을 성취할 수 있게 해준다"고 비온은 말한다:

> 형태와 화육은 … 직접적으로 접촉이 가능한 궁극적인 실재가 하나의 윤곽 안에, 그리고 타자 안에 화육된 신성 안에 존재한다는 암시를 준다. 그러나 그 둘 모두 안에서 각각의 접촉은 현상과의 관계에서 엄격한 훈련을 거친 후에야 가능한 것이다. [ibid.]

비온은 O 개념과 관련해서 이와 비슷한 설명을 제시한다. 참조: 신성; 마이스터 에크하르트; 누메나; O, 궁극적 실재; 현상; 물-자체.

피타고라스 정리(Pythagoras, theorem of): 이 정리에 따르면, 직각삼각형의 빗변의 제곱은 반대편 변들의 제곱의 합과 같다. 비온은 한편으로 오이디푸스 신화와 이 정리 사이의 관계를 수립하려고 시도했고, 다른 한편으로 유클리드학파 기하학과 클라인이 말하는 편집-분열적 자리 및 우울적 자리 사이의 관계를 수립하려고 시도했다(1992, p. 207). 그는 이것을 그의 책 「숙고」에서 매우 수수께끼 같은 문체로 진술했는데, 이것은 그가 스핑크스 자체를 흉내 내고 있었던 것으로 추측된다. 피타고라스 정리와 관련해서, 그는 다음과 같이 말했다:

> 직각을 마주보고 있는 빗변: 직각을 담아주고 있는 두 변들. 헨리 무어의 조각품에서처럼, 아무런 물질이 없는 곳에 장소를 만드는 기능에 사용되는 것을 제외한다면, 형상 즉 도형을 무시한다면, 얼마나 많은 것을 얻을 수 있겠는가? 열린 공간에 울타리로 작용하는 것, 즉 형상이 없는 곳에서 부분을 말하는 것 말이다. 따라서 직각을 담고 있는 변들의 제곱과 직각을 마주보고 있는 변의 제곱은 삼각형—"세 개의 무릎을 가진 물건"—뿐만 아니라 직각을 에워싸는 역할을 한다. 그것의 건설(construction)은 빛을 가두는 덫이다. [1992, p. 206]

이 수수께끼 같은 의사소통에서, 비온은 도형, 즉 그러한 정리의 수학적 측면을 잊고, 예를 들면, 오이디푸스 신화 안에 담겨있는 것에 집중하라고 우리를 초대한다: 직각 삼각형에는 직각을 형성하는 두 변들이 있는데, 이 두 변들이 양쪽 부모(즉, 수직=아버지, 수평= 어머니)를 나타낼 수 있는 반면에, 반대편의 변 또는 빗변은 아들을 나타낼 수 있다. "세 개의—무릎을 가진 사물"은 명백히 삼각형에 대한 그리스 사람들의 해석을 언급한다. 그들은 모든 변들, 즉 아버지, 어머니, 그리고 아들을, 결합하는 각도가 성기에 해당한다고 간주했다. 비온은 그가 "유클리드 정리

1.5는 학생들이 그 다리를 건널 때 기하학의 "요소들"이 뒤에 남겨지는 장소를 표시한다"고 진술할 때, 이와 유사한 것을 말한다(ibid). 달리 말하면, 당나귀가 되는 것을 피하기 위해서, 형상의 내용은 무시되어야 하고, 그것의 의미에 주의를 기울여야 한다; 오직 그럴 때에만 덫에 걸린 빛은 빠져나오고, 마침내 에피큐러스가 선언했듯이, 당나귀가 되지 않고서도 다리를 건널 수 있다. 또는 그 정리를 적절히 이해할 수 있다.

비온은 또한 "신부의 의자"로 알려져 있는 피타고라스 정리를 언급하는데, 그 이유는, 그 정리의 증명이 아랍 사람들에 따르면 신부를 모셔가는 데 사용하는 말안장을 닮았기 때문이다. 프랑스 사람들은 이 정리를 당나귀의 교량(Pons Asinorum)으로 부르는데, 비온은 그것에 의문을 제기하면서, 1권의 No. 5에 해당하는 당나귀의 교량은 이등변 삼각형에 대한 정리를 나타내는 반면에, 신부의 의자 정리는 13권의 No. 47에 해당하는 직각 삼각형을 나타낸다고 확인해준다. [ibid., p. 207] 참조: 유클리드 학파의 기하학, 초심자에게 어려운 문제, 신부의 의자 정리

ㅎ

하나-됨(At-one-ment): "화육," "구현" 또는 "합병"의 한 형태로서, 다른 것과의 융합을 나타내기 위해 비온이 만들어낸 용어이다(1965, p. 163). 이것은 "공감"으로 정의되어 온 것과 동등한 것일 수 있지만, 훨씬 더 복잡하다. 그는 그것을 O와의 관계 형태 중의 하나로서, O 안에서의 최종적인 변형에 도달할 때에만 가능한 어떤 것이라고 말한다: $T\beta \rightarrow O(=T\beta O)$. 이런 종류의 열린 직관은 진실과의 소통 또는 융합을 지향하는데, 분석가는 이것을 기억과 욕망이 존재하는 감각적 탐욕과 만족으로부터 구별해야만 한다. "하나-됨의 경험은 소유와 감각적 성취를 닮아있다"고 비온은 말한다(1970, p. 33). 다른 말로, 쾌락원리에 의해 지배되는 기억과 욕망은 마음을 포화시킬 것이고, 물-자체와 접촉하거나 하나가 되는 데 필요한 자유와 벌거벗음을 용납하지 않을 것이다. 비온은 이렇게 말한다: "소유물을 위한 그릇으로서 제공된 것과 그것을 채워주는 감각적 만족들이 불러일으키는 것은 하나-됨에 의해 불러일으켜지는 것과는 다른 것이다"(ibid). 그는 또한 그가 "성좌"(constellation)라고 부르는 것을 언급한다. 그것은 항구적 결합의 촉발을 촉진시키고, O와의 융합 또는 하나-됨, 또는 O → K 변형을 촉진시키는 촉매제의 형태로서 작용할 것이다.

요약하자면, 분석회기 동안에 하나-됨은 O의 구현

(embodiment), 즉 기억이나 욕망 없이 성취된, 물-자체 또는 진실의 구현을 나타내며, 이것은 서로 사랑하는 부부 사이에서 관찰되는 하나-됨과는 다른 종류의 것이다. 후자는 기억과 욕망에 기초해 있고 쾌락원리에 의해 결정된 구현이다. 어떤 기억들은 비온이 "성좌"라는 이름으로 구별한 형태 안에서 표면으로 떠오를 수 있는데, 그것들은 하나-됨의 과정을 용이하게 해줄 항구적 결합에 의해 산출된 연상들에 의해 진화하도록 강요받는다.

한나 시걸(Segal Hanna): 참조: 상징적 동등시.

항구적 결합(Constant conjunction): 비온이 철학자 데이빗 흄(David Hume)에게서 빌려온 용어로서, 두 대상 사이에 내포되어 있는 아이디어들은 전혀 관련이 없지만, 한 대상이나 사실이 어떻게 다른 대상이나 사실을 가리키고 있는지를 설명하기 위한 개념이다. 그 둘이 경험에 의해서, 우연에 의해서 연결되고 관련된 채로 남아있으면서, 인과성 또는 원인-결과 관계를 향해 더 가까이 가는 것처럼 보이지만, 그것들의 관계를 논리적으로 설명할 수는 없어 보인다. 흄은 이 두 요소들이 우리가 이성에 의해서가 아니라 그것들을 둘러싼 특별한 경험에 의해서 하나에서 다른 것을 추론할 때, 항구적 결합상태에 있다고 말한다. 비록 우리가 그러한 결합의 논리 내부로 뚫고 들어가는 데는 실패할지도 모르지만 말이다. 이 개념은 후성설(Wadddington, 1957, Piaget, 1971)에 의해 서술된 결정론과는 다르다. 그러한 결정론에 따르면, 이야기, 역사, 또는 신화, 또는 생물학적 구조나 지리학적 구조들 안에 있는 요소들의 진전 안에 운명론(fatalism)이 존재하는데, 그것은 진적의 각 단계에서의 걸음들은, 비록 그것들이 최초의 것과는 별개의 것이라고 해도, 이전 단계들의 총합과 불가분의 관계 안에 있기 때문이라는 것이다. 예를 들어, 우리가 알파벳을 암송할 때, N이라는 철자는 처음에는 그리고 C를 말하는 수준에서는 전혀 존재하지 않을 것이지만, 일단 M에 이를 때쯤이면, N은 결정적 요인이 되고 강제성을 띤 걸음이 될 것이다. 다른 말로, 관계는, 항구적 결합처럼, 우연에 기초한 것이 아니라, 하나의 사건이 운명적으로 다른 사건에 뒤따라 오는 이야기의 일부이다(오이디푸스 신화처럼).

비온에게 있어서, 항구적 결합은 Ps ← → D의 의미를 갖는다. 즉, 그것은 선택된 사실과 함께 편집-분열적 자리와 우울적 자리 사이의 상호작용을 결정짓는다. (1965, pp. 80, 108).

이 용어는 「숙고」에 실린, 1959년 1월 10일자에 쓰인 "과학적 방법"이라는 제목의 글에서 처음으로 사용되었고(p. 13), 나중에 "생각하기 이론"(「두 번째 사고」에 실린 글, 1962, 1967)에서 다시 언급되었다. 하지만 "모델," "과학적 연역체계" 또는 "이야기"와 같은 개념들을 이해하는 데, 그리고 그것이 편집-분열적 및 우울적 자리의 상호작용과 어떻게 다른지를 이해하는 데, 그 용어가 갖고 있는 중요성에도 불구하고, 그것은 「경험에서 배우기」(1962)나 「정신분석의 요소들」에서는 사용되지 않고 있다.

해 리(Dissociation): 비온은 이 용어를 정신증 또는 인격의 정신증적 부분과 같은 보다 심각한 병리에서 관찰되는 극단적인 파편화를 서술하는 데 사용되는 분열과는 달리, 신경증(히스테리)에서 볼 수 있는 보다 경미한 파편화를 설명하는 데 사용했다. 해리는, 프로이트가 말했듯이, 신체와 기관에 의해 언어의 형태로서 사용될 수 있는, 일차적인 언어적 사고(primary verbal thoughts)에 의존할 것이다.

해석(Interpretation): 비온에 따르면, 정신분석적 해석은 환자가 분석가에 대해 느끼는 모델들 및 이론들과 관련해서 분석가에 의해 유지되는 이론들로서 이해될 수 있다. 해석이 내용과 표현에서 정확하다면, 그것은 치료적 효과를 발휘할 수 있을 것이다(1963, p. 17). 또한 초이론의 관점, 즉 이론 너머의 관점에서 볼 때, 비온은 해석을 "요소들의 항구적 결합을 가리키는 말들, 또는 말들이 수집된 것"이라고 종합한다(1992, p. 257).

"해석은 단일한 연상에 근거해서 이루어져서는 안 된다; 단일한 연상은 무한히 많은 해석들에 열려있다"(ibid., p. 210). 유클리드 기하학에서 두 개의 다른 점들이 선의 방향을 결정하는 것처럼, 두 개(또는 그 이상)의 연상들 역시 해석이 마침내 지향하게 될 방향을 제공할 것이다. 보통 해석을 언제 그리고 어떻게 할 것인지에 대한 선택은 분석가의 인격과 발달의 역사에 의해 결정된다(1965, p. 166). 해석이 만들어지는 형태에 영향을 미칠 수 있는 다른 변수들이 존재하는데, 분석가는 그것들을 피해야만 한다: (a) 단순히 사용할 수 있기 때문에 해석하기, 즉 좌표의 칼럼 2에 해당하는 태도; (b) 분석가 내부의 격랑을 회피하기; (c) 분석가 안의 멀리 있는 욕망과 관련된 박식한 해석들, 즉 과장법의 영역에 해당하는 해석들(ibid., p. 167). 해석은 L, H에 기초한 것이 아니라, K에 기초한 산물을 나타낸다(1963, p. 70). O와 관련해서, 비온은 이렇게 말한다: "해석은 O의 진화 안에 있는 실제적 사건이며, 분석가와 피분석자 모두에게 공통된 것이다(1970, p. 27).

비온은 몇 가지 관점에서 해석에 대해 검토한다:

(A) 기능 이론의 관점에서, 알파-기능은 정서적 경험들과 관련된 감각인상들을 알파-요소들로 바꾸는데, 그것들이 증가하면서 덩어리를 형성할 수 있게 되고, 순서에 따라 배치되며, 이야기의

형태를 띠게 된다; 비온이 접촉-장벽이라고 부른 것이 형성된다. 이 점에서, 알파-기능은 정서들을 알파-요소와 같은 의미 있는 것으로 변형시키는 데 없어서는 안 될 요소이고, 이것이 바로 해석이 성취하려고 시도하는 것이다. 즉, 환자들이 그들의 정서들로부터 배울 수 있는 방식으로 그들의 정서들에 의미를 제공하는 것이 곧 해석이다. 이러한 배움의 과정은 필수적으로 알파-기능의 현존을 필요로 한다(1962, pp. 17-18).

(B) 담는 것-담기는 것(♀♂) 이론의 관점에서 보자면, 내용(♂)은 정서적 경험들에 묶여 있는 의심들, 질문들 또는 변수들을 나타내는데, 이것은 ♂n+♀n으로 표시될 수 있는 연쇄 안에서, 즉 궁극적으로 생각하는 장치의 성장과 경험에서 배우는 가능성을 보장해주는 과정 안에서 서로 합산된다. 그러한 배우기는 열린 상태로 머물러 있으면서, 즉 경직성으로부터 자유로운 그리고 이어지는 미래에 동화될 요소들을 수용할 수 있으면서 동시에 통합할 수 있는 ♂n의 역량에 달려 있다. 이 기제를 사용하는 개인은 자신이 경험을 유보할 수 있고, 해석으로부터 배울 수 있으며, 또한 그것을 과거의 경험들과 연관시킬 수 있음을 보여줄 것이다. K의 수준은 세 가지 요소들, 즉 환자(+♂), 분석가(+♀), 그리고 해석(+K)이 서로에게서 유익을 얻게 되는 상생적인 담는 것-담기는 것 관계를 지탱해주는 역량에 달려 있다. 그러나 만약 상호작용이 강한 시기심의 감정들에 지배된다면, 그 관계는 비온이 -(♀♂)라고 표시한 것, 그리고 그것들 사이의 연결을 -K라고 표시한 것과 같은, 파괴적인 것이 될 것이다. 그럴 경우, 관계는 ♂n+♀n와는 대조적으로 -♂n-♀n이 될 것이고, +는 시기심에 의해 대체되고, 담는 것에 의해 압도된 담기는 것은 그것의 의미가 벗겨진 채 쓸모없는 찌꺼기로 남을 것이다. 이것이 바로 해석이 시기심에 의해 지배받는 마음에 의해 담겨질 때 발생하는 것

> 나는 현상이라는 용어를 이렇게 이해한다. 아름다운 대상의 겉모습과 같은, 다양한 현상들은 그것들이 아름답거나 좋기 때문이 아니라, 그것들이 한때 알려졌었지만 지금은 더 이상 알려져 있지 않은 아름다움이나 좋음의 보유자임을 "상기시켜주는" 역할을 수행하기 때문이다. 이 대상이 형태(Form)이고, 현상은 그것을 상기시켜주는 자로서 봉사한다. [1965, p. 138]

비온은 형태 또는 누메논은 너무 기초적인 것이어서, 그것에 대해 우리가 말할 수 있는 것이 전혀 없는, 영적 속성을 지닌 것으로 간주되는, 신성 안의 신(또는 K 안의 O)과 같은 신비주의적 용어로 제시될 수 있다고 말한다(1965, p. 139). 그는 계속해서, "이러한 관점에서, 신은 인간의 마음과는 별개인 인격으로 간주된다 ... 현상은 개인에게 형태를 '상기시키는' 것이 아니라, 인간으로 하여금 신성 또는 물-자체와의 화육(Incarnation)을 통한 연합을 성취할 수 있게 해준다"고 말한다. 형태와 화육은 다음과 같다:

> 형태(configuration) 그리고 타자 안에서 화육된 신성, 이 두 가지 모두에서 직접적인 접촉이 가능한 궁극적인 실재가 있는 것처럼 보인다. 비록 각각의 접촉은 현상과의 관계에 대한 혹독한 훈련을 거친 후에만 가능한 것처럼 보이지만 말이다. (ibid.)

비온은 O 개념과 관련해서 비슷한 기제를 제시한다. 참조: 형태 이론; 플라톤의 형태; 신성; 마이스터 에크하르트; 궁극적 실재로서의 O; 물-자체.

현실원리(Reality principle): 비온은 프로이트가 1911년에 심리적 현실과, 그것이 의식과 외부 현실 사이의 상호작용과 갖는 관계에 관해 서술했던 내용을 그의 생각하기 이론을 확립하는 데, 정신증과 인격의 비정신증적 부분 사이의 관계를 이해하는 데, 그리고 그의 좌표의 가로축을 구조화하는 데 사용한다. 정신증 환자들은 의식과 외부 현실 사이의 연결을 수립하는 데 필수적인 자아의 측면에 파괴적인 공격을 가한다. 프로이트에 따르면, 이 자아의 측면들은 다음과 같다: (i) 주의: 감각기관에 배치되어 외부 세계를 탐색하는 데 사용되는 의식; (ii) 표기: 기억의 일부; (iii) 판단: 억압을 대체하기 위해 발달하는 공정한 관점; (iv) 행동: 운동적 방출을 유도하도록 되어 있는 새로운 기능; (v) 사고: 그것으로부터 관념작용이 발달해 나오는 과정. 프로이트는 1911년에 다음과 같이 말했다:

> 생각하기는 방출 과정이 지연되는 동안 정신적 장치로 하여금 자극으로 인한 증가된 긴장을 견딜 수 있게 만드는 특성을 부여받는다. 이것은 본질적으로 실험적인 종류의 행동으로서, 더 적은 에너지의 방출과 함께 비교적 적은 양의 에너지 집중의 전치를 수반한다. [p. 221]

비온에게 있어서 이 모든 적응들은 또한 언어적 사고의 수립 및 우울적 자리의 출현과 관련되어 있다. 참조: 행위; 주의; 좌표; 가로축; 판단; 표기; 사고; 언어적 사고.

협력(Co-operation): 의식적이건 무의식적이건, 작업 집단(W)의 구성원들 사이에서 지배적으로 작용하는 자발적인 관계의 한 형태. 집단 내에서 "협력"에 의해 유도되는 조직과 구조는 또 다른 협력을 자극한다. 그것은 특정한 기본적 가정에 의해 지배되는 집단 내의 결합가(valence) 개념에 상응한다.

호랑이와 곰의 꿈(Tiger and the bear, dream of): 참조: 특별한 의미의 꿈.

환각(Hallucination): 비온(1967)에게 있어서, 환각은 감각 장치를 역으로 사용해서(참조: 역전된 지각), 즉 지각이, 정상적인 작동방식과는 반대로, 안에서 바깥으로 내보내는 것을 통해 정신의 짐을 덜어주는 기제를 나타낸다(p. 83). 그는 정신증 환자에게서 발견되는 두 개의 환각 형태들을 구별했다: 하나는 전체 대상을 담고 있는 "히스테리적" 환각이고, 다른 하나는 부분 대상들을 담고 있는 "정신증적" 환각이다(ibid., p. 82). 그 둘 사이의 차이는 우울을 견딜 수 있는 능력에 달려있다. 정신증 환자는 자극들이 증가할 때 그의 정신적 장치를 방출하는 방식으로 욕망을 표현하고자 하지만, 그러한 방출을 가로막고 그를 좌절로 채우는 무능감, 시기심, 그리고 증오에 의해 방해받는다. 이 좌절을 견딜 수 없고 파괴적인 증오와 시기심으로부터 정신의 짐을 덜어줄 수 없는 환자는 운동을 통한 방출을 시도할 수 있다. 왜냐하면 아동기 동안에 그리고 쾌락원리가 지배하는 동안에 그러한 방출들이 몸짓과 마찬가지로 유용했었기 때문이다. 회기 동안에 관찰될 수 있는 태도나 움직임의 변화들과 마찬가지로, 이런 종류의 몸짓들은 해석을 구성하는 데 유용하다. 비온은 "경험은 환자에게 이러한 종류의 행동이 환경을 바꾸기 위한 행동보다 훨씬 더 빨리 그것의 목적을 성취한다는 것을 보여준다"고 말했다(1967, p. 83). 그러나 그가 억압의 기제들을 사용할 수 없기 때문에, 그리고 그 결과 그러한 원치 않는 감정들로부터 자신을 해방시킬 수가 없기 때문에, 그는 대대적인 투사적 동일시를 사용하여 그의 인격의 조각들과 함께 그의 시기심과 살인적인 증오를 실제 대상에게 투사함으로써, 비온이 기괴한 대상들이라고 부른 것을 만들어낸다. 이 대상들은 투사된 것에 따라 행동하기 시작하고, 감각기관들에 의해 역전된 형태로 지각되며, 환각들과 망상들에 자리를 내어준다; 또는 달리 말해서, 환각들은 정점의 변화에 따른 산물이다(1965, p. 91). 그러한 지각 체계의 역전에 의해 촉발된 불안은 지각 장치에 대한 파괴적 공격으로 이끌고, 이것은 결과적으로 환각들과 망상들의 산출을 증가시킨다.

환각들은 스스로 제공하는(self-providing) 기제로 사용될 수 있다. 왜냐하면 음식이나 필요한 어떤 것이라도 환각될 수 있고, 스스로 지탱할 수 있다는 느낌과 거짓된 독립감을 줄 수 있으며, 이것은 다시금 환자에 의해 정신분석에 대한 우월감으로 경험될 수 있기 때문이다. 비온에 따르면, 환자는 정신분석을 환각이 "제공해주는 지원"을 훔치는 데 사용되는 방법일 뿐이라고 느낄 수 있다. 모든 환각은 명백히 실패한다는 점에서, 환각의 실패는 환각의 힘에 맞서는 분석가의 시기심과 경쟁심에 따른 결과로서 환자에 의해 경험된다.

멜처(1986)는 이 주제에 대한 비온의 공헌을 다음과 같이 요약한다:

> 비온의 아이디어는 자극의 비워내기가 주로 두 개의 형태 중 하나로 이루진다는 것이다; 기본적 가정 집단의 정신으로 서술된 유형의 집단 행동으로 변형되든지, 아니면 신체적 장애로 변형된다. 이 후자는 그의 정신-신체적 장애 이론을 위한 기초를 이룬다. 그러나 여기에는 비워내기의 세

> 번째 방법이 있는데, 그것은 감각기관 자체들의 기능을 역전시킴으로써, 감각들을 받아들이는 대신에 환각들을 형성하는 베타-요소들로서의 자료들을 산출하는 것이다. [p. 105]

참조: 망상, 환각증에서의 변형.

환각증(Hallucinosis): 비온에 따르면(1970), 환각증은 병리적일 뿐만 아니라(환자), 정상적이고 유용한(분석가) 것으로 간주되는 마음의 상태를 나타내고; 분석가와 환자(보통 정신증적) 모두 안에서 발생할 수 있는 조건 또는 배경을 나타낸다. 분석가는 기억과 욕망을 포기함으로써 환각 상태를 성취할 수 있고, "신앙의 행위"를 사용하여 해석들을 산출할 수 있다. 이 개념의 일부는 비온의 글 「오만」(1957a)에 나타나 있지만, 이 주제에 대한 그의 주된 공헌은 「주의와 해석」(1970)에 담겨 있다. 그 글에서 그는 이렇게 말한다:

> 나는 이 상태[환각증]를 병리적인 것으로 또는 심지어 자연스런 상태가 과장된 것이라고 간주하지 않는다. 나는 그것이 항상 존재하는 상태이고, 다른 현상들에 의해 가려져 있을 뿐이라고 본다. 만약 이 다른 요소들이 완화되거나 중지될 수 있다면, 환각증이 그 모습을 드러낼 것이다; 그것의 전체 깊이와 풍부함은 "신앙의 행위"를 통해서만 접근이 가능하다. [p. 36]
>
> 환각을 이해하고 싶다면, 분석가는 환각증의 상태에 참여해야만 한다 ... 그 자체로서 O→K인, 환각에 대한 해석이 주어지기 전에, 분석가는 그 자신의 인격 안에서 O→K 변

> 형을 거쳐야만 한다. 기억들, 욕망들, 그리고 기억의 작용을 피함으로써, 분석가는 환각증과 신앙의 행위의 영역에 접근할 수 있고, 그럴 때에만 그는 환자의 환각들과 하나가 될 수 있고 O→K 변형을 발생시킬 수 있다. [ibid., p. 36].

분석가의 환각증의 상태는 환자의 환각들에 의미를 제공한다. 왜냐하면 이 상태는 감각적 인상들이 합리적 사고들을 지배하는 상황을 허용하기 때문이다. 비온은 정신증 환자가 분석이 행해지는 동안에 분석가가 해석을 하는 과정에서 하는 말이 그의 머리 위로 날아가, 비온이 느끼기에, 쿠션의 패턴 위에 머무른 다음에, 다시 눈을 통해서 그 자신에게로 돌아간다고 느낀다고 서술했다. 비온은 그가 경험한 것이 정확히 환자의 마음 안에서 일어난 것이고, 그것은 그와 환자 모두가 환각증의 상태, 즉 환각들이 발생하는 상황 안에 있었기 때문에 가능했다고 믿는다.

환각증에서의 변형(Transformation in hallucinosis): 일부 정신증 환자들(또는 경계선 환자들의 인격의 정신증적 부분)은 독립성에 도달하는 방법으로서, 환각 안에 내포되어 있는 전능감—그들이 정신분석보다 우월하다고 간주하는—을 경험한다. 그들은 자신들이 욕망하는 것은 무엇이든 환각할 수 있다. 환각증 상태에서, 좌절을 보상하기 위해 필요한 "순환성"과 항구성이 확립되지만, 환각들은 실패하게 되어 있기 때문에, 탐욕은 증가하고 더 많은 환각의 욕구 또한 증가한다(1970, p. 37). 다른 한편, 환각의 "마법"이 실패한다는 느낌이 발생할 때, 환자는 분석가의 "시기심"과 "경쟁심"이 그 실패의 원인이라고 의심할 수 있다. 거기에는 다른 어떤 대상보다도 더 효과적이고 모든 행동들의 원인으로 작용하는 독립성과 자기-충족성과 관련된, 우월한 대상들이 존재한다는 믿음이 있다. 즉, 그 환자의 경우, 그런 대상들이 아버지, 어머니, 분석가, 목적, 포부, 해석 또는 아이디어들의 자리를 차지한다. 이런 대상들 간의 관계는 오직 "우월성-열등성"의 차원에만 기초해 있고, 거기에서는 주는 것보다는 받는 것이 더 좋은 것으로 여겨진다. 경쟁이라는 중요한 감정에 의해 지배되는 환자는 분석가의 "자리"를 차지하려고 시도하고, 분석가 안에 딜레마를 야기함으로써 그가 분석적 정점에서 벗어나게 만들려고 시도한다: 이때 분석가가 직면하는 딜레마는 자신의 기법을 포기하든지, 아니면 분석을 유지하면서 환자에게 자신의 행동과 방법이 더 우월하다고 간주하고 있음을 보여주든지를 선택해야 하는 것이 된다. 이 가능성들 중의 어떤 것도 경쟁적인 행동화를 발생시킬 수 있다(1965, p. 136). 이 문제는 환각증에 의한 변형의 가치들과 정신분석에 의한 변형의 가치들 사이의 투쟁으로 요약될 수 있다. 이러한 딜레마가 해석될 때, 그것은 마음의 다른 부분들 사이의 내적 갈등으로 변할 수 있다. 담는 것-담기는 것 이론의 관점에서, 비온은 거기에 과장하는 경향성, 즉 그가 "과장법"이라고 불렀던 기제가 존재한다고 제안한다. 즉, 담기는 것의 점증하는 애정의 욕구와 담는 것의 비워내기 식 거절의 욕구가 증가하는 경향성이 있다.

좌표 상에서 보자면, 환자의 태도는 A6에 해당되고, 분석가의 태도는 칼럼 2를 피하고 있는, F1, F2, 또는 F4에 해당될 것이다. 분석가의 환자와의 연결은 K에 해당되지만, L이나 H에는 해당되지 않을 것이다. 환자의 관점에서 볼 때, 해석은 A6로, 또는 비워내야 할 요소로서 경험될 수 있는데, 그것은 그 해석이 정신분석의 우월성을 증명하기 위해 분석가에 의해 사용되는 것을 나타내기 때문이다(ibid., p. 143).

이런 환자들이 보여주는 일반적인 그림은 "그들 자신들의 창조물 외에는 아무것에도 의존할 필요가 없는 존재임을 보여주고 싶어 하는 사람의 모습이다"(ibid., p. 137). 여기에서 그들의 창조물은 그들의 감각들을 비우기 기관들로 사용하는 그들의 가정된 능력의 산물이다. 이때 그들의 비워내기는 그들을 에워싸는 배경을 확립하기 위해서이다. 그들의 감각들의 주된 목적은 불완전함에 대한 어떤 증거도 비워낼 필요가 있는, 외부의 적대적인 세력의 결과로서 경험되는 완전한 세상을 건설하는 것이다. 이러한 능력 덕택에, 환자는 자신이 만들어낸 산물들, 경쟁심, 시기심, 탐욕, 위협, 사랑 또는 증오의 감정들 위에 자신이 있다고 느낄 뿐 아니라, 모든 것에서 완전히 독립되어 있다고 느낀다; 그러나 여느 정신증적 방어와 마찬가지로, 이 기제는 실패하고, 불완전함과 의존의 위협이 시작된다. 분석가에 대한 경쟁심은 환자가 사용하는 방법들의 우월성을 증명하고자 하는 시도이며, 그에게 있어서 "치료"라는 말은 승리의 표현이다(ibid., pp. 137-143).

비온은 환각증 안에 있는 갈등들을 나타내기 위해 수학적 요소들을 사용할 수 있는 가능성을 제안하면서, 몇 개의 공식들을 구분했다. 먼저, 그는 젖가슴이 부재하지만 높은 수준의 좌절을 견디는 능력 덕택에, 사고들 또는 연결들이 발생하도록 허용하는 정상적인 상황을, 즉 굽어진 움직임에서의 변형에 해당될 수 있는 작용을 나타내려고 시도한다(ibid., pp. 133-136). 그는 이 정상적인 상태를 다음과 같이 표현한다:

a1 유아가 젖가슴이 만족스럽다고 느낀다: 젖가슴은 사라지고 그것과 함께 만족도 함께 사라진다.

a2 1 젖가슴 + 0 젖가슴 = 0 젖가슴

a3 1 + 0 =0. [1965, p. 133]

그러나 만약 좌절을 견딜 수 없으면, 정신증 환자들에게서 관찰되듯이, 우리는 젖가슴의 부재가 하나의 현존으로서 경험되는 상황, 즉 말이 사물이 되고 만족 경험의 기억이 만족의 부재를 부인하는 데 사용되는 상황을 다루게 된다; 이것은 환각증에서의 변형의 수학에 해당된다.

(a 대신 b를 사용해서)

b2 1 젖가슴 + 0 젖가슴 = 1 젖가슴

b3 1 + 0 = 1.

더 나아가, 비온은 환각증의 지배 하에서, 0 - 0 = 1이라는 등식 또한 가능하다고 말한다: $0 + 0 = 0^0$. "이것은 영이 0에 더해진다면 0은 그것의 제곱이 된다는 것을 말한다"(ibid., p. 134).

> 따라서 단위생식에 의해 증가하는 0의 능력은 제한되지 않은 아무것도 없음을 스스로 공급함으로써, 과도하게 성장하고 번영할 수 있는 탐욕의 특징들에 해당된다 ... 환각증에서 영은 영됨이 벗겨진 채로, 적대적으로 시기하고 탐욕스런 것이 되고, 심지어 그것의 존재가 벗겨지기 때문에 존재조차 하지 않게 된다. [ibid.]

앞에서, 비온은 이 개념을 좌표 축들의 반대 방향으로 움직이는 화살표를 사용해서 나타냈고 그것에 부정적 기호를 첨가하였다. -←↑. 참조: 의식적인 앎, 환각증, 변하지 않는 요소, 투사적 변형, 변형, O에서의 변형, 굳어진 움직임에서의 변형, K의 변형, O의 변형.

흑인에 대한 꿈(Negro, dream of the): 참조: 중요한 꿈들.

참고 문헌

비온의 논문들:

1940 The war of nerves. In: *The Neurosis in War*. E. Miller & H. Crichton-Miller(Eds.), London: Macmillan.

1943 Intra-group tensions in therapy: their study as the task of the group. *The Lancet*, 27th November.

1946. The leaderless group project. In: *Bulletin of the Menninger Clinic*. May 10, pp. 77-81.

1948a Psychiatry at a time of crisis. *British Journal of Medical Psychology, 21*, pp. 81-89.

1948b Experiences in Groups. London: Tavistock, 1961.

1950 The imaginary twin. In: *Second Thoughts*. London, Karnac Books, 1993.

1952 Group dynamics: A re-view. In: M. Klein, p. Heimann & R. Money-Kyrle(Eds.), *New Directions in Psycho-Analysis*. London: Karnac Books, 1985.

1953 Notes on the theory of schizophrenia, in *Second Thoughts*. London: KarnacBooks, 1993.

1955 Language and the schizophrenic. In: M. Klein, p. Heimann &

R. Money-Kyrle (Eds.), *New Directions in Psycho-Analysis.* London: Karnac Books, 1985.

1956 Development of schizophrenic thought. In: *Second Thoughts*. London: Karnac Books, 1993.

1957 Differentiation of the psychotic from the non-psychotic personalities. In: *Second Thoughts*. London: Karnac Books, 1993.

1957a On arrogance. In: *Second Thoughts*: London: Karnac Books, 1993.

1958 On hallucination. In: *Second Thoughts*. London: Karnac Books, 1993.

1959 Attacks on linking. In: *Second Thoughts*. London: Karnac Books, 1993.

1962 *Learning from Experience*. London: Karnac Books, 1984.

1962a A theory of thinking. In: *Second Thoughts*. London: Karnac Books, 1993.

1963 *Elements of Psycho-Analysis*. London: Karnac Books, 1984.

1965 *Transformations. London*: Karnac Books, 1984.

1966 Catastrophic change. In: *Attention and Interpretation*(Chapter 12). London: Karnac Books 1970.

1967 *Second Thoughts: Selected Papers on Psycho-Analysis*. London: Karnac Books, 1993.

1967a Notes on memory and desire. In: *Cogitations*. London: Karnac Books, 1992.

1970 *Attention and Interpretation*. London: Karnac Books, 1984.

1974 *Brazilian Lectures*. Sao Paulo No 1. Rio de Janeiro: Imago Editora.

1974a *Brazilian Lectures.* Rio/Sao Paulo No 2. Rio de Janeiro: Imago Editora.

1975 *A Memoir of th Future, Book One: The Dream*. London: Karnac Books, 1990[reprinted as trilogy, London: Karnac Books, 1991].

1976 Emotional turbulence. In: *Clinical Seminars and Other Works*. London: Karnac Books, 2000.

1976a On a quotation from Freud. In: *Clinical Seminars and Four Papers*. Oxford: Fleetwood Press, 1987.

1976b Interview with Anthony G. Banet. *The International Journal for GroupFacilitators: Group and Organization Studies 1*(3).

1977 *Seven Servants*, New York: Jason Aronson, 1977.

1977a *Two papers*: the Grid and Caesura. London: Karnac Books, 1989.

1977b *A Memoir of the Future, Book Two: The Past Presented*. Rio de Janeiro:Imago Editora [reprinted as trilogy, London: Karnac Books, 1991].

1978 Four discussions with W. R. Bion, *Clinical Seminars and Other Works*.London: Karnac Books, 2000.

1979 *A Memoir of the Future, Book Three*: The Dawn of Oblivion. London: Karnac Books, 1990 [reprinted as a trilogy, London: Karnac Books, 1991].

1979 a Making the best of a bad job. In: *Clinical Seminars and Other Works*. London: Karnac Books.

1980 *Bion in New York and Sao Paulo*. London: Karnac Books.

1981 *A Key to A Memoir of the Future*. [Reprinted in A Memoir of the Future,London: Karnac Books, 1990.

1982 *The Long Week-End 1897-1919*. London: Karnac Books, 1991.

1985 *All My Sins Remembered and The Other Side Of Genius*. London: Karnac Books, 1991.

1986 *Seminari Italiani*. Rome: Borla [published in Italian only].

1987 *Clinical Seminars and Four Papers*. Oxford: Fleetwood Press.

1990 *Brazilian Lectures*. London: Karnac Books.

1990a *A Memoir of the Future*. London: Karnac Books.

1992 *Cogitations*. London: Karnac Books.

1994 *Clinical Seminars and Other Works*. London: Karnac Books, 2000.

1997 *Taming Wild Thoughts*. London: Karnac Books.

1997a *War Memoirs* 1917-19. London: Karnac Books.

그 외의 참고 문헌

Arian, E. D. (1947). *The Physical Background of Perception*. Oxford: Clarendon.

Anzieu D. (1986). Beckett et Bion. *Revue de Psychotherapie Psychanalytique de Groupe*, 5-6: 286.

Appleton New Cuyas Dictionary(1972). Englewood Cliffs: Prentice-Hall.

Aray, J. (1992). *Momentos Psicoanaliticos*. Caracas: Monte Avila.

Aray, J. & Bellagamba, H. (1971). Observaciones sobre el fenomeno del doble in la situacion analitica de un paciente homosexual. In A. Raskovsky(Ed.), *Niveles Profundos del Psiquismo*. Buenos Aires: Kargieman.

Bahia, A. B. (1977) New theories: their influence and effect on psychoanalytic technique. *International Journal of Psychoanalysis*, 58: 345-364.

Bianchedi, E. T. (1993). Lies and falsities. *Melanie Klein and Object Relations,* 11(2).

Bianchedi, E. T., Bregazzi, C., Crespo, C. et al. (2000). The various faces of lies. In:p. Bion Talamo, F. Borgogno & S. A. Merciai(Eds.), *W. R. Bion, Between Past and Future*. London: Karnac Books.

Bick, E. (1968). The experience of the skin in early object-relations. *InternationalJournal of Psycho-Analysis*, 49: 484-486.

Bion, F. (1995). The days of our years. *Melanie Klein and Object Relations*, 13(1).

Bion, F. (2000). Random reflections on Bion: past, present, and future. In: p. BionTalamo, F. Borgogno & S. A. Merciai(Eds.), *W. R. Bion: Between Past and Future*. London: Karnac Books.

Bion Talamo, p. (1997). The clinical relevance of A Memoir of the Future. *The Journal of Melanie Klein and Object Relations*, 15(2) 235-241.

Bion Talamo, p. , Borgogno F. & Merciai, S. A.,(Eds.)(1998). Bion' s Legacy to Groups. London: Karnac Books.

Bion Talamo, p. , Borgogno, F. & Merciai, S. A.,(Eds.)(2000). W. R. Bion: BetweenPast and Future. London: Karnac Books.

Bleandonu, G. (1994). *Wilfred Bion. His Life and Works 1897-1979.* London: Free Associations.

Borgogno F. & Merciai S. A. (2000). Searching for Bion:

Cogitations, a new "Clinical Diary"?. In: p. Bion Talamo et al. (Eds.) *W. R. Bion: Between Past and Future.*London: Karnac Books.

Braithwaite, R. B. (1955). *Scientific Explanation*. Cambridge: Cambridge University Press.

Britton, R. & Steiner, J. (1994). Interpretation: selected fact or over-valued idea? *International Journal of Psycho-Analysis, 75:* 1069-1978.

Brown, D. G. (1985). Bion and Foulkes: basic assumptions and beyond. In: *M. Pines (Ed.) Bion and Group Psychotherapy*(pp. 192-219). London: Routledge and Kegan Paul.

Clapham, C. (1990). *Concise Dictionary of Mathematics*. New York: Oxford University Press.

Descartes, R. (1641) Meditations. In: *The Philosophical Works of Descartes*(pp.133-199). E. S. Haldane & G. R. T. Ross(Eds.), Boston: Cambridge Univ. Press, 1973.

Eigen, M. (1995). On Bion' s No-thing. *Melanie Klein and Object Relations*, 13(1).

Eizing p. (1949). *Primitive Money*. London: Eyre & Spottiswoode.

Fairbairn, W. R. D. (1952). *Psychoanalytic Studies of the Personality*. London: Tavistock.

Ferreira, R. B. (2000). The fundamental role of the Grid in Bion' s work. In: *W. R.Bion, Between Past and Future*. London: Karnac Books.

Foulquie, p. (1967). *Diccionario del Lenguaje Filosofico*, Madrid: Editorial Labor S.A.

Freud, S. (1886). Project for a Scientific Psychology, *SE 1*. London: Hogarth Press, p. 281.

Freud, S. (1900). The Interpretation of Dreams, *SE 5*. London: Hogarth Press, p. 339.

Freud, S. (1901). On Dreams, *SE 5*. London: Hogarth Press, p. 629.

Freud, S. (1905). Fragment of an Analysis of a Case of Hysteria *SE 7*, London:Hogarth Press, p. 1.

Freud, S. (1911). Formulations on Two Principles of Mental Functioning, *SE 12*,London: Hogarth Press, p. 213.

Freud, S. (1915). The Unconscious, *SE 14*. London: Hogarth Press, p. 159.

Freud, S. (1917). Introductory Lectures on Psycho-Analysis. *SE 15, 16*. London: Hogarth Press pp. 13, 241.

Freud, S. (1919). The "Uncanny" *SE 17*. London: Hogarth Press, p. 217.

Freud, S. (1924). Neurosis and Psychosis. *SE 19*. London: Hogarth Press p. 149.

Freud, S. (1926). Inhibitions, Symptoms and Anxiety, *SE 20*. London: Hogarth Press, p. 75.

Gitelson, M. (1952). The emotional position of the analyst in the psycho-analytic situation. *International Journal of Psycho-Analysis*, 33:1-10.

Gooch, J. A. (1993). An elementary description of Bion's Grid with clinical exemplification. *Melanie Klein and Object Relations*, 11(2).

Green, A. (1992). Book Review: "*Cogitations*," *International Journal of Psycho-Analysis*, 73: 585-589.

Green, A. (2000). The primordial mind and the work of the negative. In: P. Bion Talamo, F. Borgogno & S. A. Merciai(Eds.), W.

R. *Bion, Between Past and Future*. London: Karnac Books.

Grinberg, L. (1957). Perturbaciones en la interpretacion motivadas por lacontra-identificacion proyectiva, *Revista de Psicoanalisis*, 14: 1-12.

Grinberg, L. (1962). On a specific aspect of countertransference due to the patient' s projective identification, *International Journal of Psycho-Analysis*, 43:436-440.

Grinberg, L. (2000). Foreword, In p. Bion Talamo et al. (Eds.) *W. R. Bion, BetweenPast and Future*. London: Karnac Books.

Grinberg, L., Sor, D. & Bianchedi, E. (1972). *Introduccion a las Teorias de Bion*. Buenos Aires: Ediciones Nueva Vision.

Grotstein, J. (1981). Who is the dreamer who dreams the dream and who is the dreamer who understands it. In: *Do I Dare Disturb the Universe?* J. Grotstein(Ed.), London: Karnac Books,(pp. 357-416).

Grotstein, J. (1981). Wilfred Bion: the man, the psychoanalyst, the mystic. Aperspectives on his life and work. In: *Do I Dare Disturb the Universe?* J.Grotstein(Ed.), London: Karnac Books, p. 7.

Grotstein, J. (1993). Towards the concept of the transcendent position: reflectionson some of "The Unborn" in Bion *"Cogitations," The Journal of Melanie Klein and Object Relations, 11*(2):57.

Grotstein, J. (1996). Bion' s transformation in O, the "thing-in-itself" and the "real": toward the concept of the "transcendent position." *The Journal of Melanie Klein and Object Relations, 14*(2): 142.

Heimann, p. (1950). On counter-transference, *International Journal ofPsycho-Analysis,* 31: 81-84.

Heisenberg, W. (1958). *Physics and Philosophy*. London: G. Allen & Unwin.

Herrigel, E. (1953). *Zen in the Art of Archery*. Toronto: Vintage.

Hinshelwood, R. D. (1989) *A Dictionary of Kleinian Thought*, New York: Jason Aronson.

Hume, D. (1960). In: N. Kemp Smith, *The Philosophy of David Hume*. New York: Macmillan.

Jaques, E. (1960). Disturbance in the capacity to work, *International Journal ofPsycho-Analysis*, 41: 357-367.

Joseph, B,(1981). Toward the experiencing of psychic pain. In: J. Grotstein,(Ed.),*Do I Dare Disturb the Universe*. London: Karnac Books. (pp. 93-102).

Keats, J. (1958). *Letters of John Keats*. Hyder Edward Rollins(Ed.), Cambridge: Harvard University Press.

Kierkegaard, S. (1941). *Fear and Trembling and the Sickness unto Death.* NewYork: Doubleday Anchor Books.

Klein, M. (1928). Early stages of the Oedipus Complex. In: Contributions to Psycho-Analysis, 1921-1945. London: Hogarth Press, 1948.

Klein, M. (1929). Personification in the play of children. International Journal of Psycho-Analysis, 10: 193-204.

Klein, M. (1931). A contribution to the theory of intellectual development. *International Journal of Psycho-Analysis*, 12: 206-218.

Klein, M. (1946). Notes on some schizoid mechanisms. In: *Envy and Gratitude*.London: Hogarth Press, 1975.

Klein, M. (1938). La importancia de la formacion de simbolos in el desarrollo del yo. In: *Contribuciones al Psicoanalisis*. Buenos Aires: Horme, 1964.

Lacan, J. (1947). La Psychiatrie Anglaise et al guerre, L' Evolution Psychiatrique, quoted by Bleandonu G., in *Wilfred Bion. His Life and Works*. London: Free Association Books, 1994.

Lawrence, W. G., Bain, A. & Gould, L. (1996). The fifth basic assumption. *Freeassociations*, 6(1) 37: 28-55.

Le Bon, G. (1896). *The Crowd: a Study of the Popular Mind.* London: Benn, 1947.

Lipgar, R. M. (1998). Beyond Bion' s *Experiences in Groups:* group relations research and learning. In: *Bion' s Legacy to Groups:* London: Karnac Books.

Lopez-Corvo, R. E. (1973). *El nino y su inteligencia*. Caracas: Monte Avila.

Lopez-Corvo, R. E. (1980). *Simbolo y Mutacion*. Caracas: Monte Avila.

Lopez-Corvo, R. E. (1987). Transitional dreams: a Kleinian approach. *Journal of the Melanie Klein Society, 5*(2).

Lopez-Corvo, R. E. (1990). *Adictos y Adicciones*. Caracas: Monte Avila Editors.

Lopez-Corvo, R. E. (1992). About interpretation of self-envy. *International Journal Psycho-Analysis*, 73:719-728.

Lopez-Corvo, R. E. (1993). *La Maldicion Eterna*. Caracas: Monte Avila Editors.

Lopez-Corvo, R. E. (1994). *Self-envy, Therapy and the Divided Inner World,* New York: Jason Aronson.

Lopez-Corvo, R. E. (1997). Self-envy and intrapsychic interpretation. *Psychoanalytic Quarterly*, 68: 209-219.

Lopez-Corvo, R. E. (2000). Comentarios a la conferencia de J. McDougall"Violencia somatica." El viaje psicoanalitico de una paciente con cancer delseno. *Revista Tropicos, 8*.

Meltzer, D. (1973). *Sexual States of the Mind*, Perthshire, Scotland: Clunie Press.

Meltzer, D. (1978). The Kleinian development Part III, *The Clinical Significance of the Work of Bion*, Perthshire, Scotland: Clunie Press.

Meltzer, D. (1986). *Studies in Extended Metapsychology, Clinical Applications ofBion' s Ideas*. Perthshire, Scotland: Clunie Press.

Meottie, A. (2000). A dreamlike vision. In: p. Bion Talamo. F. Borgogno & S. A.Merciai(Eds.), *W. R. Bion, Between Past and Future*. London: Karnac Books.

Milton, J. (1674). *Paradise Lost* [reprinted Merritt Y . Hughes, New York: OdysseyPress].

Nebbiosi, G. & Petrini, R. (2000). The theoretical and clinical significance of the concept of "common sense" in Bion' s work. In: p. Bion Talamo, F. Borgogno & S. A. Merciai(Ed.), *W. R. Bion, Between Past and Future*. London: Karnac Books, pp. 164-177.

Onians, R. B. (1951). *Origins of European Thought.* Cambridge: Cambridge University Press.

Philips, F. (1983). A personal reminiscence. Bion, Evidence of the man. In: *Do I dare Disturb the Universe,* J. Grotstein(Ed.), London: Karnac Books.

Piaget, J. (1952). *The Origins of Intelligence in Children*. New

York: W. W. Norton.

Piaget, J. (1971). *Biology and Knowledge.* Chicago: University of Chicago Press.

Pines, M. (1985)(Ed.) *Bion and Group Psychotherapy.* London: Routledge & KeganPaul.

Poincare, H. (1908). *Science et Methode*(pp. 43-63). Paris. Flamarion.

Polito, p. (2001). Gemelos, ninos, muertos, amantes y otras personificaciones. Read at the Venezuelan Psychoanalytical Association, November 17th 2001.

Quine, W. van Orman(1955). *Mathematical Logic.* Cambridge, MA: Harvard University Press.

Racker, H. (1953). Contributions to the problem of countertransference. *International Journal of Psycho-Analysis*, 38: 4-10.

Rank, O. (1914). Der Doppelganger., *Imago 3*, 97-164.

Raskovsky, A. (1958). *El Psiquismo Fetal.* Buenos Aires: Paidos.

Richard, p. A. (1993). Bion on groups. *Melanie Klein and Object Relations, 11*(2).

Rosenfeld, H. (1971). A clinical approach to the psychoanalytic theory of life anddeath instincts, *International Journal of psycho-Analysis*, 52: 169-178,

Russell, B. (1945). *A History of Western Philosophy*, New York: Simon and Schuster.

Sartre, J. p. (1956). *Being and Nothingness, an Essay on Phenomenological Ontology*, New York: Philosophical Library.

Segal, H. (1957). Notes on symbol formation. *International*

Journal of Psycho-Analysis 38, 391-397.

Segal, H. (1981). The function of dreams. In *Do I Dare Disturb the Universe,* J. Grotstein,(Ed.), London: Karnac Books, pp. 580-587.

Sutherland, J. (1985). Bion revisited: Group dynamics and group psychotherapy. In: Malcolm Pines(Ed.), *Bion and Group Psychotherapy.* London: Routledge & Kegan Paul, pp. 47-86.

Symington, J. & Symington, N. (1996). *The Clinical Thinking of Wilfred Bion,* London: Routledge.

Teilhard de Chardin, p. (1959). *The Phenomenon of Man*, London: Collins.

Tennyson, A. (1969). *The Poems of Tennyson*, London: Longmans.

Turquet, p. (1974). Leadership: the individual and the group. In: *Analysis of Groups,* G. S. Gibbard, G. S., Hartmann J. J. & Mann, R. D. (Eds.), San Francisco: Jossey-Bass, pp. 87-144.

Tustin, F. (1981). Psychological birth and psychological catastrophe. In: *Do I dareDisturb the Universe,* J. Grotstein(Ed.), London: Karnac Books, pp. 182-196.

Virgil. *The Aeneid.* (Ed.) R. Fitzgerald. Book V. Harmondsworth: Penguin, 1985.

Waddington, C. H. (1957). *The Strategy of the Genes: A Discussion of Aspects of Theoretical Biology*. London: Allen & Unwin.

Webster's New Collegiate Dictionary(1988). Springfield: Merrian-Webster.

한국심리치료연구소 총서

순수 심리치료 분야

놀이와 현실
Playing and Reality
by D. W. Winnicott / 이재훈

울타리와 공간
Boundary & Space
by D. Wallbridge
& M. Davis / 이재훈

유아의 심리적 탄생
Psychological Birth
of the Human Infant
by M. Mahler & F. Pine / 이재훈

꿈상징 사전
Dictionary of Dream Symbols
by Eric Ackroyd / 김병준

그림놀이를 통한 어린이 심리치료
Therapeutic Consultation
in Child Psychiatry
by D. W. Winnicott / 이재훈

자기의 분석
The Analysis of the Self
by Heinz Kohut / 이재훈

편집증과 심리치료
Psychotherapy
& the Paranoid Process
by W. W. Meissner / 이재훈

멜라니 클라인
Melanie Klein
by Hanna Segal / 이재훈

정신분석학적 대상관계이론
Object Relations
in Psychoanalytic Theories
by J. Greenberg & S. Mitchell / 이재훈

프로이트 이후
Freud & Beyond
by S. Mitchell & M. Black
/ 이재훈 · 이해리 공역

성숙과정과 촉진적 환경
Maturational Processes
& Facilitating Environment
by D. W. Winnicott / 이재훈

참자기
The Search for the Real Self
by J.F. Masterson / 임혜련

내면세계와 외부현실
Internal World & External Reality
by Otto Kernberg / 이재훈

자폐아동을 위한 심리치료
The Protective Shell in Children and
Adult by Frances Tustin / 이재훈외

박탈과 비행
Deprivation & Delinquency
by D. W. Winnicott / 이재훈외

교육, 허무주의, 생존
Education, Nihilism, Survival
by D. Holbrook / 이재훈외

대상관계 개인치료 Ⅰ · Ⅱ
Object Relations Individual Therapy
by Jill Savege Scharff & David E.
Scharff / 이재훈 · 김석도 공역

정신분석 용어사전
Psychoanalytic Terms and Concepts
Ed. by Moore and Fine / 이재훈 외

하인즈 코헛과 자기심리학
H. Kohut and the Psychology of the
Self
by Allen M. Siegel / 권명수

성격에 관한 정신분석학적 연구
Psychoanalytic Studies of the
Personality by Ronald Fairbairn / 이재훈

대상관계 이론과 임상적 정신분석
Object Relations
& Clinical Psychoanalysis
by Otto Kernberg / 이재훈

나의 이성, 나의 감성
My Head and My Heart by De
Gregorio, Jorge / 김미겸

환자에게서 배우기
Learning from the Patient by Patrick
J. Casement / 김석도

의례의 과정
The Ritual Process
by Victor Turner / 박근원

순수 심리치료 분야

대상관계이론과 정신병리학
Object Relations Theories and Psychopathology by Frank Summers /이재훈

정신분석학 주요개념
Psychoanalysis : The Major Concepts, by Moore & Fine/이재훈

대상관계 단기치료
Object Relations Brief Therapy by Michael Stadter/이재훈 • 김도애

임상적 클라인
Clinical Klein by R. D. Hinshelwood/ 이재훈

살아있는 동반자
Live Company by Anne Alvalez /이재훈 외

대상관계 가족치료
Object Relations Family Therapy by Jill Savege Scharff & David E. Scharff/이재훈

대상관계 집단치료
Object Relations, the Self and the Group by Charles Ashbach & Victor L. Shermer/이재훈

스토리텔링을 통한 어린이 심리치료
Using Storytelling as a Therapeutic Tool with Children by Sunderland Margot/이재훈 외

아동 자폐증과 정신분석
Autismes De L'enfance by Roger Perron & Denys Ribas/권정아 • 안석

하인즈 코헛의 자기심리학 이야기 1/홍이화

초보자를 위한 대상관계 심리치료
The Primer of Object Relations Therapy by Jill & David Scharff/오규훈 • 이재훈

인격장애와 성도착에서 의공격성
Aggression and Perversions in Personality Disorders/이재훈 • 박동원

대상관계 단기부부치료
Short Term Object Relations Couple Therapy by James Donovan /이재훈 • 임영철

왜 정신분석인가?
Une Psychanalyse Pourquoi? by Roger Perron/표원경

애도
Mourning, Spirituality and Psychic Change by Susan Kavaler-Adler/이재훈

독이 든 양분
Toxic Nourishment by Michael Eigen/이재훈

무의식으로부터의 불꽃
Flames from the Unknown by Michael Eigen/이준호

정신분석학 주요개념 II
Psychoanalysis : The Major Concepts, by Moore & Fine/이재훈

대상의 그림자
The Shadow of the Object by Christopher Bollas/이재훈 외

환기적 대상
The Evocative Object by Christopher Bollas/이재훈

끝없는 질문
The Infinite Question by Christopher Bollas/이재훈

순수 심리치료 분야

소아의학을 거쳐 정신분석학으로
Through Paediatrics to Psycho-Analysis by D. W. Winnicott/이재훈

감정이 중요해
Feeling Matters by Michael Eigen/이재훈

흑암의 빗줄기
A Beam of Intense Darkness by Grotstein/이재훈

C.G. 융과 후기 융학파
Jung and the post-Jungians by Andrew Samuels/김성민

깊이와의 접촉
Contact With the Depth by Michael Eigen/이재훈

심연의 화염
Flames From the Unconscious by Michael Eigen/이재훈

정신증의 핵
The Psychotic Core by Michael Eigen/이재훈

난 멀쩡해 도움 따윈 필요없어
I am not sick I Don't Need Help by Xavier Amador/최주언

분석적 장
The Analytic Field ed. Antonino Ferro & Roberto Basile/이재훈

신앙과 변형-마이클 아이건 서울 세미나 II-
Faith & Transformation by Michael Eigen Seoul Seminar II/이재훈

아스퍼거 아동으로 산다는 것은?
What is it like to be me? by Alenka Klemenc 외/이재훈

아기에게 말하기
Talking to Babies by Myriam Szejer, M.D./김유진 • 이재훈

자폐아동의 부모를 위한 101개의 도움말
101 Tips for Parents of Children with Autism by Arnold Miller and Theresa C. Smith/최주언

"그러나 동시에 또 다른 수준에서 I"
"But at the Same Time and on Another Level I" by James S. Grotstein/이재훈 외

C.G.융
C.G. Jung by Elie G. Humbert/김유빈

자폐적 변형
Autistic Transformations by Celia Fix Korbivcher/최윤숙/이재훈

상상을 위한 틀
A Framework for the Imaginary by Judith Mitrani/이재훈

정신분열증 치료와 모던정신분석
Modern Psychoanalysis of the Schizophrenic Patient by Hyman Spotnitz/이준호

100% 위니캇
100% Winnicott by Anne Lefèvre/김유빈

심각한 외상과 대상관계
Object Relations in Severe Trauma/

순수 심리치료 분야

"그러나 동시에 또 다른 수준에서 **II**"
"But at the Same Time and on Another Level II" by James S. Grotstein/박동원 • 이재훈 외

정신분석과 이야기하기
Psychoanalysis as Therapy and Storytelling by Antonino Ferro/김유진 • 이재훈

정신분석 아카데미 씨리즈

성애적 사랑에서 나타나는 자기애와 대상애/문현아

싸이코패스는 누구인가?/박문현

영조, 사도세자, 정조, 그들은 왜/서정미

정신분석에서의 종결/윤종민

기독교 신앙과 관련된 심리치료 분야

종교와 무의식
Religion & Unconscious
by Ann & Barry Ulanov / 이재훈

희망의 목회상담
Hope in the Pastoral Care
& Counseling
by Andrew Lester / 신현복

살아있는 인간문서
The Living Human Document
by Charles Gerkin / 안석모

인간의 관계경험과 하나님경험
Human Relationship
& the Experience of God
by Michael St. Clair / 이재훈

신데렐라와 그 자매들
Cinderella and Her Sisters
by Ann & Barry Ulanov / 이재훈

현대정신분석학과 종교
Contemporary Psychoanalysis
& Religion
by James Jones / 유영권

살아있는 신의 탄생
The Birth of the Living God
by Ana-Maria Rizzuto / 이재훈

인간의 욕망과 기독교 복음
Les Evangiles au risque
de la Psychanalyse
by Françoise Dolto / 김성민

신학과 목회상담
Theology & Pastoral Counseling
by Debohra Hunsinger
/ 이재훈 · 신현복

성서와 정신
The Bible and the Psyche
by E. Edinger / 이재훈

목회와 성
Ministry and Sexuality
by G. L. Rediger / 유희동

상한 마음의 치유
Healing Wounded Emotions
by M. H. Padovani외 / 김성민 외

예수님의 마음으로 생활하기
Living from the Heart Jesus Gave You
by James. G. Friesen 외 / 정동섭

신경증의 치료와 기독교 신앙
Les Maladies Nerveuses et leur Guérison
by A. Lechler/ 김성민

전환기의 종교와 심리학
Religion and Psychology in Transition
by James Johns/이재훈

영성과 심리치료
Spirituality and Psychotherapy
by Ann Belford Ulanov/ 이재훈

치유의 상상력
The Healing Imagination
by Ann Belford Ulanov/ 이재훈

외상, 심리치료 그리고 목회신학
/ 김정선

그리스도인의 원형
The Christian Archetype
by Edward F. Edinger/ 이재훈

융의 심리학과 기독교 영성
De I'inconscient à Dieu: Ascèse Chrètienne et psychologie de C.G. Jung by Erna van de Winckel/ 김성민

정신분석과 기독교 신앙
les évangiles et la foi au risque de la psychanalyse
by Françoise Dolto/ 김성민